中国科协学科发展研究系列报告
中国科学技术协会 / 主编

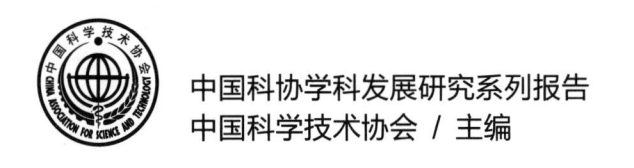

2022—2023
城市科学
学科发展报告

中国城市科学研究会　编著

中国科学技术出版社
·北　京·

图书在版编目（CIP）数据

2022—2023 城市科学学科发展报告 / 中国城市科学研究会编著 . -- 北京：中国科学技术出版社，2024.8
（中国科协学科发展研究系列报告）. -- ISBN 978-7-5236-0830-2

Ⅰ . C912.81

中国国家版本馆 CIP 数据核字第 20244Y544T 号

策　　划	刘兴平　秦德继
责任编辑	齐　放　李　洁
封面设计	北京潜龙
正文设计	中文天地
责任校对	张晓莉
责任印制	李晓霖

出　　版	中国科学技术出版社
发　　行	中国科学技术出版社有限公司
地　　址	北京市海淀区中关村南大街 16 号
邮　　编	100081
发行电话	010-62173865
传　　真	010-62173081
网　　址	http://www.cspbooks.com.cn

开　　本	787mm×1092mm　1/16
字　　数	400 千字
印　　张	18.75
版　　次	2024 年 8 月第 1 版
印　　次	2024 年 8 月第 1 次印刷
印　　刷	河北鑫兆源印刷有限公司
书　　号	ISBN 978-7-5236-0830-2 / C・265
定　　价	105.00 元

（凡购买本社图书，如有缺页、倒页、脱页者，本社销售中心负责调换）

2022—2023 城市科学学科发展报告

首席科学家　仇保兴

专家顾问　王建国　杨焕明　吴志强　郭仁忠　江　亿
　　　　　　余　刚　俞孔坚　毛其智　何兴华　李　迅
　　　　　　徐文珍　乐可锡　韩爱兴　周　卫

编 写 组　王　云　杨德凭　厉晓宇　王文静　张哲源
　　　　　　李沁伟　林斌辉　李海龙　刘朝晖　龙　瀛
　　　　　　茅明睿　周　强　田大江　杨可扬　李文竹
　　　　　　姜冬睿　陈美玲　陈　果　于凤倩

学 术 秘 书　郗振生

序

习近平总书记强调，科技创新能够催生新产业、新模式、新动能，是发展新质生产力的核心要素。要求广大科技工作者进一步增强科教兴国强国的抱负，担当起科技创新的重任，加强基础研究和应用基础研究，打好关键核心技术攻坚战，培育发展新质生产力的新动能。当前，新一轮科技革命和产业变革深入发展，全球进入一个创新密集时代。加强基础研究，推动学科发展，从源头和底层解决技术问题，率先在关键性、颠覆性技术方面取得突破，对于掌握未来发展新优势，赢得全球新一轮发展的战略主动权具有重大意义。

中国科协充分发挥全国学会的学术权威性和组织优势，于 2006 年创设学科发展研究项目，瞄准世界科技前沿和共同关切，汇聚高质量学术资源和高水平学科领域专家，深入开展学科研究，总结学科发展规律，明晰学科发展方向。截至 2022 年，累计出版学科发展报告 296 卷，有近千位中国科学院和中国工程院院士、2 万多名专家学者参与学科发展研讨，万余位专家执笔撰写学科发展报告。这些报告从重大成果、学术影响、国际合作、人才建设、发展趋势与存在问题等多方面，对学科发展进行总结分析，内容丰富、信息权威，受到国内外科技界的广泛关注，构建了具有重要学术价值、史料价值的成果资料库，为科研管理、教学科研和企业研发提供了重要参考，也得到政府决策部门的高度重视，为推进科技创新做出了积极贡献。

2022 年，中国科协组织中国电子学会、中国材料研究学会、中国城市科学研究会、中国航空学会、中国化学会、中国环境科学学会、中国生物工程学会、中国物理学会、中国粮油学会、中国农学会、中国作物学会、中国女医师协会、中国数学会、中国通信学会、中国宇航学会、中国植物保护学会、中国兵工学会、中国抗癌协会、中国有色金属学会、中国制冷学会等全国学会，围绕相关领域编纂了 20 卷学科发展报告和 1 卷综合报告。这些报告密切结合国家经济发展需求，聚焦基础学科、新兴学科以及交叉学科，紧盯原创性基础研究，系统、权威、前瞻地总结了相关学科的最新进展、重要成果、创新方法和技术发展。同时，深入分析了学科的发展现状和动态趋势，进行了国际比较，并对学科未来的发展前景进行了展望。

报告付梓之际，衷心感谢参与学科发展研究项目的全国学会以及有关科研、教学单位，感谢所有参与项目研究与编写出版的专家学者。真诚地希望有更多的科技工作者关注学科发展研究，为不断提升研究质量、推动成果充分利用建言献策。

前 言

为积极贯彻党的二十大精神，加快构建新发展格局，推动城乡融合和区域协调的高质量发展，推动绿色发展，促进人与自然的和谐共生，落实"十四五"国家科技创新规划和基础研究十年规划相关部署，在新型城镇化与人居环境研究背景下，中国城市科学研究会系统组织和开展城市科学研究工作，以促进城市科学学科的健康发展、引导相关新兴学科培育、促进各学科的交叉融合、引领城市科学产学研协同创新。城市科学以城市为研究对象，以复杂适应系统、城镇化和人居环境研究为理论基础，是一门系统研究城市人文、规划建设、社会环境的综合性交叉学科。城市科学研究作为整个科技工作的一部分，力求在学科发展和政府决策中发挥作用，同时围绕城市科学中的热点、重点、难点问题，开展多视角的学术研究活动。

作为人类与众多其他有机系统共生的复杂适应系统（Complex Adaptive System，CAS），城市具有该系统的一般特征，运用复杂自适应系统理论研究城市科学成为这一新历史阶段的必然。在当今这一信息时代，数据成为关键生产要素，城市不再被简单地理解为空间中的场所，而应当理解为城市系统各要素之间联系的网络（Network）和表达联系之间强度的流（Flow）共同组成的系统。城市科学在这一新阶段，成为与复杂适应系统理论、信息技术、社会物理学、城市经济学、交通理论、区域科学及城市地理学等相关研究相结合研究城市运行深层结构的理论。在信息化的支持下，城市科学系统论的思维是落实习近平总书记提出的城市化战略在理论与方法上的探索，为研究当前城市发展问题提供了思路。城市科学的研究充分注重传承与创新结合，以城市为对象的学科研究既体现了城市科学发展的延续性，又满足了当今时代的发展需求。

在中国科学技术协会的支持、指导下，中国城市科学研究会成立了一支由仇保兴担任首席科学家，城市科学学科各领域院士专家十余人担任专家顾问，以及涉及城市科学学科领域的学会、高校及企业中的中青年优秀学者参与编写的团队。在编写过程中，各位专家学者经过多轮研讨，对主要学科领域进行归纳和梳理。《2022—2023 城市科学学科发展报告》系统梳理和分析近年来我国城市科学的发展现状，研究、总结近年来我国城市科学的研究热点与重要进展；比较国内外城市科学发展状况；总结城市科学学科发展的趋势及展望，并针对我国城市科学的相关重点、热点领域，开展专题研究，特别是对人文城市、智慧城市、低碳城市、健康城市、韧性城市、海绵城市、生态城市、宜居城市、城市更新、新城市科学十大领域的总体情况、发展特点和规律的研究；评析近年来各领域的主要问题，提出我国城市学科发展的重点方向和主要趋势。在此，对各位专家学者的付出表示感谢。

《2022—2023 城市科学学科发展报告》集中了参编人员长期积累的研究成果，体现了专家学者的学术智慧与严谨的治学态度。但由于时间紧，任务重，编写内容难免存在不足之处，诚请城市科学的相关科研和实践工作者不吝赐教，也恳请各行业持续关注中国城市科学研究会对于城市科学的持续研究和实践工作，并对不当之处提出宝贵意见。

中国城市科学研究会
2023 年 12 月

序

前言

综合报告

城市科学学科发展报告 / 003

　　一、引言 / 003

　　二、学科发展最新研究进展 / 003

　　三、国内外相关研究进展比较 / 028

　　四、学科发展趋势及展望 / 033

专题报告

人文城市 / 041

智慧城市 / 062

低碳城市 / 090

健康城市 / 125

韧性城市 / 144

海绵城市 / 172

生态城市 / 192

宜居城市 / 217

城市更新 / 228

新城市科学 / 247

ABSTRACTS

Comprehensive Report

Advances in Urban Science / 277

Report on Special Topics

Historical and Cultural City / 281

Smart City / 281

Low-carbon City / 282

Healthy City / 283

Resilient City / 284

Sponge City / 284

Eco City / 285

Livable City / 285

Urban Renewal / 286

New Urban Science / 286

索引 / 288

综合报告

城市科学学科发展报告

一、引言

城市科学研究作为整个科技工作的一部分，紧紧围绕建设中国特色社会主义这一目标，力求在学科发展和政府决策中发挥作用，同时围绕城镇化发展中的热点、重点、难点问题，开展多视角的学术研究活动[1]。随着城市环境的发展，党的十八大以来，我国城镇化已进入以提升质量为主的转型发展新阶段。在当今这一信息时代，数据成为关键生产要素，城市不应再被简单地理解为空间中的场所，而应当理解为城市系统各要素之间联系的网络（Network）和表达联系之间强度的流（Flow）共同组成的系统[2]。城市科学在这一新阶段，成为与复杂适应系统理论、信息技术、社会物理学、城市经济学、交通理论、区域科学及城市地理学等相关研究相结合研究城市运行深层结构的理论。

作为人类与众多其他有机系统共生的复杂自适应系统（Complex Adaptive System，CAS），城市具有该系统的一般特征，运用复杂自适应系统理论研究城市科学成为这一新历史阶段的必然。在信息化的支持下，城市科学系统论的思维是落实习近平总书记提出的城市化战略在理论与方法上的探索，为研究当前城市发展问题提供了思路。城市科学的研究充分注重传承与创新结合，以城市为对象的学科研究既体现了城市科学发展的延续性，又满足了当今时代的发展需求。

二、学科发展最新研究进展

（一）城市科学的学科体系

学科作为一种知识体系，其发展不仅包括知识的发现，还包括知识的整合和系统化；学科体系是一种学术制度，学科的构建亦是学科从知识体系转化为学术制度的过程。随着历史的演进，学科内涵不断发展，从早期以学术分类为核心的人类知识体系的基本组成部分，到后来围绕组织制度形成的现代教育和科学研究体系，学科在科学的发展过程中起着结构性的组织作用。科学技术的发展以学科为谱系演变、增长、更替、分化乃至变革，科研机构通常以学科为基础开展研究活动，教育机构以学科为基础设置专业、传承知识，科学家以学科为中心形成基于学科门类的科技期刊出版物和开展学术交流会议。从学科发展的角度看待城市科学的发展方向问题，对城市科学的学科发展意义重大。

根据《普通高等学校本科专业目录（2012年）》将学科分为12个学科门，专业目录中基本专业包含城市及城乡的专业共有3个：城市管理、城乡规划和人文地理与城乡规划。它们分属于管理学、工学和理学三个学科门，其中城市管理专业属于管理学门公共管理类，城乡规划属于工学门建筑学类下设专业，人文地理与城乡规划属于理学门地理科学类（可归属于管理学或理学门类）。

《中国图书馆分类法》2010年第五版将学科分为5大部类、22个大类，其中与城市相关学科目录位于2个大类中的2项三级类目，具体包括四级目录6项。一是位于工业技术大类中，建筑科学目录下的TU98区域规划、城乡规划目录含TU981为规划理论和方法、TU984城市规划2个四级目录。二是位于经济大类中，城市经济、房地产经济目录下包含F290城市经济理论，F291城镇的形成、发展与建设，F292城市经济管理和F293城市土地经济、房地产经济4个四级目录。虽然在地理学中已存在城市地理专业方向，但地理涉及相关学科还未完全形成城市地理类别。

自然科学基金委将学科分为九大学部，涉及城市相关科学分别位于地球科学部和工程与材料科学部；城市地理属于地球科学部地理学人文地理下设三级学科；城乡规划为工程与材料学部建筑环境与结构学科下设二级学科，其中城乡规划又分为城乡规划设计与理论和风景园林规划设计与理论两个三级学科。

社会科学将学科划分为六大学部，其中社科基金委将学科分为23个类别，其中涉及城市研究的方向主要分布在理论经济、应用经济、社会学和管理学，具体包括城市群、城乡经济、城市治理和城乡政策研究四个方面。

（二）城市科学背景与概况

根据联合国人居署的报告，全球已有50%以上的人类居住在城市，至2050年将增加到约70%[3]，城市集中了国家主要生产力，提供了大部分经济产出，汇集了科学发明、科技创新，是文明进步的代表，是国家政治和国际交往的中心[1]。城市治理体系的变革和调整，正在对人类的发展进程和趋势产生深刻影响。随着我国城镇化建设进入中后期，越来越多的城市参与到国际城市竞争行列，我国城市和城市群正在改变世界城市格局。党的二十大报告指出中国共产党的中心任务就是"团结带领全国各族人民全面建成社会主义现代化强国"[4]，城市带来的经济总量、城市发展格局、城市影响力和城市治理现代化等特征，决定城市研究的重要性，也关系着我国全面建成社会主义现代化强国的目标实现。

党的十八大以来，习近平总书记多次提及城市问题。在2013年中央城镇化工作会议和2015年中央城市工作会议上关于城镇化和城市问题发表了系列讲话。2020年习近平总书记在《国家中长期经济社会发展战略若干重大问题》中提出了"完善城市化战略"[4]。2022年党的二十大报告提出"深入实施新型城镇化战略，构建优势互补、高质量发展的区域经济布局和国土空间体系"，报告还提出推进"城乡人居环境整治"，提升"生态系统的多样性"，实现我国城市的绿色低碳发展[5]。城市科学研究以复杂系统理论、城镇化、人居环境为理论基础，持续聚焦在人文城市、智慧城市、低碳城市、健康城市、韧性城市、海绵城市、生态城市、宜居城市、城市更新和新城市科学十大领域，为我国的绿色低碳发展提供研究基础和理论支撑。

世界权威期刊 *Nature* 于2024年1月开办子刊 *Nature City*，编辑在开篇文章中分析到：在当今城镇化的发展过程中，城市正不断吸引着越来越多的人口与资源积聚。城市作为当今生产和消费的主要场所，有着各类系统，人们也越来越重视城市在可持续发展、应对气候变化等方面的重要性，然而关于城市的研究依旧分散在各个领域。因此有必要形成这样一本综合性期刊[6]，以便针对城市各系统、各领域进行综合研究。城市发展的科学性越来越依赖于城市科学的理论研究，因此城市科学的发展与研究愈发紧迫而重要。

（1）为做好城市工作，解决城市问题，推动城市建设积极、健康的发展提供重要的理论依据。

在当前的城市建设与发展中，虽然我们取得了重要的成绩，高速推进城镇化，但与此同时，城市问题层出不穷。为此，城市科学从城市的根本特征和本质上入手，揭示城市的功能、作用、结构、运行、规律等，力求在解决城市问题的本质上提供途径。解决过去"头痛医头，脚痛医脚"的片面认识。马娜等在《为什么要建设"中国城市科学"》一文中分析认为以"美"和"自由"为灵魂的城市人文科学是核心结构，以"善"和"秩序"为主要内涵的城市社会科学是中层结构，而以"真"和"物质"为主体的城市自然科学则是表层结构[7]。

（2）对城市建设、区域开发和社会经济可持续发展研究、人才培养具有十分重要意义。

21世纪的城市已经演变为一个复杂大系统，城市科学不仅是地理学和建筑学的新兴学科生长点，也是集理、工、文、经多学科交叉的边缘性学科。以中国城市发展的重大问题与关键矛盾为研究对象，同时以开放的思路和心态广泛吸收世界各民族和各地区的方法和理论，在积极应对我国城镇化进程带来的各种问题与挑战的同时，对城市建设、区域开发和社会经济可持续发展研究、人才培养都具有十分重要的意义[7]。

（3）对世界科学发展和社会进步产生影响。

城市是人、环境与技术发生的重要场所，目前全球城镇化超过50%，城市的发展越来越深刻地影响着全球经济的发展和走向。立足于各学科的协同交叉，城市科学研究是推动世界科学发展和人类社会进步的力量之一，城市系统内的各子系统也是应对城市问题的重要方面。联合国提出的17个可持续发展目标均与城市密切相关，其中第11个目标标题即"使城市和人类住区具有包容性、安全性、复原力和可持续性"，C40城市气候领导联盟同样在应对气候变化的议题中提出韧性城市网络[6]。从各类国际组织的关注和议题都可以看出城市科学的研究越来越得到重视。

（三）城市科学概念

城市科学是以城市为研究对象，整体上研究城市产生、发展规律的科学，其主要任务是揭示城市本质、成因、机理、生存条件、系统运转、内在发展规律、外在表现特征和生命力，是从不同角度，不同层次观察、剖析、认识、改造城市的各种学科的总称。关于城市科学的概念，不同机构及学者有不同的定义（见表1-1）。21世纪初，有学者认为城市科学的学科构成以中国城镇化理论框架为基础，以城市经济学、区域经济学、城市社会学、城市文化与城市史、城市快速交通体系、城市生态与环境、景观规划与设计、城市规划管理，以及城市规划信息系统等为主要内容[8]，但随着互联网、大数据、地理信息系

表1-1 城市科学的概念对比

概念	内容	作者/来源
城市科学	城市科学是以城市总体为研究对象的学科。主要探讨城市建设和发展中的各种宏观的、综合的战略问题，研究城市的功能、作用以及城市规划和发展规律等	百度百科
城市科学	城市科学是一门对城市的产生、兴衰、发展进行研究的科学，其主要任务是揭示城市本质、成因、机理、生存条件、系统运转、内在发展规律、外在表现特征和生命力	中国城市科学研究会
城市学	应该以城市学作为城市科学的牵头学科，加强城市学的理论研究，在此基础上逐步建立起科学的城市学体系，用马克思主义的观点去洞察城市学的有关问题，用系统论的方法去分析研究城市学	钱学森
城市研究	将城市科学研究中涉及的核心概念进行了系统归纳，包括全球城市、城市与社区、多中心大都会地区、环境意识、郊区与郊区化、空间蔓延、新城市主义、可持续城市化、城市化与城市主义等	[美]马克·戈特迪纳 [英]莱斯利·马德
城市科学	城市科学是人类建设城市、改造城市和管理城市的实践经验在观念形态上的系统总结和反映	顾朝林
城市科学	城市科学就是研究城市七要素，即城市社会、城市结构、城市经济、城市流通、城市信息、城市文化、城市生态和它们之间的有机联系。这种联系表现在城市运动规律性的动态平衡和相对稳定之中。而要使城市在这样一个状态中遵循循序渐进的发展规律，就必须协调好七要素的关系。研究七要素的协调机制和各自的功能作用，就是城市科学的主要内容	何钟秀、曾涤
城市科学	"城市科学"是以"城市"为对象，研究"城市"这种重要、特殊、复杂的人类社会形态的科学	周俭

统、低影响开发、生态技术、新能源、医疗技术等科学技术的快速发展，城市科学已衍生至智慧城市、海绵城市、生态城市、低碳城市等多个交叉、复合领域。

（四）城市科学的理论基础

城市作为复杂系统，运用复杂性科学研究城市系统成为城市研究的基本思想，基于复杂适应系统理论的城市科学学科发展成为必然；城镇化是我国经济社会发展的必然趋势，也是工业化、现代化的重要标志，是城市发展的宏观背景与趋势，城镇化政策和理论成为研究城市学科发展的基础；探索人与居住环境之间的科学构成关系，建设符合人类理想的聚居环境，是人居环境科学教学与研究的中心内容，也是城市科学发展的理论基础及未来的演变趋势。

1. 复杂适应系统理论（CAS 理论）

复杂适应系统理论由圣菲研究创始人之一的霍兰教授提出，该理论把系统中的成员称为具有适应性的主体（adaptive agent）。所谓适应性是指它们能够与其他主体进行相互作用，在这种持续不断地相互作用过程中，持续"学习"或"积累经验"，并根据学到的经验与知识改变自身的结构与行为方式，从而主导系统的演变进化。霍兰教授在《隐秩序》一书中写道："由适应性产生的复杂性极大地阻碍了我们去解决当今世界存在的一些重大问题。[9]"

"适应性造就复杂性"，城市是为了人及其群体间相互作用而成长进化的。诺贝尔物理学奖获得者、复杂科学的开拓者之一默里·盖尔曼（Murray Gell-Mann）教授在谈到复杂适应系统的共同特征时说：复杂适应系统的适应过程是系统获取环境及自身与环境之间相互作用的信息，总结所获信息的规律性，并把这些规律提炼成一种"图式"或模型，最后以此为基础在实际行动中采取相应行动的过程[10]。对于城市系统来说，则是通过优化其发展战略、城市规划、文化资本、产业结构、历史文化习俗的传承创新与政治体制和管理制度等"城市结构基因"来实现的。

这些发展战略、规划、政策的实践活动的反馈能改进和深化决策者和市民对外部世界及自身发展的规律性认识，从而改善规划决策和行为方式。不仅如此，城市规划过程本身就是规划编制、实施、修改、再实施的动态反馈过程。城市具有能动性，因此城市发展轨迹能主动地适应环境，成为人类和自然界共同创造的最具能动性的系统。正因为城市是由这些学习型和具有可适应性的市民组成的，城市本质上就具有了"学习"与"适应"的能力[8]。

2. 城镇化研究

习近平总书记在 2013 年《在中央城镇化工作会议上的讲话》中提到，推进城镇化要加强对城镇化发展的宏观指导，讨论通过了国家新型城镇化规划。2015 年习近平总书记《在中央城市工作会议上的讲话》中提到，我国的城镇化进程取得了举世瞩目的成就，从 1978 年到 2014 年，我国城镇化率年均提高 1%，城镇常住人口从 1.7 亿人增加到 7.5 亿人，我国城市数量从 193 个增加到 658 个，城市建成区面积从 1981 年的 0.7 万平方千米增加到 2014 年 4.9 万平方千米，城市基础设施明显改善，城市公共服务水平不断提高，城市功能不断完善。从 2000 年到 2014 年，我国城镇化快速推进，每年新增城镇人口 2100 万人。至 2022 年年末，我国城镇常住人口总数为 9.2 亿人，年末常住人口城镇化率达 65.22%[11]，至 2023 年年末，我国人口总量减少 208 万，但城镇常住人口达 93267 万人，比 2022 年增加 1196 万人，我国常住人口城镇化率为 66.16%[12]。

（1）城镇化现状与研究意义

1978—2014 年，城镇常住人口从 1.7 亿人增加到 7.5 亿人，城镇化率从 17.9% 提升到 53.7%，年均提高 1.02 个百分点；城市数量从 193 个增加到 658 个，建制镇数量从 2173 个增加到 20113 个。

城镇化是伴随工业化发展，非农产业在城镇集聚、农村人口向城镇集中的自然历史过程，是人类社会发展的客观趋势，是国家现代化的重要标志。按照建设中国特色社会主义"五位一体"总体布局，顺应发展规律，因势利导，趋利避害，积极稳妥扎实有序推进城镇化，对全面建成小康社会、加快社会主义现代化建设进程、实现中华民族伟大复兴的中国梦，具有重大现实意义和深远历史意义。

1）城镇化是现代化的必由之路。

工业革命以来的经济社会发展史表明，一国要成功实现现代化，在工业化发展的同时，必须注重城镇化发展。当今中国，城镇化与工业化、信息化和农业现代化同步发展，是现代化建设的核心内容，彼此相辅相成。工业化处于主导地位，是发展的动力；农业现代化是重要基础，是发展的根基；信息化具有后发优势，为发展注入新的活力；城镇化是载体和平台，承载工业化和信息化发展空间，带动农业现代化加快发展，发挥着不可替代的融合作用。

2）城镇化是保持经济持续健康发展的强大引擎。

内需是我国经济发展的根本动力，扩大内需的最大潜力在于城镇化。2019 年我国常住人口城镇化率已超过 60%，为 60.60%，但户籍人口城镇化率只有 44.38%[13]，不仅远低于发达国家 80% 的平均水平，也低于人均收入与我国相近的发展中国家 60% 的平均水平，还有较大的发展空间。城镇化水平持续提高，会使更多农民通过转移就业提高收入，通过转为市民享受更好的公共服务，从而使城镇消费群体不断扩大、消费结构不断升级、消费潜力不断释放，也会带来城市基础设施、公共服务设施和住宅建设等巨大投资需求，这将为经济发展提供持续的动力。

3）城镇化是加快产业结构转型升级的重要抓手。

产业结构转型升级是转变经济发展方式的战略任务，加快发展服务业是产业结构优化升级的主攻方向。2014 年，我国服务业增加值占国内生产总值比重仅为 46.1%，与发达国家 74% 的平均水平相距甚远，与中等收入国家 53% 的平均水平也有较大差距。城镇化水平与服务业发展密切相关，服务业是人们就业的最大容纳器。城镇化过程中的人口集聚、生活方式的变革、生活水平的提高,都会扩大生活性服务需求;生产要素的优化配置、三次产业的联动、社会分工的细化,也会扩大生产性服务需求。城镇化带来的创新要素集聚和知识传播扩散,有利于增强创新活力,驱动传统产业升级和新兴产业发展。

4) 城镇化是解决农业农村农民问题的重要途径。

我国农村人口过多、农业水土资源紧缺,在城乡二元体制下,土地规模经营难以推行,传统生产方式难以改变,这是"三农"问题的根源。我国人均耕地不足,农户户均土地经营规模较低,达不到农业规模化经营的门槛。城镇化总体上有利于集约节约利用土地,为发展现代农业腾出宝贵空间。随着农村人口逐步向城镇转移,农民人均资源占有量相应增加,可以促进农业生产规模化和机械化,提高农业现代化水平和农民生活水平。城镇经济实力提升,会进一步增强以工促农、以城带乡能力,加快农村经济社会发展。

5) 城镇化是推动区域协调发展的有力支撑。

改革开放以来,我国东部沿海地区率先开放发展,形成了京津冀、长江三角洲、珠江三角洲等一批城市群,有力推动了东部地区快速发展,成为国民经济重要的增长极。但与此同时,中西部地区发展相对滞后——一个重要原因就是城镇化发展很不平衡,中西部城市明显发育不足。我国东部地区常住人口城镇化率高于我国城镇化率,而中部、西部地区城镇化率较低。随着西部大开发和中部崛起战略的深入推进,东部沿海地区产业转移加快,在中西部资源环境承载能力较强地区,加快城镇化进程,培育形成新的增长极,有利于促进经济增长和市场空间由东向西、由南向北梯次拓展,推动人口经济布局更加合理、区域发展更加协调。

6) 城镇化是促进社会全面进步的必然要求。

城镇化作为人类文明进步的产物,既能提高生产活动效率,又能富裕农民、造福人民,全面提升人们的生活质量。随着城镇经济的繁荣,城镇功能的完善,公共服务水平和生态环境质量的提升,人们的物质生活会更加殷实充裕,精神生活会更加丰富多彩。随着城乡二元体制逐步破除,城市内部二元结构矛盾逐步化解,全体人民将共享现代文明成果。这既有利于维护社会公平正义、消除社会风险隐患,也有利于促进人的全面发展和社会和谐进步。

(2) 城镇化研究进展

较早提出城镇化这一概念的 H. T. 埃尔德里奇(H. T. Eidridge)认为:人口集中的过程就是城镇化的全部含义。人口不断向城市集中,城市就不断发展;人口停止向城市集中,城镇化随即停止。中国的城镇化是指城镇数量的增加和城镇规模的扩大,导致人口在一定时期内向城镇聚集,同时又在聚集过程中不断地将城市的物质文明和精神文明向周围扩散,并在区域产业结构不断演化的前提下衍生出崭新的空间形态和地理景观。

城镇化是现代化过程中最富生气和活力的社会现象之一,产业革命以来,城镇化的研究吸引了全球众多科学人士,人文社会科学界和部分自然科学与工程技术的科学家从事多学科的综合交叉研究,社会学、人口学、地理学、经济学、历史学、城市规划等不同学科的专家学者对此给予关注，从而共同构成了中国城镇化研究的学科群体。这种多学科、综合交叉的中国城镇化研究，为全面和准确地把握城镇化含义提供了基础。

随着航天、信息、通信和交通等全球技术的进步，世界城市之间的联系更加密切。中国也受到了全球化的影响，用全球化的视角研究中国城镇化的进程，成为必然。随着中国经济的进一步发展，城镇化问题变得越来越重要，城镇化战略在各级政府决策中得到认同并逐步深化，中国城镇化研究与经济可持续发展、产业结构转型、土地和劳动力市场等城市问题紧密结合。

与此同时，中国城镇化对城市的发展和国家的经济增长至关重要。21世纪以来，中国城镇化已被公认为是世界经济增长与社会发展的两大驱动因素之一。国际上著名的研究机构（如联合国人居署、世界银行、国际系统研究所、福特基金会、梅林基金会、日本振兴会等）都纷纷将目光转向中国城镇化研究。

J. 弗雷德曼（J. Friedmann）在2006年发表《中国城镇化研究的四个论点》（*Four Theses in the Study of China's Urbanization*），强调中国城镇化研究必须首先认识到中国是一个拥有古老城市文明的国度，但同时今天所见的城镇化过程又是史无前例的，中国城镇化过程具有二元性特征；其次，中国城镇化是一个多维度的社会空间发展过程，至少包括历史、经济、社会、文化等七个方面；最后，中国城镇化过程虽与全球化过程相互交织，但涉及城乡关系，应理解为一种内生过程，这一过程将引导特殊的中国式的现代化[14]。

2013年，习近平总书记正式提出新型城镇化的概念；2014年，国务院发布《国家新型城镇化规划（2014—2020年）》；2019年，国家发改委印发《2019新型城镇化重点工作任务》；2020年国家发展改革委发布了《2020年新型城镇化建设和城乡融合发展重点任务》。与此同时，大量以新型城镇化为主题的研究迅速开展，研究主要集中在新型城镇化的内涵、新型城镇化的测度和发展路径方面[15]。

（3）城镇化研究趋势

中国正处在城镇化的中后期，城市的智慧化、信息化及城市群的协同发展是城镇化在新时期的主要特征。城镇化研究的常规模型及传统的模型理论越来越难以解释发达国家城市的景观和发展中国家城镇化过程中出现的各种问题。城市的复杂性特征，要求城镇化研究必须基于复杂科学理论基础，从多维视角关注城市生态、经济、人口、政治、文化、社会、科技、环境和公共政策等研究进程与中国城镇化结合开展系统研究。

人口和土地是城镇化的两个关键要素，其变化与城镇化水平紧密联系。城市是人类行为的产物，城市人口的规模、构成和变化对于高质量的城镇化发展意义重大。同时，城市的经济发展水平影响着城市人口的变化及城镇化的进程。

城镇化与环境之间相互作用的复杂性产生了很多问题。汽车使用量的增多和燃煤电厂的使用，让城市成为温室气体排放的主要来源。这些因素最终引起了全球气候的变化。在城市内部，由于土地覆盖和土地利用方式的改变产生了各种各样的环境问题。这些问题的解决需要从城镇化的源头开始研究。

科学的创新与技术的变革是推动城镇化向高质量发展的重要前提之一。技术体系与经济发展息息相关，并在城镇化过程中起着关键性作用。因此，技术变化与城镇化关系的研究在中国城镇化研究中也十分重要。

根据世界城镇化发展普遍规律，我国仍处于城镇化率30%~70%的快速发展区间，在我国城镇化率即将进入70%的这一时期，成为传统的城市发展模式转向高质量发展的关键时期，基于复杂适应系统论的城市科学是新型城镇化下的城市发展研究的必选项，新型城镇化同时为城市的发展、城市科学的学科完善提供了理论基础。

3. 人居环境

人居环境科学是20世纪下半叶逐渐发展起来的一门综合性学科群。它是在人类居住和环境科学这两大领域范畴基础上发展起来的新学科，是探索研究人类因各类生存活动需求而构筑空间、场所、领域的学问，是一门综合性的以包括乡村、集镇、城市等在内的以人为中心的人类聚居活动与以生存环境为中心的生物圈相联系，加以研究的科学和艺术；是对城市环境、建筑学、城市规划学、景观建筑学的综合，其研究领域是大容量、多层次、多学科的综合系统。

人居环境问题仍然是城镇化进程中面临的主要障碍之一。探索国内外人居环境的发展特征与研究动向对于人居环境的学科交叉融合以及城市高质量发展具有重要的理论意义与现实意义。当前，中国特色社会主义进入新时代，我国社会主要矛盾已经转化为人民日益增长的美好生活需要和不平衡不充分的发展之间的矛盾。而良好的生态环境是最普惠的民生福祉，诗意的栖居环境更直接关系到人民群众的满意度与获得感。回溯历史，一个国家的进步始终是与美好的人居环境相伴随的。展望未来，在社会主义新时代背景下，美丽中国建设为国家第二个百年奋斗目标擘画了新的美好愿景，更为人居环境建设提供了最重要的引领目标。面对美好生活向往和美丽中国愿景，人居高质量发展已经成为重大而迫切的研究与实践命题。

（1）人居环境理论与实践

1）人居环境内涵

人居环境（Human Settlement）即人类的居住环境，是人类的聚居生活的地方，是与人类生存活动密切相关的地表空间。它是人类在大自然中赖以生存的基地，是人类利用自然、改造自然的主要场所。它包括人类生存和发展的空间载体，涉及自然、生态、人工、社会等各种要素，是人类生产生活的基础保障。

"人居环境科学"（Ekistics, Science of Human Settlements）是吴良镛院士等于20世纪90年代根据全球以及国内城市规划实践、城镇化过程、建筑行业以及城乡建设等出现的实际问题，借鉴希腊学者道萨迪亚斯的"人类聚居学"而提出建立适合我国国情的学科体系，并逐渐发展成一种研究范式。人居环境科学，是一门强调以人与自然的协调为中心、以居住环境（包括乡村、集镇、城市等）为研究对象，融会贯通多学科，着重探讨人与环境之间的相互关系的科学。它是围绕地区的开发、城乡发展及其诸多问题进行研究的学科群，是连贯一切与人类居住环境的形成与发展有关的，包括自然科学、技术科学与人文科学的新的学科理论基础。它强调把人类聚居作为一个整体，而不像城市规划学、地理学、社会学等那样，只涉及人类聚居的某一部分或是某个侧面。学科的目的是了解、掌握人类聚居发生、发展的客观规律，以便更好地建设符合人类理想的聚居环境。人居环境科学是以建筑、风景园林、城市规划为主导专业，同时也涉及历史地理学、环境史学、地理学、生态学、设计学等交叉学科的相关部分知识，是一门综合性极强的开放的理论，阐释了人类居住环境的演进历程、机制运行以及文化表征等。

2）世界人居环境理论

国外人居环境理念一直蕴含在城市规划学中，早期城市的发展规划与建筑并未对人类生活环境、生态健康等环境问题进行大规模研究。直至20世纪50年代希腊建筑学家C. A. 道萨迪亚斯（C. A. Doxiadis）首次提出人类聚居概念以后，不同学科的专家与学者开始加入这一研究领域，不断地探索着城市人居环境学科的内涵与理论（见表1-2）。

表1-2　不同视角下的人居环境研究

研究视角	代表理念	主要内容
自然观	田园城市——霍华德	理想城市应兼有城与乡二者的优点，并使城市生活和乡村生活像磁体那样相互吸引、共同结合。田园城市是为了健康、生活以及产业而设计的城市，它足以提供丰富的社会生活，但不应超过这一程度；四周要有永久性的农业地带围绕，城市的土地归公众所有，由一个委员会委托管理
自然观	区域规划理论——盖迪斯	提出了人类居住地域土地之间现已存在的决定地方经济性质的细微内在关系，并提出地点—工作—人的关系。盖迪斯认为人们对城市的要求是多样化的，他强调公众参与以及必须把城市变成一个活的有机体，并且将城市科学（Urbanology）引入城市规划术语中，并力求在实际的和可能的适应和美的意义上发挥每个地方的最大作用
功能与结构	邻里单位——佩里	主张扩大原来较小的住宅街坊，以城市干道所包围的区域作为基本单位，建成具有一定人口规模和用地面积的"邻里"，使居民有一个舒适、方便、安静、优美的居住环境
功能与结构	雅典宪章	思想基础是物质空间决定论，认为通过物质空间变量的控制，以形成良好的环境，则可自动地解决城市中的社会、经济、政治问题，促进城市的发展和进步。其核心内容是提出功能分区，指出居住、工作、游憩和交通是城市的四大基本活动，其中居住是城市的第一功能。通过依据城市活动对城市土地使用进行划分，并强化功能分区及它们之间的机械联系。指出城市规划的基本任务是制定规划方案，建立各功能分区在终极状态下的"平衡状态"

续表

研究视角	代表理念	主要内容
社会生态	同心圆增长理论——伯吉斯	认为城市的自然发展将形成5~6个同心圆形式，它是竞争优势及侵入演替的自然生态的结果。著名的土地经济学家H.霍伊特（H. Hoyt）于1933年根据美国许多城市的实际情况提出了扇形理论。哈里斯（Harris）和E. L.厄曼（E. L. Uiman）考虑了汽车的重要影响而提出了多核心理论（1945）等三大经典模式创造性地分析了居住区在城市中的分布
人地关系	城市地理学区位论	从空间的角度研究住宅建设的区位和空间组织与规划等问题。国外城市地理学家注重研究技术的发展对城市空间形态的影响，以及对居住区位的影响，如杜能的农业区位论研究了居住空间结构形成的机制，克里斯特勒研究居民点空间分布的中心地等级体系等。西方地理学者对城市人居环境的研究主要包含在城市空间结构研究中，重要领域包括住宅与房地产，并形成专门的住宅地理学（Geography of housing）
人类聚居学	人类聚居学——道萨迪亚斯	强调对人类居住环境的综合研究。即人类聚居学要从自然界、人、社会、建筑物和联系网络这五个要素的相互作用关系中来研究人居环境
	马丘比丘宪章	宣扬社会文化论，认为物质空间只是影响城市生活的一项变量，并不能起决定性作用，而起决定性作用的应该是城市中各人类群体的文化、社会交往模式和政治结构

第二次世界大战后，道萨迪亚斯创立了人类聚居学（Ekistics）。20世纪80年代，世界人居日和人居环境奖的设立使得人居环境问题得到更广泛的研究与关注。随着人口的急剧增长、城市居住环境不断恶化，人居问题开始受到世界各国的广泛关注。无论是发展中国家还是发达国家都面临着类似的人居问题：城市人口急剧膨胀、交通拥堵不堪、城市基础设施每况愈下，等等。人居环境的恶化严重威胁着人们的生活质量与生命健康。为此，1985年12月17日第41届联合国大会确定每年10月的第1个星期一为世界人居日，以号召各国政府和全社会对解决人居问题的重视，号召全世界为人居发展做出努力。随后，1989年，联合国人居中心设立"联合国人居奖"，目的是鼓励和表彰世界各国为人类住区发展做出杰出贡献的政府、组织、个人和项目。2002年1月1日，联合国大会通过决议，将人居中心提升为联合国系统内的一个成熟机构，由此诞生了联合国人类住区规划署（UN-Habitat），简称联合国人居署，负责制定城市发展新战略，以及未来15年的住房目标。

联合国人居署2009年发布的《全球人居环境报告》提出了21世纪人居环境建设面临的挑战。一是环境保护问题严峻。全球极端气候现象正在加剧，资源短缺、粮食不足等困难都在威胁人类的生存。二是全球化带来的极化效应使就业的结构性矛盾更加突出，就业不足和收入差距扩大是未来发展的长期趋势。三是传统的自上而下的行政管理方式受到社会力量的挑战，城市政府必须适应从"管制"（government）到"管治"（governance）的转变。四是发展中国家的快速城镇化对城市承载能力造成巨大压力。大量人口涌入城市，对城市提供基础设施服务、抵御自然灾害、提供就业以及创造公平的社会环境等能力是一个严峻的考验。五是社会分化导致城市空间的分化，传统的社区和公共空间逐渐衰落，城市边缘区大量滋生，社会隔离与社会安全问题日益突出。

联合国人居署2016年汇编整理了世界人居运动的主要发展历程。从第二次世界大战结束后世界城镇化不到30%，逐步走过了战后，到1960年时世界有10亿人口住在城市。城镇化随着"人居一""人居二""人居三"的历程逐步发展（见表1-3），展望不远的未来，世界上将有60%~70%的人会住进城市，这就是世界城镇化进程。随着人们迁入城市，居住的情况也会发生重大变化。过去所说的城市人口多数居住在基础设施相对完整的区域内，而在快速城镇化过程中，非正规的居住情况越来越多，特别是在发展中国家。随着城镇化的进程，非正规居住的情况会进一步加剧，人居环境问题将在世界上得到更多的关注。

表1-3　3次联合国人居大会

名称	时间/地点	相关文件
人居一	1976年5月31日—6月11日，加拿大温哥华	《温哥华人类住区宣言》等3个基本文件和5个决议，构成了迄今为止联合国人居署授权的基石
人居二	1996年6月3—14日，土耳其伊斯坦布尔	通过了《伊斯坦布尔人类住区宣言》（*The Istanbul Declaration on Human Settlement*）和《人居议程》（*Habitat Agenda*），是各国政府、联合国组织、发展机构、非政府组织和独立团体建设人类住区的指导性文件
人居三	2016年10月17—20日，厄瓜多尔基多	正式通过具有里程碑意义的成果文件——《新城市议程》。它是联合国2030年可持续发展目标的组成部分，更是一份着眼于行动的文件，将为未来城市可持续发展设定全球标准，有助于我们重新思考应当如何建设和管理城市以及如何在城市中生活

来源：毛其智. 中国人居环境科学的理论与实践[J]. 人类居住，2019（4）：26-36.

3）国内人居环境理论

"天人合一"传统人居思想

我国的传统人居环境思想融合于古代的传统文化之中。从讲究风水理论的宫廷建筑到注重山水诗文的田园村镇，无一不彰显着环境生态宜居的理念。无论是"官"文化的宫廷建筑，还是"士"（雅）文化的园林建筑，再到"俗"文化的民居建筑，他们始终遵循着自周朝以来的原始人文、地理的文化思想体系——中国风水。中国风水学术思想早在春秋战国之际就已受到活跃的各种文化思潮的影响而初见雏形，而后经过漫长发展、成熟、完善，并一直主导着中国传统建筑的环境观念。"天人合一"环境观念强调人居环境应与自然环境相协调适应，广泛应用风水学说指导建筑选址规划，创造富有地域特色的山水城市，崇尚"中和美"的环境美学观，创造了极富特色的自然式中国园林艺术，把"意境美"的追求作为人与自然相和谐的最高审美理想。

理想栖居的田园生活：桃花源

在一千多年前的南北朝时期，陶渊明笔下的桃花源是这样一番景象："土地平旷，屋舍俨然，有良田、美池、桑竹之属。阡陌交通，鸡犬相闻。其中往来种作，男女衣着，悉如外人，黄发垂髫，并怡然自乐。"陶渊明描绘出一幅美好的人居图景，这里的人们顺应自然，活得宁静富足、怡然自得。在这里，人与自然和谐共存，人与人和谐相处，这种理想的美景多少年来一直激发着人们对美好家园的无限遐想。

诗画相融的传统园林

我国传统园林是集"真、善、美"于一体的"可居、可游、可行、可观"的理想天地。中国传统园林是理想化、审美化的，其一贯注重植物景观的营造，选择植物题材更有许多传统的手法和独到之处。中国园林植物造景深受历代山水诗、山水画、哲学思想甚至生活习俗的影响，在选择植物上十分重视植物体现出的人的"品格"；形式上注重色、香、韵，不仅为了绿化，而且还力求能入画，要具有画意；意境上求"深远""含蓄""内秀"。情景交融、寓情于景。喜欢"诗中有画、画中有诗"的诗情画意般精巧玲珑的景点布置，偏爱"曲径通幽"的环境。

根据文献记载，早在商周时期我们的先人就已经开始了利用自然的山林、川泽、鸟兽进行初期的造园活动。最初的形式为囿。囿是指在圈定的范围内让草木和鸟兽滋生繁育；还挖池筑台，供帝王和贵族狩猎和享乐。西周时期，周文王曾建"灵囿"。唐宋时期园林进入成熟阶段，官僚及文人墨客自建园林或参与造园工作，将诗与画融入园林的布局与造景中，反映了当时社会上层阶级的诗意化生活要求。另外，唐宋写意山水园林在体现自然美的技巧上取得了很大的成就，如叠石、堆山、理水等。明清时期，园林艺术进入精深发展阶段，无论是江南的私家园林，还是北方的帝王宫苑，在设计和建造上，都达到了高峰。现代保存下来的园林大多属于明清时代，这些园林充分表现出中国古代园林的独特风格和高超的造园艺术。

师法自然，融于自然，顺应自然，表现自然——这是中国古代园林体现"天人合一"的民族文化所在，是独立于世界之林的最大特色，也是永具艺术生命力的根本原因。

风水理念的城郭选址

风水即相地之术，也叫地相，古称堪舆术，即临场校察地理的方法，比较完善的风水学问起源于战国时代。风水的核心思想是人与大自然的和谐，早期的风水主要是有关宫殿、住宅、村落、墓地的选址、坐向、建设等方法及原则。

"负阴抱阳"最先在《老子》中被提出。风水理论的"负阴抱阳"有两层意思：一是背负高山、面对江河，与《管子》讲的建都条件完全一致；二是背北向南，即坐北朝南，争取充足的阳光。古人用"负阴抱阳，背山面水"来概括风水观念中选择宅、村、城镇基址的基本原则和格局（见图1-1）。

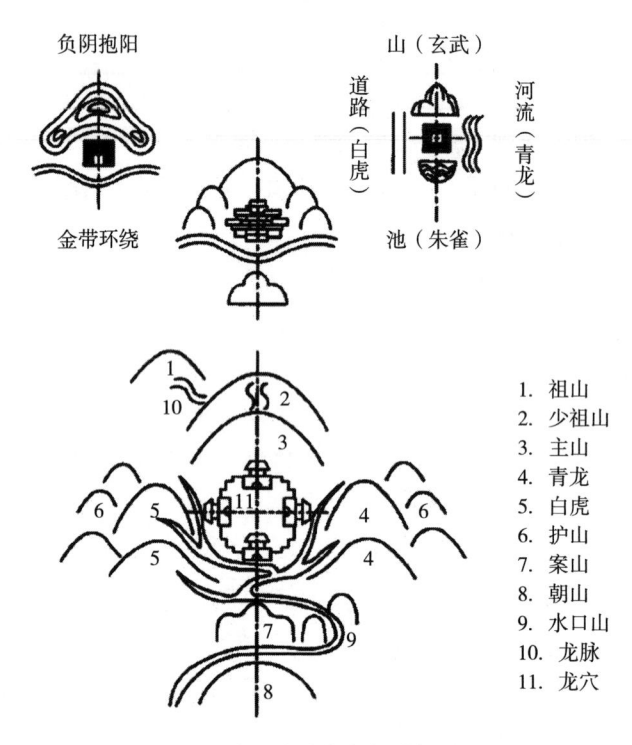

图 1-1　风水理念的住宅与城郭最佳选址

吴良镛与人居环境科学

我国的人居环境问题研究始于吴良镛院士。他认为人居环境的核心是"人"，人居环境研究以满足"人类居住"需要为目的；自然是人居环境的基础，人的生产生活以及具体的人居环境建设活动都离不开更为广阔的自然背景；人居环境是人类与自然发生联系和作用的中介，人居环境建设本身就是人与自然相联系和作用的一种形式，理想的人居环境是人与自然的和谐统一，或如古语所云"天人合一"；人居环境内容复杂，人创造人居环境，人居环境又对人的行为产生影响。根据吴良镛院士的研究，人居环境是由五个系统组成的，分别为自然系统、人类系统、社会系统、居住系统和支撑系统。

吴良镛是中国人居环境科学的创建者。他建立了以人居环境建设为核心的空间规划设计方法和实践模式，为实现有序空间和宜居环境的目标提供了理论框架。吴良镛发展了整合建筑学、城乡规划学、风景园林学等核心学科的方法；针对实践，提出了区域协调论、有机更新论、地域建筑论。组织科学共同体，发挥各学科优势；成功开展了从区域、城市到建筑、园林等多尺度、多类型的规划设计研究与实践。2001年，《人居环境科学导论》出版（吴良镛著）。他说："人居环境科学尚在初创之中，现在只是粗略勾勒其轮廓，以有助于人们的思考。总目标是通过理论研究与建设实践的努力，探索一种以研究改进、提高人居环境质量为目的的多学科群组，融贯包括自然科学、技术科学、人文科学中与人居环境相关的部分，形成一新的学科体系——人居环境科学[16]。"

吴院士从城镇居民点都包含自然系统、人类系统、社会系统、居住系统和支撑系统五大系统的原则出发，提出了解决人居环境的五项原则——正视生态的困境，提高生态意识原则；人居环境建设与经济发展良性互动的原则；发展科学技术，推动经济发展社会繁荣与人居环境建设方式多样化、技术多层次的原则；关怀广大人民群众，重视社会发展整体利益的原则；科学追求与艺术创造相结合的原则。

国内人居环境建设实践

人居环境科学是研究人类聚居及其环境相互关系与发展规律的科学。中国的人居环境科学理论与实践是改革开放40周年的标志性成果之一。中华人民共和国成立70多年以来，我国城乡居民的居住与生活条件得到大幅改善。

1996年6月"人居二"大会以来，中国政府根据会议提出的"人人享有适当住房"和"城镇化进程中人类住区的可持续发展"两大主题，在城市人居环境建设方面，加大改革力度，取得了举世瞩目的成就。

党的十七大报告明确将"住有所居"列为社会建设与政府工作的一项重要内容。2001—2010年，中国住房保障工作由起步阶段进入了快速发展时期。国务院先后制定出台了《关于促进房地产市场持续健康发展的通知》《国务院关于解决城市低收入家庭住房困难的若干意见》《国务院办公厅关于促进房地产市场平稳健康发展的通知》《国务院关于坚决遏制部分城市房价过快上涨的通知》《国务院办公厅关于进一步做好房地产市场调控工作有关问题的通知》等一系列政策文件，明确了市场加保障的住房发展基本思路，并确定了以廉租住房、公共租赁住房、经济适用住房、限价商品住房、各类棚户区改造、廉租住房租赁补贴为主要内容，层次丰富的城镇住房保障体系。

2013年以来，住房保障工作取得历史性成就。党中央、国务院高度重视解决困难群众住房问题。习近平总书记指出，加快推进住房保障和供应体系建设，是满足群众基本住房需求、实现全体人民住有所居目标的重要任务，是促进社会公平正义、保证人民群众共享改革发展成果的必然要求。经过长期努力，特别是党的十八大以来，我国住房保障体系不断完善，住房保障能力持续增强，帮助越来越多的住房困难群众改善了居住条件，为促进实现全体人民住有所居的目标发挥了重要作用。近10年，我国城镇居民住房条件明显改善。根据第七次全国人口普查数据，我国城市、镇家庭户人均住房建筑面积分别达到36.5平方米、42.3平方米，比第六次全国人口普查时分别增加了7.3平方米、10.3平方米。其中，住房保障发挥了巨大作用。2013—2023年是我国历史上保障性安居工程建设规模最大、投资最多的10年，累计完成投资14.8万亿元，建设各类保障性住房和棚户区改造安置住房5900多万套，1.4亿多群众喜圆安居梦。

（2）人居环境最新进展

1）相关研究机构

国内关于人居环境科学研究的机构主要集中分布在各个高校，同时分布于各个科研院所。发文机构出现频次在20以上的机构有10个，其中，重庆大学建筑城规学院发文量最多，共有48篇，其次是辽宁师范大学城市与环境学院、清华大学建筑学院、宁夏大学资源环境学院等。这说明人居环境研究机构相对较集中，相关学者集中分布。清华大学以吴良镛院士为代表，开创了我国人居环境科学研究的先河；辽宁师范大学李雪铭教授在城市人居环境研究方向进行了一系列实证研究，取得了丰硕的成果；重庆大学在我国山地人居环境研究领域做出了有益探索；衡阳师范学院顺应国家乡村振兴战略政策需要，富有创新地探索了以"和谐人居"为核心的城乡人居环境新模式。

2）相关学位课程

人居环境科学是开放的学科体系，是一个学科群。人居环境科学是发展的，它永远处于一个动态的过程之中，其融合与发展离不开运用多种相关学科的成果，特别要借助各相邻学科的渗透和展拓，来创造性地解决繁杂的实践中的问题。因此，它们与经济、社会、地理、环境等外围学科，共同构成开放的人居环境科学学科体系。

人居环境科学与技术就是在当前的政治、经济、社会、文化以及资源环境的条件下，基于信息技术和大数据平台，解决城市人居环境的发展问题，服务于城市的规划—建设—运营管理全过程。其目标是实现经济和社会发展规划、城乡规划、土地利用规划、气候/环境保护规划等"多规合一"下的城市高效率运行与科学管理。人居环境科学是一个综合集成性学科，涉及建筑学、城乡规划学、空间与信息科学（互联网+）、地理与生态学、环境科学与工程、土木工程（防灾与减灾）等学科的交叉研究，主干学科包括城乡规划学、信息科学、环境科学与工程、建筑学、土木工程。

人居环境科学与技术专业以人居环境科学为支撑，本着"人居环境显特色、学科交叉谋发展"的宗旨，致力于在人居环境综合集成科学方面开创一条新路。该专业依据"大数据+人居环境"理念，以当代信息技术和数据科学产生的海量数据的分析利用为工具，面向智慧城市建设，以"多规合一"为目标，重构城乡规划专业人才培养模式。该专业学生需要具有社会主义核心价值观、人文情怀、文化艺术与科学精神；具有严谨求实的科学素养和敢于争先的创新意识，能够从人居环境的高度去思考人类生存问题、环境问题、城市规划方面的问题；具有能够利用互联网进行城市大数据的采集、处理、应用技术方面的能力；具备良好人际交往沟通能力、分析能力、解决复杂问题能力等综合性能力。

在我国当前新型工业化、信息化、城镇化发展及农村人居环境整治的大背景下，发挥高校土建和环境类多学科交叉办学资源优势，在开创"大数据+智慧城市"新工科专业方向的同时，促进相关传统专业（包括土木工程专业、建筑环境与能源应用工程、环境科学专业）在"互联网+"背景下的更新改造升级，培养能够在未来智慧城市建设方面发挥引领作用的优秀人才。

根据《西安交通大学本科生专业选择及转专业管理办法》（西交教〔2017〕65号）、《西安交通大学2022年本科招生章程》，2022年高考以单独代码"工科试验班（智慧人居）"、国家专项或提前批"工科试验班（智慧能源与智能制造类之人居学院）"录取的学生，在建筑学专业（五年制）、人居环境科学与技术专业（四年制）中进行专业选择（见表1-4）。

根据教育部发布的普通高等学校本科专业目录（2024版）信息可知：人居环境科学与技术属于本科专业。

表1-4　人居环境科学与技术专业代码

专业名称	专业门类	专业代码
人居环境科学与技术	工学	082805T

（3）人居环境主要问题与发展趋势

1）多学科融合、体系化思维以实现多元化发展

缺乏融合是当前许多学科面临的问题，但对人居环境科学尤为关键。人居环境科学的思维属于综合科学思维，可是过去百年的建设却大相径庭，如今已经发展到不得不改的地步。以往分析、分解、分离式的科学思维与解决城乡人居环境综合性问题背道而驰，只解决单一局部的问题避免不了片面、顾此失彼，甚至适得其反。因为这些问题并不单一，也不局部，相反，是与其他问题相连相生的，是人居整体问题的一部分。"螺丝钉"式的思维左右了人居环境过去百年的思考，限制了人类的想象力。

近代百年各个学科各自为政、专业分工越来越细，使情况日趋恶化。现代科学技术在高度发展解决问题的同时，使问题聚焦、单一、极化，让原本构成整体的组件相互解体分离。以城市为代表，现代人居环境缺乏整体解决的情况日趋严重，与其他专业部门的沟通协作也更显不够。人居环境科学由多学科组成，需要综合整合思维。人居环境问题涉及多学科专业：自然科学、社会科学、工程技术三大领域，包括地质、地理、水文、林学、气候、土木、环境、水利、生态、经济学、社会学、美学、心理学、哲学、建筑学、城乡规划学和风景园林学等多学科。其诸多问题错综复杂、缠绕交织，条分缕析既不能完美解决单一问题，更不能解决实际综合问题。以综合、系统、体系化的思维、方法和技术解决问题，需要多学科多专业的科学和技术协作，这已成为当今城市发展的根本。

2）工业化、信息化建筑科技赋能实现人居环境新模式

第四次工业革命到来后，人们利用科技生态促进开放式创新，让高新技术成为提高人居环境场景迭代的加速器，为人居环境的发展创造无限可能。建筑科技走过1.0时代的数据可视化分析阶段，进入2.0的网站与手机应用时代，现如今正在迈入3.0大数据和人工智能阶段，越来越多的核心技术被应用在人居环境的不同场景中，融合人、事、地、物、情、

组织等共同提供服务（见图1-2）。在2020年11月发布的"十四五"规划建议中，明确指出要"加快第五代移动通信、工业互联网等建设；加强数字社会、数字政府建设，提升公共服务、社会治理等数字化智能化水平"。科技可以融合多种技术与平台，结合积累的用户数据与未变现的资源能力，实现人居环境的快速转换，助力人居环境开发新模式。

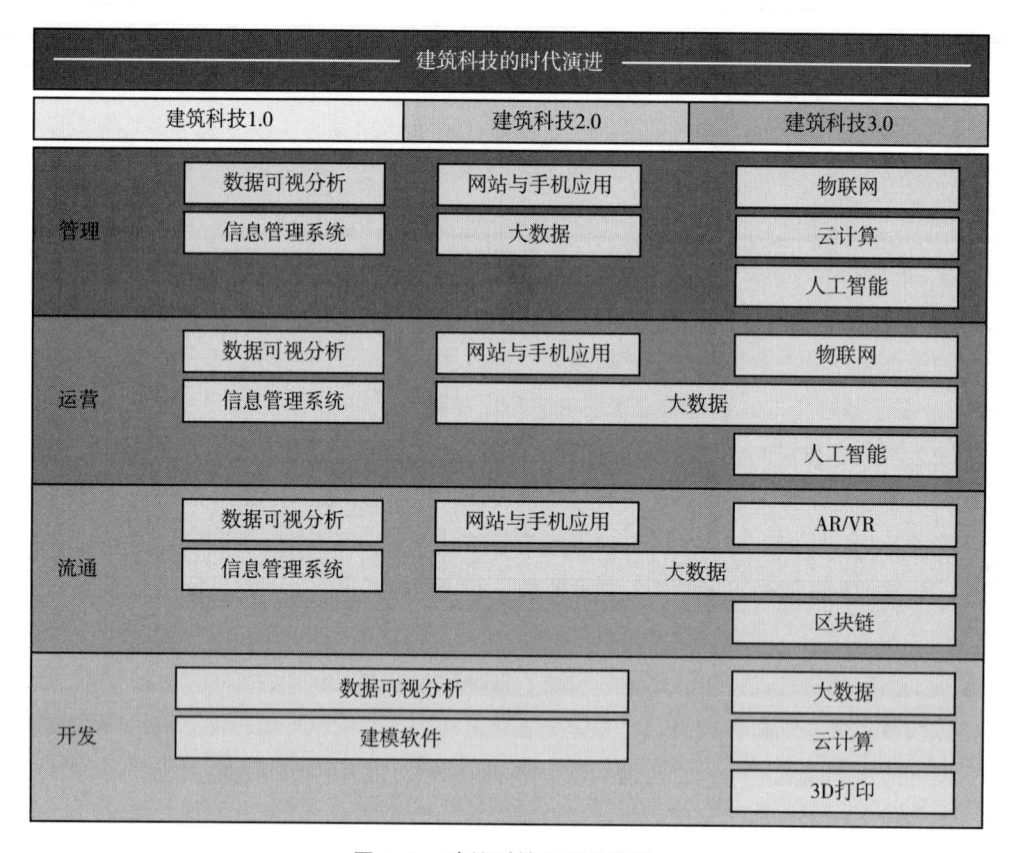

建筑科技的时代演进		
建筑科技1.0	建筑科技2.0	建筑科技3.0

管理
- 数据可视分析 / 信息管理系统
- 网站与手机应用 / 大数据
- 物联网 / 云计算 / 人工智能

运营
- 数据可视分析 / 信息管理系统
- 网站与手机应用 / 大数据
- 物联网 / 人工智能

流通
- 数据可视分析 / 信息管理系统
- 网站与手机应用 / 大数据
- AR/VR / 区块链

开发
- 数据可视分析 / 建模软件
- 大数据 / 云计算 / 3D打印

图1-2 建筑科技的时代演进

人居环境要聚焦老有所养、幼有所交、宜居宜业的全周期价值导向。人居环境应该迈向多层次和多样化的发展，能够满足不同年龄群体的主导需求，兼容不同社区场景。对于婴幼儿来说，人居环境应根据婴幼儿不具备主观判断能力这一特征设计安全建筑和处理突发危机装置，开发适合婴幼儿成长的活动健身场所。从青少年的角度出发，人居环境的建设应注重对青少年的成长引导。而对于成年人而言，重要的是更好地平衡生产和生活两大模块，人居环境中要尽可能实现两者的兼容。老年人则需要更多的服务和照顾，通过重构邻里关系、打造老年食堂、建立健康管理中心和锻炼场所，满足老年人的社交和医疗需求。

（五）城市科学专业领域研究进展

1. 城市科学发展历程概述

芒福德在《城市发展史》中提到，"追溯城市的起源，重构城市秩序，为城市寻求一种新的发展形式成为可能[17]。"这也是他研究城市发展的目的。20世纪80年代的城市科学研究以复杂科学为方法，围绕城镇化与城市地理过程展开。20世纪80年代我国城镇化初期，钱学森等就城市问题复杂性的特点，提出需要用开放的复杂巨系统理论去研究城市，要重视城市科学的研究，并强调要以马克思主义哲学为指导，以政治学、经济学、地理学等作为科学基础结合城市规划、土木工程等工程技术发展综合研究城市，形成城市科学研究的系统性理论体系（见图1-3）。改革开放40多年来，城市科学研究作为整个科技工作的一部分，紧紧围绕振兴经济，实现"四化"这一中心，力求在学科发展和政府决策中发挥作用，同时围绕城镇化发展中的热点、重点、难点问题，开展多视角的学术研究活动[1]。

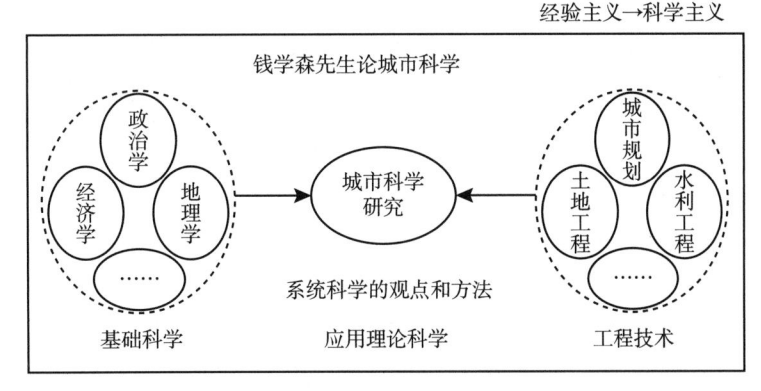

图1-3 钱学森论城市科学
来源：王凯，探寻规律、转变模式与风险防控——中规院"十四五"规划领域科技项目纵览，第19届中国城市规划学科发展论坛

城市科学作为一门应用科学，是将解决关于城市问题的策略研究为目的的系统科学，城市科学具有开放性，受同时代的自然和社会科学成果的直接影响，也是这些成果的"集大成"者。

仇保兴在城市科学学科的会议中分析城市科学的发展及演变，从欧洲的三大运动和霍华德的"田园城市"理论、到功能与理性主义、雅典宪章、再到综合规划系统分析的时代、最后回归现实社会问题，从公共政策分析的日益兴起、现代主义和后现代主义的冲突，生态、社会与经济效益的均衡——精明增长，山水城市人居科学与复杂科学及数字城市等多个方面介绍了城市科学的相关理论和发展，并进一步总结出城市科学发展的主要特点和未来发展趋势，即由建筑师设计师强调的"空间形态学派"和人文学者强调的"文化主体学派"，在城市科学研究演变历程中长期相互博弈，转向新时期数字时代，城市主体被赋予"新四力"，主观能动性和自主能量空前高涨，第三代系统论进入推广、应用期；现代大城市已成为全球竞争的主角，决定科学创新生态体系能级的是"主体的学习力"和多样化的公共品结构；城市使当代人生活更美好，同时造就了更迅猛的创新。如何实现城市的绿色、低碳、可持续发展成为当今城市科学研究的主题。

2. 城市科学学科最新研究进展

为积极贯彻党的二十大精神，加快构建新发展格局，推动城乡融合和区域协调的高质量发展，推动绿色发展、促进人与自然的和谐共生，落实"十四五"国家科技创新规划和基础研究十年规划相关部署，在新型城镇化与人居环境研究背景下，促进城市科学学科的健康发展、引导相关新兴学科培育、促进各学科的交叉融合、引领城市科学产学研协同创新，城市科学的研究以城市为对象，以城镇化和人居环境研究为理论背景和基础，系统开展组织、研究工作。城市科学学科发展研究系统梳理和分析了近年来我国城市科学的发展现状，研究、总结了近年来我国城市科学的研究热点与重要进展，比较国内外城市科学发展状况，总结城市科学学科发展的趋势及展望，并针对我国城市科学的相关重点、热点领域，开展专题研究，特别是对人文城市、智慧城市、低碳城市、健康城市、韧性城市、海绵城市、生态城市、宜居城市、城市更新、新城市科学十大领域的总体情况、发展特点和规律的研究，评析近年来各领域的主要问题，提出我国城市学科发展的重点方向和主要趋势。

（1）人文城市

党的二十大报告提出，健全现代文化产业体系和市场体系，实施重大文化产业项目带动战略。加大文物和文化遗产保护力度，加强城乡建设中历史文化保护传承，建好用好国家文化公园。坚持以文塑旅、以旅彰文，推进文化和旅游深度融合发展。城市的人文特色是城市在发展的历史长河中不断积累和沉淀的非物质财富，而这些财富蕴藏、承载于城市物质空间中的历史文化名城、历史文化街区和历史文化建筑等保护单元中。因此，做好文化遗产保护是传承和延续城市人文的关键。

近年来，人文城市的建设工作不断得到加强和重视，《国家新型城镇化规划（2014—2020年）》适时提出"注重人文城市建设"，其中指出，"要顺应现代城市发展新理念新趋势，增强历史文化魅力，全面提升城市内在品质"，并明确提出了建设人文城市的目标。历史文化保护作为城市更新的几大任务之一，成为城乡建设领域的重点工作。国家对人文城市的建设、对城市文明的发展，从顶层政策到基层的规划建设，都有着相当程度的重视，城市人文是人类文化的物质空间载体，文化生活的呈现和城市文化的蕴含，人文城市的建设成为检验城市文明的人文标杆。

人文城市的建设主要包括三个方面的内容，即传统文化的传承、人文城市的建设及历史文化遗产的保护。历史文化遗产保护注重新方法、新理念的提出，注重与新技术相结合,城镇建筑遗产的多尺度保护,包括保护对象从历史城镇、历史城区、历史街区、历史建筑等物质空间实体的保护,延伸到与遗产息息相关的人和社会维度上的历史文化、风土习俗等内容[18],从狭义的名城、名镇、历史文化街区和历史建筑扩展到广义的遗产保护,如非法定的历史城区、街区和既有建筑的改造和公共空间的营造[18],基于复杂适应系统论的城镇遗产的保护方式从传统的自上而下的管控式保护方式转变为"自下而上"结合"自下而上"公众参与的方式展开,遗产保护方法也从传统遗产保护方法转向与计算机、信息学等新学科、新技术相结合的保护方法。人文城市的保护、建设与发展在新时代不断更新迭代,不断衍生出新的内容和研究方法。

（2）智慧城市

从全球视角来看,智慧城市的学术研究呈现出多元化、创新性和合作性等特点。主要体现为研究主题多元化和研究方法多样化。研究主题的多元化主要是指智慧城市研究,包括城市规划、城市治理、公共服务、环境保护、交通出行、城市安全等众多方面。不同国家和地区的学者,根据本地实际情况,有针对性地研究智慧城市建设中的各个方面,并探索相应的解决方案。研究方法的多样化则体现为新技术手段的应用,包括数据分析、模型构建、实证研究、案例分析等多种方法。在各个研究领域,学者通过不同的方法手段,揭示城市现象、探索城市规律、提出改进方案,推动智慧城市的发展。

近年来,我国城市正处于新旧治理模式交替、城镇人口快速上升、信息技术蓬勃发展阶段,智慧城市的出现和建设发展也顺应了我国城镇化发展需求。政策文件的密集出台,从总体架构到具体应用等角度分别对智慧城市建设提出了鼓励措施。智慧城市的建设主要有十大重点,涵盖智慧城市设计、建设、运营、管理、保障等各个方面,具体来说,应包括顶层设计、体制机制、智能基础设施、智能运行中枢、智慧生活、智慧生产、智慧治理、智慧生态、技术创新与标准体系、安全保障体系。

智慧城市是指基于信息技术和网络通信技术,运用智能感知、智能分析和智能决策等技术手段,对城市进行高效管理、优化资源配置、提供便捷服务,并不断提升城市治理能力和社会经济发展水平的城市形态。我国政府将智慧城市定义为"运用物联网、云计算、大数据、空间地理信息集成等新一代信息技术,促进城市规划、建设、管理和服务智慧化的新理念和新模式"。李德仁院士等学者认为智慧城市是城市全面数字化基础之上建立的可视化和可量测的智能化城市管理和运营,包括城市的信息、数据基础设施以及在此基础上建立网络化的城市信息管理平台与综合决策支撑平台[19]。即智慧城市 = 物联网 + 互联网；之后在2014年又继续升华定义为智慧城市 = 数字城市 + 物联网 + 云计算。仇保兴认为智慧城市的本质是通过综合运用现代科学技术整合信息资源、统筹业务应用系统、优化城市规划建设和管理的新模式,是一种新的城市管理生态系统[20]。

（3）低碳城市

为积极应对气候变化,努力控制温室气体排放,履行《巴黎协定》,中国承诺将在2030年左右达到碳排放峰值，单位国内生产总值碳排放强度相对于2005年下降60%~65%，并在2030年前将非化石能源占一次能源消耗的比重提高到20%。为应对全球气候变化，早在2011年，中国就在"十二五"规划纲要中提出单位国内生产总值二氧化碳比下降的具体目标，随后，出台了一系列诸如《"十二五"节能减排综合性工作方案的通知》《碳排放权交易管理暂行办法》等低碳政策，这反映出中国为应对气候变化所做出的努力。《2021年新型城镇化和城乡融合发展重点任务》进一步要求加快低碳绿色城市、新型绿色城市等现代化城市建设，深入推进工业、建筑、交通等领域绿色低碳转型。

低碳城市理论的发展经历了从概念提出、内涵界定、评价指标到实践探索等阶段，目前仍在不断完善和创新中。低碳城市理论的核心问题是如何构建低碳城市发展模式，即如何在保障城市功能和民生福祉的前提下，优化城市产业结构、空间结构、交通结构和能源结构，实现城市碳排放与经济增长的脱钩。

低碳城市理论的发展转变体现在以下几个方面：

一是从单一视角向多维视角转变，即从单纯关注碳排放量向关注碳排放强度、碳消纳能力、碳中和目标等多个方面拓展。

二是从静态评价向动态评价转变，即从单纯考察某一时间点的碳排放水平向考察不同时间段的碳排放变化趋势和影响因素转变。

三是从定量分析向定性分析转变，即从单纯依赖数据和模型向综合考虑政策、制度、文化等软性因素转变。

四是从理论研究向实践应用转变，即从单纯探讨理论框架和评价方法向提供具体的规划建议和政策建议转变。

（4）健康城市

健康城市是世界卫生组织（World Health Organiza-tion，WHO）倡导健康场所运动（healthy settings move-ment）中最著名和最大的场所健康促进方法[21]。"健康城市"一词最早出现于1984年加拿大举办的"2000年健康多伦多"国际会议中的一篇讲演中。1994年，世界卫生组织将健康城市定义为"健康城市应该是一个不断开发、发展自然和社会环境，并不断扩大社会资源，使人们在享受生命和充分发挥潜能方面能够互相支持的城市"[22]。傅华等给健康城市下了一个通俗易懂的定义，所谓健康城市，是指从城市规划、建设到管理各个方面都以人的健康为中心，保障广大市民健康生活和工作，成为"人类社会发展所必需的健康人群、健康环境和健康社会有机结合的发展整体"[21]。汉考克（Hancock）教授2019年在新西兰召开的IUHPE第23届世界健康促进大会提出"健康城市2.0——朝着一个星球的城市"，并指出：从系统论的角度，在全球化时代，地球上每一个人的健康都与其他人的健康息息相关。城镇化也是一个全球化的问题，化解城市化的潜在风险需要全世界尤其是生活在城市里的居民共同努力[23]。健康城市本身是一个动态的概念，是一个充分积淀时间进程的方案，健康城市的内涵也将不断丰富和扩展[19]。随着人们对健康决定因素理解的逐步深化，现代健康城市理念日渐成熟，即健康城市不仅包含自然环境健康、居民健康，也应包括社会环境健康[24]。

(5) 韧性城市

"韧性"这个词源自物理学，并于20世纪70年代，被引入生态学中，即"在应对自然灾害和气候变化时，生态系统受到扰动后，系统能够维持正常运行的能力"。随后，戈德查尔克（Godschalk）提出韧性城市应该是物质系统和人类社区组成的可持续网络，具备应对极端事件、极端压力下生存和运转的能力。国际"韧性城市联盟"（Resilience Alliance）则认为韧性城市是城市系统能够消化并吸收外界干扰，并保持原有主要特征、结构和关键功能的能力。"韧性城市"概念基本涵盖城市的防灾减灾的基本要求，为解决城市安全与可持续发展这一问题供了新视角，主要分为结构韧性、过程韧性、系统韧性三个层面。

近年来，韧性城市概念及其内涵愈发丰富。国外对于韧性城市的研究已经扩展到气候变化与韧性城市、城市灾害的风险管理、城市区域经济韧性等方面。在英国、美国等发达国家与地区也有了广泛的研究与应用。2012年，联合国减灾署启动亚洲城市应对气候变化韧性网络，洛克菲勒基金会在2013年提出城市韧性框架（CRF），并启动"全球100韧性城市"项目。2015年，联合国通过《2030年可持续发展议程》，将减轻自然灾害风险、实现社会灾害韧性纳入目标和指标体系。2020年年初，新冠肺炎疫情的全球传播给全世界带来沉痛的打击，由此，2020年10月28日，由联合国减灾办公室（UNDRR）领导的创建韧性城市2030直接把"韧性"提高到最高层次，并确定最终目标是：确保城市在2030年前实现包容、安全性、韧性和可持续性。当前，韧性理念已深入城市风险治理的方方面面，韧性已然成为全球发展共识。

(6) 海绵城市

海绵城市是指城市能够像海绵一样，在适应环境变化和应对自然灾害等方面具有良好的"弹性"，下雨时吸水、蓄水、渗水、净水，需要时将蓄存的水"释放"并加以利用，提升城市生态系统功能和减少城市洪涝灾害的发生[25]。

海绵城市的本质是以可持续发展的眼光来协调、解决城镇化进程及伴随其产生的资源环境问题之间的矛盾[26]。从水生态系统的构建和服务角度来看，海绵城市的理论核心是增强生态系统的整体服务性功能体系，建立多种尺度上（流域或区域宏观尺度，城区、乡镇或村域中观层面，以及微观层面的具体建设单元）的水生态设施，并结合多类具体技术共同建设水生态基础设施[27]。海绵城市基于多技术、跨尺度的水生态基础设施建设与规划，是对城市排水思路由传统的快排模式向雨水资源化利用的转变，是城市建设在价值观上对雨水资源、生态环境、旱涝灾害等问题的弹性适应与灵活应对。海绵城市通过对原有生态系统的保护、修复、低影响开发等途径，以及机制建设、规划调控、设计落实、建设运行管理等过程，实现径流总量控制、径流峰值控制、径流污染控制和雨水资源化利用。

近年来由于城镇化水平不断提高，城市规模扩大、人口增加、规划编制不科学、工程设施建设标准滞后以及忽视绿色设施建设等，直接导致或加剧了水资源短缺、城市内涝、面源污染，甚至水系统整体功能退化等一系列严重问题。因此，建设能够协调资源利用与环境保护之间关系的海绵城市，是城镇化进入可持续发展转型时期的必然举措。

（7）生态城市

生态城市（Eco-city）作为目前被广泛认可的一种城市发展模式，是20世纪70年代由联合国教科文组织在人与生物圈计划中率先提出的概念，经过近50年的发展，其理论不断演进和深化，示范实践也在世界许多城市广泛展开，遍布世界各大洲。德国、英国、芬兰、挪威、奥地利、匈牙利、意大利、斯洛伐克、西班牙、瑞典、新西兰、美国、加拿大、澳大利亚、阿根廷、南非、新加坡、巴西、日本、韩国、印度、阿联酋等国家都相继开展了不同规模和类型的示范建设活动，并取得了诸多成功经验。尽管在具体的概念上学术界仍有不同的阐述，但推动城市转型发展已成为人类的共识，是人类践行生态文明的必由之路。全球生态城市正在积极发展。

"生态城市"的概念起源于20世纪70年代，经过近50年的发展，理论与实践不断拓展与深化，国内外在理论和实践层面对其有不同的解释和发展。国外阶段：20世纪70—80年代，提出建设可持续城市和生态化城市的概念，重点在环境保护和资源节约。20世纪90年代，提出生态城市理念，强调城市与周边生态环境的和谐共生。重要理论有生态足迹理论和生态容量理论。21世纪，进一步提出碳中和城市、智慧生态城市等理念，加强气候变化减缓和适应。国内阶段：20世纪90年代，引入生态城市理念，提出建设环境友好城市和生态化城市。2000年起，形成生态城市理论体系，提出生态城市内涵、特征和建设内容，形成技术规范和标准。"十二五"期间，政府提出生态文明城市试点，加强生态城市建设。近年来，提出建设可持续发展城市、智慧生态城市、无废城市、碳中和等，生态城市建设取得长足进步。

（8）宜居城市

宜居城市是指经济、社会、文化、环境协调发展，人居环境良好，能够满足居民物质和精神生活需求，适宜人类工作、生活和居住的城市，即人文环境与自然环境协调，经济持续繁荣，社会和谐稳定，文化氛围浓郁，设施舒适齐备，适于人类工作、生活和居住的城市。这里的宜居不仅是指适宜居住，还包括适宜就业、出行及享有充足的教育、医疗、文化资源等多项内容。

长期以来，中国快速的城镇化发展带来了环境污染、交通拥堵、服务设施缺失、城市历史和文化特色消逝等一系列的城市病，制约了城市宜居性的发展。建设宜居城市已成为现阶段我国城市发展的重要目标，对提升城市居民生活质量、完善城市功能和提高城市运行效率具有重要意义。

（9）城市更新

"城市更新"一词来源于西方，国际上对城市更新的定义各不相同，其中广义上的城市更新指西欧国家第二次世界大战结束后至今的城市建设，狭义上的城市更新指20世纪70年代为解决城市问题而采取的城市建设手段[28]。

我国城市更新的概念于20世纪80年代开始才被记录在文献上，相关研究也是那时候才开始展开的。但是我国城市更新行动于中华人民共和国初期便已开始进行。如中华人民共和国初期的"环境整治"、改革开放后的"旧城改造"、20世纪90年代的"有机更新"、21世纪初的"城市复兴""城市再生"和现在的"城市更新行动""微更新"等。

我国城市更新的政策逻辑可以分为渐进型政策探索、开放型政策学习、激进型政策革新以及治理型更新四个阶段，各个阶段的政策着眼点随着我国城镇化所处的发展阶段的变化而不断变化。站在新的发展起点，我国城市更新的政策逻辑发生了根本性的改变，有必要从"以人民为中心"的逻辑出发，构建城市更新行动的整体性治理政策框架。整体性治理下的城市更新行动不仅是物理空间的改造工程，而且是一个"以人民为中心"的整体性治理过程，通过要素、机制、调控工具研究，厘清城市更新中的"央—地"事权、责任、利益统筹协调关系，有助于创新未来城市治理体制。从整体性治理的视角解剖城市更新行动的利益关系系统，有助于及时发现我国城镇化新阶段的特征，诊断主要矛盾，及时响应人民需求。

（10）新城市科学

以互联网产业化和工业智能化为标志，技术融合为主要特征的第四次工业革命正以一系列颠覆性技术深刻地影响和改变着我们的城市。自21世纪以来，随着人工智能、传感器、物联网、云计算等技术的迅速发展，图灵奖得主吉姆·格雷在2007年提出了"科学的四次范式发展"，他认为，当下科学研究在技术的推动下已经进入第四次范式，即数据驱动型。这些颠覆性技术将进一步在不同层级作用于城市空间。新城市科学（New Urban Science），即依托深入量化分析与数据计算途径来研究城市的学科模式，在多种新技术和新数据的支持下，以城市计算（Urban Computing）、虚拟现实（VR）、人机交互（Human Computer-interaction）等方向为代表的多学科交叉的新城市科学正在为城市设计带来革新的可能性。新城市科学提出认识城市不仅仅是理解城市空间，还需要理解网络和流动如何塑造城市，强调新城市科学在促进人们更好地理解城市系统和结构方面的作用。新城市科学提供关于城市面临的限制和挑战的新见解，丰富当前的城市规划方法，并用有利于所有城市居民的现实城市规划取代传统的自上而下规划。新城市科学从城市规模、内在秩序、特征性交通路线、构造网络的区位等多方面，介绍了从简单随机模型到自下而上的进化模型，再到交通与土地使用整合模型的模拟方法。借助这些理论和方法，新城市科学提出了设计和决策模型，以预测城市未来的互动和流。

三、国内外相关研究进展比较

城市科学具有交叉性，国际上城市研究均分散在大学的若干系科，但其主要力量还是集中在相关的城市与区域规划系、城市规划系或城市与区域研究中心。美国的麻省理工学院、康奈尔大学、宾州大学、北卡罗来纳大学、加州大学伯克利分校以及加州大学洛杉矶分校在城市感知、城市研究方面具有突出地位。俄罗斯的莫斯科大学、圣彼得堡大学，德国的柏林理工大学，英国的伦敦大学、卡迪夫大学、利物浦大学在新城市科学在城市规划与设计方面引领学科发展。法国巴黎的十二大学、日本东京大学以及东北大学等在城市交通规划领域处于领先地位。

（一）国外城市科学发展历程与现状

国外对城市的研究大致可分为三个阶段：第一个阶段是19世纪对城市的历史、社会研究；第二个阶段是20世纪前后研究城市的起源；第三个阶段是20世纪至今的现代城市科学融合信息技术等科技新理念下的城市研究。

第一阶段，在19世纪的西欧，随着工业革命的发展，第一批工业城市相继形成。在开矿、筑路、航海通商的同时，一批古代城市的遗址相继被发现或被重新考察。在此背景下，城市研究首先在英国、德国和法国三个国家开展起来，德国着重研究城市历史，法国着重研究城市的地理环境，英国则着重于工业时代城市的社会状况。F·D.康兰吉斯从人文角度研究城市，著有《历史名城》（1864年）一书，社会考察方面的有查尔斯·布什的著作《伦敦人民的劳动与生活》（1889—1891年），埃米尔·昆对于古希腊城邦进行专题研究和著述（1878年），费迪南·格里哥洛维斯对于中世纪罗马城的研究著述（1859—1872年），古希腊和古罗马城作为西方城市建设的典范[29]，对欧洲城市发展历史的研究有着重大意义。

第二阶段是20世纪前后，兴起一大批研究学者开始多视角、多角度研究城市的问题、起源与未来。19世纪末英国人霍华德的《田园城市》，对理想城市进行了构想，乌汶发表的小册子《过分拥挤的祸患》反思了工业革命之后的城市出现的问题，马西尔·波埃特以巴黎为对象进行城市的专题研究（1924—1931年）。城市起源学方面的代表思想，是美国社会心理学派的查尔斯·库里所谓"宗教中心说"，这一观点认为最初的城市是环绕宗教中心、庙宇、圣地或巨大的堡垒形成的，后来在发展中加入了政治、交通和商业贸易等方面的因素。他的这一学说对美国城市研究的影响深远。之后，德国经济学家A·F.韦伯著有《工业区位论》《19世纪城市的发展概述》（1899年）等著作，开启了区域经济研究的方向，韦伯在库里研究的基础上，发展了城市起源的学说。韦伯从经济学角度阐述了城市起源和发展，认为大城市的形成是工业革命的直接产物，同时，他认为社会文化和政治对城市的发展有辅助性作用，如立法促进了通商贸易和自由移民，人口的高度集中促使大量行政机构向城市转移,城市文明的发展,知识的扩散也同样影响着城市的发展[30]。从内容上看,这些著述关注两个方面的问题:一是城市的起源和发展的原因,二是城镇化对于人类社会组织形式的影响[29]。

第三阶段的 20 世纪以来,城市地理学、城市社会学、城市经济学逐步形成,城市研究开始不断深化。苏格兰生物学家帕特里克·盖迪斯(Patrick Geddes,1854—1932 年),最初研究生物,后来把生物生态的原理和方法应用于社会,把法国实证主义哲学创始人孔德(1798—1857 年)和勒布莱互相对立的社会学传统统一起来。后面这两个人在城市的综合规划、发展设想是有所创见的。帕特里克·盖迪斯综合了两人研究中的地理学因素和历史学因素,并且进一步把分散在各个方面的城市研究,包括实用卫生学、环境考察、住宅改进、市政工程、城镇规划等,都综合到城市社会学和建筑学的整体概念上来,分别看待各自的学科分工。至此,统一的城市研究,作为一种方法诞生。帕特里克·盖迪斯作为学者,教学与考察的实践多于著书立说,这位在西方颇有影响的人物,留下的书有两本:《城市发展》(1904 年)和《城市演化》(1915 年),此外,有大量的讲稿至今保存在爱丁堡大学的"瞭望塔",他奠定了城市与区域发展规划的思想基础,并在 1914—1924 年 10 年间参与了印度 50 座大小城市的规划工作。他在 1905 年发表的社会学论文可以说是城市社会学研究的开端。从城市科学的发展过程看,帕特里克·盖迪斯有比较突出的地位和作用。到 21 世纪初,美国、德国等社会学者韦伯、桑巴特和马克斯·韦伯(1864—1920年),继承黑格尔等人对中世纪城市的研究成果,试图对城市发展做出全面的阐释。美国人桑巴特、罗伯特·帕克和沃思等人先后在 1925 年和 1938 年开创了正式的城市生态理论研究。他们都无一例外地把美国现代大都市看作包罗万象的社会发展最高形式。例如,帕克在其代表作《城市环境中人类行为的研究》一书中说:城市是各种特殊文化现象聚合而成的文化地区,是"文明人类的自然生息地"。作为自然结构之一,城市有它自身的规律,人类不可能无限度地改变它的自然结构,或是精神道德秩序[31]。

到了 20 世纪 30 年代,有关城市、城镇化研究不断增多,从建筑、规划、设计、社会学、经济学、生态环境学等多角度研究城市,城市这一学科成果也不断涌现。其后的发展,即现代西方的城市科学研究的发展趋势,便由综合各学科相关知识的实践阶段进入基础理论与实践活动紧密结合的研究阶段,从宏观到微观,从理论研究到应用科学的城市科学的研究不断发展深化[29]。在城市发展过程中,刘易斯·芒福德从城市文化社会角度研究城市发展过程,认为城市文明是城市起源、发展和持续的关键;汉斯·库伊佩尔在《城市与国家》一书中提出,城市文化或文明与城市化息息相关,没有文明就没有城市化[32]。

工业革命以来城市快速发展,城市的规划建设多基于霍华德的花园城市理论、柯布西耶的光明城市理论以及传统建筑学相关理论,建筑学、城市规划学引导建设的城市出现了各种城市问题,简·雅各布斯敏锐地发现这些问题的根源,撰写了《美国大城市的死与生》一书,复杂性相关的研究、信息化与数据科学不断融入城市科学。此后的几十年里,城市规划、社会学等领域的学者逐渐开放视角，多学科、多角度地关注城市问题，一系列新技术、新学科不断应运而生，形成了城市研究如今分布于多学科、与众多研究方向交叉的现象。

在空间经济方面，城市的研究围绕空间地理、区域经济、产业发展、经济增长等多个方向展开。在经济地理方面，城市研究从杜能模型研究城市的起源，到弗里德曼通过空间模型研究城市的积聚、区域贸易以及城市群的发展过程，再到经济增长理论模型在城市和区域的广泛研究和应用。并在地理学和经济学领域形成城市地理学和区域经济学等学科分支。在城市经济发展方面，经济学家斯密通过看不见的"手"阐述了市场的重要作用。在经济增长研究方面，早在1988年，卢卡斯在经济发展机制一文中强调了城市在经济增长中的作用，认为城市是人力资本的集中地，于2002年，他的另一篇文章中结合经济增长理论，认为城市是先进技术积累的场所，并提出了城镇化模型。杨小凯在发展经济学中进一步分析了经济增长模型和城镇化模型。

1. 城市的可持续发展成为国际共识

随着全球气候变化的影响日益显著，国际社会越来越认识到传统发展模式的不可持续性，以及对未来代际公平的潜在威胁，国际社会已将推动城市的绿色低碳可持续发展作为全人类的共同目标。

为了实现这一目标，国际社会采取了多项措施，如制定气候变化协议、设立绿色气候基金等。联合国陆续发布《2030年可持续发展议程》《新城市议程》《巴黎协定》等协议文件，对成员国城市与区域发展政策、建议、目标、指标提出具体的要求。其中，2015年9月25日，联合国可持续发展峰会在纽约总部召开，联合国193个成员国在峰会上正式通过17个"可持续发展目标"，旨在从2015—2030年以综合方式彻底解决社会、经济和环境三个维度的发展问题，转向可持续发展道路。

在这些国际契约或政策文件中，城市或区域政府被认为是实现可持续发展的核心主体，城市的作用贯穿其中。其中，最突出的就是"可持续发展目标–11：建设包容、安全、有风险抵御能力和可持续的城市及人类住区"。此外，城市与区域的绿色低碳可持续发展已成为全球国际合作的重要领域，各国政府和国际组织正致力将其纳入国家发展策略和国际合作框架中。此外，这些努力不仅体现在政府层面，也涉及私营部门和民间社会的积极参与。

2. 信息与数字技术崛起促使城市走向智慧

国外智慧城市发展大致经过了四个阶段，包括网络基础设施建设，城市政府与企业内部信息化建设，城市政府与企业之间的互联网连接，完成数字大厦、数字社区、数字城市的建设。目前，很多国家已经开始建设智慧城市，主要集中分布在美国，欧洲的瑞典、爱尔兰、德国、法国，以及亚洲的中国、新加坡、日本、韩国。大部分国家的智慧城市建设都处于小规模、小范围探索阶段。

数字孪生是一种旨在精确反映有特定目标物理系统的模型。孪生体与对应系统之间共享输入与输出信息。物理系统可与其孪生系统协同工作，孪生系统可以传递信息、控制、协助和增强原系统。科学家正以更加现实和详细的方式使用数字孪生模型表示复杂系统的物理（基础）结构，如城市、设施和人群。当前的数字孪生模型通常采用数据分析、物联网、机器学习和人工智能相关的物理建模方法，以及新近的各种建模类型[33]，实现对现实世界的监测、诊断、回溯、预测和决策控制，用于实体城市的规划、建设、治理和优化等全生命周期管理，提高城市运行效率和市民居住体验。

（二）国内城市科学发展历程与现状

近年来，中国香港大学在城市规划与环境管理方面迈出较大的步伐。中国台湾地区的成功大学、台湾大学和台北大学城市规划与城市研究发展较快。中国内地城市科学研究比较集中的有同济大学、清华大学和南京大学。从发展现状看，同济大学突破建筑学框架发展城市规划学科，走在学科建设的前沿。清华大学近年来依托建筑学与人文社会科学的交叉发展迅速，在城市规划与设计、景观规划与设计、人居环境科学、城市住房研究、信息技术应用等领域处在国内领先地位。南京大学在城市与区域规划、城市地理学、城市经济学、城市社会学、城市历史学、城市生态学、城市环境与工程、城市地理信息系统等组成的城市科学学科群已经发展成熟。重庆大学在山地城市研究方面独树一帜。浙江大学、华中科技大学、武汉大学的城市规划与设计则处在学科发展从传统向信息化、智慧化发展转型的过程中。依托地理学发展起来的城市研究院校主要是北京大学和中山大学，这两所大学均在近两年内成立了城市与区域规划系，处在学科建设阶段。

我国的城市科学起源于建筑学，从建筑延伸到城市设计、城市规划，从而形成了城市规划学科，早期借鉴苏联的规划理论方法进行小区设计，后来逐渐引入欧洲的规划方法和美国的区划方法。我国城市科学仍以城乡规划为主要学科，早期依托同济大学和清华大学建筑系，以工科为主，中国科学院地理科学与资源研究所、南京大学、北京大学和中山大学依托人文地理，形成城市地理的研究学科。今天的城市科学学科分布在中国科学院、中国社会科学院及各高校的理科、工科、管理学、经济学、社会学等多类型院系。

1. "双碳"目标全面纳入行业和地方发展目标

中国提出"双碳"目标，以及一系列提高国家自主贡献力度的具体举措，积极参与全球气候治理，有序推进"双碳"工作，为《巴黎协定》的达成、生效和实施发挥了重要作用，是全球生态文明建设的重要参与者、贡献者、引领者，为构建人类命运共同体、共建清洁美丽世界贡献中国智慧、中国方案。

中共中央、国务院出台《中共中央国务院关于完整准确全面贯彻新发展理念做好碳达峰碳中和工作的意见》，提出推进城乡建设和管理模式低碳转型，在城乡规划建设管理各环节全面落实绿色低碳要求。国务院出台的《2030年前碳达峰行动方案》，提出要开展城乡建设碳达峰行动，加快推进城乡建设绿色低碳发展，城市更新和乡村振兴都要落实绿色低碳要求。国务院发布《关于加快建立健全绿色低碳循环发展经济体系的指导意见》

《2030年前碳达峰行动方案》等文件，将碳达峰贯穿于经济社会发展全过程和各方面。

国家碳中和目标的实现需要向下传导并落实到实体中。城市是居民、产业和能源消耗的聚集地，是碳中和的先行者，以城市为主体来规划实现碳中和将更具有实践和政策意义。

"十四五"时期，生态文明建设进入以降碳为战略方向、推动减污降碳协同增效、实现生态环境质量改善由量变到质变的关键时期。推进"双碳"工作，持续壮大绿色低碳产业，将加快形成绿色经济新动能和可持续增长极，为我国全面建设社会主义现代化强国提供强大动力。发达国家从碳达峰到碳中和一般需用40年以上甚至70年，而我国只有约30年时间，从碳达峰到碳中和的碳排放强度起点高、实现时间紧、目标任务重。

2. 信息与数字技术在国内迅速发展

城市信息系统的发展进一步促进互联网、大数据、人工智能、区块链等新一代信息技术与实体经济的深度融合，深化数字技术的创新研发和应用，从而推动智慧城市高质量发展[34]。

随着城市信息系统、大数据、人工智能、数字孪生等发展，城市从早期的数字城市演变到智慧城市、AI城市，2016年潘云鹤院士提出人工智能2.0，认为其主要特征包括大数据智能、互联网群体智能、跨媒体智能、人机混合增强智能和自主智能系统[35]。

智慧城市建设是推动我国经济改革、产业升级，提升城市综合竞争力的重要驱动力。在全球风潮影响和国家大政方针指引下，国家发展改革委、住房和城乡建设部、工业和信息化部、科技部等部委都在积极推动智慧城市建设。

我国智慧（数字）城市理论研究和关键技术体系研发仍处于起步阶段，历经十多年建设与发展，部分城市提出建设智慧（数字）城市规划，在省市信息化目标框架下开展城市生活服务型、城市规划管理型、智能交通导航型和虚拟城市导游型工程，特别在"互联网+政务服务"取得显著成效，全国一体化政务服务平台基本建成，"一网通办""异地可办""跨省通办"广泛实践。

新型智慧城市建设取得积极进展，城市信息模型平台和运行管理服务平台建设稳步推进，全国国土空间规划数字化监管平台基本建成，数字孪生流域、水网、水利工程加快建设，智慧交通、应急、广电等建设成效显著。截至2022年6月，我国数据中心机架总规模超过590万标准机架，建成153家国家绿色数据中心，行业内先进绿色中心电能使用效率降至1.1左右，达到世界领先水平。

公开数据显示，全国94%的省会已开展新型智慧城市顶层设计，90%以上的地级市已建成市级云平台，平台规模不断增加，业务系统共享和融合程度不断提升。各地加大力度建设数据中心、传输网络、大数据平台、信息安全设施等促进数据互通的信息基础设施。2022年10月发布的《新型智慧城市评价指标》（GB/T 33356—2022）从两个大的方面去评价智慧城市建设，一是客观指标，包含惠民服务、精准治理、生态宜居、信息基础设施、信息资源、产业发展、信息安全和创新发展；二是主观指标，即市民体验。《新型智慧城市评价指标》为智慧城市建设提供了重要的方向指引。

智慧城市建设已成为促进城市可持续发展和推动社会进步的重要手段。国家和各地方政府正在加大对智慧城市建设的投入和支持力度，推进智慧城市的规范化、系统化、智能化建设。

元宇宙概念的兴起，加速推动数字空间与现实空间的深度融合，时间维度的记录和分析也加入数字孪生的能力中，构建全时空、全要素、全能力的数字孪生成为可能。这种新的时空互动能力使得数字孪生能为规划参与者提供便捷、公开、简易的沟通互动模式。然而，城市是远比宇航器、工业产品或建筑物复杂的系统，包含更为复杂的社会、经济、环境、文化等子系统及其关联，从数字孪生城市出发如何应对城市系统的独特复杂性[33]。

四、学科发展趋势及展望

（一）城市科学学科发展的主要问题

城市科学研究需要突出综合性和战略性。吴良镛院士明确指出开展城市科学研究，要多学科协同，需要进行城市发展综合性重大问题的研究[36]。城市科学研究应当坚持从实际出发，密切联系我国实际情况，"城市科学"这一学术概念研究城市比较合适、比较恰当[37]。

今天的城市科学学科发展存在的主要问题有以下几个方面。首先，城市科学理论体系不足，一直以来城市科学相关性较高的城乡规划这一学科，从城市规划到城乡规划，再到今天的国土空间规划，更多的是在应用层面开展工作。基于我国过去几十年的快速城镇化过程中城市建设用地的增量需求，这一学科多与工程相关学科联系，以应用为主，学科基于科学性的理论研究不足，城市科学的学科理论支撑体系方面需要完善。其次，城市科学相关各专业分散在工程学、理学、社会学、管理学等多学科，这种不同类别下的学科对于统一的研究对象城市而言，难以形成合力。最后，学科体系缺少系统性，正如 *Nature City* 的主编在创刊开篇语所讲，尽管城市作为人、环境与技术紧密联系的关键所在，但大多数城市的研究各自独立，如关于城市健康的研究，需要到公共卫生领域寻找相关研究，城市历史、城市生态和城市社会也是如此[6]。这就为城市科学研究的推进带来了阻碍与不便。

（二）城市科学学科发展的趋势及展望

1. 城市科学以城乡规划为主导的单一学科向多学科交叉发展

从 20 世纪 50 年代至今，发达国家关于城市研究与规划的教育已走过以工程学为基础，或以建筑学为基础的阶段，开始招收文、理、工多学科交叉的研究生。建筑学家、地理学家、历史学家、环境学家、经济学家、心理学家、人口学家、法学家乃至政治家等都相继或同时开始研究城市、解释城市，甚至引导城市的发展。从国际城市研究与规划学科发展潮流看，规划理论与方法、社会经济分析、环境保护与资源、规划分析技术与方法，以及市政建筑工程等成为城市规划专业教育的五大支柱学科。近年来，其他研究城市的科学也在不断兴起，如城市地理学、城市社会学、城市经济学、城市管理学、城市历史学、城市生态学、城市地理信息系统、城市系统工程等，也都开始加入城市规划行列，参与城市科学的建设。这些学科在自然科学、社会科学、技术科学、应用科学等多种分类中交叉、融合，它们都是以现代城市为研究对象，从多个侧面对城市进行研究。

在我国，有关城市的科学兴起最早起源于建筑学。自改革开放以来，我国的城市科学顺应国际潮流，从以建筑学、城乡规划为主的单一学科向多学科交叉发展。1975年，经济地理学界开始转向城市与区域规划。党的十八大以来，我国城市科学的发展不断脱离以城市的物质空间规划为主的城乡规划，转向区域规划和国土空间规划，与国际城市规划发展的两个基本趋势——城市规划越来越重视区域研究，"城市规划"与"区域规划"保持一致；城市规划越来越关注经济、社会、环境等内容，工程性内容的比重下降，科学性内容不断突出。

这种国际、国内的学科转变，多学科共同研究城市的趋势，丰富了城市科学的内容，推动了城市科学的发展。

2. 城市科学学科的横向复合与纵向交叉

随着全球化的进程，中国与世界的学术交流愈加频繁，我国城市科学研究经历着"走出去"，急于与国际接轨的过程，国际上的科研、设计单位同样不断进入中国，我国城市科学相关学科的人才培养中西方交流更加密切，所涉及学科领域的国际化趋势明显，国际人才培养模式逐步成熟，以实践为主的"城乡规划"学科面临理论创新的挑战，这也就赋予了偏重理论研究的"城市科学"新时代下的学科发展使命。学科纵深方向，学科间也呈现明显的交叉融合趋势，尤其在城市规划、城市地理、区域经济学等学科中均有体现。国内科研院校内关于城市科学的单一学科建设必将向交叉、复合的学科发展转变，这也就使城市科学的发展成为必然趋势。这种交叉融合背景下，智慧城市、生态城市、低碳城市、海绵城市、韧性城市等多种研究领域应运而生。互联网、大数据与城市规划结合，促使了智慧城市的发展；生态技术研究与城市研究结合，形成了生态城市；市政水务、海绵理念与城市雨洪管理结合，催生了海绵城市；研究城市应对自然灾害的规划设计，衍生了韧性城市的研究。

城市科学在多种学科的交叉复合下，形成了新时代的学科群特征，城市科学研究以党的十八大以来国家对城市战略提出的要求为宗旨，城市科学以人居环境的改善为目标，复杂适应系统为理论，以城镇化为基础，聚焦在人文城市、智慧城市、低碳城市、健康城市、韧性城市、海绵城市、生态城市、宜居城市、城市更新和新城市科学十大方向，形成包涵人文城市、生态城市、海绵城市、智慧城市等多个二级学科的交叉学科群——城市科学成为发展趋势。

3. 构建城市科学学科的学科体系

在学科教育体系，综合现有的理科背景下的城市地理、城市环境，工科背景下的城市规划、给排水、能源、市政等建设相关学科，社会学科中的城市经济、城市社会、城市治理等现有学科，形成围绕城市科学的一级学科群，囊括现有分散在各个学科门类与城市相关的学科为二级学科的综合学科体系。

自然科学基金中，在现已新增的交叉学科类别中增加城市科学，将城市科学涉及的海绵城市、韧性城市、生态城市、智慧城市、新城市科学等新兴学科归属于城市科学之下的二级分类。

在图书系列中增设城市科学这一门类，以方便城市研究者能迅速聚焦相关资源体系，而不是分散于经济学科、建筑学、地理学等多学科门类中大海捞针般寻找相关资源。

城市科学依托传统的经济学、地理学、社会学及新兴的复杂科学、信息学、人工智能等研究基础，结合复杂适应系统理论、城镇化及人居环境理论，综合形成城市科学以城市为研究对象，以复杂、多样、流动性为主要特征，以多学科理论研究为基础的研究体系。

参考文献

[1] 中国城市科学研究会. 城市科学学科发展报告[M]. 北京：中国科学技术出版社，2008.
[2] 迈克尔·巴蒂. 新城市科学[M]. 刘朝晖, 吕荟, 译. 北京：中信出版集团，2019.
[3] 南方房产情报. 2022年全球城市人口规模排行榜TOP20[EB/OL]. (2022-06-07). https://www.163.com/dy/article/H980100K0552BTWC.html.
[4] 习近平. 国家中长期经济社会发展战略若干重大问题[J]. 求是，2020（21）：4-10.
[5] 习近平. 高举中国特色社会主义伟大旗帜为全面建设社会主义现代化国家而团结奋斗——在中国共产党第二十次全国代表大会上的报告（2022年10月16日）[J]. 求是，2022（21）：4-35.
[6] Our cities, ourselves [J]. Nature Cities, 2024, 1 (1): 1.
[7] 马娜, 刘士林. 为什么要建设"中国城市科学"[J]. 南京社会科学，2018（5）：82-88.
[8] 仇保兴. 城市规划学新理性主义思想初探——复杂自适应系统（CAS）视角[J]. 城市发展研究，2017，24（1）：1-8.
[9] 约翰·H.霍兰. 隐秩序——适应性造就复杂性[M]. 周晓牧, 韩晖, 译. 上海：上海科技教育出版社，2000.
[10] M.盖尔曼. 夸克与美洲豹——简单性和复杂性的奇遇[M]. 杨建邺, 李湘莲, 等译. 湖南：湖南科学技术出版社，1999：17.
[11] 国家统计局. 中华人民共和国2022年国民经济和社会发展统计公报[EB/OL]. (2024-01-18). http://www.stats.gov.cn/xxgk/sjfb/tigb2020/202302/t20230228_1919001.html.
[12] 王萍萍. 人口总量有所下降 人口高质量发展取得成效[EB/OL]. (2024-01-18). http://www.ce.cn/xwzx/gnsz/gdxw/202401/18/t20240118_38870849.shtml.
[13] 崔红艳, 李桂芝. 常住人口城镇化率如何测算[M]//《领导干部统计知识问答》编写组. 领导干部统计

知识问答. 北京：中国统计出版社，2018.

[14] 约翰·弗里德曼，汤茂林. 中国城市化研究的四个主题[J]. 现代城市研究，2007（7）：4-6.

[15] 郭垠杉. 我国新型城镇化研究的现状、热点与趋势——基于知网文献的量化分析[J]. 中国市场，2023（11）：24-27.

[16] 吴良镛. 人居环境科学导论[M]. 北京：中国建筑工业出版社，2001.

[17] 刘易斯·芒福德. 城市发展史[M]. 宋俊岭，倪文彦，译，北京：中国建筑工业出版社，2005.

[18] 王建国. 中国城镇建筑遗产多尺度保护的几个科学问题[J]. 城市规划，2022，46（6）：7-24.

[19] 李德仁，姚远，邵振峰. 智慧城市中的大数据[J]. 武汉大学学报（信息科学版），2014，39（6）：631-640.

[20] 仇保兴. 智慧地推进我国新型城镇化[J]. 城市发展研究，2013，20（5）：1-12.

[21] 傅华，戴俊明，高俊岭，等. 健康城市建设与展望[J]. 中国公共卫生，2019，35（10）：1285-1288.

[22] 规划发展与信息化司. 《关于全国健康城市评价结果的通报》解读[EB/OL].（2020-01-09）http://www.nhc.gov.cn/guihuaxxs/s7786/202001/be6e354a35a4408098eea100f2b1b42d.shtml.

[23] 傅华，贾英男，高俊岭，等. 健康共治与健康城市建设展望[J]. 上海预防医学，2020，32（1）：12-15.

[24] 孙会. 健康城市理论、测度及助推政策研究[D]. 北京：中国矿业大学，2022.

[25] 住建部印发《海绵城市建设技术指南》（试行）[EB/OL].（2014-11-18）. https://mp.weixin.qq.com/s/4p3VJzdePJL66CTLBpRgxA.

[26] 仇保兴. 海绵城市（LID）的内涵、途径与展望[J]. 建设科技，2015（1）：11-18.

[27] 俞孔坚，李迪华，袁弘，等. "海绵城市"理论与实践[J]. 城市规划，2015，39（6）：26-36.

[28] 马皓宸. 基于期刊文献统计的我国城市更新发展演变研究[D]. 陕西：西安建筑科技大学，2022.

[29] 宋俊岭. 西方城市科学的发展概况（一）[J]. 北京城市学院学报，2007（2）：13-18.

[30] 阿尔弗雷德·韦伯. 工业区位论[M]. 李刚剑，等译. 北京：商务印书馆，2010.

[31] 宋俊岭. 西方城市科学的发展概况（二）[J]. 北京城市学院学报，2007（3）：12-15，57.

[32] Kuijper, H. Cities and Countries. In: Comprehending the Complexity of Countries[J]. Springer, Singapore, 2022.

[33] 杨滔，田颖，徐艳杰. 数字孪生赋能下的互动生成式规划与治理[J]. 上海城市规划，2023（5）：4-10.

[34] 仇保兴. 智慧城市信息系统基本框架的设计要点——基于复杂适应理论（CAS）视角[J]. 城市发展研究，2023，30（1）：1-9.

[35] 潘云鹤. 人工智能走向2.0[J]. 中国工程院院刊，2016，2（4）：51-61.

[36] 吴良镛. 中国城市发展的科学问题[J]. 城市发展研究，2004（1）：9-13.

[37] 仇保兴. 城市科学研究会面临的挑战与机遇[J]. 城市发展研究，2007（4）：4-10.

[38] 周干峙. 城市发展和复杂科学[J]. 规划师，2003（S1）：4-5.

[39] 任致远. 关于城市科学学科内容的思索[J]. 城市发展研究，2005（1）：1-7.

[40] 仇保兴. 复杂科学与城市规划变革[J]. 城市规划，2009，33（4）：11-26.

[41] 孙施文. 我国城乡规划学科未来发展方向研究[J]. 城市规划，2021，45（2）：23-35.

[42] 石楠，李百浩，李彩，等. 新中国城市规划科学研究及重要论著的发展历程（1949—2009年）[J]. 城市规划学刊，2019（2）：24-29.

[43] 吴志强，周俭，彭震伟，等. 同济百年规划教育的探索与创新[J]. 城市规划学刊，2022（4）：21-27.

[44] 陈为邦. 中国城市科学20年[J]. 城市发展研究，2003（5）：8-14.

[45] 鲍世行，顾孟潮. 杰出科学家钱学森论：山水城市与建筑科学[M]. 北京：中国建筑工业出版社，1999.

[46] 毛其智. 从广义建筑学到人居环境学——记两院院士、清华大学教授吴良镛[J]. 长江建设，2000（3）：6-9.

[47] 毛其智. 中国人居环境科学的理论与实践[J]. 人类居住，2019（4）：26-36.

[48] 尚蕾，杨兴柱. 国内外人居环境主要研究内容及比较研究［J］. 南阳师范学院学报，2017，16（3）：38-43.

[49] 朱梅，汪德根. 学科树视角下地理学和建筑学人居环境研究比较［J］. 地理学报，2022，77（4）：795-817.

[50] 魏秦，王竹，徐颖. 我国地区人居环境理论与实践研究成果的梳理及评析［J］华中建筑，2012，30（6）：83-87.

[51] 田深圳，杨兵，李雪铭，等. 从分科知识到交叉融通的国内外人居环境综述与展望［J］. 世界地理研究，2023，32（7）：134-147.

[52] 郑悦. 人居环境科学发展趋势论［J］. 科技咨询，2021（9）：80-82.

[53] 陈为帮. 吴良镛先生是我国城市科学研究的开拓者和学术领导人——贺吴先生99岁寿辰［J］. 城市发展研究，2021，28（5）：1-2.

[54] 周俭. "城市科学"再认识［J］. 新型城镇化，2023（9）：20.

[55] 铁铮. 钱学森倡导山水城市科学思想大有深意［J］. 绿色中国，2023（4）：32-36.

[56] 汪光焘. 抓住数字技术与数字经济发展新机遇，不断提升城市科学研究水平［J］. 中国科学院院刊，2023，38（4）：533-535.

[57] Bettencourt L M A. Introduction to Urban Science_Evidence and Theory of Cities as Complex Systems［M］. The MIT Press，2021.

[58] Caldarelli G，et al. The role of complexity for digital twins of cities［J］. Nature Computational Science，2023，3（5）：374-381.

[59] 武占云，单菁菁，马樱娉. 健康城市的理论内涵、评价体系与促进策略研究［J］. 江淮论坛，2020（6）：47-57，197.

[60] 张梦圆，荣丽华，党慧. 基于Citespace的我国健康城市研究进展与趋势分析［J］. 内蒙古工业大学学报（自然科学版），2023，42（4）：378-384.

[61] 丁国胜，曾圣洪. 中国健康城市建设30年：实践演变与研究进展［J］. 现代城市研究，2020（4）：2-8.

[62] 龙瀛. 颠覆性技术驱动下的未来人居——来自新城市科学和未来城市等视角［J］. 建筑报，2020（Z1）：34-40.

[63] 顾朝林. 科学发展观与城市科学学科体系建设［J］. 规划师，2005（2）：5-7.

[64] 顾朝林，陈璐，王栾井. 论城市科学学科体系的建设［J］. 城市发展研究，2004（6）：32-40.

[65] 钱学森. 一个科学新领域——开放的复杂巨系统及其方法论［J］. 城市发展研究，2005（5）：1-8.

本节撰稿人：王　云　仇保兴　王文静　李海龙

专题报告

人文城市

经济、人口和社会变化对城市的影响越来越多地反映在城市文化的变化上。城镇化和城市文化互为因果。城市文化在快速的城镇化过程中，外来文化与本地文化互相影响。在全球化趋势下，针对文化趋同如何保护本地文化，已成为城市科学的重要议题之一。

人文城市，是城市在历史和文化学上的表述，是城市精神在城市这一物质空间载体上的展陈形式。人类城市演进过程表明城市不只是地理学、生态学、经济学、政治学上的空间单位，同时还是人文、历史上的空间载体。城市的人文特色是在城市长期的历史文化积淀和城市人文精神培育的基础上慢慢形成的。唯有从城市的传统、文化和历史中，从历史文化遗产中，我们现代人类主体才能更加清晰认识自身以及环境的概念、知识及发展和形成过程，才能进一步认清我们是谁、从哪里来的、现在何处、能够而且应当干什么，以及将走向何方。城市的建设与发展，或许可以"跨越"经济增长的阶段，但不能"跨越"人文精神的培育和塑造[1]。

城市是文化的载体。刘易斯·芒福德在《城市文化》一书中，围绕城市文化阐述了城市研究的起源及发展历程，成为城市研究的经典之作。吴良镛院士在《中国建筑与城市文化》中认为："广义的城市文化包括文化的指导系统、社会知识系统，指导系统主要指对区域、全国乃至世界产生影响的文化指挥功能、高级的精神文化产品和文化活动；社会知识系统主要指具有知识生产和传播功能的科学文化教育基地，以及具有培养创造力和恢复力功能的文化娱乐、体育系统等内容。狭义的城市文化则指城市的文化环境，包括城市建筑文化环境的缔造和文化事业设施的建设等。[2]"单霁翔在《关于"城市""文化"与"城市文化"的思考》一文中提出"城市文化是经过长期的历史演进，在各种文化融合中逐步发展，并具有独有的历史背景和人文传统，给城市留下难以抹去的文化烙印。[3]"王立在《城市文化建设问题研究综述》中认为："广义的城市文化是指城市的社会成员在特定城市区域内，在社会实践中所创造的物质财富和精神财富的总和[4]。"艾伯亭等在《城市文化与城市特色研究》一书中这样定义城市文化：城市文化是指具有城市特征的文化模式，是城市在发展过程中形成的生活环境、生活方式、生活习俗和价值观念结合而成的复杂整体，以及其在城市物质空间和社会活动中的反映[5]。城市文化包括物质和非物质两个方面：物质文化包括城市格局、自然和历史文化遗产、人居环境建设等物质空间环境，非物质文化则指城市风俗、习惯等，以及作为城市成员所形成的一切习惯和能力。

本章节的人文城市以狭义的城市文化为对象，针对城市的文化环境展开阐述，主要内容包括历史文化遗产的保护及城市文化环境的建设等相关内容。

一、人文城市的发展现状

（一）人文城市的政策背景

2021年，中共中央办公厅、国务院办公厅印发了《关于在城乡建设中加强历史文化保护传承的意见》，住房和城乡建设部和国家文物局发布了《关于加强国家历史文化名城保护专项评估工作的通知》。中宣部、文旅部和国家文物局又印发了全面加强历史文化遗产保护的通知，我国的历史文化遗产保护由之前的管辖条线不同、管控尺度不同、物理对象不同、保护标准和技术条例不同转向多部门协同发展的系统发展方向，进一步完善了历史文化遗产保护的政策性问题。

党的二十大报告提出，健全现代文化产业体系和市场体系，实施重大文化产业项目带动战略。加大文物和文化遗产保护力度，加强城乡建设中历史文化保护传承，建好用好国家文化公园。坚持以文塑旅、以旅彰文，推进文化和旅游深度融合发展。

《国家新型城镇化规划（2014—2020年）》适时提出"注重人文城市建设"，指出"要顺应现代城市发展新理念新趋势，增强历史文化魅力，全面提升城市内在品质"，并明确提出了建设人文城市的目标。历史文化保护一直以来都是城乡建设领域的重点工作之一，在大力推进城市更新行动的新时代，历史文化保护与传承也被列为城市更新的九大任务之一[6]。

《国家新型城镇化规划（2014—2020年）》指导思想中提出：文化传承，彰显特色[7]。根据不同地区的自然历史文化禀赋，体现区域差异性，提倡形态多样性，防止千城一面，发展有历史记忆、文化脉络、地域风貌、民族特点的美丽城镇，形成符合实际、各具特色的城镇化发展模式。其中在提高城市规划建设水平一章中，特别提出注重人文城市建设。

2015年12月，习近平总书记在中央城市工作会议上讲话指出："城市建设，要让居民望得见山、看得见水、记得住乡愁。'记得住乡愁'，就要保护弘扬中华优秀传统文化，延续城市历史文脉，保留中华文化基因。"

2020年9月，习近平总书记在第十九届中央政治局第二十三次集体学习时的讲话提到"更好认识源远流长、博大精深的中华文明，为弘扬中华优秀传统文化、增强文化自信提供坚强支撑""让收藏在博物馆里的文物、陈列在广阔大地上的遗产、书写在古籍里的文字都活起来,丰富全社会历史文化滋养""搞好历史文化遗产保护工作。考古遗迹和历史文物是历史的见证,必须保护好、利用好"。

2022年5月,习近平总书记在第十九届中央政治局第三十九次集体学习时的讲话提到"深入研究阐释中华文明起源所昭示的中华民族共同体发展路向和中华民族多元一体演进格局,研究阐释中华文明讲仁爱、重民本、守诚信、崇正义、尚和合、求大同的精神特质和发展形态,阐明中国道路的深厚文化底蕴""推进了中华优秀传统文化创造性转化、创新性发展""文物和文化遗产承载着中华民族的基因和血脉,是不可再生、不可替代的中华优秀文明资源"。

国家对人文城市的建设、城市文明的发展、顶层政策到基层的规划建设都相当重视。城市人文是人类文化的物质空间载体,而文化生活的呈现和城市文化的蕴含成为检验城市文明的人文标杆。

(二)人文城市与文化遗产保护的概念内涵

城市的人文历史研究主要从社会学、历史学和工科的城市历史文化保护三个领域开展。对于城市人文的研究,社会学认为城市文化在城市的国际地位上有举足轻重的作用,国际城市的竞争力不仅体现在经济上,在社会、文化等领域的综合竞争力同样重要。国内外的很多城市将文化作为推动经济发展的原动力和提升国际竞争力的重要方面[7]。从历史学和社会学的角度观察,城市无疑是一个有机复合体。凯文·林奇说:"城市可以被看作是一个故事、一个反映人群关系的图示、一个整体分散并存的空间。"[8]因此它不仅是人类物质财富的集中地,也是人类精神文化的创新地。换而言之,城市更像人类文化的一个大"容器"。其中,文化生活的蕴含与呈现,成为检视一个城市文明重要的人文标杆。

城市的人文特色是在该城市长期的历史文化积淀和城市人文精神培育的基础上慢慢形成的。只有从过去、从传统、从历史文化遗产中,现代都市人才能获得认识自身以及环境的必要知识,才能更好地认识人类的自我、起源与发展方向。城市的建设,或许可以"跨越"经济增长的阶段,但不能"跨越"人文精神的培育和塑造。

历史文化遗产连接着城市生活的过去、现在和未来。不同时期的文化遗产用特有的方式定格历史的片段,是"历史的集体记忆"的人文需要。文化遗产本身所具有的稀缺性和不可替代性要求我们重视对各类人文要素的维护与整理。历史文化遗产的保护是为了防止城市肌理被拆分,避免城市文脉被人为地碎片化。同时,文化遗产由于独具一格的资源链式效应,对于城市品牌的塑造、文化历史的传承、人文氛围的营造有着重要作用。上海世博会不仅展示了"城市,让生活更美好"的申办主旨,还阐释了"文化遗产让城市更美好"的文化价值[9]。

城市文化遗产是通过漫长的历史时期逐步形成和遗留下来的宝贵财富,反映着城市的历史、社会、思想的变迁，是今天我们可能触摸到的尚未消逝的历史真实。故而更应该把文化遗产看作是城市生命历程中不可中断的链接。这种链接使今天的生活与历史、与未来紧密地联系在一起，使我们的感情有了物质的依托。文化遗产是一个城市的记忆，城市的记忆无疑是一种复杂的组成。原汁原味保护这些文化遗产，不仅是保持城市个性和特色的需要，而且是延续城市文化的需要。城市从何处来？是传统建筑上的一块块砖瓦、一根根梁累积而成。我国众多历史性城市的文化遗产资源极为丰富，既蕴含了城市文化的深厚底蕴，也体现了城市对中华文明所做出的贡献。世界上没有无源之水、无本之木，任何一座城市都有自己的生命历程，文化遗产体现着城市独特的思维方式和文化价值，是城市生命历程的根基。城市发展和演变的过程，点点滴滴地都记录在每一座城市的记忆中，每一处名人故居、官府宅第、寺庙宫观、亭台楼阁、雕塑石刻、造像壁画和墓、碑、塔、坊井、桥等文化遗存以及其背后大量的史实和文献，都承载着丰富的历史、社会和文化信息。更重要的是，在城市中保留下来的传统文化使这种记忆变得更为真实，通过城市风貌、民族风情、市民习俗等，我们可以实实在在地感受到历史的积淀。因此，一座历史性城市的文化遗产保护要远比一组古代建筑群或一处古代文化遗址的保护复杂得多，同时对我们现实生活的影响也更加明显[9]。城市的历史文化价值在于悠久的城市建设历史和长期以来文化、历史、地域结合形成的独具特色的地域文化传统以及文化传统渗透到市民日常生活的各个方面而构成的重要城市文化内涵。

（三）城镇建筑遗产保护存在的主要问题

长期致力于遗产保护研究、规划与实施的东南大学王建国院士，针对城镇建筑遗产保护的现状，提出四个方面的主要问题。

问题一：条块分割、各自为政。以往规划、住房和城乡建设和文物部门在不同尺度遗产对象的保护诉求、管理原则、保护方法，以及和城市经济发展建设工作关系的认识方面经常"貌合神离"，既没有建构互动和协同机制，也没有在同样是基于保护前提的价值评价、保护依据、对象确定等方面达成共识，更没有形成"保护"和"传承"的科学整体认知。例如，历史文化名城和名镇保护规划多关注宏观尺度的城镇结构脉络和城市形态格局、中观尺度的历史文化街区的形态完整和街巷肌理及底线管控，所谓"致广大"；而隶属文物管理部门的各类建筑物、构筑物和各类历史遗址保护，多以分区分类分级定保的建筑物、构筑物和局部环境为主，所谓"入细微"。

问题二：工作方法过于单一刚性。过度关注自上而下的管控，缺乏与自下而上的社会自组织性相向而行。重底线管控、轻层级导控；重整体原则、轻个案分析；重简单刚性、轻多样包容。尚未能够完全建立城市层级性或者平行性（如规划、文保等）复杂系统顶层与基层（城镇-街区-建筑）之间的有效沟通、反馈和调适的机制。

问题三：保护与发展存在尖锐矛盾。历史城镇和建筑遗产保护面临跨尺度、多尺度和整体性如何处理的空前挑战。在快速城市化进程中，大多数中国历史城市和城镇形态都发生在城市建成区整体层面上，而不是局部性的肌理和异质性的改变，并且跨越了从宏观到微观的多个城市尺度。在保护与发展做不到"正和博弈"双赢的情况下，经济发展往往成为博弈胜者：在一些已经列为名城、名镇、历史文化街区等的城镇和片区，城市经济发展的单一导向仍时常引发"建设性破坏"，导致城镇历史信息不可阅读、破碎紊乱，自然格局和城镇街巷形态脉络中断。

　　问题四：对中西方遗产保护的"和而不同"缺乏科学认识。在相关国际宪章、宣言、建议和中国一系列保护政策、法规、条例、规定颁布实施的背景下，中国历史文化名城名镇、历史文化街区和建筑遗产保护思想、保护观念和实践水平有了很大提高，但是，如同《遗产保护学》一书所言，"科学虽无国界，文化却有差异，这金风玉露一相逢，便惹来麻烦无数"。遗产保护是中西方具有共识的底层逻辑，但对什么是"原真性"和"地域文化"等核心观念的认识和看法，理解差异甚大。即使在国外，"原真性"在现实社会场景中如何全面认识也一直众说纷纭，莫衷一是。通过中国木构建筑的修缮乃至落架大修、大运河申遗等实践，中国学者提出了具有中国特色的遗产保护概念，并与西方语境中的"原真性"同中有异，中国及其所代表的东亚文化如何在与西方不同的地理、气候、自然物产和相关的地域文化演进中找到自己的城镇建筑遗产保护的合理路径和科学方法，是今天必须要回答的问题。

二、国内外研究进展比较

　　城市的发展伴随着文化的迁徙和文明的地域变化过程，而这一变化又与技术的发展息息相关。城市作为文化的载体，是记录和承载文化的主要物质空间。

　　早期的四大文明古国，分别位于黄河流域、尼罗河流域、古印度河流域和两河流域，主要的文明代表以各种人类聚居地为主，而聚居地主要沿河流流域而存在，也随河海水系而变化。古埃及文明伴随着自然环境的变化——原尼罗河的干涸而消失，然而留下的金字塔等文化遗迹则作为城市的物质空间，证明和见证着这段文化和文明走过的历程。美国的城市文明建立于航海技术的发展，欧洲拉丁文明的西进，发现新大陆，大量人口从欧洲迁徙至北美洲和南美洲，结合本地的自然环境，形成了新的城市文化，而在现代文明的发展背景下，形成了今天的美国文化。但就其城市根源多与欧洲建筑风格类似，结合现代技术与政治经济发展需求而形成今天的城市形态和特色。威尼斯依托城市水系形成的城市文化成了立足世界的名片，夏威夷在海岛风情运用波西尼亚文化打造成了世界旅游胜地，维亚纳用音乐让世界陶醉。

　　在此期间，许多国际遗产保护组织相继成立、国际宪章不断发布。如1945年成立的联合国教科文组织（UNESCO）、1956年成立的国际文化财产保护与修复研究中心

（ICCROM）。1960年的《古比奥宪章》（The Gubbio Charter）和1964年的《威尼斯宪章》（The Venice Charter）的发布对意大利遗产界产生了重大影响。在此背景下，遗产保护在20世纪下半叶进入理论和实践蓬勃发展的时期。"城市遗产"（patrimonio urbano）和"整体性保护"（conservazioneintegrata）等概念相继被提出。

（一）国外文化遗产保护

最早确立文化遗产日的是法国，后来遍及欧洲。法国的"文化遗产日"活动始于20世纪80年代，旨在使参观者近距离接触、了解人类的文化遗产，从新的角度来认识文化遗产的深远价值。1984年9月的第三个星期日成为法国也是全世界第一个"文化遗产日"，并立法规定：对于文化遗产，国家不再是它的唯一保护者，国家地方行政机构、各种组织与协会和每个公民都有义务和责任保护和热爱文化遗产。因此，"文化遗产日"活动对于参与者增强文化遗产保护意识具有重要意义。法国每年有1000多万人主动参加这一盛大的文化活动，公众是这一天的主人，他们是主动的参与者而不是被动的参加者。1985年以后，许多国家开始效仿法国的做法。到2000年，全球已有47个国家举办"文化遗产日"活动。在这一天，大到城市，小到乡镇，民众以各种方式举办丰富多彩、富有创意的活动，设法把这一天的文化活动开展得有声有色，从而培养人们的文化情怀，提高人们对各自文化的荣誉感。2005年法国文化遗产日的主题为"我爱我的遗产"。法国文化部R.D.德瓦布雷斯（R. D. d eVabres）部长宣称该主题"是使每一个法国公民能表达他们对文化遗产的热爱"。在面对全球化带来的文化趋同的浪潮中，文化遗产日大大提高了各国民众对文化遗产的关注与自觉保护。

今天，西欧一座座保存得十分完整的千年古城，它们既像一座座巨大的博物馆，又像一件件完整的艺术珍品，它们的每块砖、每棵树、每个石阶、每栋房屋、每条街道都镌刻着历史的印记，都透射出勤劳智慧的当地居民的独具匠心。这些古城和文化遗产之所以能够留存至今，在很大程度上既得益于民众们强烈的保护意识和参与意识，也得益于城市决策者的远见卓识[3]。

在亚洲，日本、韩国这两个现代化程度较高的国家，为促进文化遗产的保护和传承，不断完善政策体系、研究体系和监管体系，展现了日、韩两国在现代化过程中对自身文化传统的自我认定和不断强化[3]。

1. 日本的文化遗产保护

（1）文化遗产保护立法进程

在亚洲，日本是较早开始关注历史保护领域的国家，其文化遗产保护立法经历了一个跨越百年的系统工程。日本在1871年首次颁布了《古器旧物保存方》（正太官布告），标志着文化财保护法律化进程的开端。随后，明治时期的《古社寺保存法》不仅保护了建筑，还涵盖了寺庙附属艺术品和收藏品。日本在第二次世界大战后和20世纪后半叶，受到西方影响，重新进行现代化立法，其中《文化财保护法》成为重要的基本法律[9]。

（2）日本历史环境的概念演变

日本历史环境相关的五个基本概念——历史环境、历史风土、传统建造物群地区、文化景观和历史风致，这些概念由日本国家相关保护法律明确规定，并指导地方历史遗产的精细化管理。

"历史环境"的定义是与土地密切相关的文化遗产所构成的、一定范围的整体物质环境，所有生产、生活和相关技术与环境的紧密关联。1966年《古都保存法》明确的"历史风土"概念，指的是古都周边具有历史意象和文化传统的景观环境区域，包括历史风土保存地区和历史风土特别保存地区。由于保护范围包含目光所及的整体环境，范围较大，为避免限制当地的发展和权益，一般由国家给予补贴或将土地购买下来。1975年修订《文化财保护法》后确定"传统建造物群地区"指为保护传统建筑物群以及具有整体价值的环境所划定的地域范围。2004年制定《景观法》后，修订《文化财保护法》确立了"文化景观"的新类型，即一定地域内人们的生活、生计以及该地域的风土所形成的景观地区中，对理解日本国民的生活或生计所不可或缺的部分。城乡景观保护、整治和提升，推动了"美丽日本"的建设进程。2008年制定《历史风致法》确立了"历史风致"这一新的保护类型，包括了硬件和软件，软件指环境中进行传统行事、传统产业、日常生活的人的活动，硬件指容纳人的活动、具有较高历史价值的建造物和街区形态。《历史风致法》是整合地域的有形和无形文化遗产进行综合性保护利用的有效机制。

"日本遗产"认定实践的借鉴意义。从2015年开始，日本已认定了100多项日本遗产。张松建议可以在中国开展此类实践活动，以形成"中国遗产"的品牌，着重关注历史文化的关联性和传播性，讲好中国故事。可以通过文旅深度融合，将地方特色资源形成有地域特色景观、景点，通过代际流传从而形成系统性的历史文化遗产。世界旅游组织（WTO）将"遗产旅游"定义为深度接触其他国家或地区自然景观、人类遗产、艺术、哲学以及习俗等方面的旅游。文化遗产作为传承文化的物质载体，成为高品质、稀缺性、具有吸引力和竞争力的城市旅游资源。因此，遗产、景观和资源这三个概念具有相当大的重合度，要将景观资源视为整体遗产系统保护对象的组成部分，推进历史资源的全面系统保护和积极活化利用[10]。

2. 意大利战后城市遗产保护

两次世界大战结束以后，欧洲各城市均面临着严峻的战后重建问题。20世纪50年代，意大利因巨大的内部移民浪潮和快速的经济增长，社会经济结构发生剧烈变化，城市和乡村原有的平衡被逐渐破坏，许多历史城市处在社会环境和物理环境的衰落状态。另一方面，对历史文化遗产的威胁来自房地产市场的投机举措：在城市中心区域大幅重估的刺激下，城市无序扩张，新建筑以较低的质量被建造起来，而缺少与之相应的现代化基础设施和市镇服务。处于衰败甚至消失的危险中的不只是历史纪念物，亦有所谓的"次要建筑"（architetturaminore），即那些组成了历史城市肌理结构的非纪念性的私有建筑[11]。如罗马在20世纪50年代见证了重大的拆迁事件（尽管该项目可以追溯到战前）：具有显著历史价值的大片区域被拆毁，以便为通往圣彼得大教堂的新纪念性轴线让路。随着法西斯政府于1943年结束在意大利的统治，20世纪50年代兴起的广泛政治活动和社会文化大讨论成了不断涌现的与城市遗产保护理论相关的城市实践的肥沃土壤。讨论的核心围绕着城市中的新旧关系以及如何应对工业化发展和经济快速转型对历史城市的冲击。首先，大量的出版物和丰富的公共辩论，使得关于遗产保护的辩论摆脱了狭窄的专业环境，成为新闻界和市政委员会、城市规划会议上争论最激烈的问题。学者们投身传媒和遗产教育，力图提高公众对保护自然和文化遗产的认知。例如考古学专业出身的安东尼奥·切德尔纳（Antonio Cederna）在1956年出版《屋内的破坏者》（*I Vandalin Casa*），对城市历史中心的市场投机举措以及建造活动对历史中心造成的负面影响进行了强烈的谴责和批判。又如乔瓦尼·阿斯腾戈（Giovanni Astengo）主办的《城市规划》杂志（*Urbanistica*），对国家城市规划组织（Istituto Nazionale di Urbanistica）进行推广和报道，该杂志成为在意大利传播国际城市规划案例及技术标准的重要刊物。其次，意大利涌现了许多针对历史城市保护的展览和公共提案，如成立于1961年的国家历史艺术中心协会（ANCSA）组织推动了热烈的立法建议活动，试图促进意大利政府起草有关历史和环境遗产的新法规，以期完善当时并不成熟的遗产保护法律和城市规划立法。20世纪初，许多意大利城市的更新方案仍关注于从19世纪延续而来的对城市公共卫生条件的改善，但此后便很快转向对建筑功能和社会经济条件的改造[5]。遗产保护和当时热烈的城市运动相结合，打破了原先只针对纪念性建筑的保护，扩展到了对次要建筑、城市肌理、历史城镇景观等多个角度的研究。20世纪50—70年代，理论、手法、政策及具体实施工具逐步发展，并被试验到大量意大利历史城市的规划方案中，如威尼斯、阿西西、锡耶纳、乌尔比诺、博洛尼亚等历史城市的保护规划。这些城市遗产保护经验相继被总结为遗产保护导则和法规，如1967年《桥梁法》（*Legge Ponte*）提供了定量的城市规划标准，提出需要有相关保障措施以应对城市基础设施和公共服务，并要求将整个市政领域纳入考虑，景观、环境、历史建筑群、纪念性建筑和考古遗址被明确纳入保护范围。1975年，文化和环境遗产部首次设立了国家编目中心（Istituto Centraleper il Catalogo e la Documentazione），作为意大利遗产登记的固定渠道，其细致的登记工作成为进行遗产保护的基础。1985年《加拉索法》（*LeggeGalasso*）确立了地方政府对区域景观和环境资产的保护职能。这些经验对当今意大利乃至国际层面的遗产保护仍有着重要的意义[11]。

20世纪初，意大利古迹修复专家古斯塔沃·乔瓦诺尼（Gustavo Giovannoni）参与的许多公共竞赛和遗产修复工作在遗产保护领域产生了巨大的影响，他的贡献对于20世纪前40年的意大利遗产保护的发展至关重要。乔瓦诺尼在《旧城与新建设》（*VecchieCittà ed Edilizia Nuova*）中提出"肌理薄层化"的城市更新手法，反对当时"开膛破肚式"的城市大拆大建活动。乔瓦诺尼是"城市遗产"概念的奠基人,他认为遗产保护的工作必须扩展到对整个城市区域的关注,城市遗产包括地貌、街道广场、遗址、"次要建筑"和"主要建筑",以及环境等要素。他的理念深深植根在开始逐渐迈向成熟的意大利修复学科,并在战后得到后继者的不断发展和完善。如乔瓦诺尼所说,"意大利一千多个城市和城镇,都是这种'次要建筑'和建筑几何所组成的精彩案例。它们是不规则的风景组成的更广泛主题的一部分,其中环境和自发组成的整体的价值是建筑的本质"。萨维利奥·穆拉托里(Saverio Muratori)对威尼斯城市形态类型学的研究、皮埃尔·路易吉·切尔维拉提(Pier Luigi Cervellati)在博洛尼亚的整体性保护方案,以及吉安卡洛·德·卡洛(Giancarlo De Carlo)对乌尔比诺历史景观保护和建筑更新的方案,是第二次世界大战后意大利城市遗产保护发展进程中至关重要的3个案例,反映了城市遗产领域保护理念和操作手法的发展。

(二)我国的城镇建筑遗产保护体系的逐步完善

我国的历史遗产保护立法受到日本的一定影响,时间上相对滞后。1982年《文物保护法》、2008年《历史文化名城名镇名村保护条例》、2011年《非物质遗产法》以及2013年《旅游法》是我国历史遗产保护管理的基本法规[10]。但我国历史文化遗产保护缺乏完整的制度框架,主要是基于自上而下的垂直管理体系,缺乏横向的沟通协作,保护形式单一。政治冷漠泛化以及公民社会的不成熟导致公众保护意识的淡漠,为此在保护的内涵方面我们要更加重视公众参与度。同时,我们应注重在旧城改造中保护历史文化遗产、民族文化风格和传统风貌,促进功能提升与文化文物保护相结合。[1]另外,历史文化遗产保护模式也应因地、因时、因人制宜。在世界上最纸醉金迷的迪拜附近还居住着保留了远古先民生活习性的"帐篷人",享受着自己世界里的文化。[4]两种截然不同的文化范式却显露出惊人的和谐,这说明对于文化遗产的保护应充分体现弹性原则和改变航道原则,保护模式多样化而不是一刀切。

城镇建筑遗产由历史城镇、历史城区、历史街区、历史建筑和更加广义的具有适应性再利用价值的既有建筑等共同构成,通常具有多尺度连续、本体复杂广泛和环境多样的特性。揭示城镇建筑遗产多尺度保护的关键科学问题及内在机理,建构整体保护理论和方法,是世界各国共同面临的挑战和科学难题。王建国院士从对共性科学问题的分析出发,系统探讨了城镇建筑遗产多尺度保护的基本学理、科学保护和精细保护、尺度效应、城市建筑形态成长的普适性、想象力与科技进步结合的可能性、城市设计和数据库成果呈现等问题,提出了相关创新见解,并以几个遗产保护案例进行了验证。王建国院士认为,需要客观对待新陈代谢、有序演进的真实而鲜活的社会和城市场景;城市并非凝冻在某一历史阶段和高光时刻的艺术品,而是一个博物馆;多尺度保护的实践工作和运维管理,除了建筑遗产保护学的基本学理和方法,还可借助数字化城市设计及具有开放交互属性的数据库成果。如此,就有可能将中国历史城市-历史街区-历史建筑的保护事业推进到一个新的高度，并走向一个同时依托城市健康发展引导、历史文化信息精准传递、跨学科科技支撑的城镇建筑遗产多尺度保护的新时代[9]。

历史文化名城保护、历史文化街区、社区和厂区保护及文物保护单位，多层次多类型多重推进。

1. 多尺度保护的三个层次及延伸解读

是否有可能重构这种多层级、多条线和多尺度保护的协同和整体性？在当今"万物皆数"的时代，基于对科学问题的凝练研判，多尺度城镇建筑作为有机体的"标度对称性"和"尺度效应"变量是有可能被整体认知的，也就是说，应该研究并建立城市-街区-建筑多尺度相似性及差异变量可在同时性维度上被观察、认知、分析、综合的整体建构。

从语义上，多尺度可以包含无明确量纲的无穷细分尺度。但概括说，城镇建筑遗产主要由历史城镇（城市）、历史街区和历史建筑与更加广义的具有适应性再利用价值的既有建筑等三个层次的内容构成。

尺度一指城镇的自然山水、历史格局和风貌特色，对应的是城镇地理尺度及人的集聚流动、多元生活体验等；尺度二指城镇各类历史街区的保护再生和适应性利用，对应的是社区尺度及人居生活、生产和文化活动与社区环境等；尺度三指建筑遗产的保护、改造和利用，对应的是建筑物、构筑物和建筑群。延伸来讲，关于多尺度，从物理空间层面考察，城镇发展历史上的城市形态-建筑形态等多尺度城市形态，如从西方基于人行和住宅单元产权地块的中世纪城市密实的不规则街区地块，到更加适合于公共马车的街路改扩，再到20世纪初汽车出现后的城市更大尺度的几何格网地块组织。

城镇形态演进的历史因缘包括自变量和因变量两个方面：自变量包括气候和自然地理环境的变迁、生产力和生产关系改变、城市功能日益复杂、城市人口剧增、城市社会组织方式进步、交通出行方式改变等。从城市设计和建筑学角度，因变量就是城市和建筑形态在组织和肌理上的应变和回应：包括前工业时代城市建立在步行尺度和可达性基础上的小尺度密织街区组织方式；在近现代对应城市功能和交通方式改变而发生的尺度变大，因为城市功能集聚、交通方式改变、产权地块变大、建造技术进步和建筑安全规范等，建筑形态发生容积率和高度加大，街区建筑组织则由小尺度的空间设计发展到中大尺度的地块分区等。

2. 城市作为生命有机体的遗产多尺度保护整体认知

多尺度保护就是要将不同尺度、不同类别、适合不同保护方式的城镇建筑遗产载体对象看成是一个互为因果、互通共融和有机关联的整体，进而揭示并建构其多尺度保护的内在机理。有学者认为，城市形态的起始动因和深层结构有三种：宇宙模式、机器模式和有机模式。宇宙模式表达了城市最早的规划设计与自然环境、宇宙天象等的关系；机器模式呈现了城市发展运行需要遵循的基本组织结构和协同效率；而有机模式则将城市看成有机体，并将城市的发育、生长和壮大与生命复杂系统联系在一起。今天，宇宙模式模拟天象的规划设计方法已近乎玄学，风水学中融合科学观察方法的规划设计理念还在局部场景有限使用；机器模式广泛应用于规划设计中的便捷性和流动性考量，以及城市的运维管理，是城市是否具有经营效率的保障；而更多学者还是认为城市可以被看作是一个经络相通、血脉相连、枝干叶共荣的生命有机体，并且可以一定程度上兼容前两种模式的优点。

以北京为例。北京作为优秀的历史城市，在四个方面与北京作为生命有机体的属性直接相关——一是山水格局，背靠燕山、面对泰山、西拥太行西山水系、东连运河；二是都城规制，中轴引领、三套圈层、内九外七、左祖右社、九坛八庙；三是理想城市，民为邦本、钟楼鼓楼、东市西市、胡同网络、院落体系；四是大国首都，与时俱进、总部云集、盛世舞台、首善之都、面向未来。从对北京老城的分析结果，可以看出中国城镇建筑遗产多尺度保护理论的整体认知和初步建构：整体与部分经络相通、血脉相连，生长遵循依存共生的内在机理，不同尺度城市-建筑形态之间有时具有适用于"标度对称性"的生物学属性和自相似分形的几何属性。

3. 科学保护和精细保护

如何不断加深认知、辨识、干预并优化一个复杂巨系统？认识遗产保护终极目标和渐进目标的关系、辨识出进化趋势和大致方向是第一步。即回归认知客观世界的科学常识的"第一性原理"。很多城市都非常强调整体保护、全面保护和系统保护历史城镇和建筑遗产，无疑对提高遗产保护的各方共识非常有益，但这三种保护要求总体强调"自上而下"单向的管控理念和保护工作，同时也包含着人们坚信城市作为复杂系统必然具有可控的确定秩序。然而，在中国已经进入城镇化下半程并以存量为主的城市发展和品质提升的今天，可能更需要的是科学保护和精细化保护。

（1）科学保护和精细保护的基本学理和实践价值

科学保护强调的是以复杂科学认识为基础的遗产保护。城市复杂系统为客体，既有整体性秩序和多系统交互，也有因尺度不同和遗产客体属性不同的保护重点和方法技术的差异。城市一直处于自身演化进程中，处理好"岁月留痕"和"旧貌新颜"的关系，对城市新陈代谢的成长性的客观认识应包含科学保护的基本内涵，而保护的整体性、全面性和系统性恰恰应该建立在多尺度保护的科学认知基础上。

不仅如此，越来越多的实证了"绣花功夫"的遗产保护成功案例，正在成为社会保护共识萌生的触媒，人们最有生活体验和美誉获得感的细节局部和精细化保护实践，同样也可以对"上位"的保护策略、原则和操作产生影响，"四两拨千斤"，在"个体即主体"的数字时代尤其如此。王建国院士提出，历史城市公共空间设计提升要讲"三品"，即品位、品相、品质，这也是讲的"精细保护"。如此一来，历史城镇和建筑遗产保护中的"自上而下"的秩序建构以及治理引导的管控理性，就和"自下而上"的社会自组织、城镇局地实践、基于社会约定俗成的个体"用中保"和"保中用"的日常性目标诉求与价值理性融合在一起。虽然不同历史时期、不同发展阶段、不同文化背景、不同社会体制可能会出现二者不完全对等的博弈。但是，这却是千百年来古今中外城镇发展演进的真实场景和底层逻辑。

在建筑遗产保护领域，"科学保护"和"精细保护"一直占据了驾驭性的主导地位。建筑保护的第一性原理就是要通过科学合理的技术干预，使其"延年益寿"，并在安全范围内适应性再利用，同时标示出历史年轮印痕，成为"石头写成的史书"的注脚。科学保护的底层逻辑是基于科技进步，通过遗产价值评估（广义遗产）、结构性能检测、建筑材料经年累月使用后形成的材料性能现状及退化机理揭示等，综合分析研判该建筑按现状自然发展的"剩余寿命"，从而针对如何延长"剩余寿命"定制科学技术干预方式和操作机制。常见的干预方式包括：对建筑结构退行性老化采取必要的加固补强、局部变更、构件撤换，木结构还可以采用落架大修方式；对建筑材料针对其各种现有或者潜在的"病害"，结合今天的建筑遗产活用功能和环境性能提升要求，采取正向的、同时还要符合绿色低碳要求的技术干预，达到建筑性能的优化和提升。历史城镇保护的重要基础就是首先要把建筑遗产科学地保护好，镌刻时代、岁月留痕的丰富建筑展品是城市作为"博物馆"的最重要的馆藏珍宝。

（2）科学保护和精细保护的底层逻辑及其科学意义

整体保护、系统保护和全面保护作为国家顶层设计层面的要求，具有统领性和指导性，掌控全局、制定政策基准，必须是抓大放小。但是，到了具体的城市和城镇的遗产保护实践中，只是"传声筒"般的执行就远远不够了。中国有一句"路是人走出来的"的名言。经济学家哈耶克也曾经讲过一个"乡间小路"的故事。一开始田野间并没有路，每个人按照自己的认识和尝试走出不同的路，经过后来的叠加互动，形成多数人共同选择认同的小路。后来哈耶克将这种"自发演化的秩序"作为基本的研究价值取向。日本东京大学曾经做过的一个实验也与之相似：实验人员在培养皿里放了一张微缩地图，上面是东京市和它周围36个卫星城市的位置。实验人员把一堆阿米巴虫放在东京市的位置上，然后在东京附近那些卫星城市上，放上阿米巴虫爱吃的食物。一天之后，实验人员发现，阿米巴虫竟然修建出一张完整的交通网络，这张网络跟东京当时的复杂路网结构高度相似。同样说明了自发演化的秩序有时或许比"人为设计的秩序"更有效率。

生命有机体特征应该要包容在日益被工具理性笼罩的城市治理和智慧城市的视野中。面对未来城镇发展的不确定性，适度容错，有时生点"小病"预警一下也并非全是坏事，预防性保护的基本原理就是"治小病、防大病"。历史上没有建筑师的建造活动却完成了全世界绝大多数的建筑，确定无疑的场景预设及全知全能的设计者是不存在的。从这个意义上讲，城镇-街区-建筑遗产多尺度保护在整体性建构上，必须要回答和有效回应"多尺度"之间是否存在共通的内在机理和价值理性，寻找到作为"深层结构"的底层逻辑，而同时又要包容多元性选择的"表层结构"的自组织特性。事实上，今天很多遗产保护的国际宪章、宣言或建议，抑或各国具体的保护法规、标准的治理依据，都应建立在梳理分析、提炼改造无数"自发演化的秩序"后的条理化、规格化和体系化的基础上。中国是文明古国，大多数城镇都有特定的生物气候条件、山川地理环境、历史文化积淀和经济发展进程及其所带来的特征属性。从1994年出版由全国一流专家编撰的包含450个设市城市的《中国城市地图集》，以及《中国城市建设史》《中国建筑史》《幻方》等图书可发现，中国历史城镇及其包含的地理、文化、经济、交通区位信息的丰富浩瀚和形态的千姿百态。历史文化名城名镇保护虽然不见得都要做到"一城一策"，彼此绝对不可复制和参考，但肯定不是只有整体保护、系统保护和全面保护这样"放之四海而皆准"的要求那么简单，如果加上科学保护和精细保护，就比较实事求是、符合客观事实了。

（3）"尺度效应"与不同尺度遗产保护实践中的"和而不同"

历史城镇-街区-建筑遗产多尺度保护存在多系统协同的挑战和难题。通常，除了前述"自上而下"的保护管控体制和机制问题，还有"尺度效应"问题。中国历史城镇和建筑遗产保护需要协同联动多个保护系统，既关注不同尺度的保护机理的相通性，又要关注因"尺度效应"原理导致的保护工作重点和方法的差异性。"尺度效应"概念源自气动效应，后广泛应用于生态、水文、机械、土木、建筑等科学领域。该原理讲的是，只讲逻辑而不管尺度，无条件推理和无限度外延，不同尺度之间简单相互推断甚至建立通用关系，会产生研究结果的谬误。不同尺度的城市-建筑形态由于"尺度效应"的作用，观察、认知、分析、研究和规划设计的科学方法其实是有差异的。也就是说，不同尺度城镇建筑遗产的保护特点、保护方法和保护技术存在异同。建筑或建筑群尺度：当在建筑（或者是单体为主的局部环境）尺度时，只要做到对其"博物馆式"的凝冻保护就可以了，人们不仅可以在建筑"内部"，而且可以在建筑的"外部"整体观察并形成价值认识。街区聚落尺度：包括历史上各类小城镇、历史城市中的城市片区、历史街区和历史地段等，这就需要考虑居民的生活活动、因人而异的建筑性能和人居环境改善提升的诉求，人们对其的认识是"内部"为主，"外部"为辅。城市地理尺度就不能不更多地考虑城市的社会经济发展、城市的创新力和竞争力，不能不考虑现代城市必须具有的集聚密度、交往密度、功能密度和与之相匹配的建设强度和环境载体容量，在真实场景中，人们绝大多数情况下只能通过局部来观察体验城市。

城镇建筑遗产保护工作，就要从城市到单体建筑遗产对象的多尺度视角建立体制和机制保障，而其重要的科学基础，是不同尺度遗产对象之间的内在保护机理的揭示、历史信息的精准传递、基于连续性（成套）的保护技术方法，同时也要包容不同尺度遗产对象的保护方式的差异性。通过不同尺度的遗产内在相通的保护机理、保护侧重、"和而不同"的保护原则和方法，即可建构起整体的城镇建筑遗产多尺度保护的基础框架。

4. 历史城市 – 街区建筑形态的时代发展变迁问题

（1）世界城市历史演进中建筑形态的生长规律简析

史实表明，城市建设发展具有一定的内在规律，其中物理尺度就是一个对规律具有穿越周期、相对硬核的影响要素。城市发展历史过程中的新陈代谢、修补完善、改建扩建屡见不鲜。虽然中国城市与以欧洲为代表的西方城市差不多，都作为文明载体、历史文化和生活场景呈现的舞台，但具体城市形态的组织方式受到自然地理、生物气候、宗教和文化的影响而"同中有异"。在特定的城市生态足迹范围内的因地制宜、就地取材等，也决定了中西方建筑材料、建筑结构和建造方式选择具有较大的差异。基于对自然气候地理、建筑材料、结构构造、文化传统和社会体制等的考察和研究，中西方古代城镇的街区建筑容积率比较相近，但文艺复兴以后中西方就很不相同了。中国传统建筑以木结构为代表，城镇主要由以单层民居为主的街巷胡同形态组成，容积率基本上小于1。这一容积率小于文艺复兴后西方城镇的容积率，特别是西方近现代普遍的6层建筑围合式街区的城市容积率。由于地理、气候、资源禀赋和社会发展的巨大差异，中国及以"稻作文化"为代表的东亚等国家的历史文化与历史城市保护模式和重点，注定与欧美国家不完全一样。需要客观认识先前中国历史城市长大变高的问题，认识历史城镇保护需要实事求是的科学态度。

考察历史，城市发展中新生与衰亡、作为基底的建筑平均高度变高、容积率提高是一种普遍的新陈代谢现象，是城市发展规律所致。以巴黎老城（小巴黎）建筑高度管理为例：1784年为22米，1859年为25~30米，1967年变成中心区31米、外围各区37米、城外45~50米。伦敦老城历史上以圣保罗大教堂为最高建筑。为保证伦敦在全球的国际竞争力，1962年后城市逐渐长高，2012年建的碎片大厦（The Shard）高达309米。大城市需要一定的建设容量保证功能的集聚和效率，反映了现代城市的基本属性。通过对欧洲和中国、日本、韩国典型古城的容积率对比分析，发现欧洲大城市周边式6层的建筑街区，建筑覆盖率达到50%时，容积率可以达到3以上。根据航片研究，巴塞罗那、柏林、罗马、巴黎和伦敦老城典型街区地块内容积率在2.6~3.6，平均超过3，欧洲24个中小历史城市的街区地块容积率，基本也达到1.8~3.4。经统计发现，北京、南京、苏州、首尔和京都的典型街区地块内容积率在0.4~1.1，平均约0.7。这个差距是非常大的，因为现代城市的中央商务区（CBD）的容积率一般在2.5~6。英国剑桥大学马丁教授领导的研究团队早年曾对城市建设强度进行过卓有成效的研究，其对美国纽约曼哈顿建筑开发强度的实验性研究表明，当周边式建筑街区布局占地50%、平均7层时，其开发强度与高层建筑沿街后退（21层）街区布局相当。这就是说，欧洲城市的周边式建筑街区基本可以保证现代城市的功能组织要求，不需要通过"拆一建多"的方式实现城市升级转型。相比之下，中国历史城市由于容积率过低，难以满足现代城市集聚效率，除少数小城市（镇）外，一般不可能整个城市保留下来。尤其是对于像南京、北京这样的历史古都，南京明城墙内古城面积约42平方千米，北京二环（城墙）内面积约62平方千米。苏州古城面积有14平方千米,是中国最早唯一要求"全城保护"的历史文化名城,老城建筑高度除了法定遗产保护区,全城建筑高度均规定在 24 米及以下的管控梯度内,此举在一定程度上保护了老城风貌,但平均容积率仍然偏低。苏州后来在东西两侧分别发展新区,新区中心的城市活力明显优于老城区。

(2)中国面临历史城市保护的必然性和建筑长大变高的客观性

中国历史城市的街区建筑容积率在不到 1 的客观情况下,理论上很难实现现代城市的功能密度、能级要求、活力强度和运维效率。因此,放缓历史城市发展速度、疏解城市功能或因规模很小而作为博物馆保留下来是实现历史城市与现代城市功能兼容的有效途径。同时,中国由于受到日照规定的强制要求,作为城市形态基底的大量住宅类建筑不可能做成周边式街区布局,所以即使多层或者小高层住宅做足,容积率一般也就在 1.5~1.8,达不到欧洲大城市乃至小城市的建设强度。因此,中国大部分历史文化名城都采用建筑高度梯级保护,日本的京都老城建筑高度控制也采用"10 米 –15 米 –20 米 –31 米 –45 米"的梯级方法。研究表明,中国除小城市(镇)外,中大型历史城镇实现全城整体保护实际上是做不到的,建筑逐步长大变高有其历史的必然性。当然,中国一些中西方文明互鉴的具有近现代城市形态的城区,如澳门历史城区和上海浦西历史城区。就功能转型而言,城市转型和保护相对容易,历史街道"永不拓宽"的前提之一,是有必要的建筑容量、双车道或组织机动车单行的路网密度。

尽管如此,由于过去几十年的粗放发展,中国历史城市留存的老街区和老建筑已经不多。因此,选择富含历史文化、技术和艺术价值的历史城区、历史街区和历史建筑,做好价值评价,按照科学保护和精细保护要求做到"应保尽保"是必须的。

5. 科技进步新开拓的多尺度保护知识边疆

数字时代正在飞速发展,通过手机终端等电子设备,移动互联网、万物互联与具有确定地理信息的城镇建筑遗产的价值揭示、意义传播和形象呈现,正在发生"戏剧性握手"。

(1)建构基于科学问题,可获最大公约交集的遗产价值评价系统

由于人们对于历史城市和历史街区的主观价值判断难免存在个体差异(视角和维度的差异,权重判断等),而当对保护理念、保护方式乃至保护对象选择确定的"因人而异"达到一定的临界阈值,保护工作实际上很难开展。这时,往往谁大(位高权重)、谁高(专业大咖)、谁投资(如开发商或者城投机构)、谁实施(如城建部门)就谁说了算。如果有了新的科技工具,就可以搁置非本质性的争议,同时,通过外接专家系统校核校正,便可就特定的保护对象形成客观理性和主观评价融合的相对一致的认知。例如,王建国院士团队和荷兰代尔夫特大学联合研发的用于甄别遴选保护对象的动态决策支持系统(Dynamic Decision Support System,DDSS)软件,就是一个可外接专家系统校核、广义历史建筑遗产价值识别认定的决策系统。

该系统可将文物保护单位、历史建筑、三普文物点、风貌建筑和一般建筑统一进行评

估，建立评价指标，确定保护等级，纳入统一的保护流程。研究确定了建筑遗产价值评估及其优先级排序的基本算法，包括因子数值标准化、因子总值计算、相似系数计算和整体计算流程等，建立了从评估到修缮全过程的建筑遗产价值评估体系。

基于这套已获软件著作权的评价系统，重新建构了一套基于共性科学问题认知和评估的中国城镇建筑遗产保护方法和工作流程。

（2）数字技术进步带来遗产认知的迭代升级

通过数字技术，人们已可较以往获得更加精准、更加整体、更多维度、更深层次的历史城市以及与保护相关的信息，从而大大提升对城市历史文化的认识，特别是与人群、个体活动、认知体验相关的认识。

今天的城市面对的主要是"陌生人社会"以及有效的交往互动。随着机动车交通，特别是公交捷运系统的发展，城市市域较之历史上已有数倍乃至百倍的扩大。现代主义规划大师和建筑家认识到现代城市的规模扩大将带来人际关系的根本性改变，通过设置功能和效率的主导需求，同时将人及人群需求抽象化，建构了以《雅典宪章》功能分区为基础、"人群"作为认知精度的城市设计范式。

但是，基于个体精度的需求十分复杂而多样，彼此的关注维度也常常不同，早年科技对此难以应对。如今，城市全尺度、全空间、全时段的人群流动、逗留、锚定和其时空分布的数据信息的捕捉、治理和集成处理已经成为可能，人们获得整体而具有个体精度信息的能力实现了很大提升。多源大数据及其交叉验证，加上概率论和统计学的学理判断，可以帮助人们做出更加科学的城市设计决策。

当下数字算力还在指数级提升，城市形态"一果多因"中的"多因"互动作用机理就会因算力瓶颈突破而可能被进一步揭示。如此，人们就可获得更为清晰和更为完整的对城市复杂系统的认识，从黑箱到灰箱乃至局部的白箱。过去对于环境的认知，可能是长宽高的物理空间，加上把握好"应然"理想和"实然"现实的关系，才能实现想象力驱动的科学进阶要做好城镇建筑遗产保护。因此，如何把握"应然"理想和"实然"现实的关系非常关键。在"应然"的理想图景（乌托邦）和"实然"的复杂场景之间、理想图景想象力和现实解题科学性之间，存在某种趋近真理的专业思考和实践创新的张力。尤瓦尔·赫拉利在《人类简史》一书中提出，人类自远古时代直到今天，创造出光辉灿烂的文明，背后最深层最根本的动力，在于发生在大约7万年前的、以想象力为驱动的认知革命。

现代科学前沿发展研讨中的头脑风暴、中国很多城市探讨的各种发展战略，以及组织编制的各种概念规划（竞赛），都与想象未来场景的能力，也就是想象力直接相关。想象力并非幻想，也并非是自问自答的"另辟蹊径"和"弯道超车"那么简单，而是根植于观察力和行动力的基础上，需要能够解释这些未来场景形成过程中为什么需要这些观察和行动干预的科学原理。想象力是创新起始阶段的重要呈现形式，规划成果的刚性和强制性首先是建立在科学前提与城市演进场景动态反复拟合基础上的。历史文化保护和城镇建筑遗产保护再生，需要真心实意传承保护中华优秀文化的人文情怀，但更需要对未来理想场景的想象力，需要行稳致远的严谨科学认识、科学论证和科学方法论。如果想象力能够与最大似然估计法的观察结果和目的性行动干预相融合，就能实现科技进步。例如，在西湖东岸景观提升规划设计研究中，王建国院士首先凝练出"泛舟西湖"动态随机视点与静态城市景观之间可能存在概率关联的科学问题，然后构思出 GPS+ 概率统计 + 经典视觉美学评价相结合的全新解题技术路线。以往人们主要从"西湖十景"的静态视点和苏堤、白堤等线性移动视点出发，开展西湖景观的优化设计，从未直面湖面动态随机视点观景的研究优化问题，或许是湖面存在无穷多、且随船行而变的视点，如果用确定性的研究思路，景观评价实际上无法开展。这时笔者却想能否运用应对"不确定性"的概率趋近的方法思路。实际操作中，笔者团队在西湖总平面图打上了方格网，并在每个格网交点采用 GPS 定位，同时做这些格网交点的景观美学主观评价，并用形容词极差法赋值（理论上格网可以无限细分，评价精度也会随之增加，但这有一个时间、精力和算力的边际成本问题。实际上方法和模型建立才是最重要的），如此，通过力所能及尽可能多的可精确定位的湖面视点样本，运用贝叶斯原理建构了动态随机视点与景观主观评价的关系，然后经由类似回归分析的等视线表达，大致便可明晰西湖东岸景观相对于湖面视点的优劣分布，进而提出西湖游船的路线改进方案。如此，设计便将基于动态随机视点的景观优化与包含有限容错的总体正确结果形成一个拟合闭环。

在京杭大运河杭州段两岸城市景观提升工程项目中，通过调研，发现线性廊道遗产景观的观赏效果主要取决于车、船和人行三种方式，于是想象并界定出车、船、人三种不同的线性遗产廊道的观览场景，分别通过三种观览主体的移动速率、视点位置和视点高度，建立与运河两岸景观的观景关系。同时，规划设计突破了常规对于城市景观的单因子定性的研究方法，引入了景观视觉关注度的概念，初步建立了车、船、步行不同运动导向下人对遗产廊道景观视觉评价的多因子定量互动模型，将"景"和"观"联系起来，全新建立了遗产景观廊道动态观览和互动模拟的城市设计方法。最后，团队还综合了京杭运河杭州段和西湖景观两项研究关于建筑限高影响的成果，提出了杭州主城区建筑高度分区和管控的科学建议。概括地讲，想象力驱动的科技创新对于遗产保护实践是一个重要突破。作为基础与应用结合，历史、文化、艺术与科学融合的遗产保护科学领域，需要凝练科学问题。缤纷万千的现实表象并非毫无因果关系的"一地鸡毛"，所以需要科学的洞察力，需要深度思考研究（设计）对象表象呈现与表象内涵的关系，揭示表象呈现背后的底层逻辑并建立认知框架，回归"第一性原理"，最后做到跨学科、跨专业的多尺度保护实践的集成创新。

6. 城市设计和数据库使遗产多尺度保护成果的整合成为可能

因"尺度效应"的作用，不同尺度的遗产保护实践工作存在实际操作层面的差异。那么，如何建构"自变量"与"因变量"，或者说相互关联耦合的协同性和整体性呢？除了体制机制和政策规章，通过多次实践探索发现，确保多尺度保护成功的关键主要有两个方面：一是城市设计，二是数据化成果，特别是开放的具有可持续优化属性的数据库成果。城市设计主要研究城市形态的建构机理和场所营造。城市设计在城镇建筑遗产多尺度保护中，基于历史文化、社会发展和物理环境，发挥着不同尺度保护对象之间协调和协同的作用。虽然多尺度保护在政策、体制、机制和科技等方面都很重要，《威尼斯宪章》《华盛顿宪章》和《西安宣言》等系列遗产保护的国际文件对此也给予了强调，但这些文件的条款、保护体制和机制的建议，还是要建立在遗产多尺度保护的基本学理和整体技术方法系统之上。城市设计是一个很好的技术工具，作为城市规划与建筑设计之间的桥梁、黏合剂或者"减震器"，城市设计可以发挥笔者曾建构的"云、网、线、点"城市形态认知系统中的"云下织网、网上连线和线上结点"的作用。从前述研究和实践的成果看，基于全体数据和"新数据"拟合的城市设计成果和数据库成果，就是笼罩覆盖城镇建筑遗产多尺度保护的"云"。基于多源大数据技术，可以重新认识我国历史文化名城名镇和历史街区的保护本质，在数据的挖掘、交叉验证、精度辨析和治理集成的基础上，再做基于经典规划设计原理和数据库成果的双向校核的城市-街区-建筑遗产和历史文化保护的专业工作，就会更加精准科学，事半功倍。

不同尺度之间的历史文化保护核心内容和成果需要遗产信息的精准传递、上下前后的整体关联并相互校核校准。人居环境本来就是一个多尺度的"连续统一体"，遗产保护工作没有理由，也不应该完全由不同部门、不同体系在不同侧重和不同尺度"泾渭分明"地开展。承续弘扬中华优秀历史文化，只有在多尺度共有的内在机理揭示和把握的基础上，加上各个尺度的科学保护工作及其内容成果信息整合统一在开放包容的数据库中，才能从根本上提升中国城镇建筑遗产保护的水平，并保证健康正向发展。

城市设计与数字化成果的结合，构成了城镇建筑遗产多尺度保护在系统整体建构方面的主线。在此基础上，可以更好对接历史文化名城保护规划国家标准和相关政策文件要求。数字时代的城市设计已经可以初步做到"城市多重尺度的全链空间体验性把握"。如此一来，就有可能将中国历史城市、历史街区和历史建筑的保护——这个关系到中华文化传承和身份认同的宏伟大业推进到一个新的高度，并迈入一个同时依托城市健康发展引导、基于历史文化信息精准传递、跨学科科技支撑的城镇建筑遗产多尺度保护的新时代。

三、人文城市的发展趋势

（一）注重传统文化的传承

文化传承是人文要素融入城市建设中的重要路径，是实现文化认同、凝聚民族精神的主要方式。一个城市的竞争力不是由富丽堂皇的建筑累加而成的，而是溯源于其浓郁的文化底蕴。与此相悖的是，许多城市为了短期的经济效益而造成历史传承的破坏。尽管有些城市开始重视和保护传统文化，但还没有把文化传承纳入城市发展的本身来考虑。对于如何提取城市遥远的历史记忆和人文信息，把这些碎片化的历史片段有条理地展现出来并烙上新的时代印记，是人文城市建设值得深思的问题。英国社会学家吉登斯的"现代性"理论在某种程度上为我们正确认识文化传承提供了一个独特的理论视角。吉登斯在对非现代性经验的状况反思时，创造性地提出一个观念叫"经验的存封"，意即现代文明的高度发达把不符合当下社会秩序的经验彻底湮没掉，"存封"起来。

城市文化的传承实质上是对"存封"经验的再启封。当城市社会中人的行为方式和风俗习惯沉淀到文化层面以后，会进一步浓缩这个城市的集体记忆，而"存封"经验显然是蕴含其中的。哲学家海德格尔所主张的"诗意地栖居"，便有对文化传承的反思。"诗意地栖居"实际上是对现代城市把个人从文化传统中隔离开来的一种抵触，是在现代文明中迷失后对传统文化再次认同的诉求。可以说，就经验论而言在对待文化传承问题上有不同的价值判断，我们只有把城市视为未来城市学家芒福德所说的"文化的容器"，将其纳入文化传承体系，才能真正破译城市文化传承的密码。

（二）注重人文城市建设

人文城市建设成为国家"十四五"规划建设的重点内容之一，针对人文城市建设在文化和自然遗产保护、文化设施、体育设施、休闲设施、公共设施免费开放五个方面提出了建设重点（见表2-1）。发掘城市文化资源，强化文化传承创新，把城市建设为历史底蕴厚重、时代特色鲜明的人文魅力空间。注重在旧城改造中保护历史文化遗产、民族文化风格和传统风貌，促进功能提升与文化文物保护相结合。注重在新城新区建设中融入传统文化元素，与原有城市自然人文特征相协调。加强历史文化名城名镇、历史文化街区、民族风情小镇文化资源挖掘和文化生态的整体保护，传承和弘扬优秀传统文化，推动地方特色文化发展，保存城市文化记忆。培育和践行社会主义核心价值观，加快完善文化管理体制和文化生产经营机制，建立健全现代公共文化服务体系、现代文化市场体系。鼓励城市文化多样化发展，促进传统文化与现代文化、本土文化与外来文化交融，形成多元开放的现代城市文化。

表2-1 人文城市建设重点

01	文化和自然遗产保护
	加强国家重大文化和自然遗产地、国家考古遗址公园、全国重点文物保护单位、历史文化名城名镇名村保护设施建设，加强城市重要历史建筑和历史文化街区保护，推进非物质文化遗产保护利用设施建设
02	文化设施
	建设城市公共图书馆、文化馆、博物馆、美术馆等文化设施，每个社区配套建设文化活动设施，发展中小城市影剧院

续表

03	体育设施
	建设城市体育场（馆）和群众性户外体育健身场地，每个社区有便捷实用的体育健身设施
04	休闲设施
	建设城市生态休闲公园、文化休闲街区、休闲步道、城郊休憩带
05	公共设施免费开放
	逐步免费开放公共图书馆、文化馆（站）、博物馆、美术馆、纪念馆、科技馆、青少年宫和公益性城市公园

来源：《国家新型城镇化规划（2014—2020年）》专栏9 人文城市建设重点[7]

在人文城市建设过程中，我们要不断发掘城市新文化标向。城市是人类文化延续的物质空间场所，是保障文化延续的主要居住环境，城市文化是城市的特有资源。未来城市的竞争也是文化的竞争。

在人文城市的人文传承的同时，我们应构建兼容并包的多元文化。城市文化是城市的灵魂，是城市竞争力的重要组成部分，在保持城市文化的活力，传承历史文化的基础上，实现文化创新和文化融合。

此外，城市发展过程中不断提升和完善文化服务体系，将城市文化建设与城市建设有机结合。

（三）加强历史文化遗产保护

通过城镇建筑遗产多尺度保护的学理研究和工程实践，人们可以获得跨学科和领域的知识穿越和融通，遗产保护的理论基石、理念方法和技术工具因此也获得了相应的知识进阶。这些知识可以一定程度上深化和改造人们既有的遗产保护认知，以便更好地选择历史文化传承保护和相关城镇–街区–建筑遗产保护的方向和总体技术路线。

"公众参与"保证了"以人民为中心"的伦理正确，始终是遗产保护工作的核心内容，"人民城市人民建"应该基于真实可靠、样本充分的个体和社群的意愿和诉求。同时，城镇–街区–建筑群–建筑单体等多层级、多尺度遗产客体均存在于中华优秀历史文化的生命有机体中，不同层级和尺度的遗产客体保护之间存在相融相通的内在机理，同时也存在因"尺度效应"引发的具体保护方式和技术对策的"和而不同"，这是城市发展底层逻辑和规律所决定的。城镇建筑遗产多尺度保护需要依循第二代设计方法论的基本原理。对于多尺度保护的复杂系统，如果采用简单的任务导向递归方式，不同尺度容易失调甚至脱节，因此需要采用目标明晰但可微调、过程动态调适、进取妥协并存、工作持续优化的保护方式。这就是第二代设计方法论的基本原理。该方法论针对的是边际限定不甚明确、目标也非终端式的工作任务。遗产保护就是一个价值理念和创意主导的专业设计和社会参与合作融合的双重决策过程。遗产保护工作涉及方方面面，交流、争论、协商、合作必须建构在一个带有负反馈环节的保护工作的过程中，这种反馈应该是及时的，而不是过度延迟，甚至严重滞后的。城镇建筑遗产不同尺度主体的细分生态位及特定的保护利用适配度，可以借助持续的规划设计优化和开放交互性的数据库平台而合理获得。需要客观对待新陈代谢、有序演进的真实社会和城市场景，城市不是凝冻在某一历史阶段和高光时刻的艺术品。不同时代遗产的拼贴和并存是城市的本质属性，每一代人都曾经为城市发展做出过积极的创造性工作，同时也留下需要"断舍离"的遗憾和不足，要做的是把每个时代见证历史的典型性的城镇建筑遗产精华保存在城市这个"博物馆"中。使得城市可阅读、可记忆、可体验、可活化、可再生[9]。

参考文献

[1] 世界城市与人文精神[J]. 中国城市经济, 2003（4）: 77-79.
[2] 吴良镛. 中国建筑与城市文化[M]. 北京: 昆仑出版社, 2009.
[3] 单霁翔. 城市文化遗产保护与文化城市建设[J]. 城市规划, 2007（5）: 9-23.
[4] 王立. 城市文化建设问题研究综述[J]. 重庆邮电大学学报（社会科学版）, 2008, 20（2）: 118-121.
[5] 艾伯亭, 刘建, 田野, 等. 城市文化与城市特色研究——以天津市为例[M]. 北京: 中国建筑工业出版社, 2012.
[6] 张泉, 邹成东, 薛珊珊. 历史文化名镇名村空间格局的分形演化特征及优化策略[J]. 资源开发与市场, 2022, 38（12）: 1521-1528.
[7] 中共中央 国务院印发《国家新型城镇化规划（2014-2016）》[Z/OL].（2024-03-16）. https://www.gov.cn/gongbao/content/2014/content_2644805.htm.
[8] 凯文·林奇. 城市意向[M]. 方益萍, 何晓军, 译. 北京: 华夏出版社, 2001.
[9] 王建国. 中国城镇建筑遗产多尺度保护的几个科学问题[J]. 城市规划, 2022, 46（6）: 7-24.
[10] 张松. 日本的历史环境保护机制及实践启示[Z/OL].（2023-09-05）. https://mp.weixin.qq.com/s/xxB3_X3b-qXDK7oCQdTX7w.
[11] 蒋佳瑶. 意大利战后城市遗产保护理论及实践[J]. 建筑学报, 2002（11）: 104-111.
[12] 姚亦锋. 东吴之前南京古城起源的地理过程[J]. 城市规划, 2019., 43（2）: 91-98.
[13] 杨保军, 周岚, 阮仪三, 等. 顶级专家为苏州历史文化名城保护"会诊把脉"[J]. 建筑实践, 2022（8）: 166-187.

本节撰稿人: 王 云 王建国 田大江 杨可杨 周 卫

智慧城市

一、智慧城市概述

智慧城市是指利用新一代信息技术创新城市管理和公共服务方式，向居民提供便捷丰富的信息服务、透明高效的在线政府、精细精准的城市治理、融合创新的信息经济和自主可控的安全体系，有利于提升城市治理体系和治理能力现代化水平。

2008年，国际商业机器公司（IBM）在美国纽约发布《智慧地球：下一代领导人议程》，提出了"智慧地球"理念，致力于将新一代信息技术充分运用于各行业之中。在此基础上，IBM整合了面向城市政府的信息化业务，并于2010年正式提出"智慧城市"的概念。在《智慧城市白皮书》中，IBM认为智慧城市是以信息和通信技术为支撑，通过透明、充分的信息获取，广泛、安全的信息传递，有效、科学的信息利用，提高城市运行和管理效率，改善城市公共服务水平，形成的城市发展新形态。此后，智慧城市逐渐成为全球范围内各个城市竞相追逐的热点，希望利用新一代信息技术显著提升城市政府的治理成效，提升市场的运行效率和市民满意水平，并为城市的可持续发展贡献力量。

我国也积极跟进并在一定程度上引领了全球智慧城市建设。2012年，中国工程院组织起草发布《中国工程科技中长期发展战略研究报告》，将智慧城市列为中国面向2030年30个重大工程科技专项之一，并启动了《中国智能城市建设发展战略》研究工作。同年，住房和城乡建设部启动了国家智慧城市试点工作，正式拉开了智慧城市建设的序幕，共3批277个城市、城镇和城区被列入试点名单。2014年，《国家新型城镇化规划（2014—2020年）》中明确提出"推进智慧城市建设"。同年，八部委联合印发了《关于促进智慧城市健康发展的指导意见的通知》，提出"智慧城市是运用物联网、云计算、大数据、空间地理信息集成等新一代信息技术，促进城市规划、建设、管理和服务智慧化的新理念和新模式。建设智慧城市，对加快工业化、信息化、城镇化、农业现代化融合，提升城市可持续发展能力具有重要意义"。2015 年，国家网信办和国家发改委进一步提出建设新型智慧城市，并突出了成效、创新和感知的重要性。2017 年，"智慧社会"被正式写进党的十九大报告，标志着国家对新一轮信息革命的科学判断与战略部署。2022 年，党的二十大报告进一步强调"建设宜居、韧性、智慧城市"，要求"完善网格化管理、精细化服务、信息化支撑的基层治理平台"。在地方层面，超过 500 个城市将智慧城市建设明确列入地方发展规划，我国已经成为全球智慧城市建设密度最高的国家。

智慧城市建设 10 年以来，对城市治理水平的提升、城市基础设施和城市运行效能的提升、公共服务水平和市民满意度的提升都起到了巨大的支撑作用。

二、智慧城市的发展现状

从全球视角来看，智慧城市的学术研究呈现出多元化、创新性和合作性等特点。主要体现为研究主题多元化和研究方法多样化。研究主题的多元化主要是指智慧城市研究，包括城市规划、城市治理、公共服务、环境保护、交通出行、城市安全等众多方面。不同国家和地区的学者们，根据本地实际情况，针对性地研究智慧城市建设中的各个方面，并探索相应的解决方案。研究方法的多样化则体现为新技术手段的应用，包括数据分析、模型构建、实证研究、案例分析等多种方法。在各个研究领域，学者们通过不同的方法手段，揭示城市现象、探索城市规律、提出改进方案，推动智慧城市的发展（见图 2-1）。

此外，智慧城市研究还体现在学术与行业密切合作以及日益加强的国际合作方面。智慧城市的发展需要跨国界、跨学科的合作。在全球范围内，不同国家和地区的学者和机构之间日益加强合作，共同研究智慧城市建设的问题，并分享研究成果和经验。学术与行业开展更加密切的合作。智慧城市建设是一个实践性很强的领域，学术与行业的紧密合作是促进智慧城市发展的重要保障。在智慧城市研究领域，学术界与政府、企业等实践界的合作不断加强，以实现学术研究成果的转化和应用。

截至 2019 年年底，全球在建智慧城市数量已经超过 1000 个，并且该数量正在逐年攀升，增速逐渐加快。从我国来看，智慧城市是我国大力推进的新型城镇化建设方向，是城市信息化建设的高级阶段。在智慧城市的推进过程中，各种新型和陌生专业词汇的涌现，如物联网、大数据、云计算，无线城市、数字城市、P2P、M2M 等，一方面使得智慧城市的内涵确定上显得更加复杂，另一方面加大了普通民众对智慧城市认知和理解的难度和本能的抗拒感。从早期的定义到逐年更新的定义，能够明显察觉到这几年的建设经验对智慧城市内涵的补充和理解的加深。技术不再是智慧城市的核心，而是智慧城市的基础手段。智慧城市的关注点从基本城市运行系统的技术升级到城市居民的认可度和感知度上来。智慧城市发展的本质是融合，将信息化建设和城市管理相融合，通过物联网、云计算和大数据技术等智能信息技术的运用，将分散的信息化系统整合起来，通过一个数据化可视平

初级智慧城市探索阶段（2012—2015年）

采用'广泛培育'的发展方式，鼓励全国各地积极试点，较少国家层面支持政策，由住建部担任主导和牵头单位。

- 住建部最早于2012年年底开始进行智慧城市试点，探索智慧城市建设、运行、管理、服务和发展的科学方式。
- 2014年首次将智慧城市确立为国家战略。

新型智慧城市推进阶段（2016— ）

发展方式向"去粗取精"转变，国家层面支持政策陆续出台，细分领域政策逐渐登场，明确由发改委和中共中央网信办为主管和牵头单位。

- "新型智慧城市"概念于2015年年底被提出，此后中央层面逐渐发力，陆续完善智慧城市的规划和培养政策。
- 不再追求量的增加和发展的速度，明确要求到2018年分级分类建成100个新型智慧城市，制定评价标准，对"新型智慧城市"进行评价和标杆选拔。

2012年12月 住建部发布《关于开展国家智慧城市试点工作的通知》，启动智慧城市试点，截至2015年，先后发布3批试点名单。

2014年3月 中共中央国务院发布《国家新型城镇化规划（2014—2020）》，**首次把智慧城市建设引入国家战略规划**，并提出到2020年，建成一批特色鲜明的智慧城市。

2014年8月 发改委牵头发布《八部委关于印发促进智慧城市健康发展的指导意见的通知》，并随后成立促进智慧城市健康发展部际协调工作组，参与探索智慧城市建设的主管部门随即扩大。

2016年3月 中共中央国务院印发《中华人民共和国国民经济和社会发展第十三个五年规划纲要》，将建设智慧城市列为新型城镇化重大工程。

2016年8月 发改委、网信办印发《新型智慧城市建设部际协调工作组2016—2018年工作分工的通知》，并从11月开始组织开展新型智慧城市评价工作，政策基调由大范围鼓励转向拔高取尖。

2016年5月 住建部发布《关于开展智慧城市创建工作情况总结的通知》，总结过去的试点情况，智慧城市主管工作随即转向发改委和网信办。

2016年12月 国务院印发《十三五国家信息化规划的通知》，正式提出新型智慧城市建设行动，分级分类推进新型智慧城市建设，明确牵头单位为发改委和网信办。

2018年12月 发改委发布《关于继续开展新型智慧城市建设评价工作深入推动新型智慧城市健康快速发展的通知》。

图 2-1 我国智慧城市进展

台，将城市中存在的现实问题通过数据平台进行统一管理，具有感知化、物联化、共享化和智能化的特点。

近年来，我国城市正处于新旧治理模式交替、城镇人口快速上升、信息技术蓬勃发展阶段，智慧城市的出现和建设发展也顺应了我国城市化发展需求。政策文件的密集出台，从总体架构到具体应用等角度分别对智慧城市建设提出了鼓励措施。智慧城市的建设主要有十大重点，涵盖智慧城市设计、建设、运营、管理、保障各个方面，具体来说，应包括顶层设计、体制机制、智能基础设施、智能运行中枢、智慧生活、智慧生产、智慧治理、智慧生态、技术创新与标准体系、安全保障体系。

（一）主要支撑技术

1. 物联网

物联网是指将各种物理设备、传感器、软件、网络以及云计算等技术进行有机结合，实现设备之间的互联互通和数据的共享、处理、分析和应用的一种智能化网络。目前，物联网已经得到了广泛应用和发展，涉及诸多领域。

在智慧城市方面，物联网技术的应用可以实现城市内部和城市与外界的各种设备、信息的互联互通，从而提高城市管理的智能化水平和生活质量，为智慧城市实现全面感知、"人—物—环境"三元融合提供最重要的技术支撑。按照采集、控制和安全防护的功能区分，物联网可以分为智慧传感网、智慧控制网和智慧安全网。智慧传感网负责搜集各类传感器采集到的数据和信息，并发送到数据中心。智慧控制网对各类物联设施进行远程控制，智慧安全网负责整个物联网中传感信息和控制信息的安全连接。物联网在智慧城市的应用主要包括：

智慧交通：通过对交通信号灯、公共交通车辆、停车场等设施的互联互通，实现优化交通流量和缓解城市交通拥堵。

智慧能源：通过对各种能源设备的互联互通，实现能源系统的自动控制和调峰，提高运行效率和管理水平。例如，智能家居可以通过智能电表和智能电器的配合，实现家庭用电的节约和管理。

智慧环保：通过对空气质量、噪声等环境指标的实时监测和互联互通，实现城市环境监测和治理的智能化和实时化。

智慧安防：通过对监控摄像头、传感器、报警设备等安防设备的互联互通，实现城市安全管理的智能化和实时化。

2. 大数据

随着物联网、云计算、移动网络、大数据等相关技术的发展，智慧城市中数据容量和类型的急剧增长，如何有效地管理、分析和整合这些大数据，从数据中提取出有用的信息并将信息转化为价值，成为众多互联网企业和学术界的研究重点和热点，因此大数据技术已成为智慧城市的核心关键技术，为智慧城市提供了重要的支持和保障。目前大数据在智慧城市的应用主要包括以下几个方面：

数据采集：大数据技术可以实现对城市各类数据的快速采集和整合，包括人口、交通、环境、能源、安防等各类数据，实现全面、实时、精准的数据采集和监控。

数据分析：通过大数据分析技术，可以对采集到的城市数据进行深入分析和挖掘，提取有价值的信息，探索城市的运行规律和发展趋势，帮助城市管理者做出更加科学的决策。

智能交通：大数据技术可以帮助实现智能交通系统的建设，通过实时监控交通状况，调整交通流量，优化交通路线，提高交通效率，减少交通拥堵和环境污染。

环境保护：通过大数据技术，可以实现对城市环境的全面监测和管理，及时发现环境污染源和危险源，采取有效的措施进行治理和保护。

城市安全：大数据技术可以实现对城市安全的实时监控和预警，提高城市的安全性和应急响应能力。

3. 云计算

云计算是一种基于互联网模式的计算，是分布式计算和网格计算的进一步延伸和发展，是随着互联网资源配置的变迁逐渐形成的。云计算促进了软件之间的资源聚合、信息共享和协同工作，形成面向服务的计算。云计算能够将全球的海量数据快速处理，并同时向上千万的用户提供服务。云计算根据其提供的虚拟化服务的层次不同，可以分为以下三个层次的服务：基础设施即服务（IaaS）、平台即服务（PaaS）、软件即服务（SaaS）。

云计算可以帮助智慧城市实现以下几个方面的作用：

支持大数据分析：智慧城市中需要处理大量的数据，包括从传感器、监测设备、移动设备等收集的实时数据及社交媒体、公共信息等非实时数据。云计算提供了高效的大数据处理和分析能力，能够快速地处理大量的数据，并通过数据挖掘、机器学习等方法提供有用的信息和建议。

提高资源利用率：智慧城市中需要管理和利用大量的计算和存储资源，包括数据中心、服务器、存储设备等。云计算提供了虚拟化技术，使这些资源能够被有效地管理和利用。通过资源池化和资源共享，可以提高资源利用率、降低成本，同时也能够提供更好的服务质量和用户体验。

支持弹性计算：智慧城市的需求是动态变化的，需要能够快速、灵活地调整计算和存储资源的规模和能力。云计算提供了弹性计算服务，可以根据需求自动增加或减少计算和存储资源，以便更好地满足用户的需求，同时也能够节省成本。

提高可靠性和安全性：智慧城市中的应用程序需要高可靠性和安全性，以确保数据的完整性、可用性和保密性。云计算提供了多重备份、容错机制、数据加密、身份认证等安全措施，可以保障数据的安全性和可靠性。

促进创新和发展：智慧城市需要不断创新和发展，云计算作为一种灵活的、可扩展的计算模式，可以为开发者提供一个开放、共享、协作的平台，促进应用程序的快速开发和部署，同时也为智慧城市的创新和发展提供了支撑和保障。

4. 人工智能与边缘计算

智慧城市，作为一个社会复杂系统，其管理与控制需要超过人脑信息处理带宽和速度，而整个社会正在涌现海量的、各种层次上的大数据和智能体。尽管这些智能体在数据和信息的层面上实现了互相连通，但是由于缺乏智能联结机制，它们在知识层面上并未做到直接连通。智联网，正是实现借助机器智能的联结来协同人类社会中各种纷杂智能体的核心科技。而只有在实现社会化的智能体知识互联之后，人工智能技术才能够形成真正的社会化生态系统。智联网是以互联网、物联网技术为前序基础科技，在此之上以知识自动化系统为核心系统，以知识计算为核心技术，以获取知识、表达知识、交换知识、关联知识为关键任务，进而建立包含人机在内的智能实体之间语义层次的联结、实现各智能体所拥有的知识之间的互联互通；智联网的最终目的是支撑和完成需要大规模社会化协作的，特别是在复杂系统中需要的知识功能和知识服务。在技术层面上，智联网并非空中楼阁，智联网是建立在互联网（数据信息互联）和物联网（感知控制互联）基础上的，目标是"知识智能互联"的系统，最终的目标是实现海量智能体在知识层面的直接连通，达成智能体群体之间的"协同知识自动化"和"协同认知智能"，即以某种协同的方式进行从原始经验数据的主动采集、获取知识、交换知识、关联知识，到知识功能，如推理、策略、决策、规划、管控等的全自动化过程。因此智联网的实质是一种全新的、直接面向智能的复杂协同知识自动化系统。海量的智能实体，组成由知识联结的复杂系统，依据一定的运行规则和机制，如同人类社会一样，形成社会化的自组织、自运行、自优化、自适应、自协作的网络组织，基于智联网所实现的协同智能创造出新的人工智能科技和应用的范式转移，使人类社会的智能水平能够跃升到全新的高度。

5. 智慧应用体系

智慧应用体系主要是指各类应用软件功能的开发，是集成多项功能的复合管理应用，可以更加直观高效地处理多项实际业务，如智慧政务涵盖了政务服务、业务协同、党建学习、档案管理、督察督办、信创平台等应用；智慧管理涵盖了智慧社区、智慧交通、智慧安防、智慧消防、智慧停车等应用；智慧民生涵盖了智慧金融、智慧社区、智慧医疗、智慧养老、智慧教育、智慧场馆等应用；智慧产业涵盖了智慧农业、智慧旅游、智慧制造、智慧物流、智慧商圈、智慧港口、智慧工地、智慧园区、智慧建筑等应用；智慧生态涵盖了智慧能源、智慧环保、智慧水利、垃圾回收资源化、智慧海洋、智慧园林等应用（见图2-2）。各应用仍可继续细分、延伸和融合，但集成和功能整合将会是未来发展的方向，智慧应用的发展正向着建立更加综合的平台即"城市大脑"发展，最终目的在于实现城市运行管理的智能化，真正实现"一网统管"。

6. 数字孪生技术

数字孪生诞生于20世纪60年代，最初围绕着小系统展开研究，使得在小系统研究、风险测试和改进过程中不再需要实物，而是可以通过模型来捕捉主要的关键点，从而极大地加快了复杂小系统改进和成功的概率。2003年，数字孪生系统逐渐扩大，演变成一个更为强大的景象空间模型，进一步增强了信息处理能力。2011年，数字孪生首次应用于城市领域，通过将其从小系统扩展到大系统，真正推动了数字孪生的发展。2014年，数字孪生正式引入国外高等院校，并被美国国防部、NASA、西门子公司广泛接受和应用，成为这些研究机构的重要课程。2019年，全球著名咨询机构Gartner将数字孪生城市列为当年十大战略科技发展趋势之一。

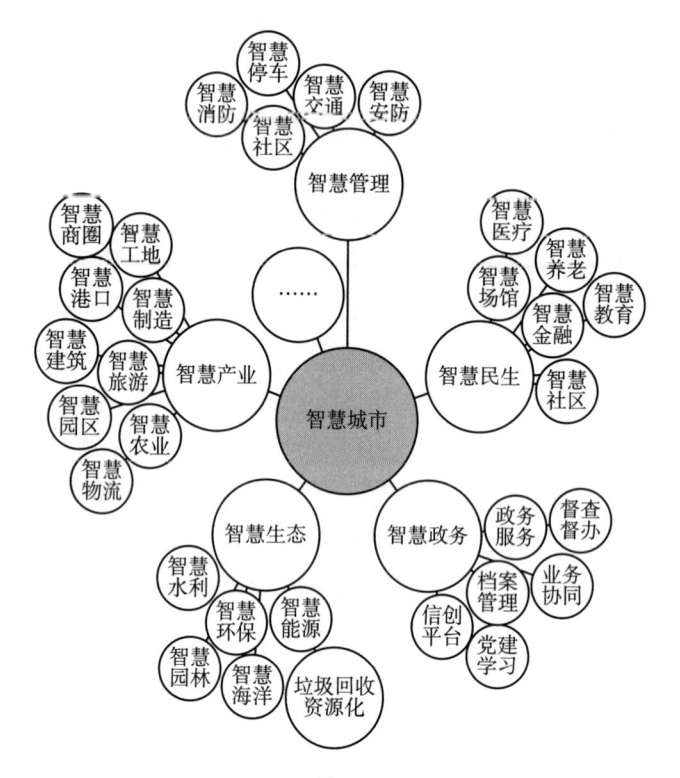

图 2-2　智慧城市体系结构

数字孪生城市不是单一技术，而是以复杂适应系统（CAS）的积木式组装结合了物联网、大数据、BIM、GIS、人工智能等多项前沿技术的"巨技术"，其技术复杂性和建设难度不言而喻。随着元宇宙的爆发，数字孪生进入了元城市阶段。机理模型在数字孪生城市的应用中起着关键作用，各学科领域的机理模型为解决城市问题提供了不可替代的支持。结合人工智能和大规模生成模型（如 ChatGPT），数字孪生城市呈现出广阔的前景。将数字孪生方法与复杂性科学方法相结合可以为城市带来巨大的好处。一方面，为了更好地校准和验证，得到更贴近现实的模型，很有必要在数字孪生模型中再现所有城市相关的特征。另一方面，对"个体行为"引起的系统效应的认识，有望提供更具可解释性和更可信的模型和结果。特别对于后者，用数学工具（如网络）去描述系统元素和其相互作用是很有用的。因此，网络科学就变得很关键，它能指导我们如何对系统元素之间的交互和驱动系统的过程进行建模[1]。

随着数字孪生理念应用领域的逐步扩展，数字孪生技术经历了技术迭代发展的过程，并在每个发展时期展现了不同的互动方式和特征。总体分为四个阶段。

一是数字孪生萌芽期，以模型仿真技术为主，体现物理实体到数字虚体的映射特征。20 世纪 80 年代以来，CAD、CAE、CAM 等计算机建模、模拟仿真技术迅猛发展，主要在工业制造业和建筑领域广泛应用，可以将物理空间的实体形成数字映射的过程。例如现有的数字孪生城市实践是从数化仿真城市物理环境开始的,包括建筑、道路、桥梁和水系。这种初步的从物理世界到网络世界的映射而产生的三维可视化环境,为城市信息的快速获取和基于信息的判断和交流提供了便捷途径。二是数字孪生概念期,以模型与感知技术为主,体现物理实体到数字虚体映射后,数字虚体对物理实体的反馈特征。随着模拟技术的不断发展,以及21世纪初"物联网"技术的初步应用,通过感知通信获取产品实时运行数据与实时计算成为可能。三是数字孪生推广期,以模型、感知、空间位置等多技术融合为主,体现物理实体和数字实体与空间的互动特征。随着全球导航卫星系统(Global Navigation Satellite System,GNSS)等空间定位技术的推广,以及参数化模型的应用,结合物联网、BIM技术的成熟普及和3DGIS的实体语义化发展,形成了以模型、感知、空间位置等多技术融合为主的数字孪生技术。这使得数字孪生逐渐从封闭空间小微场景,向开放空间大中型场景转变,从数字孪生产品、工厂、楼宇,走向数字孪生园区、城市等大尺度范围。四是数字孪生壮大期,以模型、参数化、位置、感知、交互、AI大模型等技术全面融合为主,体现物理实体和数字实体与空间和时间协同互动的特征。随着对城市系统规律的认知加深,参数化模型、感知交互(AR、VR)、人工智能(机器学习、深度学习等)、区块链等技术从组织模式和交互模式上彻底改变了城市居民的生产生活方式[2]。

(二)主要研究方向与建设成果

我国政府将智慧城市定义为"运用物联网、云计算、大数据、空间地理信息集成等新一代信息技术,促进城市规划、建设、管理和服务智慧化的新理念和新模式"。李德仁院士等[3]认为智慧城市是城市全面数字化基础之上建立的可视化和可量测的智能化城市管理和运营,包括城市的信息、数据基础设施以及在此基础上建立网络化的城市信息管理平台与综合决策支撑平台。即智慧城市=物联网+互联网;之后在2014年又继续升华定义为智慧城市=数字城市+物联网+云计算。仇保兴[4]认为智慧城市的本质是通过综合运用现代科学技术整合信息资源、统筹业务应用系统、优化城市规划建设和管理的新模式,是一种新的城市管理生态系统。目前,学术界就这一概念并未达成共识,但是大体上可以分为广义和狭义两种。

通过对近5年发表的论文进行分析,分析了近5年智慧城市研究领域的研究热点及相互联系。可以看出,智慧城市研究的前沿领域围绕城市建设和发展的各个方面及学科展开,涉及城市规划设计、城镇化、城市群、城市治理、应急管理,主要结合的其他学科和技术领域为计算机科学,包括云计算、大数据、信息化、信息安全、数字经济等。

1. 智慧交通

在构成城市的交通、能源、商业、通信、水资源等系统中,交通系统占据着举足轻重的地位。随着社会经济的发展和城市化进程的不断加快,城市人口数量迅速增长,同时随着居民生活水平的不断提高,城市的机动车数量越来越多,造成城市道路交通流量急剧增加，交通阻塞、交通事故、能源消费和环境污染等社会问题日趋恶化。其中交通阻塞造成的经济损失巨大，这已经成为我国国民经济进一步发展的瓶颈问题。解决交通问题的传统办法是修建道路，但无论是哪个国家的城市，尤其是大城市，可以用来修建道路的空间很小。根据建设部的统计显示，我国城市人均道路面积仅为10.6平方米，远远低于国外城市人均道路面积15~20平方米，同时城市的机动车保有量正以15%的高速率增长，而城市道路的增长率则仅为3%左右。另外，由于道路建设资金短缺、技术力量不足等不利因素的存在，便利道路里程的增长速度远远落后于汽车数量的增长速度，交通阻塞问题日趋突出。

智慧交通系统（简称ITS）是指将先进的传感器技术、信息技术、网络技术、自动控制技术、计算机处理技术等应用于交通运输管理体系从而形成的一种信息化、智能化、社会化的交通运输综合管理和控制系统。智慧交通系统涵盖的内容广泛，其核心思想是将先进的数据传输、定位、传感、电子控制以及其他与信息相关的技术等综合应用于道路交通运输，使现有交通基础设施发挥最大的效能，以较低的造价和较短的时间从整体上提高道路交通系统的效率、安全性和服务质量，降低交通拥堵、节省能源、减轻车辆及其相关设施对环境的污染和危害。随着信息技术、网络技术、自动控制技术、计算机处理技术等的迅速发展，智慧交通系统必将成为全球重要的发展趋势。

智慧交通系统的建立，可以利用车上装备的红外线或激光设备通过监测车间距等交通运行状况，使行驶的车辆之间保持合适距离，促使车流稳定行进，缩短行车时间和能源消耗，缓解并有效减少交通堵塞。随着交通拥塞情况的改善，可以有效减少车辆因停留在道路上而产生的能源消耗，以及减少因频繁的踩油门与刹车所造成的能源损耗，提高车辆能源的利用率。随着车辆的稳定行进，其能源利用率会提高，造成的二氧化碳等废气排放量减少，因此有效减轻环境污染，形成良性循环。

2. 智慧政务

智慧政务是指利用云计算、物联网、互联网等先进技术，通过检测、分析、整合、智能响应，综合各职能部门，对现有各种资源进行信息高度整合，提高政府的业务办理和管理效率，同时加强监管，强化政务透明度，提供更好的服务、绿色的环境、和谐的社会，保证小镇可持续发展，为企业及公众建立一个良好的工作、生活和休闲环境。

对同一国家来说，在不同的历史发展阶段或同一历史发展阶段的不同时期，其政府智能的重点、内容、范围和形式很可能是各异的。在信息化和全球化的趋势下政府管理所依赖的主要资源从物产转向信息，信息的获取和利用程度成为其发展社会生产力的"瓶颈"问题。我国各级政府纷纷采用信息化手段，如建立门户网站、推行电子政务和智能城管，来推进行政环境的变化、智能重心的转移、服务职能的拓展、政务运行机制和治理方式的变化，并逐步进行政府流程再造、组织结构调整等渐渐走向服务型政府，以适应新形势下的国家和社会的发展要求。

信息化为政府管理活动提供更多的创新空间、创新机会与条件。决策是管理的核心，任何管理过程都是不断地决策与不断地执行决策的过程。对于政务管理活动而言，很多情况下由于掌握的信息不完备就会直接影响到政府部门所进行的管理决策。对于传统的行政管理活动来讲，在具体事务处理过程中，信息的获取需要以由下而上的书面材料汇报为渠道，获取的信息往往会因为选择性的传递和利益倾向性传递的利弊，最终导致信息失真，不能为政府管理决策提供客观、全面、可靠的依据。而现代信息技术发展和应用正在逐步地实现在适当的时候、把适当的信息提供给相应的政务管理者，这样可以使政府管理的决策者在最大程度上了解相关的公共事务信息的前提下进行行政决策，以期取得更好的效果。

在进行行政决策的过程中，信息拥有量直接关系政府管理决策的准确性、正确性和有效性。然而，在智慧政务系统中所获取的信息数量很大，需要设立专门的解决支持系统，帮助政府从海量的信息中及时分析获取准确、客观的信息。在公共行政决策过程中，行政信息始终占据重要的位置，智慧政务能够保证政府管理决策过程所获取的信息准确全面，进行保证政府管理决策的科学性。

智慧政务的主要内容是资源整合、服务为民、并联审批、权力阳光、智慧决策。从特色小镇建设层面来说，智慧政务就是全面整合小镇政府及下属单位子信息资源，从全局考虑，实现有序互联、有效共享。增加创新的沟通渠道，提供市民与领导、企业与政府之间互动交流的平台机制，加强与各界代表人士的协商，树立一个公平、公正并且相应快速高效的政府形象。政府各联网部门实现数据整合和信息资源共享，对政府工作流程进行优化和改造，提高政府办事效率。利用网上行政监察和法制监察系统对"服务"的治理，对行政执法信息公开的程度和执行效率进行监督，确保行政行为依法、透明、廉洁、高效运行。智能化提取政务业务数据，并且指导业务决策和政策推行。

智慧政务以资源整合、业务协同、信息共享为核心，通过进行体制、机制创新，搭建满足廉洁、勤政、务实、透明的四化平台，即：平台化——专享业务系统协同工作；智能化——重点业务领域智能便捷；服务化——行政管理服务科学高效；集约化——信息基础设施高度集约。

通过构建云架构的智慧政务，实现了服务型政府，增强了政府的公共服务能力。智慧政务为政府信息公开和公共服务的扩展和延展提供载体，提高政府公共服务的效率，促进政府公共服务的一体化，不断创新公共服务模式。此外政务微博、政务微信公众号作为政府在互联网上的一个窗口，是网络问政在移动互联网领域的延伸和补充，有助于提升工作透明度和公信力、加强与公众互动交流、展示地方或部门特色。

3. 智慧教育

我国目前的教育是典型的应试教育。而应试教育不但脱离了社会发展的需要，也违背人的发展规律。应试教育的教育模式与考核方法限制了学生的能力培养和发挥，使其大学毕业后难以适应工作和社会的发展。

为了创建智慧城市，必须实施全民智慧教育。智慧教育是指依托计算机和教育网，全面深入地利用以物联网、云计算等为代表的新兴信息技术，重点建设教育信息化基础设施，开发和利用教育资源，促进技术创新、知识创新，实现创新成果的共享，提高教育教学质量和效益，全面构建网络化、数字化、个性化、智能化、国际化的现代教育体系，推动教育改革与发展的历史进程。通过有效举措，倡导和鼓励市民终身学习，通过多种形式营造终身学习的良好氛围，树立良好的智慧人文形象，增强智慧城市的文化含量，把争先、创优、创新的精神与智慧城市加以整合，实现全民的智慧教育。

4. 智慧社区

智慧社区是智慧城市最典型的应用。智慧社区充分借助物联网、传感器网络等通信技术，把安防、物业管理等系统集成在一起，形成基于大规模信息智能处理的一种新的管理形态社区。智慧社区包含智能家居系统、安全防范系统和物业管理系统三个层次，极大地提高了社区的集成程度，使得社区信息和资源得到更充分的共享，从而提高社区的服务能力。

5. 智慧能源

智慧能源是智慧城市的一大典型应用，是充分开发人类的智力和能力，通过不断技术创新和制度变革，在能源开发利用、生产消费的全过程和各环节，建立和完善符合生态文明和可持续发展要求的能源技术和能源制度体系，从而呈现出的一种全新能源形式。智慧能源拥有人类大脑的功能，能够满足系统、安全、清洁和经济要求。智慧能源的出现可以改变当前集中的能源供给方式，通过分布式系统为人们的生产、生活提供清洁且无污染的便捷能源。

6. 智慧环境

智慧环境是互联网技术与环境信息化相结合。借助物联网技术，把感应器和装备嵌入各种环境监控对象中，通过超级计算机和云平台将环保领域、物联网整合起来，可以实现人类社会与环境业务系统的整合，以更加精细和动态的方式实现环境管理和决策的智慧化。例如，通过建立排水管网一体化在线监测及应用平台，对雨量、绿地涵养水能力、排水设施、气温、地下水、河道水系等进行监测，增强城市在适应环境变化和应对自然灾害等方面的韧性。系统还可以与大气微观站联动，精准排查大气微观站数据异常情况；与道路扬尘数据对接；通过公共安全视频监控大数据系统，及时获取突发环境污染事件相关情况，实时监控环境违法行为，做好应急处理；通过采集证据，协调解决环境污染纠纷。

（三）主要研究机构

1. 省级智慧城市平台企业

目前已有上海、广东、广西、吉林、山西、陕西、福建、贵州、甘肃、河南、湖北、安徽、西藏、江西、浙江、海南16个省（市、自治区）成立了省级平台公司，主要承担本省（市、自治区）"数字化转型、创新驱动"等重要使命，统筹本省（市、自治区）数字政府建设运营，牵头推动产业数字化转型，重点培育数字经济核心产业，创新孵化未来产业前瞻布局。同时，很多省（市、自治区）政府平台公司，不满足于省（市、自治区）里的项目收益，更渴望下沉地级市里，开拓更大规模的智慧城市市场，而大多数地方城市政府财政困难，希望省（市、自治区）政府平台公司发挥省国企的责任担当，为地方政府带来产业，或者带来不需要政府出资的智慧城市建设项目，这样令很多省（市、自治区）政府平台公司很为难，不断在探求满足地方政府需要的模式的项目。

2022年6月23日，国务院印发《关于加强数字政府建设的指导意见》（国发〔2022〕14号），明确以数字政府建设全面引领驱动数字化发展等七方面重点任务，并提出：到2025年，与政府治理能力现代化相适应的数字政府顶层设计更加完善、统筹协调机制更加健全，政府数字化履职能力、安全保障、制度规则、数据资源、平台支撑等数字政府体系框架基本形成，政府履职数字化、智能化水平显著提升，政府决策科学化、社会治理精准化、公共服务高效化取得重要进展，数字政府建设在服务党和国家重大战略、促进经济社会高质量发展、建设人民满意的服务型政府等方面发挥重要作用。到2035年，与国家治理体系和治理能力现代化相适应的数字政府体系框架更加成熟完备，整体协同、敏捷高效、智能精准、开放透明、公平普惠的数字政府基本建成，为基本实现社会主义现代化提供有力支撑。

2. 高等院校及研究中心

目前国内已有多所大学和研究机构设立了智慧城市专门研究中心，北京城市实验室BCL、国家信息中心智慧城市发展研究中心、北京大学智慧城市研究与规划中心、复旦大学智慧城市研究中心，北京市城市规划设计研究院，中国城市规划设计研究院，清华同衡智慧城市研究所等。作为理论创新的主要阵地，在智慧城市建设方面主要集中于理论体系构建、学术交流，其更偏向于本学科出发的与智慧化前沿领域相关的融合创新研究。

3. 科技企业

科技企业在智慧城市的建设中起到了中流砥柱的作用，主要体现在技术优势方面，特别是在大数据、传感器、无线通信设备、物联网、智慧应用开发等方面，科技企业有着深厚的技术储备。如华为、海康威视的通信和智能硬件技术，阿里云和腾讯云的大数据云存储技术等，以及众多科技企业的智慧城市管理应用开发能力等。在前沿理论的探索和实践方面，科技企业也在逐渐加大对智慧城市领域的研发投入，特别是城市信息模型CIM、数字孪生、自动驾驶、地理信息和遥感技术等方面。

（四）城市应用案例

"十四五"期间，多部委联合发布了《关于开展城市信息模型（CIM）基础平台建设的指导意见》《"十四五"国家信息化规划》等，开展了前瞻性规划和标准规范。以雄安为样本探索数字孪生，住建部牵头城市信息模型平台，指出数字城市要与现实城市同步规划、同步建设，适度超前布局智能基础设施。在政策规范指导下，"行业+"政策频频出台，不仅推动了智慧城市应用领域的发展，也加快了地方政策的实施落地。如北京在《北京市"十四五"时期智慧城市发展行动纲要》指出积极探索建设虚实交互的城市数字孪生底座，上海市在《上海市全面推进城市数字化转型"十四五"规划》中指出加快推进城市形态向数字孪生演进，构筑城市数字化转型"新底座"。

1. 北京——大数据平台与智慧交通

北京政府作用力较强，智慧城市发展以政府主导的模式为主。在智慧城市顶层设计的基础上百度、阿里巴巴、腾讯、京东等大型互联网公司积极参与。此外，清华大学、北京大学、中国人民大学等高校也与企业、政府有较强的合作关系，多方合作模式在政府的引导下逐渐形成。北京力争打造大数据平台共享社区：首先，将政府各部门的信息汇聚，实现共享；然后，把社会各单位、机构、商业部门的信息进行汇聚、交换和共享；最后，通过应用来进一步丰富、完善数据平台最终形成一个良性循环。社会组织和个人活动都通过数据汇聚，形成一个巨大的数据库，再经过数据挖掘、分析、整理和优化，提炼出规律性的信息辅助决策。同时，市民也可以利用这些数据获得各类便利的生活服务。此外，智慧北京在建设过程中，一直把智慧交通作为重要一环，不断培育、利用新技术、新模式，改善交通环境，提高交通效率。

2. 上海——"一网通办"和"一网统管"

上海以治理数字化推动治理现代化，把提高城市治理的科学化、精细化、智能化水平作为主攻方向，持续深入推进政务服务"一网通办"、城市运行"一网统管"建设。提出数字孪生无处不在、智能监管无时不有、精准服务无处不享的治理新蓝图。通过现代科技手段的运用，倒逼体制机制改革，倒逼体系重构和流程再造，推动整体性转变、革命性重塑、全方位赋能，实现城市治理由人力密集型向人机交互型转变，由经验判断型向数据分析型转变，由被动处置型向主动发现型转变。一方面发挥数字系统永远在线、永不疲劳的优势，第一时间发现、第一时间提示、第一时间处置，提高预测、预报、预警、预防能力。用大数据辅助和智能算法支持，更好研判灾害风险走势，制定应对处置措施，动态优化指挥调度。另一方面，不断拓展市民和企业参与城市治理的渠道和方式，激发各类主体的创造力。

3. 杭州——"互联网+"与城市大脑

中国互联网协会发布的中国新型智慧城市白皮书中，杭州市排名第一，成为全国"互联网+"程度最高、生活最智慧的城市。杭州是国际重要的电子商务中心，是阿里巴巴集团总部所在地。由于阿里巴巴集团的较强作用力，杭州智慧城市发展体现出较为明显的"自下而上"模式特征。阿里巴巴为杭州智慧城市建设提供城市解决方案，与政府进行协商，政府出台相应的扶持政策，负责制定整体规划与顶层设计。杭州市政府与阿里云联合打造的杭州城市大脑在道路交通管理、停车管理、医疗服务、旅游管理等领域取得了极大的效能提升。

4. 雄安新区——规划先行，智慧建设

2018年4月，中共中央、国务院批复了《河北雄安新区规划纲要》，在"智能、绿色、创新"要求的指引下，对雄安新区的建设提出了极高的要求。雄安新区已经成为"新时代推动高质量发展的全国样板，培育现代化经济体系新引警"也是"数字中国"战略的重要载体。智慧城市建设以"数字孪生"为基础模式。《河北雄安新区规划纲要》提出：坚持数字城市与现实城市同步规划、同步建设，适度超前布局智能基础设施，推动全域智能化应用服务实时可控，建立健全大数据资产管理体系，打造具有深度学习能力、全球领先的数字城市。提出建设"透明雄安、智慧雄安"。例如，雄安市民服务中心将通过BIM模型建设智能化建筑管理平台，采用高效、低成本的综合建筑节能技术，比传统建筑节能70%，如微型气象站利用收集的数据进行实时环境监测并反馈到控制中心，设立公共停车区一侧的立式充电桩与加油站等。雄安新区的整体建设则通过以大数据为枢纽，建立互联协同，智能生产，科学管理的施工项目信息化平台，实现工程项目的数字化全过程管控。

（五）城市感知应用案例

1. 单车感知设备与共享单车治理

随着共享单车在城市中的普及，其带来的城市治理问题越发成为城市管理者的痛点，包括：

"潮汐现象"困局：早晚高峰的"潮汐现象"使得大量共享单车堆积在地铁、写字楼等地点周边，造成节点性共享单车治理问题。

投放与供需不平衡：投放总量没有得到有效控制，部分区域出现严重的供过于求的情况，资源浪费和供求不均衡问题突出。

乱停乱放问题：部分车辆在车行道、人行道随意停放，占用公共空间，共享单车公司未能对停放问题进行有效管理，将治理问题抛给城市管理者。

扰乱交通秩序：使用者不遵守交通规则，发生逆行、机动车道骑行或人行道上骑行等扰乱交通秩序的行为。共享单车企业对租车骑行人员的约束机制较为缺乏，容易产生交通隐患，增加正常通行的压力。

影响城市风貌：共享单车的优势之一是取车和停车比较方便，但是这个优势带来的负外部性即为某些线路长期有乱停乱放问题，严重影响城市风貌的问题。

针对这些问题，北京的城市管理参与团队尝试在重点监测点位使用蓝牙嗅探感知设备，进行共享单车实时定位持续监测的感知方法，配合信息化智能大屏，采取多项优化调度策略，有效解决共享单车治理相关的各项难题（见图2-3）。

在北京的多个街道（望京、双井、天通苑北等），从2021年起，政府部门使用第三方

图 2-3 单车感知设备与定点布设

智库研发集成的智能感知设备，在辖区内群众反映共享单车治理问题严重的点位，布设单车感知设备，进行 24 小时重点监测。经过几个月的治理，效果显著：车辆乱停放、僵尸车堆积，过度投放等乱象得到了有效缓解，受到影响的城市风貌得到了很大改善（见图 2-4）。

2. 环境感知设备与建成环境感知

有城市管理从业人员做过调查，从国内很多城市的 12345 市民热线投诉和市长信箱留言可以发现与环境有关的投诉一直都保持在前三名，在有些地方甚至排在第一。一方面，

图 2-4 某重点监测点位治理前后实地拍摄变化（左图为治理前，右图为治理后）

城市里还有大量存在感知障碍的人,对可能造成安全或者健康影响的问题无法有效察觉;另一方面,城市管理者难以全面和及时地感知到问题从而及时治理,尽管生态环境部门在城市里布设了不少监测设备,但要依托监测设备实现整个城市区域的覆盖,既不现实也不经济。

因而,有基层政府的技术支持团队尝试研发了环境感知设备,用于城区建成环境的感知监测。在北京市双井街道,责任规划师所在的技术支持团队研发了一种集成包括温度、湿度、PM2.5、PM10、噪声、异味、TVOC、甲醛和GPS等各种传感器芯片的设备盒子。

考虑到辖区超过5平方千米的空间范围,将感知设备遍布辖区实现微观尺度全域的环境监测,可能需要上千个传感器,而且还有供电、供网和日常维护管理的问题,这需要高昂的成本,所以不能依靠固定点位的布置方法。于是街道政府与技术团队合作,将设备集成到综合执法车上,通过城管执法队和10辆综合执法车,保持4辆一组轮换巡逻,理论上从早上6点多至晚上11点,双井总会有4辆车持续不断地以固定路线在街区中进行巡逻。所以技术团队试着将蝠音象限安装在了这些综合执法车上,这样综合执法车就如同被装上了耳朵、鼻子一样,能以10秒为间隔,持续不断地收集沿途的环境数据(见图2-5)。

图2-5 环境感知设备在综合执法车布设示意

通过综合执法车巡检回传的环境数据,责任规划师团队在街道大脑系统中开发了一套合成算法,将它们转化成25米网格微观尺度的环境监测结果,从而能够知道辖区内每个小时每个网格中的空气质量、噪声、异味等环境状况。

街道大脑系统再将发现的问题节点信息推送到综合执法车的电子设备(PAD)上,让综合执法车下一次到达这些节点的时候停车、拍照,并填写问题出现的原因。比如:某一个地方有噪声,是因为交通拥堵导致的汽车鸣笛或店铺播放音乐声过大或场地施工;某一个地方有异味,是因为厨余垃圾暴露或下水道反味或餐厅生火做饭;等等。

综合执法车所填写的核查信息反馈回街道大脑，指挥中心会对它进行查看，来判断是否需要解决，以及由谁、以什么方式进行解决。这套系统运行以来，经过这样的处理流程、周期性的数据分析与专项整治，街道辖区内的垃圾暴露问题减少了44%、垃圾问题暴露点减少了28%、市民关于环境问题的投诉比上一年同期下降了20.8%。

3. 无障碍感知设备与残障人士出行关怀

对城市环境的感知能力深刻地影响着我们与城市、社区的关系，对具有感知障碍的人士而言，甚至决定着他们的基本生活质量。需要政府部门、城市科学研究团队、NGO等社会各界相关力量，尝试探索有没有可能自动感知盲人的出行、了解他们遇到的问题，然后有针对性地给出解决方案。

在北京，城市科学研究团队尝试给盲杖装上雷达装置，那么盲杖就可以通过雷达波的反射，探测周围障碍物的距离，并利用蜂鸣器的频率对盲人进行提示；再将雷达反射波和GPS的数据收集回来，就可以知道盲人在行走过程中遭遇障碍物的地点和周围环境的复杂程度（见图2-6）。

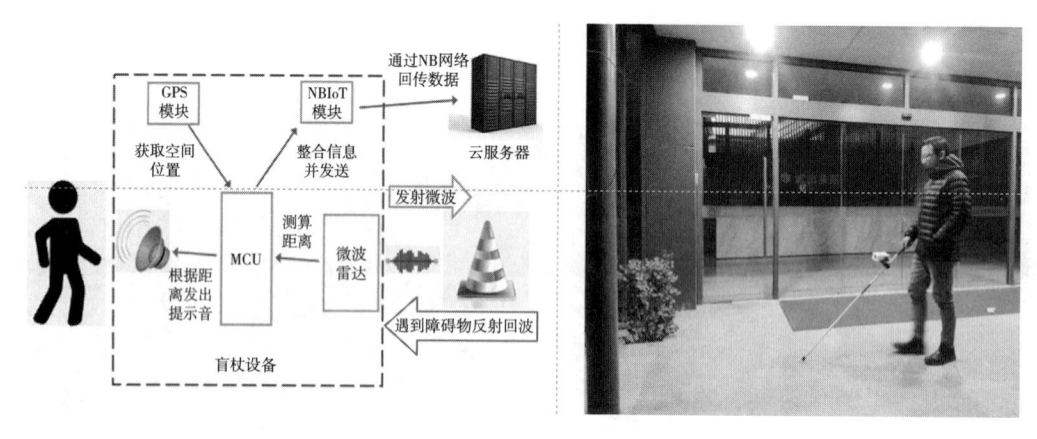

图2-6 智能盲杖示意

基于这样的设想，团队制作了一个传感器原型，在2020年新冠肺炎疫情期间，利用街上行人较少的机会，使用智能盲杖对一处试点街区的大街小巷进行了盲行测试，收集各路段的行走GPS和雷达波数据，形成了每条路段志愿者的行走速度和遭遇障碍物的分析结果（见图2-7）。

分析结果能够发现盲人会在哪些道路节点遇到问题，以及哪些问题是由障碍物导致的，哪些是无障碍设施的建设和接驳导致的，从而形成无障碍环境普查结果，并在推动市政府相关部门启动了无障碍提升的试点工作。

4. 智能巡检设备与社区体检

以老旧小区为代表的城市更新改造一直是城市领域的重要议题。而体检评估，可以为

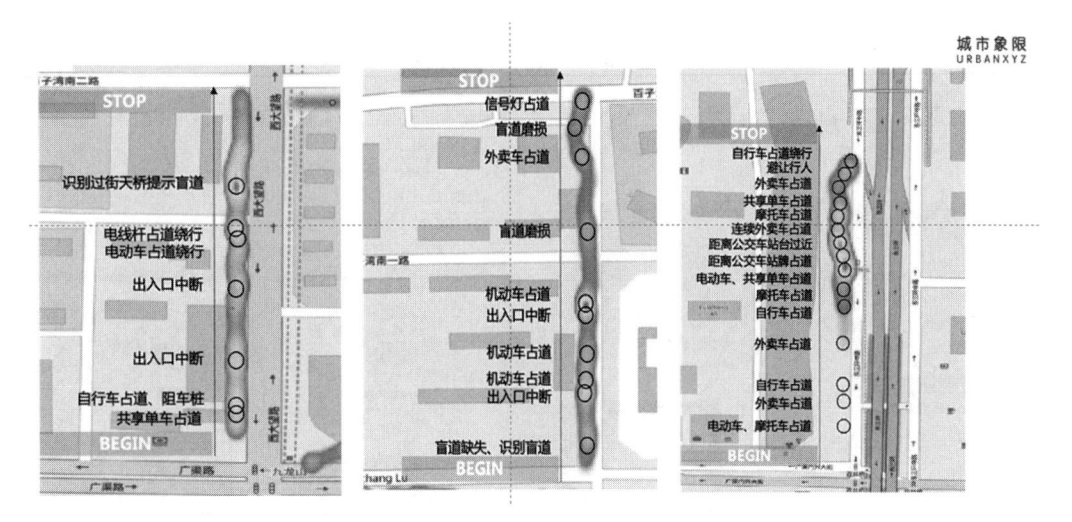

图2-7 智能盲杖巡检分析结果

城市更新发现具体的问题短板，找到群众反映强烈的难点、堵点、痛点问题，为更新改造的推进提供有效的抓手。

2015年12月，中央城市工作会议提出"建立城市体检评估机制"的要求，要求提高城市的承载力和抵御自然灾害、防范风险的韧性，推进城市健康有序高质量发展，建立常态化的城市体检评估机制。

2023年城市体检工作提出"坚持问题导向、坚持目标导向、坚持结果导向、主客观相结合"的整体工作要求，将城市体检单元细化到了住房、小区（社区）、街区、城区（城市）四个维度，对于城市体检工作执行与后续数据分析、成果展示，都提出了更高要求。

基于社区体检的上位要求，既有对于调研对象颗粒度的要求，也有对于调研问题的深化。同时，在中国各个城市的城市更新工作过程中，逐渐有更多有共性的内生诉求被发掘，相应的调研工作也需要响应这些实际更新中产生的问题需求。

那么，当城市体检调研颗粒度细化，对于实际调研工作来说，体检评估调查成本也明显提高。这就催生了对高效社区体检工具的需求。为此，北京的城市科学创新研发团队研发了集成全景拍摄设备、路面感知设备和环境感知设备的智能巡检车，尝试为已经走入城市空间微部的调研人员提供更强大的感知工具。帮助他们尽可能多地采集区域数据，发现区域具体问题，让已经既定的调研工作时长发挥更大的价值（见图2-8）。

团队尝试对北京市某老旧小区进行了试点体检，通过回传的图像和传感器数据的处理与分析中，发现了很多问题短板。如：试点小区内部的大部分路段，平整程度在无障碍出行正常可接受范围内（绿色及黄色）。部分路段由于人行道铺装存在破损，行进有颠簸感。社区外的道路及各小区出入口，因人行道不连续产生高差或杂物阻碍道路需要绕行，出现了较强颠簸感，严重影响无障碍出行。绿视率分析专题发现社区大部分空间绿视率低于

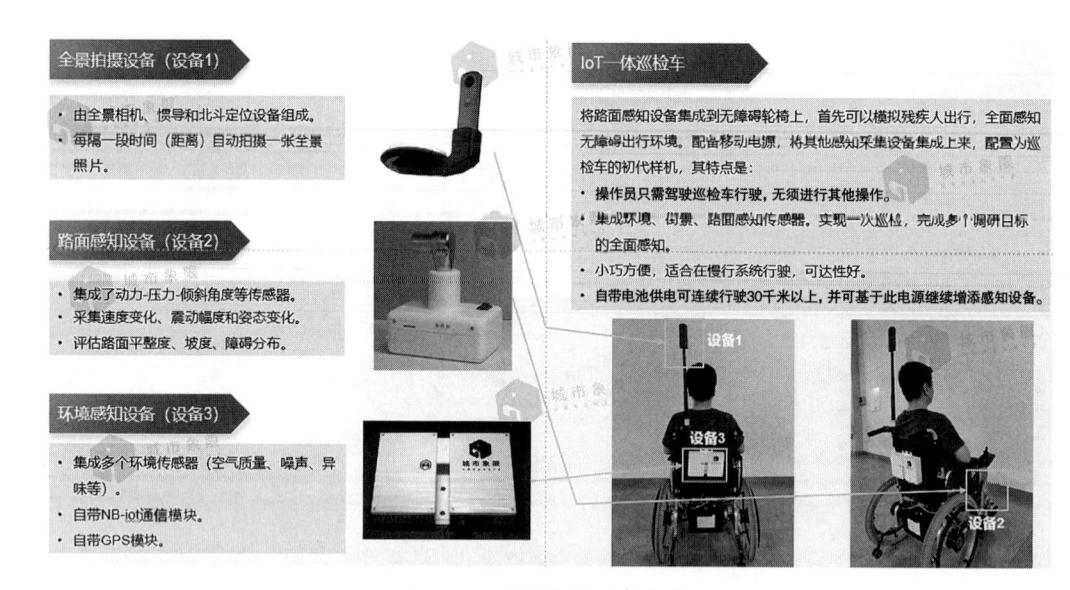

图 2-8 智能巡检设备示意

25% 左右的人体舒适范围。符合范围标准的不足 1/3；结合图像识别出的路边停放车辆和停车位，发现社区内部几乎所有停车位都被占用，停车位使用非常紧张。

三、国内外研究进展比较

（一）国外智慧城市发展现状

纵观国内外近年来智慧城市的研究情况，可以发现国内与国外的智慧城市研究呈现出不同的特色。国外学者对智慧城市的研究主要集中在构成要素方面，主要包括目标型、动力型和应用型。目标型要素反映智慧城市的目标，主要包括智慧经济、智慧人口、智慧治理、智慧流动、智慧环境、智慧生活。动力型要素关注智慧城市的推动力，主要包括"大学-产业-政府"三螺旋结构、"大学-产业-政府-学习-市场-知识"六螺旋结构和"政府-企业-大学-市民-社会"五螺旋结构。应用型要素指明信息通信技术的未来应用领域，主要包括交通、通信、能源等方面。

1. 欧洲

欧洲智慧城市建设始于 2000 年。2000—2005 年欧洲实施了"电子欧洲"行动计划，2006—2010 年完成了第三阶段的信息社会发展战略。基于这两项行动，欧洲各个城市开始深入智慧城市项目的实践。欧洲智慧城市建设提出"以人为本"的核心理念，重视城市文化特色及可持续发展，以新兴的科学技术手段作辅助建设城市智能基础网络，协调并统筹城市各个系统与经济发展、城市管理和公共服务之间的紧密结合，以此优化城市管理决策和创新技术，扩展产业空间，并提高城市居民生活品质。

维也纳理工大学区域科学中心团队就欧盟28个国家内人口数量超过10万的468个城市进行了城市智慧化的深入调研。研究发现，欧盟城市中智慧城市的比例高达51%。团队同时确定了欧盟智慧城市发展的三大元素以及6个主题。三大元素分别为技术因素、体制因素以及人的因素；6个主题包括智慧治理（Smart Governance）、智慧经济（Smart Economy）、智慧移动性（Smart Mobility）、智慧环境（Smart Environment）、智慧公众（Smart People）和智慧生活（Smart Living）。

研究发现，智慧环境和智慧移动性是欧盟多数智慧城市发展普遍重视的两大要素，可以看出，解决城市拥堵问题和提升城市环境是欧洲智慧城市策略的重点。

2. 美国

美国智慧城市发展状况整体较为均衡。2015年9月白宫提出智慧城市计划，鼓励全国积极参与智慧城市的发展建设。同时，政府大力支持智慧城市与私营公司以及高等教育院校之间的合作和知识共享。为了收集创新性的智慧城市解决方案，美国交通部每年会举办智慧城市挑战赛，旨在设计综合先进的智能交通系统，希望通过大数据、手机应用和科学技术来促进发展更快捷、更便宜和更有效的交通模式。虽然美国智慧城市市场处于起步阶段，但随着越来越多的城市开始规划和实施相关项目，智慧城市的市场发展势头迅猛。这些项目不仅局限在大城市，还将在中小城市建设。然而，项目资金仍然是一个亟待克服的挑战。强有力的资金保障，才能使得美国各个城市发展超越智慧城市试点，为城市带来积极的变化。

欧洲与美国的智慧城市建设存在的差异主要体现在发展模式和目标的差异。欧洲的智慧城市建设是一种混合型发展模式，同时吸收居民、市场与政府三方力量，且以自下而上的发展推进模式为主；更侧重于环境的智能化改善以及切实生活环境的信息化建设；应用也主要集中在为公共服务、公共管理以及产业经济提供支持。此外，欧洲城市研究并应用了多种技术，具有城市针对性，但均以城市可持续发展为目标。建设资金筹集方面，不同的项目具有不同的资金模式，主要包括四类：科研类项目以政府投资为主；在实际建设项目中，PPP投资模式较为常用；对于跨行业投资类，企业之间会出现的灵活的投资模式，例如一些节能项目，将家庭节能兑换为积分，积分由能源供应商兑换成钱；还有国际协同投资类项目，不同国家之间会协同投资。

美国的智慧城市建设偏向政府和企业主导型的发展模式，以大力推动信息基础设施建设为先导，由IBM、Google等科技公司引领智慧城市建设，更注重以信息基础设施建设拉动本国经济的提升；应用主要为公共设施建设类，大力发展物联网技术。此外美国城市政府则主要关注网络与信息技术研发。建设资金的筹集方面，美国智慧城市建设主要以政府机构为主导进行运作，同时通过将顶尖企业作为智慧城市建设的核心力量，最终形成政府同企业、科研机构等多方协同投资建设的模式。

与国外智慧城市研究不同，国内学者对智慧城市的研究可以归纳为三个视角。第一个视角是从信息与通信技术（Information and Communication Technologies，ICT）的角度出发来研究智慧城市，其实质是把智慧城市建设的根本着眼点定位于城市信息技术基础设施与信息处理平台的构筑，即利用云计算、物联网等技术构筑城市硬件、软件和数据基础设施，提升城市政府管理、交通、能源等各子系统的灵敏性和智能性；第二个视角是着眼于城市的"智慧成长"，其主要内容是发展"可持续城市""生态城市"及"宜居城市"等，从而实现人和自然的和谐以及资源与生态意义下的城市可持续发展；第三个视角是知识经济与创造力经济，着眼于城市创造与创新能力的发展，其核心理念是"知识城市"与"创造力城市"，其目标是实现以人为本的可持续创新，实现城市与区域可持续发展。

（二）国内智慧城市发展现状

我国智慧城市建设又可大致可分为三大类型，即企业为主类型、公私合作类型与政府主导类型。在企业为主类型中，以人民想法为依托，以企业驱动进行实践，国外代表城市为英国伦敦、荷兰阿姆斯特丹，国内代表性城市为杭州与深圳。在公私合作类型当中，将企业作为中介，扮演政府与人民沟通、实现智慧化的桥梁角色，国外代表城市为日本东京，而公私合作、三方合作类型的代表城市及地区为美国纽约、中国雄安新区和上海。在政府主导类型中，有政府统筹发布规划、企业辅助类型与政府主导型两种类型，前者的代表城市为中国广州、法国巴黎与韩国首尔，后者的代表城市为中国北京与新加坡市，通过对比可以发现，中外智慧城市发展整体呈现出智慧城市发展关键角色光谱形式。在欧美国家中，高校及研究所和公司企业的参与积极度较高，彼此之间的合作较多。而在中国政府的主导性作用较强，企业自主与政府沟通从而企业推动政策制定的案例较少。近几年，中国企业参与主动性有逐渐提高的趋势，角色的作用力在不断转换，高校与企业的合作也渐渐增多，市民参与度和参与能力也在不断提高。总体来看，政府、企业公司、高校、研究所及市民的参与度和参与能力决定着智慧城市发展的不同特征。政府决定了智慧城市发展有多快，即决定了智慧城市或智慧化领域的优先性，如北京、雄安新区等；企业决定了智慧城市发展有多好，即决定了智慧化的质量、规模、领域类型等，如杭州、深圳等；高校及研究所决定了智慧城市发展有多新即决定了智慧化的技术创新型，如深圳、上海等。

中国智慧城市建设正处在以人为本的新型城镇化转型期，智慧城市的核心价值转换成高质量的生活品质及可持续发展。追求内涵不断丰富、理念不断提升的智慧城市升级版，是城市管理和社会治理现代化的必然要求。通过学习欧美先进智慧城市的发展案例，准确把握数据开放、以人为本、技术革新和资源集约利用等智慧城市发展趋势，将有效突破固有模式，促进创新要素的智能融合和应用，推动大众参与城市管理，实现城市综合治理的精细化和智慧化。

其一，以人为本是核心。新型智慧城市强调城市中利益相关者的参与感、获得感和幸福感，尤其强调城市居民在智慧城市项目建设中的广泛参与行为，包括制定决策和城市服务监督等。新型智慧城市的发展应该关注人的需求（包括物质、知识和技能等）以及人力成本的投入。以人为本的智慧城市发展应重视人与人之间、人与城市之间的互动关系和互动模式。

其二，泛在智能化。新型智慧城市不单是城市的信息化和电子化，更强调技术赋能之后城市的泛在智能化特征。智能化强调通过数据采集和分析得出事件运行规律，以控制或指导其未来运行态势。全面感知高频度、高精度和多维度的城市数据是实现泛在智能化的焦点问题，更是实现精准建模和预测推演的前提条件。因此，具备泛在感知、实时数据标准化采集、覆盖城市运行主要领域、能够支撑呈现城市运行生命体征主要指标的城域数据及通信网络成为实现智能化的必要条件。另外，数据是新型智慧城市建设中重要的生产要素和生产工具，利用数字孪生、生态聚合等方式使其充分释放自身价值，推动城市治理的精准化和预见化。数据驱动新型智慧城市建设和运营，包括数据采集、汇聚和开放等，建立融通各类数据资源、集中数据逻辑、实现城市数据全生命周期管理的城市一体化大数据平台成为必然选择。

四、智慧城市的发展趋势

在中国智慧城市发展方面，中国信息技术的快速发展通过智慧城市极大地改变了城市的形态、类型及核心竞争力。一方面，技术将越来越多地改变生产关系和人们的生活方式，甚至颠覆原有的城市布局和运行机制，如自动驾驶技术将影响城市路网形态，物联网要求对城市基础设施的更新换代，AR、VR等技术将推动互动式空间的形成，新零售也会影响城市的商业空间。另一方面，智慧城市发展方向与城市本身的特征高度相关，城市甚至可以通过对自身特征的塑造来完成对城市居住者的筛选，如工业城市强调产业互联程度的提升，服务型城市强调居住品质的提升。此外，智慧城市将被应用于城市建设和发展越来越多的方面，可以显著提高城市竞争力、改善居民的生活质量、提供更加便捷的公共服务、降低生活成本、提供优质的工作机会，以及创造有吸引力的公共空间，为文化休闲活动提供更多场所。

（一）面临的问题

虽然我国在智慧城市推进过程中已经在很大程度上解决了10年前所面临的信息孤岛问题、数据共享问题等，但仍然有部分问题没能得到很好解决，在这一过程中也不断暴露出新的问题。

一是巨额投资与创造价值之间的关系不清晰，特别是大量项目的针对性不强，与实际问题的解决之间缺少必然联系，与高效节省地解决问题更相去甚远。一方面存在着设备和系统的过度投入，另一方面还存在着大量的留痕、派单等冗余无效劳动投入。

二是普遍缺少高效的信息化总体架构，数据中心间的网络传输压力大、计算压力大，数据的治理能力亟待提升。

三是缺乏有效的整体规划，没能将系统化的城市治理改革、人民的生活向往、技术的无限想象力三者有效地凝聚成整体，往往陷入为建设而建设的误区。

四是信息安全基础不实，信息泄露风险越来越大。在智慧城市建设过程中采集了大量的法人和自然人信息并标注了大量标签，各类公共服务和商业服务也越来越依赖个人数据信息，这些都显著增加了信息和数据代表的经济价值，放大了信息泄露风险。

从复杂适应系统理论看智慧城市存在的主要问题：

第一，片面地依赖"构成"——顶层整体设计。忽视了数据和系统的许多细节是"生成"的，许多新技术及其应用场景更是"生成"的。因此，就可能存在智慧城市既有的结构与日新月异的新技术难以相容，也与新应用场景的不确定性不相容。

第二，人们往往混淆了智慧城市设计的手段与目标之间的区别。智慧城市与传统城市一样，都是为了让人的生活更美好，因此智慧城市也必须要从"解决城市病、符合民众需求"为出发点去谋划和建设。"以人民为中心来规划建设城市"，这是习近平总书记在新时代的要求。

第三，混淆了智慧城市中的"商务品"和"公共品"的区别。很多设计师并不太明白"何为公共品"。在我国的智慧城市设计建设过程中，许多大型 IT 企业出于营利目的，推出了很多高端的项目，例如"领导驾驶舱"、信息亭等，但由于他们习惯于"构成"，并不了解城市政府的职能和其运转的性与民众的真正需求，许多智慧系统的设计就成了"白智慧、空智慧、假智慧"式的形式主义典范[5]。

（二）智慧城市的建设重点

从公共品角度来看，现代城市需要"构成"四类核心公共品，从智慧城市的运行状态来看，需要遵循复杂适应系统的"生成"规则。

1. 智慧城市公共品的"构成"

（1）精细化、网格化的管理系统

精细化、信息化的网格把复杂的现代城市化繁为简，这实际上就源于我国古代的"九宫格"，对动态、交互、复杂的体系进行了"简单化"处理。它能把城市系统化复杂为相对简单、化动态为相对静态，便于感知、运算执行和反馈构成的一个个管理闭环，这些闭环越多越精密，城市的管理就越精细。这类系统共生于原来的社区管理，它能匹配民众实际需求，而且适应技术迭代。

城市网格化管理把"格"中的每个单元的民众活动和公共品等标准化，再通过感知、运算、执行、反馈等程序构成一个"感知—执行—反馈"的闭环管理单元。通过精细化、信息化和标准化的管理，无数个闭环就构成了现代城市的高效化、精细化管理模式的基础。同时为了能够与原有的社区管理相匹配、协同和量化，这类网格划分和感知调控子系统是迭代演进的，任何新技术都能添加应用。更重要的是通过网格化管理，民众可以监督政府，使所有的政府机构在网格系统中展开公平竞争，由此方便民众和上级政府评判哪个政府和公共服务部门机构的服务最好或最劣。正是借助"网格化管理"，使我国城市精细化管理走在了世界前面。现在，在我国许多南方城市，即使是大街小巷上路人丢弃的垃圾也在几分钟之内就能够迅速得到处理。

（2）政府网站"一网通办"和"放管服"信息系统

这类系统能使政府再造内部流程，以信息化来整合打通政府各类部门资源，高效服务于民众，也使民众能够更加方便地与城市政府对话并监督政府的运行。我国从中央政府开始分级改进和考核各级政府网上服务能力，即如何通过地方政府网站进行迅速反馈落实企业和民众的需求。在这方面，目前做得最好的是一些沿海城市政府的门户网站，在网上不见面就可以办理90%的事情。政府内部职能数字化集成程度非常高，市民在一个窗口就能办理所有事情，而且从下而上涌现出大量的新模式，例如并联审批、告知承诺、联合审图、联合验收、多评合一、代办服务等基层创造的新鲜经验，这些基层创新丰富了"四梁八柱"。

（3）城市安全防灾系统

任何系统的结构越复杂就越需要安全保障，所以"城市安全、网络安全、公共卫生、防灾减灾"属于第三类核心公共品。对于"城市的公共安全的监管"，我们可以围绕以下几个重点领域展开：公共卫生、防疫；对"易发性"灾害的脆弱点，事先对其进行检测排查；对涉恐分子，可以对其进行轨迹分析，自适应式补救防护漏洞；韧性分布式基础设施，可以进行自诊疗系统；对城市中高温高压易爆装置，可以事先装上传感器，借助云计算服务进行智能分析，一旦到了警戒线，系统就能自动报警；除此之外，还有对食品药品进行安全溯源监管；等等。涉及城市安全的诸多领域都是市场机制难以自发完善的，因此以上内容对于企业来说是做不了的或做起来不合算的领域，需要城市政府创立专门信息系统进行主导性对应。

（4）重要公共资源管理信息化系统

城市政府是人民的管家，空间资源、信息数据等公共资源信息已成为十分重要的资源，这些都需要城市政府这个"管家"进行统一高效管理。除传统的公共资源外，由于数字时代会产生大量公共数据，对于这些公共数据，我们可以实行"一库共享，分布存取"，为整个城市提供优质的新时代公共品，这也是现代城市政府要做的。现代城市公共品最宝贵的资源即稀缺的空间资源以及空间资源所产生出来的数据。

智慧城市的"智慧水务、智慧交通、智慧能源、智慧公共医疗、智慧社保、智慧公共教育、智慧环保、智慧园林绿化"等构成城市政府职能最主要的8个支撑。例如由我国和新加坡共同合作规划建造的"苏州工业园区"，实际上是一座功能完备的现代新城，园区仅仅通过建立以上8个机构，就能使其有效、有序运转，同时，这些机构也是一个城市必需的。以上四大核心公共品和八类机构支撑，即构成了智慧城市建设的重点内容，这对于每一个城市政府智慧信息系统都必不可少。

城市机构设置再简单，也必须要提供和服务于民的公共品，而对于智慧城市的设计建设，四大公共品必须也最需要去构建的。但对于一个运转良好的智慧信息系统而言，它既不可能"绝对生成"，也不可能"绝对构成"，而应是"生成"与"构成"的有机结合。

2. 智慧城市"生成"的三大机制

（1）"积木"

对于智慧城市"生成"的三大机制，第一个是"积木"。"积木"是已存在和已被创造的"知识、经验"等子系统，它们可以通过不同方式进行组合，以应对可能出现的不确定性和城市病。"积木"的组合可以从小到大组合，例如现代生物学越来越趋向于对群体的行为进行深入研究；也可以从大到小组合，例如现在物理学越来越深入微观世界的基本粒子及其作用力研究；等等。

当系统某个层面引进了一个新的"积木"，这个系统就会开启新的动态演变流程，因为新"积木"会与现存的其他"积木"形成各种新组合，大量的创新就会接踵而至。正如邬贺铨院士所言，无论是4G还是5G，任何新技术的诞生实际上都会引发爆炸性的一系列新模式并被迅速投入应用。

人工智能、区块链、大数据、数字孪生等都是新"积木"的代表，并且具有革命性。那么这些具有革命性的新"积木"一旦被5G所激活，它就会产生一系列旋涡式爆炸效应。

如果我们只是把旧"积木"进行新排列组合，意味着这个系统是改良性的创新，主体将"知识、经验"等"积木"以不同的方式进行组合，以应对不确定性；当系统某个层次发现了一个新"积木"，通常会开启一整套可能性，因为它会与现存的其他积木形成新组合，大量的创新就会接踵而至。这就是说在一组旧"积木"中加入一个新"积木"，有可能是革命性的创新；如果多个新"积木"同时加入就会形成颠覆性的创新。当今时代实际上就是颠覆性创新涌现的时代。

（2）内部模型

当系统主体遭遇到新情况时，会将已知的"积木"组合起来，用于应对新情况。这种生成的子系统解决问题的能力结构就被称为内部模型。不同"积木"组合之所以有用就是因为形成了新的内部模型，也就是使智慧城市中的相关主体有了对未来的判断与应对能力。各类大数据的集中如果再加上人工智能等新"积木"的运算，就能产生有用的预测结果，否则不如原先的孤立"小数据"。"积木"生成内部模型是复杂适应系统的一个普遍特征。在这些内部模型中有些已经经受历史长河的洗礼，成了"隐性"的内部模型。例如人类的DNA，其变化的时间尺度约等于进化的尺度（数十万年）。人体的胚胎细胞经过发育后成长为一个完整的人，而不是发育成其他物种或部分人体，因为在演变过程中类似的这种DNA的隐性内部模型具有坚韧性，即使遭受外界的巨大突变，人类的基因并不会发生明显改变。显然，数字化时代的到来，将给人们带来更多新的显性内部模型，因为任何一个主体通过内部模型和各种"积木"的无数次组合，势必将诞生出一系列新的"积木"所构成的新内部模型。最典型的代表是具有"无处不智"特点的人工智能，在搭上了5G的快车后，智慧城市系统在任何地方都可以自主进行边缘计算，这将使城市中各种各样的主体能够对周边环境具有极强的感知与分析能力。

为什么人们常说"AI"决定了人类的未来？因为它能够进行自主迭代式演进，当前人工智能尚处于计算智能阶段，随着物联网时代的到来，处处感知、处处计算——人工智能正迈向终端化。通过计算了解周边环境并做出反应，随着人工智能技术的快速进化，我们既要拥抱"不确定性的未来"，也要对未来的威胁提前感知。

（3）标识

在复杂适应系统中，标识是为了集聚和边界生成而普遍存在的一种机制。标识可以帮助任何主体观察到隐藏在对方背后的特性，能够促进"选择性相互作用"，为筛选、特化、合作等提供基础条件。同时，标识还是隐含在复杂适应系统中具有共性的层次组织机构（主体、众主体、众众主体……）背后的机制。标识总是试图通过向"有需求的主体"提供连接来丰富内部模型。

（三）智慧城市创新的设计原则

对于智慧城市的创新设计，我们应该遵循第三代系统论的新原理，尝试以下几点原则：

一是城市政府应关注智慧城市的公共品，而不是形式主义的驾驶舱等，为充满不确定性的"智慧商务品"提供包容性平台。

二是无论是核心公共品还是基本智慧公共品设计，都必须注意"生成机制"的作用。与此同时，在保证市场主体活跃发展的同时也要注重城市公共品的有效"构成"。

三是智慧城市是高新技术的平台，"从上而下"的顶层设计与"从下而上"的生成机制发挥都是必需的，尤其是后者更为重要。"四梁八柱"作为智慧城市公共品应该成为"开源系统"为更多的"生成"商务品提供孵化平台。

四是智慧城市作为科技发展不确定性最大的新领域，必须利用第三代系统论充分发挥市场和社会主体的三大新机制，从下而上"生成"自适应的智慧城市。利用顶层设计机制，不仅构建"四梁八柱"，而且还要帮助打通信息孤岛，借助基层民众和市场主体的创造力和积极性为城市高效运转带来创新与活力，使城市的"智慧"得到更快地迭代式增长[3]。

（四）未来的发展趋势

1. 强化平台顶层设计

顶层设计在城市大数据平台建设中发挥着重要的作用，科学合理地进行顶层设计，需要从落实国家宏观政策出发，结合地方实际需求，统筹考虑平台目标、数据主权、关键技术、法制环境、实现功能等各个方面，以"高起点、高定位、稳落地"开展平台的顶层设计，保障城市大数据平台建设有目标、有方向、有路径、有节奏地持续推进，并且根据项目进展状况，不断迭代更新、推陈出新。

2. 完善配套保障机制

智慧城市的建设和运营都需要有配套的保障机制，并充分发挥保障机制的导向作用和支撑作用，从而确保平台规划建设协调一致，才能更好地打破城市信息孤岛，明确数据内容的归口管理部门、采集部门和开放方式，完善管理机制。

3. 因地制宜进行建设和运营

不同地区拥有不同的信息基础，智慧城市平台的建设和应用要结合在一起，避免出现平台建设和实际情况脱节的现象。对于城市来说，数据来源有不同的方面，政府、产业和城市的数据资源极其庞杂，需要明确平台数据资源的权属性，保障数据所有权的归属。政府拥有政府数据资源所有权，互联网企业往往掌握着先进的数据技术和拥有互联网思维的专业队伍，而本地企业对当地的人才资源、市场环境、产业发展等因素有更清晰、更准确的认识。需要充分盘活政府、互联网企业、本地企业等各方资源，参与平台的建设与运营。因此平台建设路径没有固定模式，需要发挥各方的主观能动性，因地制宜，挖掘地方优势，突出地方特色，为城市大数据决策提供有力支撑。

4. 加强数据安全保障

智慧城市平台包含大量数据，涉及国家利益、公共安全、商业秘密、个人隐私，具有高度敏感性，因此必须加强平台数据安全保障能力建设。落实等级保护、安全测评、电子认证、应急管理等基础制度，建立数据采集、传输、存储、使用、开放等各环节的安全评估机制，明确数据安全的保护范围、主体、责任和措施。研究制定数据权利准则、数据利益分配机制、数据流通交易规则，明确数据责任主体，加大对技术专利、数字版权、数字内容产品、个人隐私等的保护力度。

参考文献

［1］Caldarelli G, et al., The role of complexity for digital twins of cities［J］. Nature Computational Science，2023.3（5）：374–381.

［2］杨滔，田颖，徐艳杰. 数字孪生赋能下的互动生成式规划与治理［J］. 上海城市规划，2023（5）：4–10.

［3］李德仁，姚远，邵振峰. 智慧城市中的大数据［J］. 武汉大学学报（信息科学版），2014（6）：631–640.

［4］仇保兴. 智慧地推进我国新型城镇化［J］. 城市发展研究. 2013，20（5）：1–12.

［5］仇保兴. 智慧城市信息系统基本框架的设计要点——基于复杂适应理论（CAS）视角［J］. 城市发展研究，

2023, 30（1）：1-9.
［6］丁革媛，李振江，郑宏云. 智慧城市的应用体系架构研究［J］. 微型机与应用，2013（22）：1-3.
［7］吴志强，柏旸. 欧洲智慧城市的最新实践［J］. 城市规划学刊，2014（5）：15-22.
［8］梅雪珂. 中外智慧城市建设模式比较研究［D］. 黑龙江：黑龙江大学，2016.
［9］彭继东. 国内外智慧城市建设模式研究［D］. 吉林：吉林大学，2012.
［10］迈克尔·巴蒂. 未来的智慧城市［J］. 赵怡婷，龙瀛，译. 国际城市规划. 2014，29（6）：12-30.
［11］李德仁，邵振峰，杨小敏. 从数字城市到智慧城市的理论与实践［J］. 地理空间信息，2011（6）：1-5.
［12］沈明欢. "智慧城市"助力我国城市发展模式转型［J］. 城市观察，2010（3）：140-146.
［13］王筱洲. 大数据与PSPL调研法相结合的美国城市主街区公共空间调查与研究［D］. 广州：华南理工大学，2014.
［14］秦洪花，李汉清，赵霞. "智慧城市"的国内外发展现状［J］. 信息化建设. 2010（9）：50-52.
［15］付业勤，郑向敏. 我国智慧旅游的发展现状及对策研究［J］. 开发研究，2013（4）：62-65.
［16］林文棋. 欧美智慧城市最新实践与思考［C］// 第十一届规划信息化实务论坛论文集. 2017：48.
［17］龙瀛，张雨洋，张恩嘉，等. 中国智慧城市发展现状及未来发展趋势研究［J］. 当代建筑，2020（12）：18-22.
［18］Paroutis S，Bennett M，Heracleous L. A strategic view on smart city technology：The case of IBM Smarter Cities during a recession［J］. Technological Forecasting and Social Change，2014，89：262-272.
［19］龙瀛，张恩嘉，米名璇，等. 北京在智慧城市方面都做了些什么［EB/OL］.（2019-09-22）. https://mp.weixin.qq.com/s/BopPnY3bLJzJNc1Ddo6C4A.
［20］北京市"十四五"时期智慧城市发展行动纲要［EB/OL］.（2021-03-05）https://www.beijing.gov.cn/hudong/gfxwjzj/zjxx/202011/P020201123406057449149.pdf.
［21］晚常青. 智慧城市背景下的城市精细化治理［J］. 城乡建设，2018（10）：44-46.
［22］廖丹子. 无边界安全共同体——探智慧城市公共安全维护新路向［J］. 城市规划，2014，38（11）：45-51.
［23］席恒，任行，翟绍果. 智慧养老：以信息化技术创新养老服务［J］. 老龄科学研究，2014，2（7）：12-20.
［24］丁睿，吴昊天. 成都市温江区智慧城市规划管理平台建设及作用探讨［J］. 规划师，2017，33（5）：21-25.
［25］智慧城市发展历程（英文）［J］. China Standardization. 2014（3）：44-45.
［26］宋娜，杨秀丹. 阿姆斯特丹智慧城市建设及启示［J］. 现代工业经济和信息化，2017，7（5）：3-5，13.

本节撰稿人：仇保兴　王　云　郄振生　刘朝晖　茅明睿　姜冬睿

低碳城市

随着人类活动范围的扩大以及不断上涨的能源需求，二氧化碳（CO_2）排放不断增加，碳减排已经成为应对气候变化不可逆转的趋势。国际科学合作组织"全球碳计划"（GCP）发布的《2022年全球碳预算》报告指出，预计2022年全球碳排放量相较去年增加1%，将达到约366亿吨，高于新冠疫情前2019的水平。报告显示，预计2022年中国的碳排放量将下降0.9%，但是，印度的碳排放量将增加6%，美国将增加1.5%，世界其他地区总计将增加1.7%。研究人员称，如果继续保持目前的碳排放水平，全球碳预算有50%的可能性在9年内耗尽。

顾朝林在《气候变化、碳排放与低碳城市规划研究进展》中通过论述二氧化碳产生世界气候变暖的成因，人类活动如何过量排放二氧化碳，以及碳排放与城市的关系，从气候变化的角度说明了低碳城市是碳减排的关键所在。

城市作为人口、建筑、交通、工业、物流的集中地，也是高耗能、高碳排放的集中地，全球二氧化碳排放量和城市化水平一直在同步稳定增长。根据联合国人居署的统计，城市消耗了全世界78%的能源，超过60%的温室气体排放来自城市地区[1]。城市作为人类活动的主要场所，其运行过程中消耗了大量的化石能源，成为减少能源消耗以达到碳减排目的的关键。

城市科学以城市为研究对象，整体上研究城市产生、发展规律的科学，其主要任务是揭示城市本质、成因、机理、生存条件、系统运转、内在发展规律、外在表现特征和生命力，是从不同角度，不同层次观察、剖析、认识、改造城市的各种学科的总称。

作为城市科学研究中重要的一部分，我国对于低碳城市的研究发展迅速，虽较西方发达国家起步较晚，但经过学者们近年来基于不同的研究视角对低碳城市进行的较为深入的研究和各级政府对于低碳城市的发展实践，理论与实践已经取得了一定的成果。本章将首先梳理国内外低碳城市发展的历程与成果，同时通过比较国内外低碳城市领域发展状况，给出低碳城市领域发展趋势与展望。

一、低碳城市的发展现状

英国在其2003年《能源白皮书》中首次正式提出"低碳经济"的概念。随后，低碳的理念由经济发展领域扩展到社会生活领域。日本于2007年开始致力于"低碳社会"的建设，力图通过改变消费理念和生活方式，实施低碳技术和新的制度来保证温室气体排放的减少。为积极应对气候变化，努力控制温室气体排放，履行《巴黎协定》，中国承诺将在2030年左右达到碳排放峰值，单位国内生产总值碳排放强度相对于2005年下降60%~65%，并在2030年前将非化石能源占一次能源消耗的比重提高到20%。

中国城市地区的碳排放多集中于能源、工业过程、建筑、交通、废弃物处理等领域，为应对气候变化和削减二氧化碳排放，我国已制定和实施包括能源、工业、交通、建筑等一系列减排措施。"十一五"时期的低碳发展主要以具有引领产业（部门）转型升级性质的节能减排政策为主，在试点选择上看重申报试点省市的积极性和样本城市打造行业（部门）"最佳实践"的工作意向和先行优势。"十二五"时期的低碳发展则采取了以城市为主、省区为辅的多领域低碳建设方式，注重顶层设计和规划引领的重要性，在试点选择上通过组织推荐和公开征集，统筹考虑申报城市的工作基础、试点布局的代表性和城市特色、比较优势，组织专家对申报试点省市进行筛选，政策重点主要聚焦于摸清试点地区关键排放源和温室气体排放基数，加强试点地区碳排放权交易基础设施和能力建设。"十三五"时期，围绕建设美丽中国和可持续发展，推进国家低碳城市试点建设成为经济新常态下城市地区培育新的增长点和拓展发展空间的重要抓手，在试点选择上除统筹考虑各申报地区的试点实施方案、工作基础、示范性和试点布局的代表性等因素之外，还注重考虑试点地区基于未来减排潜力的碳排放峰值目标的先进性、低碳发展制度和体制机制的创新性，主要是通过明确低碳发展目标及把低碳发展纳入本地区国民经济和社会发展年度计划与政府重点工作、建立目标考核制度、创新经验和做法、发挥低碳发展规划的综合引导作用，实施近零碳排放区示范工程，使各地区政策重点进一步突破低碳政策的行业局限，聚焦于探索适合本地区的低碳发展模式和发展路径。低碳（试点）城市建设已从培育行业最佳实践，发展至建立以低碳为特征的工业、能源、建筑、交通等产业体系和低碳生活方式，对全经济领域乃至国家的发展模式产生影响。

在诸多低碳政策措施中，低碳试点政策是专门为控制碳排放提出的政策约束，对后续的碳排放交易机制、绿色发展等产生了重要的影响。2010年8月，国家发改委公布5个低碳省区和8个低碳城市试点工作的通知，通过编制低碳发展规划、制定支持低碳绿色发展的配套政策等5个部分完成低碳试点工作。第一批13个省、区和城市低碳试点地处不同地区，其发展水平不同，具有很强的地域代表性，既有东部沿海发达地区，也有中部和西部地区以及东北老工业基地。主要是希望试点省市形成独特的发展思路，总结成功经验，在同等地区起到示范带头作用，以便在全国层面上推广。从 2012 年申报第二批低碳试点省区和城市的通知以来，共有 46 个省市提出了申请第二批低碳试点，最终公布了第二批 29 个国家低碳省区和低碳城市。2017 年国家发改委公布第三批 45 个低碳省区和低碳城市，主要包括明确目标和原则、编制低碳发展规划、建立控制温室气体排放目标考核制度、积极探索创新经验和做法、提高低碳发展管理能力五部分具体任务，目的是形成可复制、可推广的试点阶段性成果，逐步在全国范围内推广试点地区的成功经验；同时确定了各试点省市碳排放峰值目标和重点创新领域，是自下而上分解落实 2030 年碳减排目标的重要行动。

试点城市的单位 GDP 碳排放量下降率普遍高于非试点地区，碳强度下降幅度也显著高于全国平均水平。根据《新兴经济体二氧化碳排放报告 2021》，2019 年中国低碳试点城市的碳强度平均下降了 48.5%，高于全国平均水平（45.8%），其中深圳、广州、杭州、南京等城市的碳强度下降幅度超过 50%。根据《2021 年气候变化绿皮书》，2020 年中国低碳试点城市的绿色低碳指数平均得分为 80.6 分，高于非试点城市的 68.8 分，其中杭州、深圳、广州、北京等城市的得分超过 90 分。根据中国碳核算数据库，2019 年中国低碳试点城市的二氧化碳排放总量为 15.7 亿吨，占全国排放总量的 22.6%，其中北京、上海、广州、深圳等城市的碳排放总量超过 5000 万吨。

（一）国内理论发展

关于低碳城市的概念，我国学者也从不同角度逐步展开探讨和研究，并形成了现阶段我国关于低碳城市的主要观点。清华大学刘志林于 2009 年提出低碳城市是通过经济发展模式、消费理念和生活方式的转变，在保证生活质量不断提高的前提下，实现有助于减少碳排放的城市建设模式和社会发展方式。

关于低碳城市概念理论研究：①夏望堡认为，低碳城市就是在城市实行低碳经济，包括低碳生产和低碳消费，建立资源节约型、环境友好型社会，建设一个良性的可持续的能源生态体系；②付允、牛文元在《低碳经济的发展模式》一文中提出，建设低碳城市，需要加快以集群经济为核心，推进产业结构创新以循环经济这为核心，推进节能减排创新以知识经济为核心，推进内涵发展创新；③付允、汪云林在《低碳城市的发展路径研究》一文中提出，低碳城市应当以清洁发展、高效发展、低碳发展和可持续发展为目标，发展低碳经济，改变大量生产、大量消费和大量废弃的社会经济运行模式，同时改变生活方式、优化能源结构、节能减排、循环利用，最大限度减少温室气体排放；④胡鞍钢在《中国如何应对全球化变暖的挑战》中提出，在中国从高碳经济向低碳经济转变的过程中，低碳城市是重要的一个方面，包括低碳能源、提高燃气普及率、提高城市绿化率、提高废弃物处理率等方面的工作。

关于如何科学有效地制定城市低碳建设路径：文献集中于城市整体低碳建设的实施路

径研究，例如，付允等在低碳城市理论内涵、国内外典型低碳城市发展现状的基础上，提出了基底低碳（能源发展低碳化）、结构低碳（经济发展低碳化）、方式低碳（社会发展低碳化）和支撑低碳（技术发展低碳化）的低碳城市发展路径。刘文玲和王灿在对国际低碳城市发展实践和国内城市的相关探索进行综述的基础上，总结出现有低碳城市实践所遵循的发展模式，包括综合型"低碳社会"模式、低碳产业拉动模式、低碳支撑产业模式和示范型"以点带面"模式。宋德勇和张纪录将中国城市的类型和特征与其低碳发展模式的选择相结合，从人口规模、区位、资源禀赋及工业化阶段等角度对中国城市进行类型划分，并认为任何一类城市的低碳发展都必须依据自身特征选择适宜的发展模式，并结合武汉市的案例研究指出，因地制宜地选择一条重化工集聚、中部特大型城市的综合低碳发展模式是武汉市实现低碳转型的必然选择。

关于城市低碳发展的政策支持研究：①王艺明等从理论模型与实证检验两个角度探讨了地区财政支出结构对碳排放的影响，指出提高非生产性公共品支出比重或降低生产性公共品支出比重对各地区人均碳排放量产生显著的负向影响；②曲亮等验证了财政分权对碳减排的内在影响机制，得出适当分权有利于提高地区碳减排效率，而过度分权则会适得其反，地方政府保护主义引发的市场分割将影响财政分权对碳减排效率的作用效果等结论；③卢洪友等的实证研究结果表明，财政政策变动在短期对生产型二氧化碳作用更为明显，而在中长期对消费型二氧化碳作用显著，政府环保税收能够有效缓解二氧化碳排放，政府环保支出占财政支出的比例越高，对二氧化碳排放的控制程度越大；④王垒等的研究结果表明政府财政配置能力与碳经济绩效呈现显著的负向变动关系，而外资参与程度与碳经济绩效呈现显著的正向变动关系，且政府财政配置能力和外资参与程度对碳经济绩效的共同影响效应上存在互补关系；⑤梁中在对"产业碳锁定"的理论内涵界定基础上，分析其演化成因、发展过程及锁定结构，明确欠发达地区产业碳解锁的可能性及动力基础，进而按照阶段性解锁的设定目标，从价值元政策、基本政策和具体政策三个层面构建系统的解锁政策框架；⑥杨洲木等基于新结构经济学的理论框架及新古典生产函数和效用函数理论，研究了要素禀赋结构异质性的不同区域产业升级背后的产业政策干预机理和扭曲诱因，指出中国在制定产业政策扶持低碳绿色型产业发展时应遵循各区域的比较优势，因地制宜、因势利导；⑦束慧和王文平建立低碳经济理念下的城市产业地理空间规划模型，仿真模拟规划策略变量对产业布局和产业结构的影响，并结合上海市的产业规划政策加以分析。

（二）近年国内低碳城市发展政策

为应对全球气候变化，中国在2009年国民经济和社会发展长期规划中明确提出要在"2020年单位国内生产总值二氧化碳比2005年下降40%~45%"，随后也出台了一系列诸如《"十二五"节能减排综合性工作方案的通知》《碳排放权交易管理暂行办法》等低碳政策，这反映出中国为应对气候变化所做出的努力。《2021年新型城镇化和城乡融合发展重点任务》进一步要求加快低碳绿色城市、新型绿色城市等现代化城市建设，深入推进工业、建筑、交通等领域绿色低碳转型。

我国的低碳城市政策从早期的生态城市指标体系的构建到近期的低碳城市评价体系进行了过渡，并就生态、低碳城市颁发了大量政策和标准（见表2-2）。

表2-2 我国就生态、低碳城市颁布的部分政策和标准

时间（年）	发布者	政策文件
2002	环保部	生态市建设指标
2004	住建部	国家生态园林城市标准
2006	环保部	生态环境状况评价技术规范
2006	住建部	绿色建筑评价标准（GB50378）
2007	环保部、住建部	生态县、生态市、生态省建设指标9修订稿；宜居城市科学评价标准
2008	环保部	"十一五"国家环境保护模范城市考核指标及其实施细则
2012	国家能源局	新能源示范城市评价指标条例
2013	环保部	国家生态文明建设试点示范区指示
2013	发改委、住建部	绿色建筑行动方案
2014	国务院	国家新型城镇化规划（2014—2020）
2014	住建部	绿色建筑评价标准（GB/T 50378-2014）
2015	环保部	生态环境状况评价技术规范
2016	国务院	"十三五"规划纲要；"十三五"节能减排综合工作方案
2016	工信部	建材工业发展规划（2016—2020年）
2017	国务院	关于促进建筑业持续健康发展的意见
2017	住建部	关于印发建筑节能与绿色建筑发展"十三五"规划的通知
2019	住建部	绿色建筑评价标准（GB/T 50378-2019）
2019	交通运输部等	绿色出行行动计划（2019—2022年）
2020	住建部、发改委等七部门	绿色建筑创建行动方案
2020	交通运输部、国家发改委	绿色出行创建行动方案
2021	交通运输部	绿色交通"十四五"发展规划
2021	生态环境部	关于完整准确全面贯彻新发展理念做好碳达峰碳中和工作的意见
2021	生态环境部	"十四五"公共机构节约能源资源工作规划
2021	生态环境部	深入开展公共机构绿色低碳引领行动促进碳达峰实施方案
2021	国务院	2030年前碳达峰行动方案
2021	住建部	建筑节能与可再生能源利用通用规范（GB 55015-2021）

续表

时间（年）	发布者	政策文件
2021	国管局、国家发展改革委、财政部、生态环境部	深入开展公共机构绿色低碳引领行动促进碳达峰实施方案
2022	住建部	"十四五"建筑节能与绿色建筑发展规划
2022	生态环境部	减污降碳协同增效实施方案
2023	国务院新闻办公室	新时代的中国绿色发展

"十四五"时期，我国生态文明建设进入以降碳为重点战略方向、推动减污降碳协同增效、促进经济社会发展全面绿色转型，实现生态环境质量改善由量变到质变的关键时期。2021年9月22日，《中共中央、国务院关于完整准确全面贯彻新发展理念做好碳达峰碳中和工作的意见》明确提出将以经济社会发展全面绿色转型为引领，以能源绿色低碳发展为关键，加快形成节约资源和保护环境的产业结构、生产方式、生活方式、空间格局，坚定不移走生态优先、绿色低碳的高质量发展道路，确保如期实现碳达峰、碳中和。

2021年10月24日，国务院发布《关于印发〈2030年前碳达峰行动方案〉的通知》（国发〔2021〕23号），明确提出把碳达峰、碳中和纳入经济社会发展全局，有力有序有效做好碳达峰工作，推动经济社会发展建立在资源高效利用和绿色低碳发展的基础之上，确保如期实现2030年前碳达峰目标。

2021年12月28日，国务院印发的《关于印发"十四五"节能减排综合工作方案的通知》（国发〔2021〕33号），明确提出将推动制定修订资源综合利用法、节约能源法、循环经济促进法、清洁生产促进法、环境影响评价法及生态环境监测条例、民用建筑节能条例、公共机构节能条例等法律法规，完善固定资产投资项目节能审查、电力需求侧管理、非道路移动机械污染防治管理等办法。

产业低碳相关政策（见表2-3、表2-4）：2021年10月18日，《国家发展改革委等部门关于严格能效约束推动重点领域节能降碳的若干意见》提出到2025年，通过实施节能降碳行动，钢铁、电解铝、水泥、平板玻璃、炼油、乙烯、合成氨、电石等重点行业和数据中心达到标杆水平的产能比例超过30%，行业整体能效水平明显提升，碳排放强度明显下降，绿色低碳发展能力显著增强。到2030年，重点行业能效基准水平和标杆水平进一步提高，达到标杆水平企业比例大幅提升，行业整体能效水平和碳排放强度达到国际先进水平，为如期实现碳达峰目标提供有力支撑。

2022年7月7日，工业和信息化部联合发展改革委和生态环境部关于印发工业领域碳达峰实施方案的通知，提出在"十四五"期间，产业结构与用能结构优化取得积极进展，能源资源利用效率大幅提升，建成一批绿色工厂和绿色工业园区，研发、示范、推广一批减排效果显著的低碳零碳负碳技术工艺装备产品，筑牢工业领域碳达峰基础。到2025年，规模以上工业单位增加值能耗较2020年下降13.5%，单位工业增加值二氧化碳排放下降幅度大于全社会下降幅度，重点行业二氧化碳排放强度明显下降。到"十五五"期间，产业结构布局进一步优化，工业能耗强度、二氧化碳排放强度持续下降，努力达峰削峰，在实现工业领域碳达峰的基础上强化碳中和能力，基本建立以高效、绿色、循环、低碳为重要特征的现代工业体系。确保工业领域二氧化碳排放量在2030年前达峰值。

2023年8月22日，国家发展改革委等部门关于印发《绿色低碳先进技术示范工程实施方案》，提出到2025年，通过实施绿色低碳先进技术示范工程，一批示范项目落地实施，一批先进适用绿色低碳技术成果转化应用，若干有利于绿色低碳技术推广应用的支持政策、商业模式和监管机制逐步完善，为重点领域降碳探索有效路径。到2030年，通过绿色低碳先进技术示范工程带动引领，先进适用绿色低碳技术研发、示范、推广模式基本成熟，相关支持政策、商业模式、监管机制更加健全，绿色低碳技术和产业国际竞争优势进一步加强，为实现碳中和目标提供有力支撑。实施绿色低碳先进技术示范工程，布局一批技术水平领先、减排效果突出、示范效应明显、减污降碳协同的示范项目，不仅有利于推广先进适用技术应用，也有利于完善支持绿色低碳新产业新业态发展的商业模式和政策环境，是促进形成绿色低碳产业竞争优势的关键举措。

表2-3 我国近3年就产业低碳颁布的政策和标准

时间（年）	发布者	政策文件
2021	生态环境部	碳排放权交易管理办法（试行）
2021	国务院	2030年前碳达峰行动方案
2021	工业和信息化部	"十四五"工业绿色发展规划
2021	国家机关事务管理局	深入开展公共机构绿色低碳引领行动促进碳达峰实施方案
2021	农业农村部	"十四五"全国农业绿色发展规划
2021	工业和信息化部、科技部、自然资源部	"十四五"原材料工业发展规划
2021	工业和信息化部	2021年碳达峰碳中和专项行业标准制修订项目计划
2021	工业和信息化部	工业废水循环利用实施方案
2022	国务院	"十四五"节能减排综合工作方案
2022	国家发展改革委	高耗能行业重点领域节能降碳改造升级实施指南（2022年版）
2022	国家发展改革委、国家能源局	氢能产业发展中长期规划（2021—2035年）
2022	国家发展改革委、能源局	"十四五"现代能源体系规划
2022	生态环境部	减污降碳协同增效实施方案
2022	工业和信息化部	业能效提升行动计划

续表

时间（年）	发布者	政策文件
2022	工业和信息化部、发展改革委、生态环境部	业领域碳达峰实施方案
2022	工业和信息化部	信息通信行业绿色低碳发展行动计划（2022—2025年）
2022	工业和信息化部	建材行业碳达峰实施方案
2022	工信部	有色金属行业碳达峰实施方案
2023	国家发展改革委等部门	工业重点领域能效标杆水平和基准水平（2023年版）
2023	国家发展改革委	关于推动现代煤化工产业健康发展的通知
2023	国家发展改革委等部门	绿色低碳先进技术示范工程实施方案
2023	工业和信息化部	绿色航空制造业发展纲要

表2-4 近3年我国各省级行政区就产业低碳颁布的政策和标准

省市	时间（年）	发布者	政策文件
北京	2021	市政府	北京市"十四五"时期能源发展规划
	2022	市经济和信息化局	北京市"十四五"时期制造业绿色低碳发展行动方案
	2022	市政府	北京市碳达峰实施方案
	2022	京国资	市管企业碳达峰行动方案
	2023	环保部、住建部	北京市推动智能建造与新型建筑工业化协同发展的实施方案
上海	2021	市政府	上海加快打造国际绿色金融枢纽服务碳达峰碳中和目标的实施意见
	2022	市政府	上海市碳达峰实施方案
	2022	市科学技术委员会	上海市科技支撑碳达峰碳中和实施方案
	2022	市发展和改革委员会	上海市推进重点区域、园区等开展碳达峰碳中和试点示范建设的实施方案
	2023	市发展和改革委员会	上海市2023年碳达峰碳中和及节能减排重点工作安排
天津	2022	市政府	天津市碳达峰实施方案
	2022	住建委	天津市城乡建设领域碳达峰实施方案（征求意见稿）
	2022	工信局	天津市工业领域碳达峰实施方案
	2022	科技局	天津市科技支撑碳达峰碳中和实施方案
	2023	生态局	天津市减污降碳协同增效实施方案
重庆	2022	市政府	成渝地区双城经济圈碳达峰碳中和联合行动方案
	2022	市政府	以实现碳达峰碳中和目标为引领深入推进制造业高质量绿色发展行动计划（2022—2025）
	2023	经信委	重庆市工业领域碳达峰实施方案
广东	2023	省政府	广东省碳达峰实施方案

续表

省市	时间（年）	发布者	政策文件
江苏	2022	财政厅	江苏省碳达峰碳中和科技创新专项资金管理办法（暂行）
	2023	工信厅	江苏省工业领域及重点行业碳达峰实施方案
	2023	科技厅	江苏省科技支撑碳达峰碳中和实施方案
	2023	生态厅	江苏省减污降碳协调增效实施方案
浙江	2021	省委	浙江省碳达峰碳中和科技创新行动方案
	2023	省经济和信息化厅	浙江省水泥工业高质量发展暨碳达峰行动计划（2022—2025年）
河南	2022	省环保产业协会	进生态环保产业高质量发展有力支撑深入打好污染防治攻坚战和碳达峰碳中和行动纲要（征求意见稿）
	2022	省委	河南省"十四五"现代能源体系和碳达峰碳中和规划
	2022	发改委	河南省碳达峰试点建设实施方案
四川	2021	省委	中共四川省委关于以实现碳达峰碳中和目标为引领推动绿色低碳优势产业、高质量发展的决定
	2023	发改委	四川省碳达峰实施方案
湖北	2022	科技厅	湖北省碳达峰碳中和科技创新行动方案
湖南	2022	发改委	湖南省推动能源绿色低碳转型做好碳达峰工作的实施方案
	2022	科技厅	湖南省科技支撑碳达峰碳中和实施方案（2022—2030年）
	2022	生态厅	湖南省减污降碳协同增效实施方案
	2022	工信厅	湖南省工业领域碳达峰实施方案
	2023	工信厅	湖南省建材行业碳达峰实施方案
	2023	工信厅	湖南省有色金属行业碳达峰实施方案
安徽	2022	科技厅	安徽省科技支撑碳达峰碳中和实施方案
	2022	经信厅	安徽省工业领域碳达峰实施方案
福建	2022	省政府	福建省推进绿色经济发展行动计划
	2022	省政府	福建省"十四五"节能减排综合工作实施方案
河北	2022	工信厅	河北省工业领域碳达峰实施方案
江西	2022	科技厅	江西省科技支撑碳达峰碳中和实施方案
	2022	工信厅	江西省工业领域碳达峰实施方案
	2023	工信厅	江西省有色金属行业碳达峰实施方案
陕西	2021	省政府	陕西省"十四五"制造业高质量发展规划
	2023	工信厅	陕西省工业领域碳达峰实施方案
广西	2021	区政府	广西工业和信息化高质量发展"十四五"规划
	2022	区政府	广西"十四五"节能减排综合实施方案

续表

省市	时间（年）	发布者	政策文件
贵州	2022	工信厅	贵州省工业领域碳达峰实施方案（征求意见稿）
	2022	工信厅	贵州省钢铁行业碳达峰实施方案（征求意见稿）
	2022	工信厅	贵州省有色金属行业碳达峰实施方案（征求意见稿）
	2022	工信厅	贵州省煤化工（石化化工）行业碳达峰实施方案（征求意见稿）
	2023	工信厅	贵州省建材行业碳达峰实施方案（征求意见稿）
	2023	能源局	贵州省能源领域碳达峰实施方案
海南	2022	省政府	海南省碳达峰实施方案
	2023	省政府	海南省"十四五"节能减排综合工作方案
黑龙江	2022	工信厅	黑龙江省工业领域碳达峰实施方案
吉林	2022	工信厅	吉林省碳达峰实施方案
	2023	住房和城乡建设厅	吉林省城乡建设领域碳达峰工作方案
内蒙古	2023	工信厅	内蒙古自治区工业领域碳达峰实施方案
宁夏	2021	科技厅	宁夏碳达峰碳中和科技支撑行动方案
	2022	区政府	宁夏回族自治区碳达峰实施方案
云南	2021	工信厅	云南省工业绿色发展"十四五"规划
	2022	省政府	云南省"十四五"节能减排综合工作实施方案
青海	2021	省政府	青海省"十四五"工业和信息化发展规划
	2022	省政府	青海省碳达峰实施方案
山东	2022	省政府	山东省碳达峰实施方案
辽宁	2022	省政府	辽宁省碳达峰实施方案
山西	2023	省政府	山西省碳达峰实施方案
	2023	省政府	山西省科技支撑碳达峰碳中和实施方案
新疆	2023	工信厅	新疆重点领域企业节能降碳工作方案

建筑低碳相关政策（见表2-5）：2022年1月19日，住建部印发的《"十四五"建筑业发展规划》中提出发展目标，"十四五"时期建筑业增加值占国内生产总值的比重保持在6%左右；智能建造与新型建筑工业化协同发展的政策体系和产业体系基本建立，装配式建筑占新建建筑的比例达到30%以上；绿色建造方式加快推行。同年3月1日，住建部印发的《"十四五"住房和城乡建设科技发展规划》中指出要以支撑城乡建设绿色发展和碳达峰碳中和为目标，聚焦能源系统优化、市政基础设施低碳运行、零碳建筑及零碳社区、城市生态空间增汇减碳等重点领域，从城市、县城、乡村、社区、建筑等不同尺度、不同层次加强绿色低碳技术研发，形成绿色、低碳、循环的城乡发展方式和建设模式。

2022年6月30日，住建部国家发展改革委发布的《城乡建设领域碳达峰实施方案》

中又提出：2025年，城镇新建建筑全面执行绿色建筑标准，星级绿色建筑占比达到30%以上，新建政府投资公益性公共建筑和大型公共建筑全部达到一星级以上。2030年前严寒、寒冷地区新建居住建筑本体达到83%节能要求，夏热冬冷、夏热冬暖、温和地区新建居住建筑本体达到75%节能要求，新建公共建筑本体达到78%节能要求。推动低碳建筑规模化发展，鼓励建设零碳建筑和近零能耗建筑。2030年前，城乡建设领域碳排放达到峰值。

表2-5 近3年我国各省级行政区就建筑低碳颁布的政策和标准

省市	政策文件
北京	北京市朝阳区绿色建筑高质量发展的实施意见
上海	上海市建筑节能和绿色建筑示范项目专项扶持办法
天津	天津市绿色建筑创建行动实施方案
重庆	重庆市绿色建筑"十四五"规划（2021—2025年）
广东	广东省建筑节能与绿色建筑发展"十四五"规划
	深圳关于支持建筑领域绿色低碳发展若干措施
江苏	关于推进全省绿色建筑发展的通知
	江苏省政府关于促进建筑业改革发展的意见
浙江	浙江省绿色建筑条例（修正文本）
	浙江省清洁生产推行方案（2022—2025年）
河南	河南省绿色建筑条例
四川	四川省关于推动城乡建设绿色发展的实施方案
	加快转变建筑业发展方式推动建筑强省建设工作方案
湖北	关于加快推动绿色金融支持绿色建筑产业发展的通知
湖南	湖南省"十四五"建筑节能与绿色建筑发展规划（征求意见稿）
安徽	安徽省建筑节能降碳行动计划
	1. 安徽省"十四五"城市住房发展规划
	2. 安徽省"十四五"城镇住房保障规划
	3. 安徽省"十四五"城市市政基础设施建设规划
	4. 安徽省"十四五"城市排水防涝建设规划
	5. 安徽省"十四五"历史文化名城名镇名村街区及历史建筑保护利用规划
	6. 安徽省"十四五"村镇建设规划
	7. 安徽省"十四五"建筑业发展规划
	8. 安徽省"十四五"建筑节能与绿色建筑发展规划
	9. 安徽省"十四五"装配式建筑发展规划
	10. 安徽省"十四五"住房和城乡建设科技发展规划
福建	福建省绿色建筑发展条例
河北	关于有序做好绿色金融支持绿色建筑发展工作的通知

续表

省市	政策文件
江西	江西省住房城乡建设领域"十四五"建筑节能与绿色建筑发展规划
陕西	关于申报2023年度省级建筑节能项目的通知
广西	广西壮族自治区人民政府办公厅关于支持河池市建设绿色发展先行试验区的指导意见
广西	广西壮族自治区绿色建筑创建行动方案
广西	广西建筑节能与绿色建筑"十四五"发展规划
贵州	贵州省"十四五"建设科技与绿色建筑发展规划
海南	海南省人民政府办公厅关于进一步推进我省装配式建筑高质量绿色发展的若干意见
黑龙江	黑龙江省超低能耗建筑示范项目奖补资金管理暂行办法
吉林	吉林省人民政府办公厅关于支持建筑业企业发展若干措施的通知
内蒙古	关于积极发展绿色建筑的意见
内蒙古	内蒙古自治区促进建筑业高质量发展的若干措施
宁夏	宁夏回族自治区绿色建筑发展条例
云南	云南省绿色建筑创建行动实施方案
青海	青海省促进绿色建筑发展办法
山东	山东省"十四五"绿色建筑与建筑节能发展规划
山东	山东省绿色建筑促进办法
辽宁	辽宁省推广绿色建筑实施意见
辽宁	辽宁省绿色建筑条例
山西	山西省绿色建筑发展条例（草案）（征求意见稿）
山西	山西省建筑节能、绿色建筑与科技标准"十四五"规划
新疆（乌鲁木齐）	关于印发全面推进绿色建筑发展实施方案的通知
新疆（乌鲁木齐）	新疆维吾尔自治区绿色建筑创建行动实施方案
西藏	西藏自治区绿色建筑创建行动实施方案（征求意见稿）
西藏	西藏自治区绿色建筑管理办法（征求意见稿）、西藏自治区绿色建筑评价标识工作实施细则（征求意见稿）、西藏自治区绿色建筑创建行动实施方案（征求意见稿）

绿色交通：2019年，交通运输部等12个部门和单位联合印发了《绿色出行行动计划（2019—2022年）》，进一步明确了发展绿色出行即是以城市公共交通和慢行等出行方式为主体，发展生态友好、绿色低碳、集约高效的出行系统。2020年，交通运输部、国家发展改革委联合印发《绿色出行创建行动方案》，并于2022年5月开始对109个申报城市组织开展绿色出行创建行动考核评价工作。2023年1月19日，国务院新闻办公室发布《新时代的中国绿色发展》白皮书，白皮书中提到了构建绿色交通运输体系、推进资源节约集约利用等方面的措施和成果。2021年10月29日，交通运输部印发的《绿色交通

"十四五"发展规划》中指出，到2025年，交通运输领域绿色低碳生产方式初步形成，基本实现基础设施环境友好、运输装备清洁低碳、运输组织集约高效，重点领域取得突破性进展，绿色发展水平总体适应交通强国建设阶段性要求。

市政低碳相关政策（见表2-6）：根据《"十四五"全国城市基础设施建设规划》，"十四五"期间，我国将新增和改造城市公园绿地面积约10万公顷，逐步形成覆盖面广、类型多样、特色鲜明、普惠性强的公园体系。以城市更新改造行动为契机，各地应大力推动高品质低碳公园建设，增强人民群众对美好生活的获得感、幸福感，为建设绿色、优美、和谐、宜人的城市环境增添亮丽底色。

表2-6 近几年我国就市政低碳颁布的政策和标准

时间（年）	发布者	政策文件
2019	交通运输部等	绿色出行行动计划（2019—2022年）
2020	交通运输部、国家发改委	绿色出行创建行动方案
2021	交通运输部	绿色交通"十四五"发展规划
2021	生态环境部	关于完整准确全面贯彻新发展理念做好碳达峰碳中和工作的意见
2021	生态环境部	"十四五"公共机构节约能源资源工作规划
2021	生态环境部	深入开展公共机构绿色低碳引领行动促进碳达峰实施方案
2021	国务院	2030年前碳达峰行动方案
2022	生态环境部	减污降碳协同增效实施方案
2023	国务院新闻办公室	新时代的中国绿色发展

2022年，生态环境部印发的《减污降碳协同增效实施方案》明确提出要推进水环境治理环节的碳排放协同控制，增强污染防治与碳排放治理的协调性。在碳达峰、碳中和这场"硬仗"中，水环境治理再次成为减污降碳关键领域之一，加快推进水环境治理减污降碳协同增效，将推动我国水生态环境保护工作进入新发展阶段。

同年6月，住房和城乡建设部、国家发展改革委印发的《城乡建设领域碳达峰实施方案》提出，到2030年LED等高效节能灯具使用占比将超过80%，30%以上城市建成照明数字化系统。同时，《"十四五"全国城市基础设施建设规划》中则强调，开展城市照明节能改造，通过LED等绿色节能光源替换、加装单灯控制器，实现精细化按需照明；完善城市生态基础设施体系，加快新型城市基础设施建设，以推进城市绿色低碳、智慧化转型发展。

国家发展改革委、国家能源局《关于加快建设全国统一电力市场体系的指导意见》提出了"到2025年，全国统一电力市场体系初步建成，国家市场与省（区、市）/区域市场协同运行，电力中长期、现货、辅助服务市场一体化设计、联合运营，跨省跨区资源市场化配置和绿色电力交易规模显著提高，有利于新能源、储能等发展的市场交易和价格机制初步形成。到 2030 年，全国统一电力市场体系基本建成，适应新型电力系统要求，国家市场与省（区、市）/区域市场联合运行，新能源全面参与市场交易，市场主体平等竞争、自主选择，电力资源在全国范围内得到进一步优化配置"的总体目标。并强调，要完善体制机制，创新市场模式，促进新能源的投资、生产、交易、消纳，发挥电力市场对能源清洁低碳转型的支撑作用。

（三）国内发展实践

随着中国城市化的不断推进，城市的基础设施建设、工业活动、交通运输及居民生活都将消耗大量能源，城市将成为碳排放增长的主要领域之一。在诸多低碳政策措施中，低碳试点政策是专门为控制碳排放提出的政策约束。对后续的碳排放交易机制、绿色发展等产生了重要的影响。

国家发改委于 2010 年 7 月 19 日发布《关于开展低碳省区和低碳城市试点工作的通知》（以下简称《通知》）。根据地方申报情况，统筹考虑各地方的工作基础和试点布局的代表性，经沟通和研究，2010 年 7 月，国家发展和改革委员会确定首先在广东、辽宁、湖北、陕西、云南五省和天津、重庆、深圳、厦门、杭州、南昌、贵阳保定八市开展低碳试点工作。国家要求试点地区测算并确定本地区温室气体排放总量控制目标，研究制定温室气体排放指标分配方案，建立本地区碳排放权交易监管体系和登记注册系统，培育和建设交易平台，做好碳排放权交易试点支撑体系建设等。

2012 年 4 月，发改委气候司为了贯彻落实《国务院关于印发十二五控制温室气体排放工作方案的通知》的精神，决定在第一批试点的基础上，进一步稳步推进低碳试点示范，并于 4 月 27 日下发了《关于组织推荐申报第二批低碳试点省区和城市的通知》（以下简称《第二批通知》）。第二批低碳试点将以城市为主，以省区为辅，根据通知，第二批国家低碳省区和低碳城市试点范围为：北京市、上海市、海南省和石家庄市、秦皇岛市、晋城市、呼伦贝尔市、吉林市、大兴安岭地区、苏州市、淮安市、镇江市、宁波市、温州市、池州市、南平市、景德镇市、赣州市、青岛市、济源市、武汉市、广州市、桂林市、广元市、遵义市、昆明市、延安市、金昌市、乌鲁木齐市。

2017 年 1 月 7 日，国家发改委发布《国家发展改革委关于开展第三批国家低碳城市试点工作的通知》（发改气候〔2017〕66 号），通知要求按照"十三五"规划、《国家应对气候变化规划（2014—2020 年）》和《"十三五"控制温室气体排放工作方案》要求，为了扩大国家低碳城市试点范围，鼓励更多的城市探索和总结低碳发展经验，组织各省、自治区、直辖市和新疆生产建设兵团发展改革委开展了第三批低碳城市试点的组织推荐和专家点评。经统筹考虑各申报地区的试点实施方案、工作基础、示范性和试点布局的代表性等因素，确定在内蒙古自治区乌海市等 45 个城市（区、县）开展第三批低碳城市试点，并在试点基础上开展了总结工作（见表 2-7、表 2-8）。

表 2-7　我国低碳城市试点实践总览

项目	第一批试点城市	第二批试点城市	第三批试点城市
启动时间	2010 年 7 月	2012 年 11 月	2017 年 1 月
覆盖范围	5 省 8 市	1 省 29 市	45 个城市（区、县）
遴选方式	指定（非公开遴选）	申报 + 遴选	申报 + 遴选
选择依据	地方申报情况、工作基础和试点布局的代表性	工作基础、示范性和试点布局的代表性	试点实施方案、工作基础、示范性和试点布局的代表性
政策目标（目的意义）	调动积极性，积累工作经验	发挥比较优势，促进地区间良性互动，探寻减排路径，实现绿色低碳发展	探索和总结低碳发展经验
政策内容（工作任务）	编制低碳发展规划，制定配套政策，建在第一批工作任务基础上，强调二氧化立低碳产业体系，加强温室气体排放数据管理，倡导低碳绿色生活	碳排放控制目标责任制（后续提出碳排放峰值要求）	在前两批工作任务基础上，要求建立二氧化碳排放目标考核制度，设定二氧化碳排放峰值
政策工具（保障手段）	组织领导、经验交流、能力建设	组织领导、交流评估、能力建设	组织领导、交流评估、能力建设

表 2-8　我国部分低碳城市试点实践总结

城市	规划与行动	成效
北京	"十三五"期间，北京力争在 2020 年前实现碳达峰的目标。北京在"十四五"规划纲要中提出了较高目标——"十四五"期间碳排放稳中有降，碳中和迈出坚实步伐，为应对气候变化做出北京示范	2020 年，北京碳强度比 2015 年下降 23% 以上，超额完成"十三五"规划目标，碳强度为全国省级地区最低
上海	到 2025 年，上海市碳排放总量要力争达峰	"十三五"期间，上海坚持碳排放总量与强度双控，煤炭消费占比持续下降，天然气消费占比稳步提高，光伏、风电等可再生清洁能源不断发展。2011 年，上海工业能源终端消费达到了 6165.57 万吨标准煤的峰值，随后呈现在波动中下降的趋势，到 2019 年，这一数值已降至 5668.05 万吨标准煤
杭州	围绕产业结构和能源结构优化调整，深入开展工业、建筑、交通等重点领域节能减排和能效提升工作	杭州单位 GDP 碳排放量不断下降，2020 年约为 0.57 万吨 / 亿元，碳排放强度处于全国较好的水平，实现了经济增长和节能减碳两不误。2020 年，杭州单位 GDP 能耗 0.291 吨标准煤 / 万元，能耗强度浙江省最低

续表

城市	规划与行动	成效
深圳	《深圳市碳达峰碳中和行动计划（2020—2035年）》《深圳市碳达峰碳中和专项规划》	2021年深圳两会公布的数据显示，深圳单位GDP能耗和碳排放强度仅为全国平均水平的1/3和1/5，达到国内领先、国际先进水平
镇江	创建城市碳排放核算与管理平台	镇江市低碳发展指数从2012年的0.51提高到2017年的0.64。2019年镇江市的碳排放量为1.02亿吨，人均排放量为14.8吨，单位GDP碳排放量为0.55吨/万元。截至2021年，单位GDP能耗下降36.4%，单位GDP碳排放量下降46.3%

镇江市作为全国第二批低碳城市之一，经过多年的探索与创新，在深入推动低碳城市建设方面形成一系列低碳发展示范经验，在全国首创城市碳排放核算与管理平台，率先提出碳排放峰值目标，探索利用碳峰值形成低碳发展倒逼机制、实施项目碳评估与准入制度和低碳发展目标任务考核评估体制，形成独具特色的低碳城市发展道路。参与低碳试点的城市通过设定碳排放达峰目标，倒逼低碳发展转型，加大低碳技术和产品的应用力度，推进工业、建筑、交通等重点领域的低碳发展。在组织领导、配套政策、市场机制、统计体系、评价考核、协同示范和合作交流等方面探索低碳发展模式和制度创新。试点地区碳排放强度下降幅度总体快于全国平均水平，形成了一批各具特色的低碳发展模式。2021年，全市单位GDP能耗下降36.4%，单位GDP二氧化碳排放下降46.3%。

"十三五"期间，北京就已经提出要力争在2020年前实现碳达峰的目标。在经过制定配套政策，建立低碳产业体系，加强温室气体排放数据管理等实践措施后，数据显示，北京在2020年的PM2.5年均浓度为38微克/立方米，较2015年下降超过50%；单位地区生产总值能耗和二氧化碳排放也较2015年分别下降24%左右和23%以上。同时，由于碳排放治理有效，北京的能源转型进程也在加速。2017年，北京最后一座大型燃煤电厂停机备用，北京成为全国首个告别煤电、全部实施清洁能源发电的城市。2018年，北京近3000个村落实现了煤改清洁能源，平原地区基本实现"无煤化"。统计年鉴数据显示，2010—2019年，北京煤炭消费量占能源消费总量的比重由29.59%大幅下降至1.81%，比重已经低到几乎可以忽略不计。2020年，北京碳强度较2015年下降23%以上，超额完成"十三五"规划目标，碳强度为全国省级地区最低。北京在"十四五"规划纲要中提出了较高的目标——"十四五"期间碳排放稳中有降，碳中和迈出坚实步伐，为应对气候变化做出北京示范。这一表述或表明，北京的碳排放已经或即将进入平台期，并将谋求在未来5年间实现下降。

"十三五"期间，上海坚持碳排放总量与强度双控，煤炭消费占比持续下降，天然气消费占比稳步提高，光伏、风电等可再生清洁能源不断发展。一直以来，上海市对光伏行业发展的扶持力度就非常大。到2025年，上海市碳排放总量要力争达峰，实现"两稳定、两初步"，做到"三达、两保、两提升"。"两稳定"是指"生态环境质量稳定向好"和"生态服务功能稳定恢复"。"两初步"则包括节约资源和保护环境的空间格局、产业结构、生产方式、生活方式初步形成，以及环境治理体系和治理能力现代化初步实现。"三达"则包括三个达标的目标，即大气环境质量全面达标、水环境功能区基本达标，以及碳排放总量力争达峰。"两保"是"指土壤和地下水环境质量保持稳定"和"近岸海域水质保持稳定"。"两提升"则是指"受污染耕地、地块安全利用率持续提升"和"森林覆盖率、人均公园绿地面积持续提升"。

二、国内外研究进展比较

（一）国内低碳城市理论研究综述

目前国内开展的低碳城市及相关问题的研究已经有一定累积，关于低碳城市研究的文献数量较多，国内低碳城市理论研究数据来源于中国知网（CNKI）系列数据库，中文检索主题设置为"低碳城市"或"碳中和城市"，期刊来源类别为"SCI"与"北大核心"，经过除重处理，得到1509篇文献。

通过分析可以发现，我国对低碳城市的相关研究起步于2008年，2008年之前基本没有低碳城市规划相关研究，因此理论研究分析将建立在2008—2021年的文献成果的基础之上。总体来看，我国低碳城市研究在2011年有一个小高峰，后发文量缓慢下降，文献数量总体呈现先急后缓的趋势，2008—2011年的增长速度尤为明显（图2-9）。2008年，低碳城市相关研究开始出现，文献量逐年增加，发文量呈直线上升趋势，在2011年达到研究最高峰（182篇），当年3月第十一届全国人民代表大会第四次会议审议通过了《中

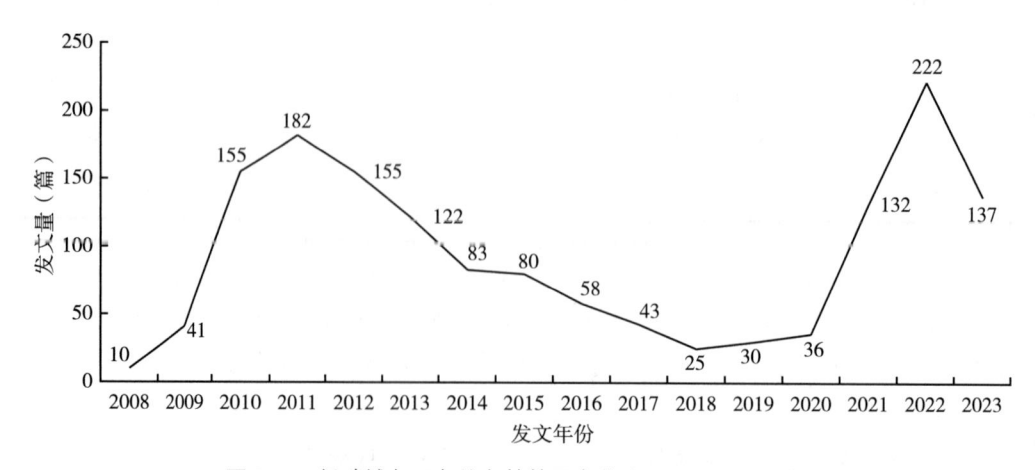

图2-9 低碳城市研究的文献数量变化（2008—2023年）

华人民共和国国民经济和社会发展第十二个五年规划纲要》，其中第 6 篇确立了未来 5 年我国绿色低碳发展的方向和方式，此后，相关文献数量逐年下降。直到 2020 年后，发文量变化显著，较之前骤增，并在 2022 年再次达到高峰（222 篇）。

分析低碳城市相关研究的学科分布情况，可在一定程度上反映该领域的理论和实践价值。根据知网刊文统计数据可知（图 2-10），对低碳城市领域研究较多的学科包括环境科学、经济学和建筑科学等，远远超过其他学科的文献贡献量。分析低碳城市研究相关的期刊刊文情况可知，刊文量最大的是《城市发展研究》《中国人口·资源与环境》《生态经济》《规划师》与《城市规划》，可以将其分为建筑科学和经济学两个学科大类，低碳城市相关发文量分别为 211 和 136 篇。经济学类的《中国人口·资源与环境》是前 10 个期刊中影响因子最高的期刊，一定程度上表明低碳城市研究也是经济学的热点问题，研究结果具有较高的理论和实践价值。

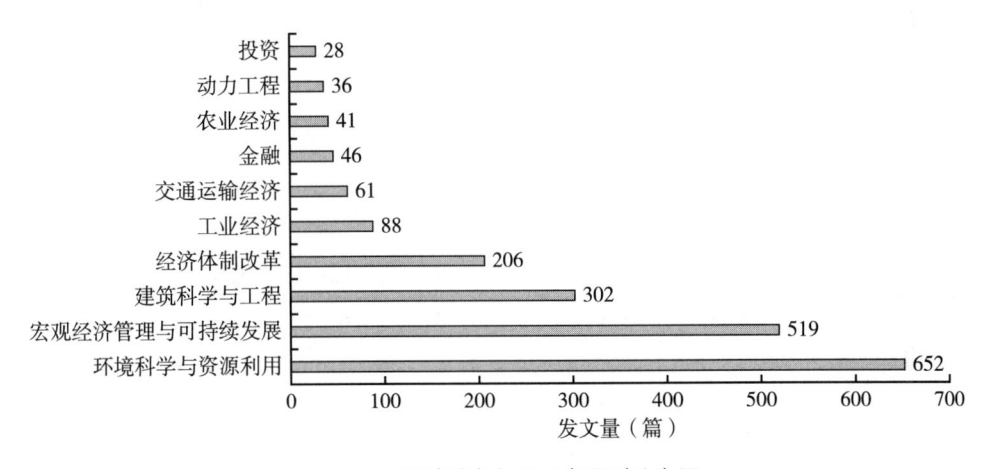

图 2-10　低碳城市相关研究学科分布图

国内研究学者主要从低碳城市概念、低碳城市建设路径、低碳城市政策支持研究方面对低碳城市理论进行了研究。在低碳城市概念方面，有学者认为，低碳城市就是在城市实行低碳经济活动，建立资源节约型、环境友好型社会，最终形成一个良性的可持续的能源生态体系。低碳城市需要加快以集群经济为核心，推进产业结构创新；以循环经济为核心，推进节能减排创新；以知识经济为核心，推进内涵发展创新。低碳城市应当以清洁发展、高效发展、低碳发展和可持续发展为目标，优化能源结构、节能减排、循环利用，最大程度减少温室气体排放。低碳城市应该以提高燃气普及率、提高城市绿化率、提高废弃物处理率等方面为理论发展方向。在低碳城市建设路径方面，研究人员提出了基底低碳（能源发展低碳化）、结构低碳（经济发展低碳化）、方式低碳（社会发展低碳化）和支撑低碳（技术发展低碳化）的低碳城市发展路径。此外，刘文玲和王灿指出现有低碳城市的发展模式，包括综合型"低碳社会"模式、低碳产业拉动模式、低碳支撑产业模式和示范型"以点带面"模式。宋德勇和张纪录认为任何一类城市的低碳发展都必须依据自身特征选择适宜的发展模式。

表2-9列出部分高频关键词与高中心度关键词信息。由图表可知低碳城市及相关领域的学者对"低碳城市""低碳经济""碳中和""碳排放"和"碳达峰"等有较多关注；"低碳城市""低碳经济""低碳""低碳发展""城市规划"等关键词的中心度较高，"生态文明""碳减排""气候变化""指标体系""风景园林"也具有一定的中心度，在研究之间发挥着桥梁作用。在关键词共现频次方面，除"低碳城市""碳中和""低碳经济""低碳""碳排放""碳达峰"这几个基础研究热点关键词外，出现频率较高的关键词为"低碳发展""气候变化""城市规划"和"指标体系"，另外，"生态文明""低碳产业""碳汇"等关键词也表现出一定热度。综合来看，高频关键词与高中心度关键词之间存在较高重合度，说明低碳城市及相关领域主要关注城市、经济、发展、规划等方面的相关问题。

表2-9 中文低碳城市研究的热点词中心度和共现词率

共现频次	中心度	年份	关键词	共现频次	中心度	年份	关键词
426	0.57	2008	低碳城市	6	0.02	2016	污水处理
181	0.26	2008	低碳经济	5	0.02	2016	碳源
103	0.19	2008	低碳	10	0.02	2021	绿色金融
52	0.17	2008	低碳发展	8	0.02	2021	温室气体
278	0.17	2012	碳中和	3	0.02	2022	低碳优化
102	0.15	2009	碳排放	9	0.01	2009	低碳社会
30	0.11	2009	城市规划	9	0.01	2009	产业结构
19	0.1	2009	生态文明	6	0.01	2009	低碳化
21	0.1	2010	碳减排	4	0.01	2009	内涵
49	0.09	2008	气候变化	4	0.01	2009	二氧化碳
28	0.07	2011	指标体系	10	0.01	2010	发展路径
15	0.06	2010	生态	5	0.01	2010	上海
10	0.06	2010	风景园林	3	0.01	2010	世界城市
23	0.06	2013	绿色低碳	2	0.01	2010	绿色经济
102	0.06	2021	碳达峰	9	0.01	2011	低碳出行
11	0.06	2021	能源转型	5	0.01	2011	低碳理念
9	0.05	2009	低碳生活	5	0.01	2011	节能
26	0.05	2010	城市	4	0.01	2011	技术创新
18	0.05	2010	碳汇	20	0.01	2012	低碳交通

续表

共现频次	中心度	年份	关键词	共现频次	中心度	年份	关键词
20	0.04	2008	低碳技术	2	0.01	2012	热岛效应
19	0.04	2009	低碳产业	5	0.01	2013	空间规划
7	0.04	2010	低碳社区	4	0.01	2013	低碳产品
10	0.04	2013	中国	4	0.01	2013	公共交通
4	0.04	2015	城市群	4	0.01	2013	日本
2	0.04	2022	研究进展	2	0.01	2013	集约
9	0.03	2008	城市化	12	0.01	2014	绿色发展
11	0.03	2010	路径	3	0.01	2014	低碳生态
13	0.03	2011	城市交通	3	0.01	2014	产城融合
8	0.03	2011	绿色建筑	12	0.01	2019	双重差分
5	0.03	2011	碳交易	9	0.01	2019	低碳试点
9	0.03	2012	情景分析	1	0.01	2020	公共政策
5	0.03	2018	乡村振兴	7	0.01	2022	土地利用
9	0.03	2021	清洁能源	5	0.01	2022	双碳目标
18	0.02	2010	低碳转型	4	0.01	2022	资源回收
15	0.02	2010	生态城市	2	0.01	2022	韧性
9	0.02	2010	节能减排	3	0.01	2023	碳吸收
4	0.02	2010	空间结构	2	0.01	2023	城市经济
3	0.02	2011	碳金融	1	0.01	2023	中部地区
6	0.02	2014	智慧城市				

根据低碳城市相关研究关键词聚类图谱分析，可知大部分聚类单元至今都有较好的延续性，处于发展的繁荣时期，其中低碳城市、低碳、低碳发展、碳排放聚类的文献规模相对更大，碳排放与城市群聚类之间的研究具有一定联系。同时通过图谱分析也可以看出，自低碳城市研究在国内开展以来，虽然有很大的发展且取得了较为显著的成就，但我国的低碳城市研究还处于分散的状态，各领域之间缺乏交流融合，没有形成一定的研究规模。

根据分析文献的 Top10 突现关键词分析可知（见图 2-11），2008 年开始出现突现词，最初的研究分支出现在气候、经济方面。从研究热点演进趋势来看：①随着低碳理念在国际关注度的提升，国内开始逐渐出现了关于基础设施建设的低碳发展以及人均碳排放的研究，这是中国低碳城市研究的开端。2008 年，低碳城市建设相关研究开始出现，具体体现为低碳排放发展观指导下的城市空间规划研究。② 2008—2010 年是低碳城市研究的热点爆发期，研究方向得到了极大的延伸，新增生态、生态城市等研究，低碳城市和城

Top 10 突现关键词

关键词	年份	强度	开始	结束	2008—2023年
气候变化	2008	6.15	2008	2009	
低碳经济	2008	27.93	2009	2012	
低碳产业	2009	4.45	2009	2013	
指标体系	2011	4.95	2011	2015	
低碳发展	2008	5.82	2014	2015	
碳中和	2012	107.04	2021	2023	
碳达峰	2021	37.62	2021	2023	
碳汇	2010	4.37	2021	2023	
绿色金融	2021	4.36	2021	2023	
能源转型	2021	3.84	2021	2023	

图 2-11 中文低碳城市研究的 Top 10 突现关键词

市规划开始成为研究主要热点，并得到持续发展。③ 2011—2014 年，低碳研究开始向建筑和空间布局方向深入，同时结合生态城市的概念进一步发展，一些综合性理论研究出现。④ 2015 年之后，研究主题沿着原有的重要热点方向细化，出现更多的研究分支和节点。如低碳理念在城市景观设计当中的应用，以及在住区和居民的通勤交通碳排放方面进行的多样化研究。2015—2018 年研究热度较高的领域包括低碳交通、低碳发展、城市居民，热点间的联系随着时间的推移越发密切。⑤ 2021 年，"碳达峰""碳汇"和"绿色金融"等大量突现词开始涌现，与"碳中和"一起成为研究的前沿与热点。

（二）国外低碳城市理论研究综述

国外低碳城市理论最早从人类经济发展领域产生，英国 2003 年在《能源白皮书》中首次正式提出"低碳经济"的概念，指出低碳经济是通过更少的自然资源消耗和环境污染，获得更多的经济产出，通过创造更高的生活标准和更好的生活质量的途径和机会，为发展、应用和输出先进技术创造新的商机和更多的就业机会[1]。随后，低碳的概念由经济发展领域扩展到社会生活领域，低碳城市的概念逐渐形成。低碳城市是指城市在经济高速发展的前提下，保持能源消耗和碳排放处于较低水平[2]。低碳城市是通过经济发展模式、消费理念和生活方式的转变，在保证生活质量不断提高的前提下实现有助于减少碳排放的城市建设模式和社会发展方式[3]。

2023 年 10 月，在 Web of Science（引文数据库）核心合集中，以 "low-carbon city"（低碳城市）、"zero-carbon city"（零碳城市）、"carbon neutral city"（碳中和城市）为检索词，文章类型限定为 "article" "review"，语种为英语，检索出共 3144 篇文献，经过除重处理，得到 3013 篇文献。

经检索发现低碳城市相关论文最早发表于2007年,此后发文量呈不断上升趋势,从文章发表趋势来看,低碳城市相关研究可以划分为两个阶段(图2-12)。第一阶段是低碳城市研究的启蒙期(2007—2015年),这一阶段的发文量整体呈缓慢上升的趋势,表明此阶段该领域的研究处于探索起步阶段并且该领域逐渐引起学者们的关注。第二阶段是低碳城市相关研究的快速发展期(2016—2023年),这一阶段相关论文的发表量显著增多,上升趋势明显,尤其是2020年后呈现极高的增长速率。2020—2023年,中国学者发表低碳城市领域论文超1000篇,在世界范围占有极大比重。2020年习近平主席正式宣布中国将力争2030年前实现碳达峰、2060年前实现碳中和[4],这是中国基于推动构建人类命运共同体的责任担当和实现可持续发展的内在要求做出的重大战略决策。2021年习近平主席出席《生物多样性公约》第十五次缔约方大会领导人峰会并发表主旨讲话,指出为推动实现碳达峰、碳中和目标,中国将陆续发布重点领域和行业碳达峰实施方案和一系列支撑保障措施,构建起碳达峰、碳中和"1+N"政策体系。同年,中国社科院发布《应对气候变化报告2021:碳达峰碳中和专辑》(2021年气候变化绿皮书),该绿皮书建议,抓住"双碳"目标的机遇,差异性布局相关产业,加强零碳示范城市、工程的建设。基于碳达峰、碳中和目标的提出以及相关政策的公布与实施,我国学者紧跟时事要点,积极投入相关领域的研究工作并产出高质量成果。2020年至今,我国学者对低碳城市高质高量的研究引领了世界范围该领域研究的热潮及趋势。

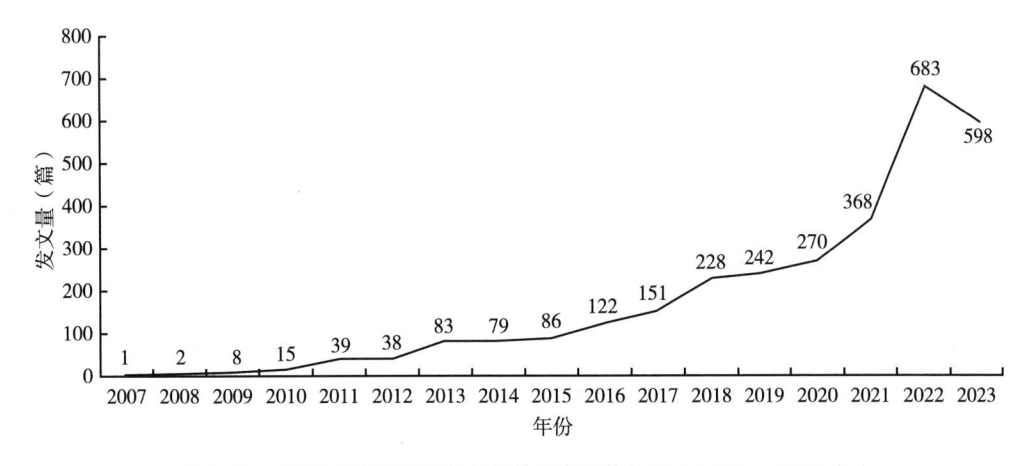

图2-12 国际低碳城市研究文献数量变化趋势图(2007—2023年)

在CiteSpace软件中进行作者分析,结果显示发文量最高的5位学者中有3位中国学者,分别为生态环境部环境规划院(CAEP)碳达峰碳中和研究中心执行主任蔡博峰、香港城市大学能源与环境学院助理教授董亮、上海交通大学环境科学与工程学院讲席教授耿涌,其余两位分别为伯明翰大学地理、地球与环境科学学院副教授单钰理以及利兹大学环境学院安迪·戈德森（Andy Gouldson）。作者合作图谱分析显示，研究低碳城市的学者之间合作不紧密，而低碳城市涉及多个复杂领域，如交通、建筑、能源、废物管理等，合作可以促进学者之间的协同工作、数据共享以及研究方法的传播。不同城市存在一定的地理和环境差异，合作研究有助于学者深入研究不同城市包括地理、气候、社会文化、政治和经济条件等地方特点，从而更好地定制适用于特定地区的可持续发展和低碳城市解决方案。

蔡博峰主要研究中国城市二氧化碳排放的高分辨率核算、城市二氧化碳与地方大气污染物协同控制、二氧化碳排放管理绩效、二氧化碳减排技术等。董亮主要研究应用工业生态学原理应对发展可持续、智慧和低碳城市的挑战、可持续发展科学与政策、环境系统分析和政策设计等。耿涌主要从循环经济、产业生态学、环境管理、气候变化政策研究低碳城市相关内容。单钰理主要研究减缓气候变化和可持续转型，研究揭示了人类活动如何影响全球排放和气候变化，基于生产和消费的碳排放方面研究了碳排放模式和驱动因素，探索了城市化和工业化不同阶段城市的低碳路线图，为城市提供了强有力的政策支持，并模拟了特定事件（例如 COVID-19 大流行）或政策（例如，扶贫）对全球排放和不平等以及气候目标实现的干扰。安迪·戈德森主要从经济、社会公平的角度研究低碳城市，包括城市低碳发展范围的经济评估、低碳投资案例研究、低碳城市产生社会效益研究等。

从发文机构合作关系图谱来看，我国的低碳城市相关研究机构合作紧密，且中国的研究机构及大学处于核心位置，其中中国科学院发文量及中心度最高，其次为中国科学院大学、清华大学、北京师范大学、北京大学等。中国科学院设有生态环境研究中心，该中心在低碳城市领域内的研究包括定量揭示中国生态系统管理对减缓气候变化的贡献、开展生物乙醇重整制氢研究，支撑绿色能源发展和双碳目标实现、生态环境保护修复绿色低碳关键技术等。中国科学院大学资源与环境学院就工业园区减污降碳协同增效技术等方面有着深入研究，清华大学、北京师范大学、北京大学均为我国环境科学学科排名考前的院校，在低碳城市领域有扎实的研究基础以及不断完善的研究成果。国内外研究机构开展了减少城市的碳排放和提高城市的环境质量的相关研究，研究碳减排策略、低碳交通解决方案、清洁能源技术、城市废物管理和资源回收、相关政策工具和法规以及社区参与、居民对低碳城市政策的反应这类社会科学研究等。

在低碳城市关键词知识图谱中，关键词所在节点大小反映其出现频次，节点越大，表示关键词出现的频次越高；节点外的外圈厚度表示其中心度高低，外圈厚度越厚，表示关键词的中间中心度越高[5]。分别以频次和中心度的高低对关键词进行排序归纳，得到高频关键词和高中心度关键词信息（表2-10）。低碳城市相关研究的高频关键词包括碳排放量（Carbon Emission）、城市（City）、能源消耗（Energy Consumption）、中国（China）、影响（Impact）、能源（Energy）、气候变化（Climate Change）、体系（System）、城市化

（Urbanization）、政策（Policy）、模型（Model）、可持续（Sustainability）、绩效（Performance）、经济增长（Economic Growth）、效率（Efficiency）、创新（Innovation）。城市作为碳排放的主要来源，城市化进程对碳排放和可持续性产生深远影响，引发了学者对城市可持续性和碳减排策略的研究。中国的城市化和碳排放问题引起了全球关注，因此中国在低碳城市研究中具有重要地位。学者们关注城市碳排放的监测、评估和降低，以应对气候变化，探讨低碳城市措施对环境、社会和经济的各种影响，研究涉及城市能源需求、消耗分析和能源效率提升，以降低碳足迹。研究者考察城市系统，包括能源、交通、废物管理等，通过构建模型发展并评估综合性碳减排策略，关注政府政策在推动低碳城市转型中的作用和效力。研究者评估碳减排策略的绩效，探讨城市碳减排与经济增长之间的关系，提高能源利用的效率，以实现可持续的城市发展。高频关键词凸显了低碳城市研究的多维性和跨学科性，反映了学者在追求城市可持续性和碳排放减少方面的共同学术关注点。同时这些关键词提供了逻辑框架，有助于学者更深入地研究和解决城市化和气候变化挑战。

表2-10 国际低碳城市相关研究关键词频次与中心度

序号	频次	时间（年）	关键词	序号	中心度	时间（年）	关键词
1	851	2008	碳排放量	1	0.07	2013	电力
2	784	2011	城市	2	0.07	2012	空气污染
3	474	2011	能源消耗	3	0.07	2011	可持续发展
4	452	2009	中国	4	0.06	2010	效率
5	397	2012	影响	5	0.06	2013	动力学
6	317	2011	能源	6	0.06	2013	管理
7	315	2009	气候变化	7	0.05	2010	阻碍
8	241	2012	体系	8	0.05	2011	碳
9	224	2013	城市化	9	0.05	2011	经济
10	218	2010	政策	10	0.05	2013	挑战
11	184	2013	模型	11	0.05	2013	环境
12	182	2011	可持续	12	0.05	2009	能源效率
13	172	2009	绩效	13	0.05	2013	科技
14	152	2017	经济增长	14	0.05	2010	可再生能源
15	144	2015	效率	15	0.04	2009	效能
16	139	2013	创新	16	0.04	2013	创新

中心度较高的关键词包括电力（Electricity）、空气污染（Air Pollution）、可持续发展（Sustainable Development）、效益（Benefit）、动力学（Dynamics）、管理（Management）、

阻碍（Barrier）、碳（Carbon）、经济（Economy）、挑战（Challenge）、环境（Environment）、能源效率（Energy Efficiency）、科技（Technology）、可再生能源（Renewable Energy）、效能（Performance）、创新（Innovation）。电力在低碳城市中具有关键地位，电力是城市能源系统的核心组成部分，可再生能源的电力生成、电力分配和电力管理都是碳减排的关键领域。碳排放与大气污染物的关联并深刻影响城市环境质量，控制空气污染和改善空气质量是低碳城市发展中的一项紧迫任务。可持续发展是低碳城市的核心目标之一，涉及经济、社会和环境的平衡，以确保未来代际的需求得到满足。碳排放是低碳城市研究的核心关注点，碳减排是降低城市碳足迹的关键。有效的城市碳减排需要协调和管理各种资源，包括能源、交通、废物等，研究城市碳减排措施的效益包括经济投资与回报、社会效益和环境效益等，对于政策制定和资源配置至关重要。评估和监测城市碳减排措施的效能对于追踪进展和改进策略至关重要。科技创新在城市碳减排和可再生能源应用中扮演关键角色，可再生能源是低碳城市发展的重要组成部分，有助于减少对化石燃料的依赖。提高能源效率可以减少能源浪费，从而对于降低碳排放至关重要。高中心度关键词反映了低碳城市领域的核心研究主题和关注领域，涵盖了城市碳减排、可持续发展、能源管理、创新技术等多个层面，反映了低碳城市研究的复杂性和跨学科性，有助于指导研究者在低碳城市领域中的研究工作。

由关键词突现结果可知，低碳城市相关研究所有突现关键词的影响均延续至今，突现关键词最早于2009年产生，早期关注的热点为气候变化、治理、交通、能源、政策、工业共生等。低碳城市领域早期的研究热点揭示了学术界对城市可持续发展和碳排放减少问题的突出兴趣，这些研究热点反映了学者对城市系统的多层次和复杂性的认知，以及对于如何在城市环境中应对气候变化挑战的探索。具体而言，学者们关注气候变化、城市治理、交通、能源、政策和工业共生等核心主题，强调了城市作为碳排放源的重要性，以及城市规划、政策制定、资源循环利用和技术创新对于碳减排和可持续性的关键作用。这些研究热点为低碳城市领域提供了有力的学术基础，同时也为政策制定者提供了指导，以实现城市的可持续发展和碳排放减少目标。

气候变化是最早突现也是突现强度最高的关键词。气候变化是全球性问题，城市化进程加速，城市人口不断增长，城市面临更大的能源需求和资源消耗，进一步增加了碳排放。降低城市的碳排放量被认为是减轻气候变化影响的重要途径，学者们认识到城市化趋势需要与气候变化挑战结合考虑。国际社会对气候变化采取了政策行动，要求城市制定碳减排策略。学者们需要研究城市碳减排策略的有效性和可行性，以支持政策制定。政策和规划框架的关键性：城市治理是制定和实施低碳城市政策和规划的基础。早期的研究意识到，"治理"在制定、协调、实施和监督低碳城市政策方面发挥关键作用。城市治理需要协调各种利益，解决多层次治理挑战，低碳城市政策需要协调不同领域和利益相关者的行动，以确保一致性和协同效应。治理机制需要确保政策之间的协调和一体化，以实现碳减排目标。学者关注治理机制如何支持政策评估和监督碳减排进展，以确保政策目标的实现。学者们关注"交通"，因为它在碳排放问题上扮演了关键角色，而减少交通领域的碳排放是实现低碳城市目标的必要条件之一。交通领域具有多层次性，涉及个体出行决策、城市规划、交通设施和政策法规等多个层面。早期低碳城市研究强调技术和政策创新对于减少交通领域碳排放量的潜力，交通政策和规划是城市可持续性的关键组成部分。学者们帮助政策制定者理解如何制定有效的政策来引导交通系统向更低碳的方向发展，以实现城市可持续性目标。

CiteSpace依据网络结构和聚类的清晰度，提供了模块值（Q值）和平均轮廓值（S值）两个指标作为评判图谱绘制效果的一个依据（见表2-11）。一般而言，Q值一般在[0, 1]区间内，$Q>0.3$表示划分出来的社团结构是显著的，当$S \geq 0.7$时，聚类是高效率令人信服的[6]。通过对低碳城市相关文献关键词进行聚类分析，得到模块值（Q值）为0.4556，平均轮廓值（S值）为0.7067，该结果证明低碳城市关键词聚类结构显著、结果令人信服。截取了前11个较为核心的聚类（表2-11），分别为聚类0斯特帕特模型（Stirpat Model）、聚类1低碳城市试点（Low-carbon City Pilot）、聚类2能源转型（Energy Transtiion）、聚类3城市热岛（Urban Heat Island）、聚类4多层次视角（Multi-Level Perspective）、聚类5工业共生（Industrial Symbiosis）、聚类6空气质量（Air Quality）、聚类7建筑能源效率（Building Energy Efficiency）、聚类8碳储量（Carbon Storage）、聚类9耦合协调度（Coupling Coordination Degree）、聚类10缓解气候变化（Climate Change Mitigation），筛选出节点数大于20同时轮廓值大于0.7的聚类，得到聚类0、聚类4、聚类5、聚类7、聚类8、聚类9、聚类10这7个聚类。

表2-11 聚类节点数与轮廓值

聚类序号	聚类名称	节点数	轮廓值	年份
0	斯特帕特模型	92	0.728	2016
1	低碳城市试点	91	0.619	2021
2	能源转型	72	0.645	2016
3	城市热岛	67	0.605	2015
4	多层次视角	67	0.778	2013
5	工业共生	63	0.729	2015
6	空气质量	62	0.655	2017
7	建筑能源效率	47	0.744	2014
8	碳储值	40	0.71	2020
9	耦合协调度	35	0.809	2015
10	缓解气候变化	29	0.897	2014

斯特帕特模型（Stirpat Model）中的Stirpat是"Stochastic Impacts by Regression on Population, Affluence, and Technology"的缩写，是一种用于分析环境影响的定量模型，通常用于研究环境变化与人口增长、财富和技术发展之间的关系。这一模型可以帮助研究人员量化不同因素对环境影响的贡献，以便更好地理解和预测环境问题。城市是由多个层次和系统组成的复杂实体，包括政府、社会、经济、技术等。

通过采用"多层次视角"，研究人员可以更好地理解和分析这些层次之间的相互作用和关系，有助于识别不同层次对低碳城市转型的影响。多层次视角允许研究人员研究技术创新如何在不同层次和领域中推动低碳城市转型。多层次视角有助于研究人员理解城市管理者如何协调和整合不同层次的措施和资源，以实现碳减排目标。

"工业共生"强调不同工业企业之间的协同合作，通过资源共享、废弃物互换和协同效应来提高资源利用效率，减少废物产生和碳排放[7]。工业共生研究有助于识别这种协作的机会和障碍，以推动城市工业部门向更低碳和可持续的方向发展。许多城市和政府机构鼓励和支持工业共生作为碳减排和可持续发展的策略。学术研究工业共生有助于为政策制定者提供有关如何制定和实施支持工业共生的政策和规划的建议。工业共生通常需要创新技术和方法，以促进资源共享和循环经济。研究工业共生有助于了解新技术的发展和应用，以改进城市工业部门的环境表现。

"建筑能源效率"通过减少能源浪费和资源消耗，可以实现资源效率的提高，减少城市的环境影响[8]。建筑能源效率领域涉及技术创新和政策发展。学者研究建筑能源效率是为了了解如何引入新技术（如能源效率改进的建筑设计和材料）和政策措施（如能源效率标准和认证计划），以减少建筑能源消耗和碳排放量。建筑能源效率改进不仅有助于降低碳排放量，还可以带来社会和经济效益，包括减少能源成本、提高居住舒适度和创造就业机会。

"碳储量"的研究有助于指导碳减排策略的制定。研究城市中的碳储量是为了全面了解城市中存在的碳储量（碳汇）以及如何减少城市的净碳排放。城市中的自然绿地、森林、湿地和其他生态系统是重要的碳储量。定量分析它们对城市的碳平衡和生态服务的贡献。研究城市的碳储量有助于确定城市的碳负担，即城市承担的碳排放量。碳储量的研究可以影响城市的土地使用规划。了解哪些土地类型具有较高的碳储量可以引导城市规划者在土地使用和城市发展方面做出更环保的决策。

由低碳城市时间线图谱分析可知，聚类0斯特帕特模型、聚类5工业共生、聚类6空气质量、聚类7建筑能源效率、聚类9耦合协调度中关键词随着时间的推进彼此的联系始终密切，这一定程度上说明低碳城市的研究体系结构显著，已经形成具有相当规模且逻辑紧密的研究框架。聚类1与聚类8的近年的关键词关系相对密切，说明低碳城市试点及碳储量是低碳城市领域近年新兴研究热点。聚类2、聚类3、聚类4中的前中期关键词联系相对密切，与最近的关键词联系不密切，说明能源转型、城市热岛、多层次视角是过往传统研究热点。此外,时间线图谱显示新兴热点从过往热点出发,逐渐形成新的热点组团及研究趋势。各聚类的高频关键词集中在研究前期,说明早期的理论及概念对后续研究起到了深刻的影响及引领作用。

国际上对于低碳城市的研究主要集中在城市碳排放的综合构成,低碳导向的城市密闭和城市空间、生活用能和能源消费结构的方面。

城市碳排放的综合构成方面,由生产和消费两个方面组成,生产方面的碳排放构成包括工业、建筑、交通等;消费方面的碳排放构成则包括人类的衣、食、住、行、娱乐等各项活动。从对不同城市要素的碳排放量的研究发现,建筑、交通、工业的碳排放量分别占到了39%、33%、28%[9]。例如,英国80%的化学燃料是由建筑和交通消耗的[10],交通对城市能源及碳排放量起到了决定性作用,并且已经被大量城市的定性研究所证实[11]。

低碳导向的城市密度和城市空间方面,以贾巴林(Jabareen)的7种设计和4种模式为代表的低碳规划理念和模式[12],瑞卡比(Rickaby)的6种中心分部格局[13],肯沃西(Ken-worthy)的10个关键交通—规划功能区界定[14]。

城市空间布局对能源消费、碳排放量的控制主要集中在紧凑型城市的设计上[15],具体体现在混合土地利用、倡导公共交通和减少对小汽车的依赖上[16]。珍妮·克劳福德(Jenny Craw-ford)和威尔·弗伦奇(Will French)探讨了英国空间规划与低碳目标之间的关系,认为实现低碳目标的关键是转变规划管理人员和规划师的观念,在空间规划中重视低碳城市理念和加强低碳技术的运用;另外英国规划系统对新技术的适应度和准备度是实现低碳未来的关键,实现低碳目标的关键是形成将国家层面的自上而下的领导性优势和地方层面强调权利分散的灵活性优势结合起来的规划系统[17]。英国城乡规划协会(TCPA)在出版的《社区能源:城市规划对低碳未来的应对导引》一书中,针对低碳城市规划提出:在进行地方能源方案规划时,应根据不同的社区规模,采用不同的技术来实现节能减排。

生活用能和能源消费结构方面,爱德华·格拉什(Edward L. Glaeser)对美国10个典型大城市中心与郊区单位家庭采暖、空调、交通及生活能耗进行了实证分析,按照CO_2/t排放折合43美元的经济成本核算,从碳排放的经济学角度提出了实现城市低碳发展的政策建议[18]。克里斯·古道尔(Chris Goodall)通过对英国国民家庭生活中电能、石油、天然气等能耗的统计,把国民生活支出及各种物质消耗定量转化为二氧化碳排放,以数据形式展示了英国家庭碳排放的未来情景及低碳生活方式的迫切需要,并针对性地提出了英国国民生活的低碳标准。家庭是城市的主要"使用者",家庭行为、能源消费的空间范围与城市格局密切相关[19]。范迪彭·A(Van Diepen A)和伏格德·H(Voogd H)认为低碳家庭规划主要通过城市基础设施(交通、供暖等)的规划来实现[20]。克拉布特里·L(Crabtree L)提出低碳房屋的发展依赖于低碳建筑技术和设计的出现,节能建筑的推广对减缓全球气候变化起着不可替代的作用,合理的房屋规划与设计措施如增加建筑密度、混合利用土地、利用邻近公交,也能有效地降低二氧化碳排放[21]。

（三）国内外低碳城市政策比较

我国的低碳城市政策从早期的生态城市指标体系的构建、碳排放管控的政策、节能减排政策逐渐过渡到了近期的低碳绿色城市的建设及其评价体系建设的政策。例如，2002年环保部对生态城市建设指标体系的颁布；2009年，中国国民经济和社会发展长期规划中提出要在"2020年单位国内生产总值二氧化碳比2005年下降40%~45%"，以及后续一系列诸如《"十二五"节能减排综合性工作方案的通知》《碳排放权交易管理暂行办法》等低碳政策；以及国家发改委2021年颁布的《2021年新型城镇化和城乡融合发展重点任务》进一步要求加快低碳绿色城市、新型绿色城市等现代化城市建设，深入推进工业、建筑、交通等领域绿色低碳转型。工业、建筑、交通的碳管控也是低碳城市的主要组成部分。例如，在工业方面，2022年7月7日，工业和信息化部联合发展改革委和生态环境部关于印发工业领域碳达峰实施方案的通知，提出在"十四五"期间，产业结构与用能结构优化取得积极进展，能源资源利用效率大幅提升，建成一批绿色工厂和绿色工业园区，研发、示范、推广一批减排效果显著的低碳零碳负碳技术工艺装备产品，筑牢工业领域碳达峰基础。在建筑方面，住建部2022年3月发布《"十四五"建筑节能与绿色建筑发展规划》提出到2025年，完成既有建筑节能改造面积3.5亿平方米以上，建设超低能耗、近零能耗建筑0.5亿平方米以上，装配式建筑占当年城镇新建建筑的比例达到30%，全国新增建筑太阳能光伏装机容量0.5亿千瓦以上，地热能建筑应用面积1亿平方米以上，城镇建筑可再生能源替代率达到8%，建筑能耗中电力消费比例超过55%。城镇新建建筑全面建成绿色建筑，建筑能源利用效率稳步提升，建筑用能结构逐步优化，建筑能耗和碳排放量增长趋势得到有效控制，基本形成绿色、低碳、循环的建设发展方式。在交通方面，2021年10月29日，交通运输部印发《绿色交通"十四五"发展规划》（以下简称《规划》）。《规划》提出，到2025年，交通运输领域绿色低碳生产方式初步形成，基本实现基础设施环境友好、运输装备清洁低碳、运输组织集约高效，重点领域取得突破性进展，绿色发展水平总体适应交通强国建设阶段性要求。2023年1月19日，国务院新闻办公室发布《新时代的中国绿色发展》白皮书，白皮书中提到了构建绿色交通运输体系、推进资源节约集约利用等方面的措施和成果。

国外低碳城市政策发布的国家主要以欧美发达国家和日本为主。颁布的政策特别注重从法治、规则的角度将低碳城市建设目标、过程等进行详细的规范，并且借助制度规则形成对各方行动者的约束和激励机制，调节各方行动者在低碳城市建设过程中的权利义务关系。从国际范围来看，低碳城市建设相关的政策多集中在能源保障和能源安全、应对气候变化、发展循环经济等相关领域中，大致分为两类：一是，以美国为代表的，侧重将低碳城市建设纳入应对能源危机相关的对策；二是，以英国、日本等国家为代表的，侧重将低碳城市建设纳入应对气候变化相关的政策。

美国政府为应对潜在的能源危机以及保持在低碳技术领域的世界领先地位，自1997年至近期颁布了碳封存研究计划、碳封存研发计划路线图、2006年总统《国情咨文》"先进能源计划"；2009年加州颁布的"低碳燃料标准"；"总量控制和碳排放交易"计划等[22]。

2003年英国政府发表了《能源白皮书》，在"我们未来的能源：创建低碳经济（Our Energy Future：Creating a Low Carbon Economy）"中，首次提出了"低碳经济"（Low Carbon Economy）概念，并引起了国际社会的广泛关注。同年，伦敦市政府发布了《给清洁能源的绿灯：市长的能源战略》，拟定了降低能源消耗和碳排放的2050目标，并促成了推动这些目标实现的相关合作伙伴关系的建立。2007年，伦敦市政府颁布《行动今日，保护明天：气候变化行动方案》，设定了城市减碳目标和具体实施计划，主要包括现有房屋贮备、能源运输与废物处理和交通等部分。2010年，伦敦市政府发布应对气候变化的新战略——《气候变化减缓和能源战略》。

日本是《京都议定书》的诞生地，低碳发展战略启动较早。日本特别强调气候变化政策与产业政策、环境政策的协同，注重精细化的管理和分阶段渐进式政策推进的协同，注重中央和地方权责的划分与协同。2004年，日本环境省启动了"面向2050年的日本低碳社会情景"研究项目，提出了面向未来的日本碳减排削减目标和低碳社会的愿景，谋划须采取的减排措施，从技术可能性和经济影响层面提出了低碳社会建设路线图以及时间表。2007年，日本开始推行碳税。2008年，日本环境省颁布了《面向低碳社会的12大行动》，提出在工业、交通、建筑、能源结构等领域应采取具体的技术和制度措施，实现减排目标。2012年，日本正式实施全球变暖对策税和购电法政策[23]。

（四）国内外低碳城市实践比较

我国低碳城市的实践分三个阶段，第一阶段以指定的省份、试点城市为基础，调动地方城市积极性，开展编制低碳发展规划，制定配套政策，建立低碳产业体系，加强温室气体排放数据管理，倡导低碳绿色生活，积累低碳城市实践的经验。第二阶段以申报加遴选的形式，确定了1省29市作为试点低碳城市，在第一批实践工作任务基础上，强调二氧化碳排放控制目标责任制，发挥城市间比较优势，促进地区间良性互动，探寻减排路径，实现绿色低碳发展。第三阶段同样以申报加遴选的方式，确定了45个城市作为试点低碳城市，在前两批工作任务的基础上，建立了二氧化碳排放目标考核制度，设定二氧化碳排放峰值，探索和总结低碳发展经验。三批试点城市中，具有代表性的城市有北京、上海、镇江。

相较于国内以试点城市为基础，调动地方城市积极性，开展编制低碳发展规划，制定配套政策，建立低碳产业体系，加强温室气体排放数据管理，倡导低碳绿色生活，分批发展低碳城市的模式。国外低碳城市的实践受各国国情、经济、政策、科技实力的限制，发展方向及模式有所差异化。

2003年，英国政府提出低碳发展的重点是促进经济社会发展的同时减少化石能源消耗以及相应的二氧化碳排放；低碳发展的目标是提升生活质量；在推进低碳发展的过程，可以通过技术进步与输出，创造更多的商机和更多的就业机会。同时，英国政府为低碳发展确定了有法律约束力的减排目标，以1990年为基准，2020年碳排放量减少34%，2050年碳排放量减少80%。为此，英国采取了一系列行动计划。一是在城市里发展一系列预期取得明显经济效益的碳减排项目，如区域范围的垃圾处理战略及低碳意识的提升，政府集中项目采购等。二是开发关于低碳实践的交流和宣传策略。三是低碳住房规划，包括进行社会住房的翻修工程，通过规划和商业能源服务影响新开发项目等。四是低碳交通体系建设。英国政府通过设定一系列宏观战略，制定全面框架，鼓励低碳交通技术的创新和研发，强调优化交通运输的发展方式、提高交通运输的能源效率和改善交通运输的用能结构，并且设置具体能效及碳排放标准，包括车辆碳排放标准、船舶能源效率设计指数等。五是金融领域尝试改革创新，设立了碳信托基金会为低碳发展提供支持。

美国是全球温室气体排放第二大国。美国世界资源研究所的统计数据显示，1850—2005年的155年发展历史中，世界人均历史碳排放累积173吨，美国人均历史碳排放累积1105.4吨。美国在发展低碳技术、增强低碳竞争能力方面从未中断过努力。美国积极推进绿色能源产业发展，重视低碳政策和节能减排。2008年，全球金融危机以后，美国把发展低碳经济、开发新能源作为应对危机、重振美国经济的战略取向。在新能源发展方面，美国是全球吸引风险资本和私人投资最多的国家。为促进新能源产业发展，美国十分重视发挥立法和法案的作用，通过联邦能源立法、联邦环境政策、州立法和农业立法等形式，逐步确立了新能源相关产业的发展战略、发展目标、财政扶持力度、技术研发计划、市场融资工具等。美国重视新能源产业发展政策立法，其根本目的是获得新能源技术和产业的制高点，继续保持美国在全球经济中的领先地位。正是由于在立法内容以及政策制定上非常翔实，从而使得美国新能源产业发展政策工具在实施上具有很强的操作性、务实性和有效性。例如，仅从补贴看，就分为直接补贴、税收补贴、研发补贴、特殊优惠和贷款担保等多种形式[24]。这些都充分表明美国在制定能源政策时兼顾了产业特点和市场机制作用的发挥。

日本作为一个经济大国、资源小国，其能源极度匮乏，能源供应高度依赖进口，进口率高达95%。同时，作为一个岛国，日本受全球气候变化影响远大于其他国家。全球气候变暖将可能给日本的国土、农业、渔业、环境和国民健康带来深刻影响。在此背景下，长期以来，日本东京十分重视低碳发展的实践，秉持节能和资源综合利用优先战略，实施了5步实践措施。

（1）"碳总量控制与排放交易体系"（cap-and-trade）

东京是全球第一个建立与推行城市碳总量控制与排放交易体系的地区。其主要做法是，对地区范围内的大排放级别的工商业机构（办公建筑和工厂）碳排放量情况进行调查，并有针对性地提出具体的强制减排目标，同时进一步细化到相应的实施阶段，通过引入市场机制，设定排放权贸易。该交易体系共涉及1400个场所（1100个商业设施和300个工厂），以二氧化碳间接排放（电力和供暖）为控制和交易对象，具体包括强制大型企业机构减少碳排放量，设定排放权贸易；要求中小型企业报告应对全球变暖的措施；增强一系列城市环境规划；等等。

（2）低碳国际合作与共享政策

东京都政府的低碳创新政策吸引了广泛的国际兴趣。东京不断收到伦敦、巴黎、悉尼、首尔市政府及欧盟、世界银行、研究机构参加国际会议的邀请。东京气候变化战略的全球推广有助于推进全球气候变化的应对措施，提升东京的全球影响力及东京的国际形象。

（3）"绿色建筑"项目

东京都政府出台"绿色建筑计划"，要求区内大型新建筑进行强制性环境绩效评估并在网上进行公布的制度。基于该计划，东京推动"绿色标识"管理，通过"绿色标识"评估公寓环境效能。此外，政府采用"楼面开发利用奖金"政策，针对大型楼宇，从能源效率与环境措施角度，使用高额奖金，寻找与表彰楼面开发使用的"顶级选手"（强调更有效的建筑与技术）。这种市场竞争机制引导下的减排效果有效地推进了楼宇能源的高效使用，同时创建出更多绿色空间。

（4）低碳商业合作

低碳发展政策在实施过程中，不断刺激出对高节能产品和可再生能源的需求。东京都政府召集设备制造商、建筑商、能源合同商、金融机构共同推进在扩展太阳能使用方面的合作，并发布安装太阳能补贴的新方案。通过与公司及各商业实体的合作，结合各市区的不同补贴政策，东京在太阳能发电装置安装方面与日本全国相比，已经增长了4倍。同时，东京政府确立了太阳能加热设备、保温性能认证方案、绿色加热认证体系等。

（5）低碳政府合作项目

在促进各项举措实行的过程中，东京都政府的政策措施框架也逐步强化。一是东京大都市圈内各市区共同合作计划。为有效推进气候变化战略，设立了新东京都政府市政资助计划，促进东京与东京都市圈内所有地区进行广泛合作，并引领市、区地方性举措的创新。该计划包括各种项目建议书，覆盖区或市建立领先工程项目。二是成立东京都中心。东京设立了应对气候变化行动的专门机构——东京都中心，以作为支持市民、中小型企业应对气候变化战略的基础。

三、低碳城市的发展趋势

低碳城市理论的发展经历了从概念提出、内涵界定、评价指标到实践探索等阶段，目前仍在不断完善和创新中。低碳城市理论的核心问题是如何构建低碳城市发展模式，即如何在保障城市功能和民生福祉的前提下，优化城市产业结构、空间结构、交通结构和能源结构，实现城市碳排放与经济增长的脱钩。

低碳城市理论的发展可以考虑以下几个方面：

一是从单一视角向多维视角转变，即从单纯关注碳排放量向关注碳排放强度、碳消纳能力、碳中和目标等多个方面拓展。

二是从静态评价向动态评价转变，即从单纯考察某一时点的碳排放水平向考察不同时间段的碳排放变化趋势和影响因素转变。

三是从定量分析向定性分析转变，即从单纯依赖数据和模型向综合考虑政策、制度、文化等软性因素转变。

四是从理论研究向实践应用转变，即从单纯探讨理论框架和评价方法向提供具体的规划建议和政策建议转变。

低碳城市的整体发展也离不开国际间的合作，政策和技术创新，以及公众的参与，包括：

一是加强国际交流与合作，借鉴国外先进的低碳城市理念和实践经验，形成符合中国国情的低碳城市发展路径。

二是加强区域差异性分析，根据不同地区的自然条件、经济水平、社会文化等因素，制定差异化的低碳城市目标和策略。

三是加强科技创新与支撑，推动清洁能源、节能技术、智慧城市等领域的技术突破和应用推广，提高低碳城市建设的技术水平和效率。

四是加强公众参与教育，提高公众对低碳城市建设的认知度和参与度，培养低碳生活方式和消费习惯。

参考文献

[1] 戴亦欣. 低碳城市发展的概念沿革与测度初探[J]. 现代城市研究，2009（11）：6-12.

[2] 辛章平，张银太. 低碳经济与低碳城市[J]. 城市发展研究，2008（4）：98-102.

[3] 刘志林，戴亦欣，董长贵，等. 低碳城市理念与国际经验[J]. 城市发展研究，2009，16（6）：1-7，12.

[4] 习近平. 继往开来，开启全球应对气候变化新征程[N]. 人民日报，2020-12-13（2）.

[5] 肖国芳，李建强. 基于SSCI的技术转移研究热点与知识图谱分析[J]. 图书馆杂志，2014，33（5）：78-83.

[6] 陈悦，陈超美，刘则渊，等. CiteSpace知识图谱的方法论功能[J]. 科学学研究，2015，33（2）：242-253.

[7] Marian R C, Weslynne S A, Juan C. Espinosa. Industrial Symbiosis in Puerto Rico：Environmentally Related Agglomeration Economies[J]. Regional Studies，2018，42（10）：1299-1312.

[8] Nan L, Bai-zhan L, Wei Y, et al. Research on design of energy efficiency building[J]. Journal of Central South

University of Technology, 2007（14）: 161–166.

［9］ Brookings. Bluepmat for American Prosperity［R］. 2008.

［10］ 普雷斯科特. 低碳经济遏制全球变暖——英国在行动［J］. 环境保护, 2007（11）: 74–75.

［11］ Jonthean N. Company High and Low Residential Density: Life Cycle Analysis of Energy Use and Green House Emission［J］. Journey of Urban Planning and Development, 2006（3）: 10–19.

［12］ Jabareen Y R. Sustainable urban forms: Their typologies, models, and concepts［J］. Journal of Planning Education and Research, 2006, 26（1）: 38–52.

［13］ Rickaby P A. Six settlement patterns compared［J］. Environment and Planning B: Planning and Design, 1987, 14（2）: 193–223.

［14］ Kenworthy J R. The eco-city: Ten key transport and planning dimensions for sustainable city development［J］. Environment and Urbanization, 2006, 18（1）: 67–85.

［15］ Die leman F M, Dust M J, Spit T. Planning the compact city: The Ramstad Holland experience［J］. European Planning Studies, 1999, 7（5）: 605–621.

［16］ Chicago Metropolises 2020. The metropolises plan: choice for the Chicago region［TECHNICAL R］. http://www.metropolisplan.org/10_3.htm.

［17］ Jenny C, Will F. A Low-carbon Future: Spatial Planning's Role in Enhancing Technological Innovation in the Built Environment［J］. Energy Policy, 2008（12）: 4575–4579.

［18］ Edward L G, Matthew K. The Greenness of City［J］. Rapp port Institute Taubman Center Policy Briefs. 2008（3）: 1–11.

［19］ Van Diepen A, Voogd H. Sustainability and planning: Does urban form matter?［J］. International Journal of Sustainable Development, 2001, 4（1）: 59–74.

［20］ Van Diepen A. Households and their spatial-energetic practices: Searching for sustainable urban forms［J］. Journal of Housing and the Built Environment, 2001, 16（3-4）: 349–351.

［21］ Crabtree L, Sustainable housing development in urban Australia: Exploring obstacles to and opportunities for eco-city efforts［J］. Australian Geographer, 2005, 36（3）: 333–350.

［22］ 宋德勇, 卢忠宝. 我国发展低碳经济的政策工具创新［J］. 华中科技大学学报（社会科学版）, 2009（3）: 85–91.

［23］ 吴向鹏. 国际低碳城市发展实践及启示［J］. 开发研究, 2019（5）: 44–52.

［24］ 张宪昌. 中国新能源产业发展政策研究［D］. 北京: 中共中央党校, 2014.

［25］ 周冯琦, 陈宁, 程进. 上海低碳城市建设的内涵、目标及路径研究［J］. 社会科学, 2016（6）: 41–53.

［26］ Fullerton D, Kinnaman T C. Garbage, Recycling and illicit burning or dumping［J］. Journal of Environmental Economics and Management, 1996, 29（1）: 78–91.

［27］ 李伟, 李航星. 英国碳预算: 目标、模式及其影响［J］. 现代国际关系, 2009（8）: 18–23.

［28］ 王玉芳. 低碳城市评价体系研究［D］. 保定: 河北大学, 2010.

［29］ 仇保兴. 创建低碳社会提升国家竞争力——英国减排温室气体的经验与启示［J］. 城市发展研究, 2008（2）: 127–134.

［30］ 付允, 马永欢, 刘怡君, 等. 低碳经济的发展模式研究［J］. 中国人口·资源与环境, 2008, 18（3）: 14–19.

［31］ 庄贵阳. 气候变化挑战与中国经济低碳发展［J］. 国际经济评. 2007（5）: 50–52.

［32］ 吴晓青. 关于中国发展低碳经济的若干建议［J］. 环境保护, 2008（5）: 22–23.

［33］ 夏堃堡. 发展低碳经济, 实现城市可持续发展［J］. 环境保护, 2008（3）: 33–35.

［34］ 吴晓江. 转向低碳经济的生活方式［J］. 社会观察, 2008（6）: 19–22.

［35］ 付允, 汪云林, 李丁. 低碳城市的发展路径研究［J］. 科学对社会的影响, 2008（2）: 5–10.

［36］庄贵阳．低碳经济引领世界经济发展方向［J］．世界环境，2008（2）：34-36．

［37］侯依玲，谈建国，刘校辰，等．低碳城市发展评价指标体系的研究进展［C］// 第29届中国气象学会年会论文集，2012：1-10．

［38］郑云明．低碳城市评价指标体系研究综述［J］．商业经济，2012（4）：28-30，39．

［39］朱婧，刘学敏，姚娜．低碳城市评价指标体系研究进展［J］．经济研究参考，2013（14）：18-28，37．

［40］刘钦普．国内构建低碳城市评价指标体系的思考［J］．中国人口·资源与环境，2013，23（S2）：280-283．

［41］庄贵阳，潘家华，朱守先．低碳经济的内涵及综合评价指标体系构建［J］．经济学动态，2011（1）：132-136．

［42］辛玲．低碳城市评价指标体系的构建［J］．统计与决策，2011（7）：78-80．

［43］王云，陈美玲，陈志端．低碳生态城市控制性详细规划的指标体系构建与分析［J］．城市发展研究，2014，21（1）：46-53．

［44］叶祖达．绿色生态城区控制性详细规划决策工具碳排放评估模型［J］．城市发展研究，2016，23（3）：76-86．

［45］吴健生，许娜，张曦文．中国低碳城市评价与空间格局分析［J］．地理科学进展，2016，35（2）：204-213．

［46］WANG Y, DING Q, ZHUANG D F. An eco-city evaluation method based on spatial analysis technology: A case study of Jiangsu Province, China［J］. Ecological indicators, 2015（58）: 37-46.

［47］金石．WWF启动中国低碳城市发展项目［J］．环境保护，2008（3）：22．

［48］Diakoulaki D, Mandaraka M. Decomposition analysis for assessing the progress in decoupling industrial growth from CO_2 emissions in the EU manufacturing sector［J］. Energy Economics, 2007, 29（4）: 636-664.

［49］Dimoudi A, Tompa C. Energy and environmental indicators related to construction of office buildings［J］. Resources, Conservation and Recycling, 2008, 53（1/2）: 86-95.

［50］Yang C, Mccollum D, McCarthy R, et al. Meeting an 80% reduction in greenhouse gas emissions from transportation by 2050: A case study in California［J］. Transportation Research Part D: Transport and Environment, 2009, 14（3）: 147-156.

本节撰稿人：李沁伟　林斌辉　周　强　王　云

健康城市

一、健康城市的发展现状

（一）健康城市概念

健康城市是世界卫生组织（WHO）倡导健康场所运动中最著名和最大的场所健康促进方法[1]。"健康城市"一词最早出现于1984年加拿大举办的"2000年健康多伦多"国际会议中的一篇讲演中。1994年，世界卫生组织将健康城市定义为"健康城市应该是一个不断开发、发展自然和社会环境，并不断扩大社会资源，使人们在享受生命和充分发挥潜能方面能够互相支持的城市"[2]。傅华等给健康城市下了一个通俗易懂的定义，所谓健康城市，是指从城市规划、建设到管理各个方面都以人的健康为中心，保障广大市民健康生活和工作，成为"人类社会发展所必需的健康人群、健康环境和健康社会有机结合的发展整体"[1]。汉考克（Hancock）教授2019年在新西兰召开的IUHPE第23届世界健康促进大会提出的"健康城市2.0—朝着一个星球的城市"的内容，指出：从系统论的角度，在全球化时代，地球上每一个人的健康都与其他人的健康息息相关。城市化也是一个全球化的问题，化解城市化的潜在风险需要全世界尤其是生活在城市里的居民的共同努力[3]。健康城市本身是一个动态的概念，是一个充分积淀时间进程的方案，健康城市的内涵也将不断丰富和扩展[1]。随着人们对健康决定因素理解的逐步深化，现代健康城市理念日渐成熟，即健康城市不仅包含自然环境健康、居民健康，社会环境健康也应包括在内[4]。

在我国，健康城市是"健康中国"战略实施的重要抓手。党的十八届五中全会上习近平总书记强调推进"健康中国"建设；《健康中国2030规划纲要》明确提出要把健康城市建设作为推进健康中国发展的重要抓手。各国也通过在城市规划中融入健康概念，致力于构建更具人文关怀和生态可持续性的城市，以提升居民的生活质量和幸福感。

进入21世纪，随着工业化和城镇化的快速推进，人类社会面临着人口老龄化以及疾病谱、生态环境、生活方式变化等带来的新挑战，诸多国家从提升全民健康福祉的角度出发，在国家战略层面提出了健康城市的建设目标和实施策略，认为健康不仅仅是一种发展状态，更是一种重要的治理能力，进而将城市健康问题纳入政府的社会、经济和政治议程中，健康城市建设重点则包括全面促进健康公平、创造支持性环境、健康影响评估等。例如，美国健康公民 2020 战略、欧盟健康欧洲战略、健康日本 21 世纪计划以及健康中国 2030 战略[5]。

（二）健康城市文献发表特征

1. 中国知网健康城市文献发表总体分析

为分析健康城市的研究历程，对集中了中文研究成果的中国知网（CNKI）中健康城市文献发表情况进行了分析，检索时间为 2023 年 8 月 25 日。以"健康城市"为主题搜索得到文献 2446 篇，其中学术期刊 1472 篇，学位论文 403 篇，会议论文 160 篇，报纸文章 291 篇，成果发表 10 篇。文献的主要主题包括健康城市、城市理念、健康社区、健康促进、建成环境、策略研究、全球健康、城市规划、健康导向、公共健康、健康城市评价、国家卫生城市、健康中国等。

基于知网发表的文献数据分析，健康城市的研究最早见于 1988 年（《印度治理污染严重的恒河》），1991 年 2 篇（《健康城市——世界卫生组织的一个新项目》《WHO 健康城市计划简介》）。文献早期发表年均不到 10 篇，自 2003 年起由 39 篇到 2020 年 278 篇，呈现逐年增长的总体趋势，2021 年、2022 年年均发表文章超过 210 篇，2023 年截至 8 月 25 日已发表 110 篇。文献研究内容涉及的学科包括：建筑科学与工程、医药卫生方针政策、宏观经济管理与可持续发展、环境科学与资源利用、预防医学与卫生学等（见图 2-13）。

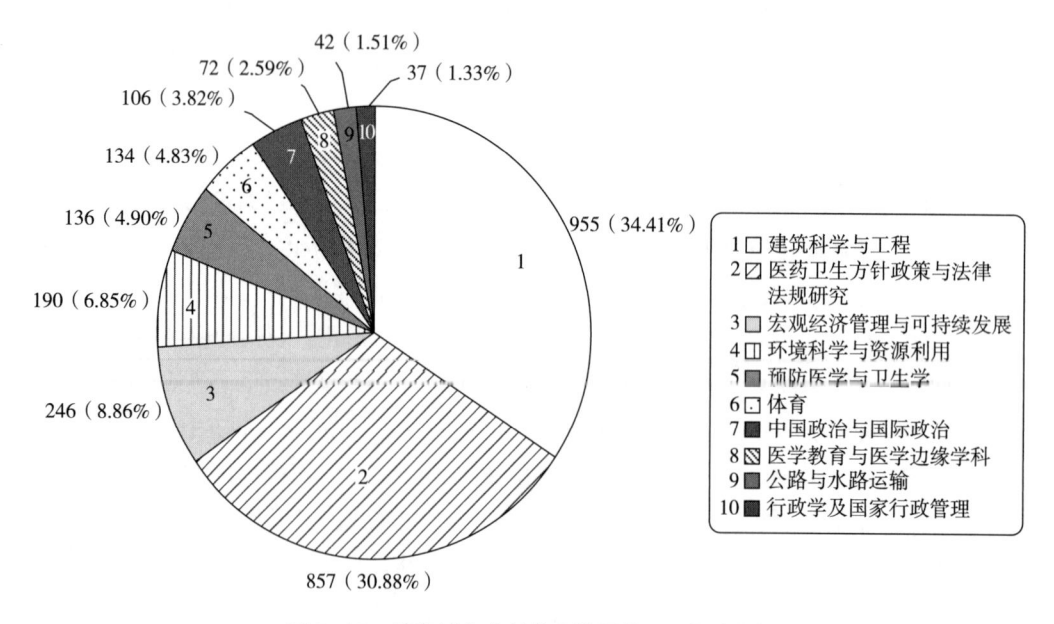

图 2-13 健康城市文献发表数量前 10 学科分布

研究层次分布情况：工程研究最多，其次是工程与项目管理、技术研究、应用研究、政策研究。部分文献发表来源于基金项目，如国家自然科学基金项目172篇、国家社会科学基金32篇、国家重点研发计划29篇等。显然，健康城市研究得到高度重视（见图2-14、图2-15）。

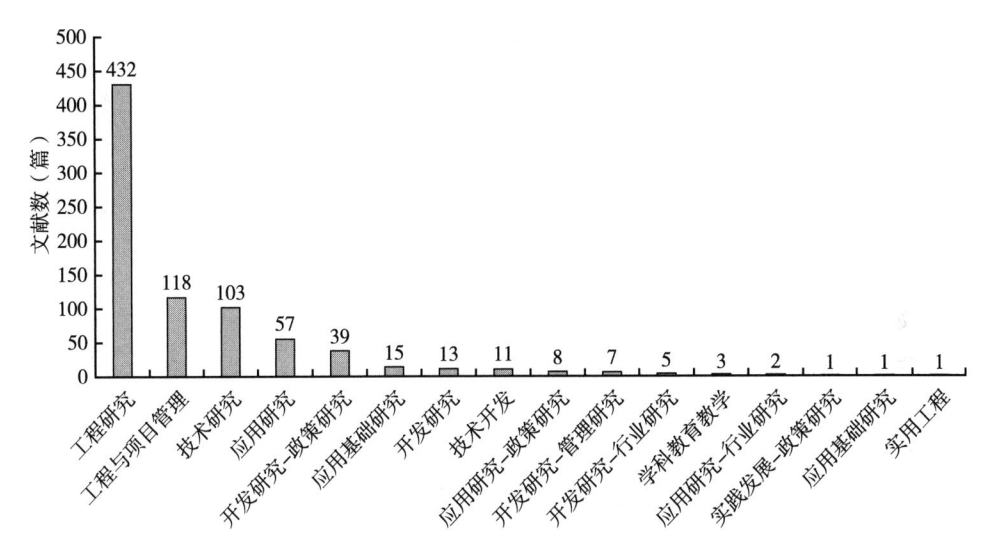

图2-14　研究层次分布（截至2023年8月25日）

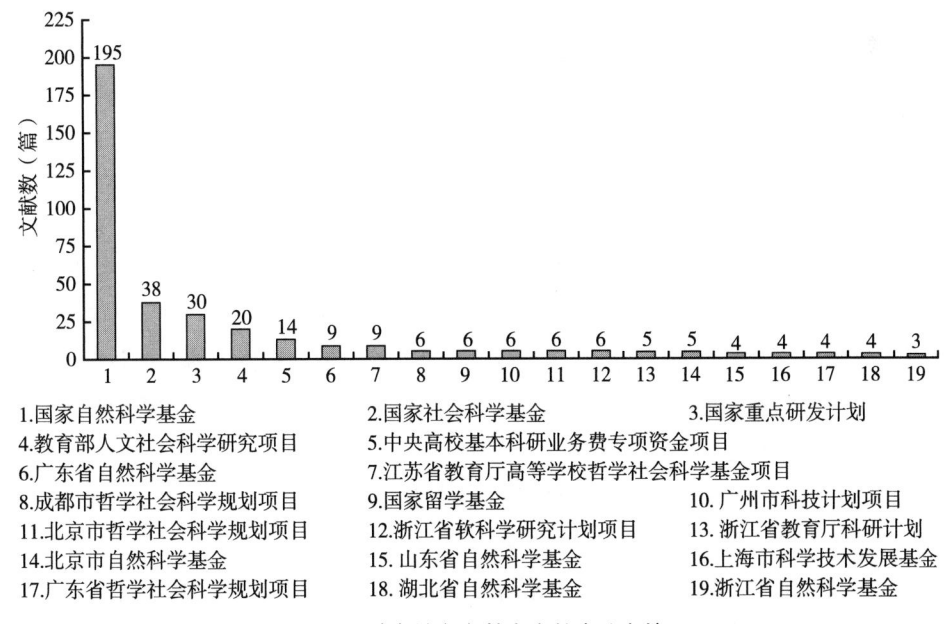

1.国家自然科学基金　　　　　　　2.国家社会科学基金　　　　　　　3.国家重点研发计划
4.教育部人文社会科学研究项目　　5.中央高校基本科研业务费专项资金项目
6.广东省自然科学基金　　　　　　7.江苏省教育厅高等学校哲学社会科学基金项目
8.成都市哲学社会科学规划项目　　9.国家留学基金　　　　　　　　　10.广州市科技计划项目
11.北京市哲学社会科学规划项目　 12.浙江省软科学研究计划项目　　 13.浙江省教育厅科研计划
14.北京市自然科学基金　　　　　　15.山东省自然科学基金　　　　　　16.上海市科学技术发展基金
17.广东省哲学社会科学规划项目　 18.湖北省自然科学基金　　　　　　19.浙江省自然科学基金

图2-15　健康城市文献发表基金分布情况

2. 国内外健康城市文献发表特征分析

健康城市研究国外开始较早，我国学者开始关注较晚，国内外发文数量增幅节点相似。

张梦圆等对国内外学者健康城市的研究进行了分析（见图2-16），认为健康城市的发文量经历了三个增长阶段。首先是2003年"非典"疫情暴发后，国内外学者开始关注现代健康城市建设，我国卫健委提出建设健康城市的目标，导致研究发文量缓慢增长。其次是2009年由于甲型H1N1流感和气候变暖等原因，引发了慢性疾病增多，国内外对健康城市的研究热度波动增长。最后是2019年新冠疫情暴发，国内外发文量急剧攀升，国内还成立了健康中国行动委员会，强调预防和干预健康影响因素等行动[6]。

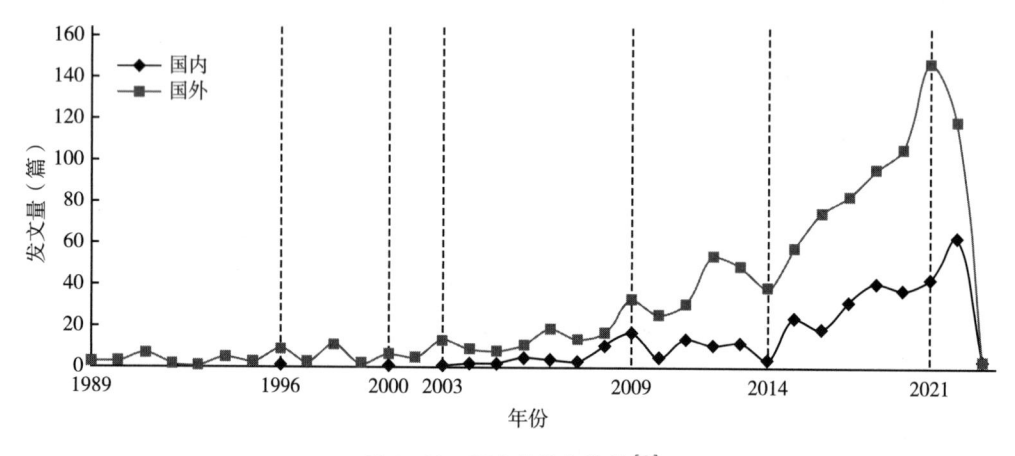

图2-16 国内外发文趋势[6]

（三）我国健康城市建设历程

1. 健康城市理念和实践演进历程

孙会等[4]将健康城市发展演变大致分为三个阶段（见图2-17）：

第一阶段，1970年以前，以公共卫生领域为中心的早期狭义健康理念发展阶段。这一时期的健康城市建设仅局限在公共卫生领域，其主要内容包括优化城市公共卫生、改善人群健康服务等。测度指标设置主要集中在促进卫生条件改善、预防疾病传染和提升居民心理健康水平等方面[4]。

第二阶段，1970—2000年，对于健康城市的研究开始进入了以健康决定因素理论为导向的大健康理念阶段。

第三阶段，2000年以后，以国家战略为导向的广义健康理念发展阶段。进入21世纪，随着工业化、城镇化的进一步推进，面对人类社会对健康的追求不断强化、疾病谱改变和新公共卫生的发展以及生态环境、生活方式等改变所带来的一系列新挑战，许多国家

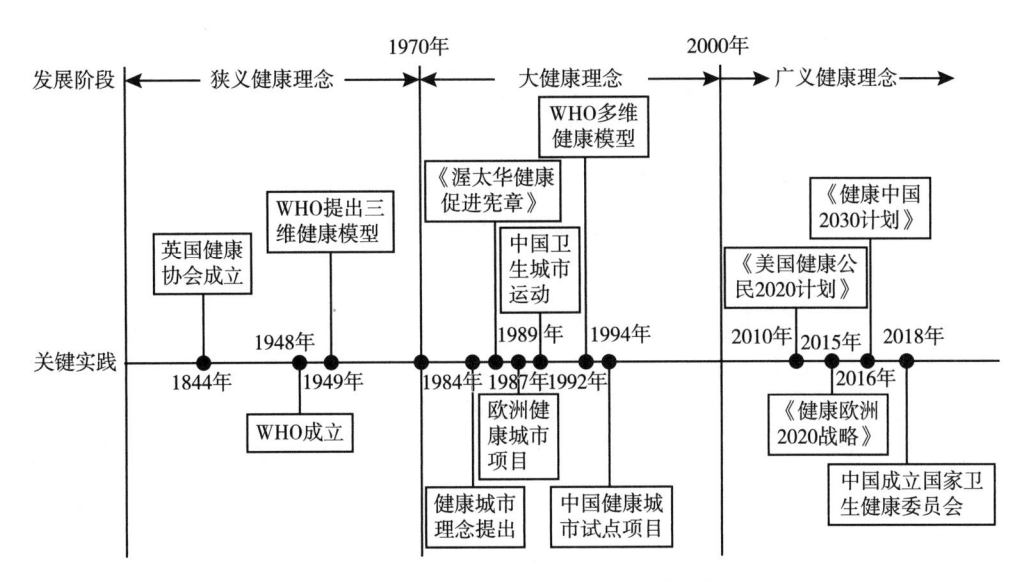

图 2-17 健康城市理念及实践演进示意

为提高全民健康福祉，从国家战略层面上提出推进健康城市建设项目，指出健康不仅凸显为一种发展状态，更强调是一种重要的治理能力，应把城市健康问题包含进政府社会、经济和政治议程中。伴随着理念的变化，诸多专家学者从国家战略导向角度对健康城市进行了研究[4]。

2. 我国健康城市建设历程

我国的健康城市建设发展到今天，已由世界卫生组织的试点，国内少数城市的探索，国家领导下的试点，快速进入了健康中国旗帜下的普遍推进[3]。尤其是在"健康中国行动"的推动下，"健康城市"的地方健康治理路径主要包括"大健康""全政府"和"全社会"三大路径，通过政府、社会、家庭和个人协同推进，提高城市居民的健康和福祉。在中国，"大健康""全政府"和"全社会"三大路径体现在"健康中国行动"的指导原则和配套机制中。

为了应对城市发展的主要问题，我国优先从治理环境卫生、提升群众文明卫生素质等方面着手，20世纪50年代开始即大力开展爱国卫生运动，特别是1989年启动了卫生城市创建工作。在此基础上，借鉴世界卫生组织经验，于1994年起开始了健康城市建设的探索，2007年在部分地区开展了项目试点工作[2]。

2016年，习近平总书记在全国卫生与健康大会上指出，"要深入开展健康城市和健康村镇建设，形成健康社区、健康村镇、健康单位、健康学校、健康家庭等建设广泛开展的良好局面"。《"健康中国2030"规划纲要》提出，"加强健康城市、健康村镇建设监测与评价。到2030年，建成一批健康城市、健康村镇建设的示范市和示范村镇"。同年，经国务院批准，全国爱卫会印发《关于开展健康城市健康村镇建设的指导意见》，在全国启动健康城市健康村镇建设，并于11月在全国选择38个城市作为健康城市试点市，积极探索健康城市建设的有效工作模式，其他城市结合实际开展相关建设工作，同时要求各省（区、市）研究确定若干省级健康城市试点，各个城市开展市级健康村镇试点建设。2016年11月，全国爱卫办还分别在上海和江西南昌成功举办了国际健康城市市长论坛和中美健康城市论坛，发布了《健康城市上海共识》和《中美健康城市南昌宣言》，向世界展示了我国健康城市建设的经验与做法[2]。

丁胜国等[6]，将我国健康城市建设划分为三个阶段：一是初步探索阶段；二是快速推进阶段；三是全面深化阶段。

（1）初步探索阶段（20世纪80年代末至党的十六大召开之前）

1989年开始全国范围内展开卫生城市创建活动，为后续健康城市建设奠定基础。1994年，原卫生部与世界卫生组织合作，在北京市东城区、上海市嘉定区进行健康城市建设试点。1997年健康城市项目改由原卫生部全国爱卫办协调建设。海口、大连、苏州、日照、保定等城市陆续开展了健康城市建设活动。

这一阶段的目标重点在于提升城市的卫生水平，偏重公共卫生。建设策略包括城市生态绿带工程、城市"环境—交通"综合建设工程等。

（2）快速推进阶段（党的十六大到党的十八大召开前）

进入21世纪后，尤其是"非典"事件以后，健康城市建设进入快速推进阶段。2002年，党的十六大将健康视为全面建成小康社会的重要组成部分。2007年，全国爱卫办确定北京市东城区、杭州市等10个城市为健康城市建设试点。上海市成为这一阶段的典型城市，将重点转向综合改善影响人群健康的各种因素和培育市民健康生活方式。建设机制逐渐形成了卫生健康部门主导、多部门共同参与，并鼓励非政府组织和市民的共同建设。

（3）全面发展阶段（党的十八大至今）

2012年，党的十八大确立了全面建成小康社会的目标，并提出全面深化改革的战略部署。同年，《健康中国2020》研究报告发布，提出"健康强国"目标，将健康理念渗透到经济社会各个方面。2015年，党的十八届五中全会将"健康中国"上升为国家战略，要求各地积极开展健康城市建设。2016年，上海召开的第九届全球健康促进大会将健康视为可持续发展的核心。2018年我国成立新的国家卫生健康委员会，进一步推动卫生与健康事业的发展。这一阶段健康城市建设逐渐得到各方支持，形成了卫生健康部门主导、多部门参与，并鼓励非政府组织和市民共同参与的格局[7]。

总之，健康城市可以说是卫生城市的升级版，通过完善城市的规划、建设和管理，改进自然环境、社会环境和健康服务，全面普及健康生活方式，满足居民健康需求，实现城市建设与人的健康协调发展。通俗地讲，就是卫生城市偏重硬件，健康城市是软硬兼重。在新时代，健康城市建设就是落实健康中国行动的重要平台，是推进健康中国建设的重要抓手，是实现社会健康综合治理现代化的重要途径[2]。

（四）健康城市取得的成就

1. 研究成果

（1）城市群视角下的健康城市发展研究

国内关于广义的健康城市群发展研究丰富。近年来，一些学者开始探讨跨省域低碳城市群健康发展策略，系统建构城市群"互联网+医疗健康"协同发展机制等。同时，《健康上海行动（2019—2030年）》《健康北京行动（2020—2030年）》纷纷提出长三角健康一体化和京津冀健康协同发展，可为进一步推动城市群视角下的健康城市研究提供契机[8]。

（2）城市规划对慢性非传染病的主动干预研究进展[9]

目前国内相关研究也涵盖了理论建构、基础实证和健康影响评估等方面，但研究起步较晚，存在文献数量少、涉及的慢性非传染疾病类型较少，相关实践运用仍处在探索阶段等特点。理论研究方面，学者在明确规划干预要素以及健康影响路径的基础上建构理论模型，进而对包括慢性非传染病在内的居民健康促进提供理论支持。实证分析方面，既有文献已反映出跨学科交叉、关心特定群体的特点，但关注的环境变量较为单一，并且分析针对慢性非传染性疾病类型较少。近几年，越来越多的学者开始开展国内实证研究，主要关注呼吸健康、肥胖和脑卒中等慢性疾病，其中也有针对老年或青少年等群体的肥胖（或超重）研究。健康影响评估方面，目前，国内城乡规划领域相关研究以国外相关概念引介和案例评析为主，但也有少数学者开始探索健康影响评估工具与我国规划实践的结合路径，并开展了初步实践应用[8, 10, 11]。

（3）健康空间视角下的健康城市研究进展

关于健康空间视角下的健康城市研究主要集中在影响人群健康的空间因素上，包括空气污染、绿地与开放空间、街道设置与城市交通、健康医疗设施、健康的营养、住宅、治安与犯罪等方面。

（4）感知环境对健康的影响发展研究

目前已有较多研究分别关注城市建成环境对居民健康的影响，包括城市客观地理环境和城市服务环境。城市客观地理环境主要包括城市内的土地、植被、水系、光照和小气候等，而城市服务环境主要包括城市为居民提供的基础服务设施和公共服务水平等，例如，基础设施分布和医疗康养水平等。

国内学者关于环境与居民感知的研究关注的重点往往在于居民感知到环境之后的表征，如满意度、幸福感等居民心理因素，用这些指标来探究其对居民感知之后的行为的作用机制。

（5）健康社区发展研究

理论研究方面，我国健康社区相关研究发文量最多的类别是医药卫生科技，主要集中在医药卫生方针政策与法律、临床医学、预防医学与卫生学等学科。2019年以来，尤其是新冠肺炎疫情暴发之后，国内建筑科学与工程学科对健康社区的研究与实践呈现快速增长趋势。

实践活动方面，现阶段我国健康社区建设的实践主要结合爱国卫生运动，重点集中在公共卫生领域内的组织推动、活动开展等内容。同时我国先后出台了《上海市健康社区指导指标》《北京市健康社区指导标准细则》《健康社区评价标准》等健康社区评价指标体系，侧重政府管理和资源投入对健康社区的实践活动具有重要的指导与监督意义[8]。

（6）城市交通与居民健康发展研究

城市客运交通和货运交通以不同的方式产生环境负外部性，从而影响居民健康和福祉。客运交通研究主要从交通供需、居民通勤和慢行交通等方面展开。比如，从交通政策和制度角度出发，从法律法规的制定、治理平台的建立、经营权的转移、运营模式的创新等方面对区域公共交通服务供给提供了发展意见；针对通勤行为，探讨通勤与健康风险之间的关系，揭示通勤方式对BMI和自评健康的影响等。货运交通主要对货运行为产生的噪声、环境污染和交通安全等方面进行分析。货运活动噪声重点探索交通噪声与相关环境因素的关系，以及其对神经系统和心理健康的影响。货运车辆空气污染物排放主要研究其对不同的空间尺度与人群造成的影响、与相关疾病的关系，以及对排放标准的相关探索[8]。

（7）城市景观与居民健康发展研究

近年来，国内的研究集中在城市景观对居民健康的影响机制方面，具体体现在宏观与微观的两个层面。后疫情时代，中国将进入新公共卫生发展阶段，城市景观与居民健康研究热点主要聚焦居民健康的规划设计、管理运行和跨学科研究。规划设计方面，社区绿地是需要关注的重点。在管理运行方面，发展趋势为通过运营公共健康活动项目和构建智慧管理体系来提供更完善的公共健康改善和卫生防疫服务。在跨学科研究方面，居民健康包含了多方面的学科内容，涵盖医学、历史、社会、经济、地理等方面的知识，其研究目的在于为多学科的互相借鉴与融合提供基础，继而推动我国以健康为导向的风景园林的快速发展[8]。

（8）健康城市建设与健康行为发展研究

国内近年关于健康行为的研究主要描述中国民众的健康行为参与度并分析其相关的影响因素。相关因素主要有：健康饮食行为、身体活动、睡眠、吸烟、饮酒等。

健康饮食行为方面，相关研究对我国居民的膳食构成特点、膳食摄入频率与摄入量的空间分布进行分析，总结健康饮食习惯并提出建议。身体活动方面，相关研究对不同群体的活动水平进行分析，从心理学和行为科学视角进行的干预研究日益增长，其中自我决定理论、计划行为理论、社会生态学模型是相对成熟的理论基础，从不同视角解释了人们参与或者不参与身体活动的原因。睡眠方面，主要研究影响睡眠时间和质量的因素，包括年龄、性别、社会经济地位、价值观以及心理因素等。同时探索常见的睡眠干预措施[8]。

（9）老年人居环境发展研究

目前研究主要集中在老年人的空间分布、社会空间特征、交通出行、居住空间环境、老年人居环境的空间发展模式，以及影响老年人健康的建成环境因素等方面。在老年人健康与建成环境关系的研究中，对建成环境对老年人生理健康和体力活动的影响与作用机制进行探究，主要包括密度、土地利用混合度、设计、距公交站距离和设施可达性、可步行性、城市蔓延、食品环境等[8]。

（10）健康融入国土空间总体规划的研究

习近平总书记明确提出，"要推动将健康融入所有政策，把全生命周期健康管理理念贯穿城市规划、建设、管理全过程各环节"。因此，在规划中应当充分考虑空间要素对健康的影响。

在我国健康融入规划的研究和实践中，已有学者对健康影响评估的内涵、程序和工具进行了分析，或提出了健康融入城市设计和社区规划的方法，并开展了相应实践。王兰等探讨了国土空间总体规划中各类空间要素与健康的相关性，提出"健康融入国土空间总体规划"的工作框架，包括现状诊断、方案编制、方案评估三个阶段。现状诊断阶段重点识别人群健康特征，分析现状健康风险和健康资源；方案编制阶段通过空间要素配置，进行风险规避和资源优化；方案评估阶段评判规划对健康的正负效应[12,13,14]。

2. 试点建设情况

自 1994 年以来，我国在健康城市试点建设方面取得了显著的成果，不仅在政策文件和标准制定方面有所突破，也在环境改善和健康意识提升等方面取得了积极的进展。未来，我国还需进一步加强研究和实践，推动健康城市建设迈上新的台阶。试点范围广泛覆盖了全国多个地区。经过多年探索实践，取得显著进展，但总体仍处于初步阶段。

2018 年国家卫生和计划生育委员会办公室对试点城市的评估显示，"健康城市"倡议产生了积极影响。在可获得全国平均值的 29 个指标中，试点城市在 28 个指标上表现优于全国平均水平。同时，在 32 项具有 2020 年国家目标值的指标中，试点城市已经超过了其中的 23 项，试点城市在部分健康指标上的表现接近甚至优于发达国家[9]。

取得的成果有 4 个。①建设体系建立：在经过多年的实践和探索后，我国建立了健康城市的建设体系，明确了目标和指标体系，为后续的建设提供了指导和依据。②环境改善：健康城市试点建设有效改善了居民的生活环境，例如加强了空气质量管理和水质监测，为居民提供了更加健康的生活条件。③健康意识提升：通过健康城市建设，提高了居民对健康的重视程度和健康自觉性，促进了健康知识的普及和健康行为的形成。④国际合作交流：我国积极参与了国际健康城市建设的合作与交流，与其他国家和地区共同分享经验、加强合作，推动了健康城市建设的进程。

3. 相关政策制度

国家卫生健康委员会、住房和城乡建设部、生态环境部、发展改革委员会、教育部、国家体育总局、文化和旅游部等各部委在健康城市建设方面密切合作,共同推动健康城市的发展。这些行动涵盖了规划设计、环境监管、教育培养、体育文化等多个领域,为健康城市的建设提供了全方位的支持。在健康城市建设过程中,也发布了一系列相关政策文件,支持健康城市建设(见图2-18)。

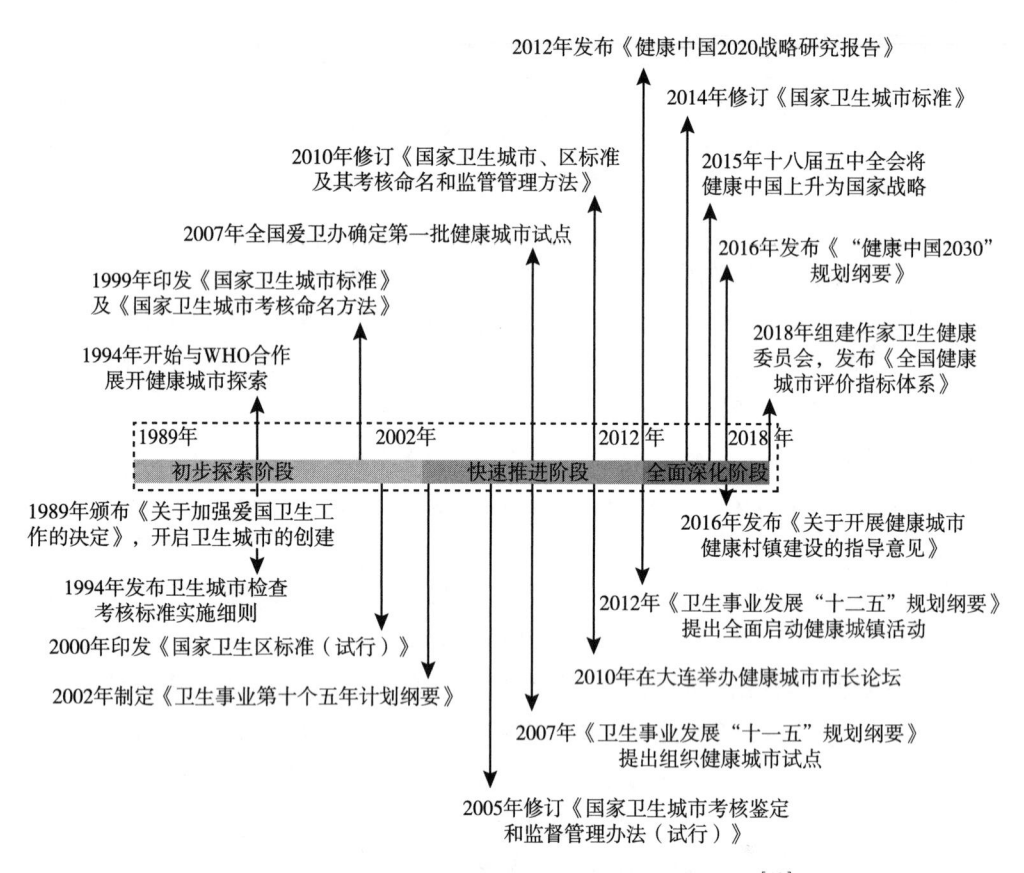

图 2-18 我国健康城市建设与发展战略政策的关系[12]

除以上政策文件外,1998年发布的《中美健康城市南昌宣言》是我国与美国在健康城市建设方面的合作成果,旨在通过合作推动健康城市的发展和经验交流。2004年发布《健康城市上海共识》,是在上海举办的"第五届国际健康城市会议"上通过的,为规范和指导我国健康城市建设提供了框架和原则。

4. 技术标准体系——健康建筑评价标准发展研究

早在1999年,国家住宅工程中心就已开展居住与健康的相关研究,并接连发布了《健康住宅技术要点》《健康住宅建设技术规程》《住宅健康性能评价体系》。2016年,国内首个《健康建筑评价标准》正式发布。2020年,健康建筑的内涵实现了从单体到区域的发展,《健康社区评价标准》和《健康小镇评价标准》正式发布。

国内学者主要从健康建筑的评价标准研究、案例分析、发展现状、发展展望、影响因素、室内环境、健康建材、防潮与抑菌、通风技术等方面进行研究。随着健康建筑的发展,国内学者对健康技术的研究逐步加深,对各个技术点的研究逐渐深化。

5. 健康城市的指标体系和评价方法

在建设健康城市的过程中,需要建立相应的指标体系和评价方法以衡量健康城市建设的效果。指标体系包括健康环境、公共服务、社会健康公平、全民参与和跨部门合作等方面。评价方法采用定量和定性相结合的方式,例如基于统计数据、问卷调查、专家评估等方法进行评价。健康城市指标体系主要分两种形式:一种是按照健康影响因素对指标体系进行分类的;另一种是以指标实现的重要性及难易程度来划分的[3]。

健康影响评估是健康导向下城市规划建设的有力手段,国外评价评估体系启蒙早,较我国更为成熟,研究包括评估方式及框架要素的探讨,如以土地利用、道路交通、公共空间为切入点评价公众健康影响及建成环境韧性[15]。近年来,我国更加重视健康城市的使用主体,如通过健康社区驱动健康城市建设,将公民参与、组织关系作为社区层面的评价要素。我国还推出《全国健康城市评价指标体系(2018版)》指导健康城市建设,以防治结合和健康成果作为城市发展导向。健康城市指标体系建设需要多部门合作,并充分发挥政府部门、科研机构及社会在参与和决策中的优势。

(五)面临的主要挑战

国内健康城市发展在建成环境影响机制研究、健康导向下的空间规划研究和健康城市评价评估体系研究方面面临着挑战。为了促进健康城市的可持续发展,需要加强研究,提高公平性和韧性,并进一步完善评价体系。

建成环境的影响机制研究:国内外学者提出了通过规划来改善居民体育活动、出行行为和建成环境之间的关系,例如土地用途混合、街道连通性设计和社区活力营建。我国目前更注重物质空间营建,减少环境污染和提升空间适宜性的同时,公平分配健康资源和应对突发事件的韧性方面存在欠缺。

健康导向下的空间规划研究:健康城市的空间规划可以从宏观、中观和微观三个尺度进行考虑。在土地开发方面,一些城市采取了预留应急性医疗用地和增加建设用地供应弹性的措施。在空间布局方面,一些城市通过系统规划开放空间或优化步道系统来满足患者和特殊人群的健康需求。在景观绿化方面,一些城市将绿化率纳入健康城市评价体系,并构建生态网络以提升养生空间保有率。然而,我国需要增加具有参考价值的实证案例,加强宏观视角的研究,以提升健康发展质量。研究认为将健康城市的概念和方法纳入城市规划和公共卫生课程的主流仍然有限[8]。

健康城市的评价评估体系研究:健康影响评估是健康导向下城市规划建设的重要手

段。国外已经较我国更为成熟地探讨了评估方式及框架要素，并以土地利用、道路交通和公共空间为切入点评价公众健康影响及建成环境韧性。近年来，我国更加重视健康城市的使用主体，采用参与式评估来引导利益相关者和相关机构动态反馈，并推动健康策略落实效率。张梦圆等[6]认为目前我国评价体系发展态势向好，但存在程式化现象，缺乏实时检测效能，评估指标选取存在科学性不足，应进一步融入其他学科的健康城市研究成果。

研究也发现，"健康城市"的公众参与较弱。参与渠道有限、能力不足和获取信息渠道不畅也是健康城市建设的主要障碍[8]。

二、国内外发展比较

国内外健康城市领域研究的主要区别在于：发展时期不同、研究方法与内容不同、发展中面临的问题不同。

世界卫生组织（WHO）于1984年首次提出"健康城市"并在加拿大多伦多健康城市运动和21个欧洲城市领导决议开展"健康城市计划"。在1994年WHO明确了健康城市的定义。在此后几年内，相比最初的少数国家和地区参与，欧洲有29个重要城市和13个国家内部的健康城市网络参与其中。

在2020年，联合国人居署和世界卫生组织联合发布《将健康纳入城市和区域规划》实用手册，指出规划工具与健康联系密切，强调了城市和区域规划在促进健康和福祉方面可发挥关键作用，并详细介绍了如何将"健康"纳入城市和区域规划，通过规划赋能城市和地区，以应对传染病、非传染性疾病和意外伤害等健康风险，来构建更健康的环境。

我国原卫生部从1994年8月开始与WHO合作，在北京市东城区、上海市嘉定区启动健康城市项目试点工作，这标志着我国正式加入世界性的健康城市规划运动中。2002年，"非典"事件后，我国健康城市建设进入全面发展阶段。在原卫生部的鼓励和倡导下，许多城市为了进一步改善城市环境、提高市民健康和生活质量，纷纷自觉自愿地开展健康城市的创建，苏州市和上海市是该阶段发展的典型地区。

2003年年底上海市发布了《上海市建设健康城市三年行动计划（2003—2005年）》，首次将健康城市从公共卫生管理扩展到了环境、食品、生活、校园和社区等方面。2016年，中共中央、国务院发布了《"健康中国2030"规划纲要》，提出"把健康城市和健康村镇建设作为推进健康中国建设的重要抓手，保障与健康相关的公共设施用地需求，完善相关公共设施体系、布局和标准，把健康融入城乡规划、建设、治理的全过程，促进城市与人民健康协调发展"，肯定并强调了城乡规划、建设、治理对于建设健康城市的重要作用。

城市建成环境对公共健康的影响由来已久，对于传染病、非传染性疾病和心理疾病有不同程度和不同效应的影响。中国城市科学研究会健康城市专委会提出的健康城市规划框架，分析了城市建成环境中土地使用、空间形态、道路交通、绿地和开放空间等关键要素，提出了减少污染源及人体暴露风险、促进体力活动和交往、提供可获得的健康设施三条规划优化路径，被世界卫生组织和联合国人居署联合发布的《健康融入城市和区域规划指南（2020年）》（*Integrating health in urban and territorial planning: A sourcebook 2020*）采纳作为其基础框架。

（一）发展时期不同

就发展时期而言，国内研究起步晚于国外，且在论文发表数量和研究深度上不及国外水平。

国外健康城市的研究从20世纪80年代开始，第一阶段（20世纪80年代中后期）是健康城市理念的萌芽和实践探索时期，为健康城市建设在全球的开展奠定了早期的认知基础。第二阶段（20世纪90年代）是内涵丰富与实践扩展的时期，这一时期"健康城市"的定义得以明确，并颁布了相关指南，与此同时，一系列相关指南构建了从目标设定到建设步骤，再到评估测度的流程范式，给地方实践提供了最初的技术支持。第三阶段（21世纪00年代）是健康城市全球实践与健康影响评估开展的时期，健康影响评估（HIA：Health Impact Assessment）逐渐成为一项重要政策工具被运用于健康城市规划和建设之中，进一步促进了健康理念的融入；第四阶段（21世纪10年代）是规划实践持续推进与HIA深度应用的时期[8]。

我国健康城市，20世纪50年代始即大力开展爱国卫生运动，特别是1989年启动了卫生城市创建工作。在此基础上，借鉴世界卫生组织经验，于1994年起开始了健康城市建设的探索，2007年在部分地区开展了项目试点工作。2010—2016年，研究进入了快速发展期，健康城市研究基于新理念、新技术，围绕着城市环境、人体疾控、社会政策等展开研究，城市健康的研究得到了快速发展[11]；2017年以后，我国健康城市研究进入了空前繁荣期，党的十九大报告提出了实施健康中国战略，制定我国的健康促进政策，为人民提供完善的健康服务，研究不再集中于城市功能及生态环境的健康化，而是开始重视公共政策对健康的促进及健康社区与信息化技术的结合领域[8]。

（二）研究内容与方法不同

1. 研究内容

从研究内容来看，国内的健康城市研究主要集中在两个方面。一方面，研究以规划设计方案为基础，并明确了目标导向；另一方面，综述研究和案例引介比较多，但缺乏对健康城市理论的实证研究。虽然国内的研究在提升健康人居环境的规划设计方法方面取得了成果，但还没有形成完整的理论研究体系。

相比之下，国外对城市化带来的健康挑战给予了更多关注。北美等都市区开始进行建成环境对体力活动和公共健康影响的评估，推进城市规划设计与公共健康的结合。国外得益于健康数据库建设的完善，能够获得个体健康数据，因此研究主题更加丰富，且学科交叉研究特征显著。他们的健康评价侧重于国家整体健康战略，包括健康状况、非医疗影响因素和健康服务三个基本维度。相对于国内，国外的健康评价概念框架更加一致。

在我国，健康影响评估工作仍处于发展阶段。由于缺乏基础数据，相关研究较少，并且大部分研究还停留在定性分析层面。对公共健康影响的评估还有很大的空白。在城市规划领域，研究如何通过环境干预来主动提升健康的工作相对国外还处于起步阶段。因此，我们需要针对具体的健康问题提出相应的干预手段和途径。

2. 研究方法

就研究方法而言，国际上对于人居环境空间的研究，已体现为现代前沿科学技术的全面渗透与植入，尤其是 RS、GIS、GPS 技术已全面应用于研究人居环境中宏观、微观要素的知识挖掘、规律分析和决策指导。而国内研究仅停留在初步的定量化分析层面，技术手段的单一和分析模型的欠缺使得人居环境空间研究成果不成体系，与国外研究的理论框架、主客观结合定量方法、多时空尺度实证实地研究、科学技术研究、综合实践应用等方面仍存在较大差距[9]。

另外，欧洲健康城市与全球战略结合，而我国在此方面尚需进一步提升。欧洲"健康城市"倡议的发展证明了一种战略性的、不断发展的方法的效用。欧洲城市正在带头努力将欧洲健康城市倡议与实现联合国可持续发展目标（SDGs）的全球战略结合起来。将繁荣与和平作为健康城市的目标，为欧洲的健康城市倡议注入了新的活力。欧洲健康城市网络的持久影响力归功于其对新出现的社会和环境问题的适应性[8]。

（三）面临的问题不同

就面临的问题而言，规范化和标准化是国内健康城市研究发展中面临的主要问题。后续研究亟须通过城市自然环境的健康绩效及机理的基础研究，逐步探索中国特色城镇化背景下，立足于健康领域理论体系、规划设计方法体系、科学技术研究支撑体系的构建，为健康人居环境建设提供实证基础和方法，为"健康中国"的理念落地提供有效的数据支撑和实证基础。

三、健康城市的发展趋势

（一）多学科交叉融合推动理论体系构建

在新一轮科技革命和产业变革快速发展背景下，跨学科研究是取得重大科学发现和产生引领性原创成果重大突破的重要方式，也是提升创新能力的重要途径。近年来，健康城市研究不仅包含了传统城市规划和公共卫生领域议题，还涉及经济领域、社会领域、生态环境、社区生活、个人行为、社会公正等，呈现出明显的多学科交叉融合趋势，理论体系不断完善[8]。

强调与医学、公共管理等学科的协作，推行平战结合的健康环境规划，通过多视角分析影响人类和城市健康的因素，并利用数据和大数据思维建设城市动态自监测系统，实现全面智慧评测和实时掌控。

（二）新技术融合助力研究方法和范式转变

随着以计算机技术和多源城市数据为代表的新技术和新数据的迅猛发展，（新）城市科学在过去的十几年间逐渐兴起，成为一门融合了城市计算、人工智能、增强现实、人机交互等方向的交叉学科，为城市研究和城市规划设计带来了变革可能。这些新技术的发展与融合不但促进了研究定量化技术的进步，也带来了研究思维与方式的转变。为健康城市研究提供了新方法，并推动建立了新范式[8]。

（三）新发展阶段和理念促进研究主题与内容深化

城市是一个开放的复杂巨系统，健康城市的研究规划也从不同层面对人民生活环境及生活模式产生重要影响。随着国民经济社会发展水平的不断提高，生态文明建设、以人为本的城镇化等重要理念的先后提出，特别是"健康中国"战略等政策方针的实施，健康城市的研究主题和内容不断深化，从生理健康单一维度转变为生理、心理和社会健康等多维度，对老年、儿童等群体关注持续增加，并初步呈现在多空间尺度关联和长时间跨度动态变化方面的研究探索[8]。

（四）将健康城市指标纳入国土空间规划评估体系

结合卫生系统与国土空间系统要求，重视各层级、各尺度规划的健康营建，让健康成为多规合一的重要指标，并建立空间韧性、居民健康程度、环境风险与健康资源等评价体系，宏观调控人口结构、城市规模[11]，还可将健康指标纳入城市体检体系，定期体检、动态评估[6]。

（五）构建多元的健康共治机制，提升治理能力现代化水平

我国健康城市建设发展经历了从无到有、从单一到多元、从简单到复杂的转变。具体来说，其建设目标从一开始主要强调卫生条件改善向追求全面健康促进和"健康融入万策"的转变，其建设策略从早期以单一、场所性措施为主向当前多元综合探索转变，其建设机制从公共卫生部门主导转向积极的政治承诺和全部门、全社会共同参与转变。要建立"参与式"的健康城市治理的新模式——健康共治，来推进健康城市的建设。

构建多元的健康共治机制是指在健康城市建设中，不仅要依靠政府的领导和管理，还需要广泛动员社会各方的参与，形成多元化的参与主体和治理结构。这样可以充分发挥各

方的力量和智慧，提高治理效能，实现城市健康发展的目标。

多元的健康共治机制要求政府、企业、社区居民、学术界、非营利组织等各方积极参与和合作。政府在制定政策、法规和规划方面发挥主导作用，提供资源和支持，推动健康城市的发展。企业可以通过提供健康产品和服务，积极参与城市建设和社区活动，为居民提供便利和支持。社区居民作为城市的基础单位，参与决策、管理和监督，提出需求和意见，共同打造宜居、健康的居住环境。学术界可以提供科学的研究和专业知识，为政策制定和实施提供支持和指导。非营利组织可以发挥社会监督和服务的作用，推动公众参与和权益保护。

提升治理能力现代化水平意味着运用先进的技术手段和管理方法，加强数据采集、分析和利用，提高决策的科学性和准确性。现代化的治理能力需要建立健康城市的信息系统，实现数据共享与交流，及时了解城市居民的健康状况和需求，为政策制定和资源调配提供科学依据。同时，还需要加强城市规划和设计，注重公共空间的建设和管理，推动健康生活方式的普及。此外，还应加强风险管理和应急响应能力，提升城市应对突发公共卫生事件的能力。

要实现多元的健康共治机制和提升治理能力的现代化水平，需要建立健全相关制度和机制，促进协同合作和资源整合。政府应加强政策引导和规划协调，激励各方参与，营造良好的环境和氛围。同时，还需要推动法律法规的完善，明确各方的权责和义务，加强监督和评估，确保健康城市建设的顺利进行。健康城市的建设是一个长期的过程，需要不断创新和改进，不断提升治理能力，以实现城市的可持续发展和居民的健康福祉。

此外，"健康城市"战略应与《中国2030年前二氧化碳达峰行动计划》和《关于全面落实新发展理念实现二氧化碳达峰和碳中和的工作指导意见》相衔接。制定行动计划和指导意见，实现2030年前碳达峰、2060年前碳中和的目标。一些重要行动与"健康城市"倡议紧密相连，可以产生互利共赢的效果，如实现绿色低碳发展。

"健康城市"倡议可以与地方优先事项挂钩。城市需要采用系统的方法，考虑跨部门的协同作用和制约因素，认识到复杂的反馈，并植根于相关利益攸关方的参与，以便优先考虑并将各种行动结合成一个连贯的方案，有助于实现预期的健康结果。

（六）推动健康城市的全球合作，融入全球健康治理体系

健康城市应该把握全球健康治理体系的方向，加强与世界卫生组织（WHO）和其他国际组织的合作。我国"健康城市"应与"健康中国2030"、世界卫生组织提出的"健康城市"战略和可持续发展目标（SDGs）对接，实现国家和全球层面的战略议程。健康城市的全球合作和融入全球健康治理体系，需要各方共同参与和努力，通过多种形式、多层次的合作，实现城市的健康、可持续发展。

健康城市应积极参与国际性的城市交流和合作平台，可以与其他城市分享经验、学

习先进的城市管理和治理经验，共同探讨全球健康城市建设的道路和方向。①健康城市也应该促进地区性的合作和交流，建立起健康城市的区域性网络。在一些地区，由于相似的人口特征、文化背景和环境条件，城市之间存在着较大的相似性。建立起这样的区域性网络，城市可以共同面对区域内面临的问题，并开展经验交流和合作，提高整个地区的城市健康水平。②健康城市还需要通过信息和技术交流，实现全球合作。例如，通过互联网和智能科技手段，城市之间可以实现数据共享和交流，以提高城市健康数据的质量和准确性，为决策提供更好的数据支持。此外，还可以利用科技手段开展远程医疗、在线健身等，为居民提供更便捷、高效、科技化的健康服务。

健康也是应对气候变化的核心，城市容易受到气候变化带来的健康风险增加的影响。健康城市可以提高城市韧性和城市管理气候变化健康后果的能力。

（七）健康城市研究热点

中国的"健康城市"研究热点集中在强调城市空间韧性建设、突发公共卫生事件下的基础设施布局以及健康城市视角下的社区单元治理。这些研究方向旨在提高城市的健康应对能力，优化基础设施和社区治理模式，以应对不确定因素和突发事件对城市居民健康的影响[6]。

1. 韧性理念下的健康城市建设

强调通过评估影响因素并施行相关策略，提高城市空间的韧性，降低健康脆弱性。包括构建适应当地情况的山水格局、营建健康友好的游憩模式，以及完善应急体系的韧性等[6]。

2. 突发公共卫生事件下的基础设施布局

将慢行空间与应急空间相结合，增设冗余空间和设施，达到健康促进和防疫支持的双重效果，增强城市应对不确定因素的能力。优化防灾系统中的医疗、生活用品等应急资源，提升储备调控能力，确保突发事件下基本生活资源的安全获取和连续供应[6]。

3. 健康城市视角下的社区单元治理

设立紧急医疗服务中心，缓解诊疗结构压力；护理中心配备紧急、长效和备用设施，专业人员协调参与；管理者定期检查并组织居民演习。完善社区空间结构，建立协同的管理、服务和保障模式，引入公共型和有偿型服务机构，构建30分钟步行的"生活支援网络圈"[5]。将社区作为管理空间、生活空间和交往空间重点加强，通过学习其他国家的治理经验并给予社区更好的设施配置和事权能力，引导居民追求健康、凝聚意识，并控制人口密度，提高社区的健康韧性。

参考文献

[1] 傅华，戴俊明，高俊岭，等. 健康城市建设与展望[J]. 中国公共卫生，2019，35（10）：1285-1288.

[2] 规划发展与信息化司.《关于全国健康城市评价结果的通报》解读[EB/OL].（2020-01-09）http://www.nhc.gov.cn/guihuaxxs/s7786/202001/be6e354a35a4408098eea100f2b1b42d.shtml.

[3] 傅华，贾英男，高俊岭，等. 健康共治与健康城市建设展望[J]. 上海预防医学，2020，32（1）：12-15.

[4] 孙会. 健康城市理论、测度及助推政策研究[D]. 北京：中国矿业大学，2022.

[5] 武占云，单菁菁，马樱娉. 健康城市的理论内涵、评价体系与促进策略研究[J]. 江淮论坛，2020（6）：47-57，197.

[6] 张梦圆，荣丽华，党慧. 基于Citespace的我国健康城市研究进展与趋势分析[J]. 内蒙古工业大学学报（自然科学版），2023，42（4）：378-384.

[7] 丁国胜，曾圣洪. 中国健康城市建设30年：实践演变与研究进展[J]. 现代城市研究，2020（4）：2-8.

[8] 中国城市科学研究会. 2020—2021城市科学学科发展报告[M]. 北京：中国科学技术出版社，2021.

[9] Bai Y Q, Zhang Y T, Zotova, et al. Healthy cities initiative in China: Progress, challenges, and the way forward[J]. The Lancet Regional Health-Western Pacific, 2022.

[10] 黄建中，许燕婷，王兰. 城市建成环境对心血管健康的影响路径与空间要素[J]. 城市发展研究，2023，30（7）：14-20.

[11] 王兰，蒋希冀，汪子涵，等. 绿色空间对呼吸健康的影响研究综述及综合分析框架[J]. 风景园林，2021，28（5）：10-15.

[12] 王兰，贾颖慧，朱晓玲，等. 健康融入国土空间总体规划方法建构及实践探索[J]. 城市规划学刊，2021（4）：81-87.

[13] 王兰，孙文尧，古佳玉. 健康导向城市设计的方法建构及实践探索——以上海市黄浦区为例[J]. 城市规划学刊，2018（5）：71-79.

[14] Lan W, Shuwen L, Xiaojing Z, et al. Exploration of Approaches and Factors for Healthy City Planning[J]. China City Planning Review, 2018, 27（1）：24-31.

[15] 黄文杰，白瑞雪，胡萍，等. 关于健康城市指标体系的描述性系统评价[J]. 医学与哲学（A），2017，38（2）：56-59.

[16] World Health Organization. World health statistics 2020: monitoring health for the SDGs[R]. Geneva: WHO, 2020.

[17] 顾鹏程，林闽钢. 国家卫生城市长效管理运行机制研究——以江苏省为例[J]. 中国卫生政策研究，2018，11（8）：75-79.

[18] 国家卫健委，《人民日报》报社，《新京报》报社. 全民建设健康中国[J]. 经济，2019（9）：28-33.

[19] 邵闯. 习近平人民健康重要论述的科学内涵与实践价值[J]. 江苏海洋大学学报（人文社会科学版），2020，18（2）：1-8.

[20] 陈悦，陈超美，刘则渊，等. CiteSpace知识图谱的方法论功能[J]. 科学学研究，2015，33（2）：242-253.

[21] 王兰，蒋希冀，叶丹. 中国健康城市规划研究热点与进展：基于Citespace的文献计量分析[J]. 城市发展研究，2020，27（11）：8-14，56.

［22］何曦冉，黄春华，阳凯．基于CiteSpace的国内外健康城市规划研究进展［J］．中外建筑，2020（12）：121-125．

［23］白皓文．健康导向下城市住区空间构成及营造策略研究［D］．哈尔滨：哈尔滨工业大学，2010．

［24］王兰，李潇天，杨晓明．健康融入15分钟社区生活圈：突发公共卫生事件下的社区应对［J］．规划师，2020，36（6）：102-106，120．

［25］王兰，蒋希冀，孙文尧，等．城市建成环境对呼吸健康的影响及规划策略——以上海市某城区为例［J］．城市规划，2018，42（6）：15-22．

［26］孙佩锦，陆伟，刘涟涟．促进积极生活的城市设计导则：欧美国家经验［J］．国际城市规划，2019，34（6）：86-91．

［27］孙佩锦，陆伟，吴亮．健康城市环境测度方法与尺度的差异性研究——以大连市为例［J］．现代城市研究，2020（4）：36-42．

［28］林雄斌，杨家文．美国城市体力活动导则与健康促进规划［J］．国际城市规划，2017，32（4）：98-103．

［29］HANDY S L, BOARNET M G, EWING R, et al. How the built environment affects physical activity: views from urban planning［J］. American Journal of Preventive Medicine, 2002, 23 (2 Supplement 1): 64-73.

［30］ARNETT H. Moving beyond market metrics: a consensus for health creation in cities A review of Healthy City Design International Congress 2021［J］. Cities & Health, 2022, 6 (3): 465-468.

［31］MINDELL J, SHERIDAN L, JOFFE M, et al. Health impact assessment as an agent of policy change: improving the health impacts of the mayor of London's draft transport strategy［J］. Journal of Epidemiology & Community Health, 2004, 58 (3): 169-174.

［32］王兰，孙文尧，古佳玉．健康导向城市设计的方法建构及实践探索——以上海市黄浦区为例［J］．城市规划学刊，2018（5）：71-79．

［33］张若曦，殷彪，林怡，等．平疫结合的新加坡社区设施规划与社区治理［J］．北京规划建设，2020（4）：42-46．

［34］陈寿松，翟国方，葛懿夫．基于QRH理念的传染病风险下社区治理与韧性提升研究［J］．国际城市规划，2023，38（3）：54-62．

［35］黄建毅，童磊，苏飞，等．韧性城市框架下的人口健康脆弱性概念及评价方法［J］．北京联合大学学报，2022，36（1）：26-32．

［36］龙灏，薛珂．健康城市背景下大空间公共建筑的建筑设计防疫预案探讨——以大型体育馆建筑为例［J］．上海城市规划，2020，2（2）：31-37．

［37］严玉蕾．基于健康理念的寒地城市慢社区规划研究［D］．哈尔滨：哈尔滨工业大学，2012．

［38］周泉．基于慢城理念的健康养生综合社区规划设计研究［D］．南京：南京林业大学，2014．

［39］付宏鹏，王志芳，揭华，等．城市公园用户的情绪特征及影响因子研究——以华南植物园和越秀公园为例［J］．北京大学学报（自然科学版），2021，57（6）：1108-1120．

［40］唐源琦，赵红红．空间联动发展和城市"升维"规划管治研究——对城市突发公共卫生事件的规划思考与应对［J］．规划师，2020，36（6）：44-49．

［41］Duhl L J, Sanchez A K. Healthy Cities and the City Planning Process: a Background Document on Links Between Health and Urban Planning［M］. Copenhagen: WHO Regional Office for Europe, 1999.

［42］Hancock J, Duhl L. Healthy cities: promoting healthy in the urban content［M］. Copenhagen: WHO Europe, 1986.

［43］Duhl L. Conditions for healthy cities: diversity, game boards and social entrepreneurs［J］. Environment & Urbanization, 1993, 5 (2): 88-98.

本节撰稿人：于凤倩　杨德凭　王　云

韧性城市

韧性城市是应对"黑天鹅"式风险的必然选择，其韧性体现在结构韧性、过程韧性和系统韧性3个层面。城市的新不确定性来源可概括为极端气候、科技革命、新型冠状病毒和突发袭击四个方面。建设韧性城市需要10个步骤完成：一是转变思想观念；二是创新设计研究机构；三是制定治理方案，列入五年计划；四是编制生命线工程分组团化改造方案；五是在每一个社区、每一个组团补充原来没有的微循环；六是利用信息技术来协调各个组团和组团内的微循环设施；七是改造老旧小区，补足社区的单元短板；八是新建和改造公共建筑均考虑"平疫结合""平灾结合"；九是在超大规模城市的周边布局建设"反磁力"的"微中心"；十是深化网格式管理智慧城市建设。

一、韧性城市的发展现状

（一）韧性及韧性城市概念的演进

"韧性"一词，最早来源于拉丁语"resilio"，其本意是"恢复到初始状态"，偏重于工程领域的概念。随着时间的演变，其侧重点也发生变化。20世纪70年代，加拿大生态学家霍林（Holling）最早从系统生态学角度对韧性的思想进行定义；随后逐渐从自然向人文社会研究领域延伸，其概念大致经历了"工程韧性、生态韧性、演进韧性"的三段历程。

霍林于1973年最早将韧性引入生态学，并定义为工程韧性，即系统能快速恢复到原状，且保持其结构和性质的能力。工程韧性强调系统存在单一稳态，在受到干扰冲击后系统回到初始平衡状态的速度是其主要度量方式。这种观点具有假设均衡范式的特征，但是对于社会经济、社会生态等多个系统而言，内部结构复杂、外部影响因素繁多，不可能长期处于某种单一的均衡状态中，也难以恢复到初始状态，因此工程韧性对于韧性的界定与认知存在局限性，一段时间内工程韧性被视为系统研究中的特例。

1977年，霍林否定了工程韧性的单一系统终极平衡状态，在《工程韧性与生态韧性》中强调，生态学思维下韧性存在两个或多个稳定状态，并具有一定的适应和改变能力，将韧性定义为"自然系统对自然或人为引起的生态系统变化做出反应的持久性"，扰动的存在可促使系统从一个平衡状态向另一个平衡状态转化而达到新的平衡状态。生态韧性关注系统的进化和发展，用"系统在向另一个体制转换之前能够承受的扰动量级"这一指标进行测度。相对于工程韧性，生态韧性更具有包容性和进化性，但仍未摆脱对均衡状态的追求，难以适应社会系统尤其是社会经济系统的非均衡变化。

2001年，霍林在其著作《扰沌：理解人类和自然系中的转变》中首次将生态系统韧性概念运用于人类社会系统，在此基础上，霍林等提出了适应性循环理论。该理论认为：系统的发展包含了利用、保持、释放和重组四个阶段。在这一理论指导下，形成了一种全新的韧性观点即演进韧性（也称社会-生态韧性）。演进韧性是指系统经受变化时吸收干扰和重组，并能够从本质上保持相同的结构、识别性和反馈的能力，其是与持续不断的调整能力密切相关的一种动态的系统属性；其关注的是适应能力、可变换性、学习和创新；本质目标是持续不断地适应，强调学习的能力和创新的能力，并放弃了对平衡状态的追求。

国内对于韧性的关注较晚，不同学科的研究学者根据自身研究的需要分别提出自身学科的韧性概念。如彭翀等持有物体产生形变后能恢复到原来形状的能力，偏向于工程韧性概念；修春亮认为"韧性"是脆弱性的反面，指系统在受到扰动、冲击时的抵抗、适应和恢复能力；甄峰和李彤玥认为虽然韧性概念的内涵和外延在不断地扩展，但主要指在不破坏系统基本组织、结构、功能的前提下，城市系统对风险扰动的抵抗、适应和恢复力，偏向于城市研究领域；张伟等认为韧性可以用两变量敏感程度的函数关系表示，属于经济学领域的韧性范畴；而地理学里将"韧性"多认为是系统受扰动后能缓解、适应和学习风险的能力，侧重于演化韧性，后逐渐演变为社会—生态系统韧性、人地系统韧性等概念。可见，不同的学科领域对于韧性概念内涵的理解存在着较大差异，韧性的演变过程反映了其概念从直线思维到曲线思维的发展。

综上，随着对韧性的不断深入研究，其概念也在不断丰富。韧性概念从单一视角的工程韧性或生态韧性转向综合视角的社会-生态系统韧性，从原来只注重生态环境破坏导致的韧性降低转向关注人类活动对韧性的影响；从被动治理和评价对社会经济的损失演变为积极主动应对和规避韧性的对策。

根据韧性概念的三阶段演进逻辑，韧性城市建设概念的发展也可分为三个阶段。

第一阶段是从工程韧性的角度理解韧性城市建设，主要关注城市基础设施在应对自然灾害风险方面的韧性。全方位提升以城市生命线为核心的工程技术韧性。从"城市生命线系统链"的思维出发，树立"大城市更新理念"加大城市工程韧性的投资力度，实施城市硬件的全方位升级改造，提高城市硬件的灾难抵御力。

第二阶段，是从生态的角度理解韧性城市建设，即把城市看作一个生态有机体，注重城市物理生态系统各方面的韧性建设，尤其是经济韧性与公共空间韧性。在城市经济建设方面要全面构筑以国内大循环为主的新发展格局，增强城市应对各类极端风险灾害的经济韧性，发展数字经济、优化产业结构，夯实经济韧性结构性基础；规划营造公共空间，满足"留白"和"应急廊道"需求。通过注重"软韧性"，构筑以人为本的安全生态体系。

第三阶段，是统筹发展与安全的理念，从这个维度理解韧性城市建设，即把韧性城市看成是一种新型城市样态。坚持软硬兼施、刚柔并济，全方面提升城市结构及功能韧性，践行"人民至上，生命至上"的价值取向，把安全放在首要位置，抓住发展机遇构筑安全发展新格局、提升风险治理新能力。

（二）韧性城市研究历程

2005年联合国减灾大会通过的《兵库行动纲领》提出"加强国家和社区抗灾能力"；2012年联合国减灾署发起了"让城市更具韧性活动"，发布了"让城市更具韧性十大指标体系"；2013年由美国洛克菲勒基金会为帮助世界各地城市更加具有韧性的应对不断增长的物理、社会和经济上的挑战，发起了"100个韧性城市项目"；2015年在日本仙台举行的第三次联合国减灾大会上通过的《2015—2030仙台减灾框架》提出"提高韧性"是未来15年联合国开发计划署的四个优先领域之一；2015年的《联合国可持续发展目标》的目标11，则是提出"让城市和人类社区更具安全性、包容性和韧性"的内容；2016年《新城市议程》报告中，提出要增强韧性以致力于应对自然和人文灾害的反应能力。

随着理论研究和实践探索的持续推进，韧性城市在我国逐渐从学术研究热点和地方性实践探索上升为国家战略。2017年9月，在中共中央国务院关于对《北京城市总体规划（2016—2035年）》的批复中，提出要高度重视城市安全，建立健全包括消防、防洪、防涝、防震等超大城市综合防灾体系，加强城市安全防控，增强抵御自然灾害、处置突发事件、危机管理能力，提高城市韧性；2020年10月，党的十九届五中全会审议通过的《中共中央关于制定国民经济和社会发展第十四个五年规划和二〇三五年远景目标的建议》中提出建设"韧性城市"，强调"强化历史文化保护、塑造城市风貌，加强城镇老旧小区改造和社区建设，增强城市防洪排涝能力，建设海绵城市、韧性城市"。2021年3月，第十三届全国人大四次会议通过的《中华人民共和国国民经济和社会发展第十四个五年规划和2035年远景目标纲要》，将建设韧性城市作为推进新型城市建设的重要任务，强调"顺应城市发展新理念新趋势，开展城市现代化试点示范，建设宜居、创新、智慧、绿色、人文、韧性城市"。2022年10月，党的二十大报告提出"打造宜居、韧性、智慧城市"，这是以习近平同志为核心的党中央深刻把握城市发展规律，对新时代新阶段城市工作的重大战略部署，在中央层面强力推动韧性城市建设。

上海"十四五"规划纲要明确提出"共建安全韧性城市"，使城市不仅要具备灾害来袭时正常运转的能力,还要有系统短暂崩溃后的恢复力,灾后及时补短板的转型力,并重点关注点城市在洪涝、地震等风险发生时的安全运行。为此对建筑群落、电网系统、地下管网等进行全面风险管控,并设置了短期目标——2020年年底完成225千米地下隐患管网更新、30万户居民住宅燃气立管改造,以及推进104千米海塘专用岸段防御建设、建成100处以上共可容纳45万人的应急避难场所等。

北京成为全国首个将"韧性城市"建设纳入新一轮城市总规划的城市。北京市出台的《关于加快推进韧性城市建设的指导意见》以突发事件为牵引,立足自然灾害、安全生产、公共卫生等公共安全领域,从城市规划、建设、管理全过程谋划提升北京城市整体韧性。意见提出,到2025年,韧性城市评价指标体系和标准体系基本形成,建成50个韧性社区、韧性街区或韧性项目,形成可推广、可复制的韧性城市建设典型经验。

深圳市规划和自然资源局、深圳市应急管理局组织编制的《深圳市应急疏散救援空间规划(2021—2035年)》正式印发实施,标志着深圳市持续推动公共安全治理模式向事前预防转型、加快打造国际一流安全韧性发展示范城市又迈出了坚实的一步。

此外,广州、珠海、雄安新区等都明确提出建设韧性城市。目前浙江义乌、四川德阳、浙江海盐和湖北黄石等4座城市入选"全球100韧性城市"。重庆、广州、南京等城市的基础设施发展"十四五"规划也特别强调推动韧性城市建设。我国韧性城市建设逐步从理论研究走向实践应用。

(三)韧性城市评价指标及评估方法

1. 经济韧性

经济在社会发展中占据主要地位,它决定了城市能够承受外部动荡的限度,也决定灾后城市恢复重建的速度和质量。经济韧性越强的城市,经济发展越稳定,受到外界扰动后被破坏的可能性越小。当城市公共安全遭到破坏时,强有力的经济基础就是社会恢复正常秩序的有力保障。经济韧性的研究方法有熵值法、耦合协调模型、因子分析理论模型。

利用熵值法确定综合评价指标权重。该方法依据信息熵计算,能够减少主观赋权存在的随机性。在信息论中,熵是对不确定性的一种度量,依据熵的特性计算熵值来判断某指标的离散程度,指标离散程度越大,对综合评价的影响越大。耦合协调模型作为分析多个系统之间协调发展水平的有效评价工具被学界广泛应用于不同尺度、不同区域的环境、经济社会发展等问题。耦合协调模型中的耦合度可以用来反映不同子系统之间相互依赖、相互制约的程度,协调度则可以进一步分析耦合相互作用关系中良性耦合的程度,反映协调状况。因子分析主要是考察研究指标系统内部的依赖关系,并将一些信息重叠且具有相对复杂关系的变量归结为几个不相关的综合因子的一种多元统计方法。庞冬彦等运用熵值法测度了山东省旅游经济系统的韧性,刻画了其空间格局特征。从抵御能力、恢复能力、重构能力以及更新能力4个维度10个二级指标构建评价指标体系对山东省各城市韧性水平以及空间格局进行分析。陈鹏伟等采用熵值法构建了中国农村经济韧性评价指标，并利用因子分析法分析影响农村经济韧性的主要因素。该研究发现：1990—2019年中国农村经济韧性在时间上存在显著的分异特征。从整体看，农村经济经过30年的发展和内部演化，抵御外部冲击能力得到明显增强。农村居民收入和消费因子是主要影响农村经济韧性的因素。还有一些学者运用以上方法来研究经济韧性，如柳江等运用因子分析和耦合调度方法研究区域经济韧性与经济高质量发展的水平和协同效应；马鸽等利用熵值法和动态耦合调度模型来分析数字经济与经济韧性耦合协调发展的时空演变特征；吴秀珍等利用熵值法和耦合协调模型来分析新型城镇化水平与区域经济韧性的耦合协调关系。

2. 社会韧性

社会韧性注重人的发展，人的发展水平与社会稳定性呈正相关。社会韧性强调人在城市公共安全系统受到扰动后的表现，人行为的变动性与随意性较大，属于不可控因素。因此，需要有效控制群众在城市系统中的行为阈值，方能确保社会秩序的平稳运行。舒诚忆利用ANP网络层次分析法和TOPSIS相对评价法的组合，完成对城市社区社会韧性的定量评价。ANP网络层次分析法和TOPSIS相对评价法是学术研究中比较常用的多目标决策定量分析方法。ANP网络层次分析法特别适用于存在内部储存和反馈关系的复杂决策系统，可将问题分解成递阶层次结构，把人的主观判断数量化以及能够反映考虑层次元素之间的反馈和相互支配作用。TOPSIS相对评价法基于归一化后的原始数据矩阵，找出有限方案中的最优方案和最劣方案间的距离，得出该方案与最优方案的接近程度，并以此作为评价各方案优劣的依据。运用ANP网络层次分析法，结合相关专家对于指标相对重要性的问卷结果，计算出4个维度25个城市社区社会韧性评价指标的权重，并基于指标权重排序提出城市社区社会韧性的初步提升思路。选取南京市7个典型城市社区作为案例，运用TOPSIS相对评价法对案例进行相对评价。依据对案例城市社区对应社会韧性指标的打分，运用算法计算正负理想解以及各城市社区相对理想解的距离，得出其社会韧性的相对优劣并提出相应建议。杨保清等采用DPSRC框架模型用于社区韧性的评估，DPSRC框架模型可用于环境状况和可持续发展的评估框架模型，具有综合性、系统性、整体性和灵活性等特点。该模型突出强调人在系统环境中的作用，能够处理多重相互作用、相互联系的因果关系，也清楚地表现多重指标间的相互关系，分析一定空间范围的社会－经济－环境的融合度。

通过数据准备、指标权重确定、指标标准化形成国际社区社会韧性评价指标体系，选取了经济发展水平、公共治安卫生、社会安全环境等28个指标对广州小北国际社区进行社会韧性综合评价分析。

3. 基础设施韧性

影响城市基础设施韧性的主要因素是其自身的质量和后期的维护。城市生命线系统中的给排水、燃气、交通等子系统容易受到自然灾害，如暴雨、大风等恶劣天气的影响。因此，基础设施在建设时要确保其强度，考虑其冗余性，以防超出基础设施承受能力的风险。城市基础设施韧性的定量评估方法最初源于地震工程学领域。布鲁诺（Bruneau）等在对社区地震韧性的研究中提出社区地震韧性是指灾害发生时社区减缓灾害、吸收灾害影响并采取恢复措施减轻破坏及应对未来灾害的能力。社区地震韧性可以通过提升社区基础设施（例如生命线等）应对地震灾害的能力来实现。基础设施面对灾害时所呈现的状态可以通过系统机能曲线的变化进行描述。随着研究的不断深入，不同学者提出了不同的城市基础设施韧性定量评估的方法："三阶段"基础设施韧性计算模型、基于韧性特征的基础设施韧性计算、基于最优模型的基础设施韧性计算、相互关联基础设施的韧性计算。佘硕等采用TOPSIS熵权法对长三角城市群基础设施韧性评价模型进行评价，根据基础设施韧性评价指标体系，从能源、交通、排水、网络基础设施四个方面对提高城市基础设施韧性度提出了有关建议。熵权法是一种客观的赋权法，是通过对数据进行无量纲化的处理，结合熵权确定各个指标权重。这就可以避免主观赋权的随意性。再通过加权矩阵，计算评价对象的正负理想解。测度各评价对象与最优方案的接近程度，对评价对象进行排序，常用于多指标的综合评价。

4. 生态韧性

生态韧性虽然是一个具有自我修复的维度，但无时无刻不在承受风险。生态系统承受工业生产与人类生活的污染，一旦超出其承载力，那么城市生态也会碎片化，生态系统的脆弱性增加，生态韧性降低。一旦超过承受阈的外界扰动，容易发生自然灾害，影响城市公共安全。因此，对于生态环境，需要留有一定的空余量与修复空间。王思成等基于生态安全格局与韧性城市发展间的耦合诉求，提出"源－流－汇"三维生态韧性评价方法，"源－流－汇"指数分析方法是基于研究城市建成环境、生态资源本底、居民生态足迹需求三个基本生态韧性要素间的协调共生关系而创建的韧性强度量化分析与评价方法。采用此评价方法对天津市中心城区的生态韧性进行定量评价后发现："源－流－汇"韧性指标间相互制约并影响着城市生态弹性的修复，单一指标仅能描述城市生态韧性要素的强度，只有三项指标的共同组合才能决定城市生态安全格局的稳定性。王少剑构建"规模－密度－形态"三维城市生态韧性评价体系，借鉴物理学耦合模型测算珠三角城市城镇化与生态韧性的耦合协调度，并对其时空变化特征进行深入探讨。最终提出建议：以新型城镇化引领区域协调发展，并通过严守三区三线、适应生态承载力、合理布局城市绿地等方法提高生态韧性，是未来珠三角实现城镇化与生态韧性协调可持续发展的主要路径。

（四）国内外韧性城市规划实践

荷兰鹿特丹，作为世界知名低地国家的第二大城市，其地势平坦，平均海拔低于海平面1米。为应对海平面上升，提升对应气候变化的城市恢复力，该市以韧性城市建设为目标，计划于2025年建成最安全的港口城市。该计划核心包含三个层面的韧性建设：以降低能耗、改善生态环境为主的环境韧性建设；以多功能滨水区码头建设为主的基础设施建设；以社会住房保障、文化融合和社会公平为主的社会韧性建设。

"桑迪"（Sandy）飓风在2012年10月底在美国东海岸登陆，并对海岸城市造成了极大的冲击，导致美国东海岸的纽约市遭受了巨大的破坏，很多基础设施被损毁，因此纽约市政府倡导发起了"一个更强大、更有韧性的纽约"（A Stronger, More Resilient New York）计划，该计划针对飓风"桑迪"带来的影响制定全面可行的方案，不仅用于重建飓风损毁的社区，也用于加强全市范围内基础设施和建筑的韧性，以应对将来的自然灾害。

英国一直遭受洪水、干旱和其他气候灾害的影响，居民的健康和安全面临巨大威胁。2011年英国伦敦以应对气候变化、提高居民生活质量为目标，制定适应性规划《风险管理和韧性提升》；2012年，联合国关于气候方面的委员会（IPCC）对于全球灾害风险（气候）做了统计报告，提出各国应该强化合作，共同关注天气领域的各种气候风险，集中力量对各种气候变化进行应对，因为世界范围内出现的气候风险正在不断提升。基于此，伦敦为了更加有效地解决气候问题，在城市规划过程中引入了韧性概念，确立了"韧性伦敦"（London Resilience）战略。

新加坡是世界上整体环境比较理想的国家，但是其发展过程中面临的挑战和压力也是非常多的。新加坡最早的总体规划编制于1958年，由1959年规划法令确立为法定规划，规定每5年重新编制一次。新加坡在总体规划草案进一步完善的同时也提出了构建"韧性城市"的理念，并将这一理念落实到总体规划中。2019年新加坡针对城市规划层面的问题公开落地了城市管理层面的新方案。本轮总体规划致力于将新加坡打造成为一个更包容、更可持续和更韧性的城市。其核心就是帮助城市形成创造未来的能力，建立能够持续发展且带有安全韧性的强大城市，希望能够将新加坡逐渐建设成为安全韧性更为突出的城市。

新西兰惠灵顿是美国洛克菲勒基金会"全球100韧性城市"（100 Resilient Cities，简称"100RC"）的成员之一，并通过洛克菲勒城市韧性框架（CRF）进行了韧性评估，确定了城市面临挑战。惠灵顿的韧性建筑使用的材料是由惠灵顿韧性战略所开发的100钢筋混凝土的一部分。2017年3月，惠灵顿发布了《惠灵顿韧性战略》，该战略提出了3个目标以及相应的实施方案和措施，以应对城市在社会转型、高地震风险和海平面上升方面的韧性挑战，分别从社会韧性、经济韧性和基础设施韧性3个方面提出了建设要求。

2014年12月，湖北黄石被美国洛克菲勒基金会认定为"全球100韧性城市"第二批35个城市之一，通过与"100RC"平台合作，黄石市政府整合多方资源，成立黄石韧性城市建设办公室，搭建起了政府、社会组织与市民沟通桥梁，这是黄石城市规划落实韧性城市理念的重要基石。2019年5月，黄石市发布《黄石韧性战略报告》，"韧性黄石"战略旨在应对城市资源枯竭、生态脆弱及基础设施陈旧等问题带来的挑战。

同样入选"全球100韧性城市"的四川德阳，市政府专门成立了市长挂帅督导的韧性城市建设领导小组，以及由建筑、水利、规划、环保等领域的专家、工程师组成的韧性城市建设专家委员会，出台了《德阳市城镇污水处理设施建设三年推进方案》《全域综合交通路网规划》《德阳市基础设施建设扶贫专项方案》等规划及方案，联合中国城市和小城镇改革发展中心（CCUD）制定了城市韧性行动措施建议清单，从地震、地质灾害、环境、管网、就业五大方面开展韧性城市初步建设。2019年5月德阳发布《德阳韧性战略行动计划》，该计划是首个中国韧性城市战略行动计划，以建设"繁荣、宜居、可持续的城市"为愿景，聚焦乡村振兴、涉磷片区经济社会转型、水环境治理和抗震系统韧性建设四大重点领域，加快建设繁荣、宜居、可持续的城市，是德阳韧性城市建设的行动指南。

深圳为应对突发频发的自然灾害，提升城市的防灾减灾救灾能力，增强城市发展韧性，创新性建立了防灾减灾救灾九大体系；打造智慧三防应用系统，实现灾前智能感知、精细化模拟，灾中实时预报预警、应急指挥和灾后评估等全流程人防、技防、物防的智慧联动与科学决策，以保障人民群众的生命财产安全。2021年3月，深圳市减灾委办公室等相关部门联合印发《深圳综合减灾社区创建实施方案》，在"全国综合减灾示范社区"的基础上提出更高要求，打造减灾社区的深圳地方标准，推动全市所有社区达到"深圳综合减灾社区"标准，提升城市安全韧性水平。

2021年10月，北京市发布《关于加快推进韧性城市建设的指导意见》，落实国家和本市"十四五"规划提出的"建设韧性城市"要求，为推进韧性城市建设做顶层设计。随后印发《〈关于加快推进韧性城市建设的指导意见〉任务分工》，逐条明确任务内容、责任单位，落实工作任务。建立北京市推进韧性城市建设协调工作机制，明确相关组织机构、工作职责、工作制度。印发《北京市2022年推进韧性城市建设重点工作方案》，明确了2022年度韧性城市建设20项重点工作任务及分工。在加强韧性城市建设工作组织推进中，北京市、区两级加快完成韧性城市建设组织领导协调工作机制建立，明确牵头单位，研究制订工作计划，统筹协调有关部门开展韧性城市建设，推动各项任务落地落实。建立专家咨询机制，引导各领域专家支撑韧性城市建设。建立评估机制和评定制度，每三年评估一次韧性城市建设情况。

重庆市政府印发《重庆市城市基础设施建设"十四五"规划（2021—2025年）》提出，牢固树立安全发展理念，构建综合性、全方位、系统化、现代化的城市防灾减灾体系，加快建设韧性城市。

广州市政府印发《广州市城市基础设施发展"十四五"规划》提出，构筑更具韧性的安全防护设施。坚持安全发展理念，巩固防洪排涝工程体系，推进海绵城市建设，完善人防工程、应急避护、公共消防设施，提升城市综合防护实力与急救抗灾能力，推动建设安全韧性城市。

2018年上海市政府发布的《上海市城市总体规划（2017—2035年）》中明确提出建设"更可持续的韧性生态之城"，并提出9个核心考核指标。2021年于上海举办了以"应对气候变化建设韧性城市"为主题的世界城市日推广活动，宣布发布"上海指数"综合指标体系框架。

关于韧性城市的建设，西安在2019年《西安国际化大都市发展蓝皮书（2019）》中，就作为亮点之一提出。国际化大都市发展研究小组根据对西安问题的梳理，参考借鉴国内外韧性城市建设历程，结合西安实际提出了强韧之策。主要内容为启动韧性城市建设顶层设计，将"建设韧性城市"内容纳入"西安市'十四五'经济社会发展纲要"，将"强化城市韧性"纳入全新的国土空间规划，形成韧性城市的顶层设计。加强韧性城市组织机构建设，健全城市综合风险管理体系；谋划韧性城市建设重大项目，提高韧性城市建设社会参与度。

二、国内外发展比较

（一）研究方法与数据来源

采用文献计量分析方法，本文运用CiteSpace揭示韧性城市研究相关知识图谱。运用可视化技术，科学知识图谱能以图像形式显示研究发展进程和结构关系，可通过数据挖掘、信息处理、知识计量和图形绘制展现科学研究领域，能为学科研究带来切实有价值的参考，以便研究学者更加高效地了解具体研究领域、关联关系和新的兴趣点。

本研究的具体分析过程如下：①筛选数据。在中国知网和Web of Science上以主题搜索的方式作为相关分析的基础数据来源。②通过对于文献关键词以及关键词之间的共词分析，探究研究热点和关键词之间联系的亲疏程度，从而对于研究领域的主题进行分析，探寻领域热点强度以及关键词中心性。

根据CiteSpace对数据的要求，本研究探究国内韧性城市发展的基础数据来源于中国知网CNKI数据库。以韧性城市为搜索关键词，综合考虑研究需要与文献质量，本文设置"按主题搜索"精确检索条件，所选文章来源类别包括中文核心期刊和CSSCI期刊。初步检索出528篇文献，删除新闻报道、会议论文、会议记录、评价意见、期刊导读等58篇参考度较低的文献，最终选取470篇相关文献作为本次分析的基础数据。

针对国外文献的研究，基础数据选择基于Web of Science核心合集数据库。以韧性城市（resilient cities）为搜索关键词，综合考虑研究需要与文献质量，本文设置"按主题搜索"精确检索条件，所选文章来源类别为SCI-EXPANDED和SSCI。经初步检索得到2218篇文献，对检索到的文献进行精炼，去除国家为中国的文献（研究国外发展情况），限定出版时间为2013—2023年，最终共得到1706篇相关文献作为本次分析的基础数据。

（二）特征分析

1. 发文数量

特定研究领域的年度发文数量及其变化趋势能够反映该研究领域的受关注程度。根据知网获取的文献发布情况统计，国内在2013年之前基本没有韧性城市规划相关研究，因此后续研究分析将建立在2013—2023年的文献成果的基础之上。总体来看，我国韧性城市规划研究的关注度逐年增加，年文献数量总体呈现稳步增长趋势，2019—2022年的增长速度尤为明显（图2-19）。2013年，韧性城市相关研究开始出现，文献量逐年增加，发文量呈直线上升趋势，2020年发文量开始飙升。这一现象是由于2020年11月3日，党的十九届五中全会审议通过的《中共中央关于制定国民经济和社会发展第十四个五年规划和二〇三五年远景目标的建议》（简称《建议》），其中首次提出建设"韧性城市"。《建议》提出，强化历史文化保护、塑造城市风貌，加强城镇老旧小区改造和社区建设，增强城市防洪排涝能力，建设海绵城市、韧性城市。随后2021年通过的《中华人民共和国国民经济和社会发展第十四五个规划和2035年远景目标纲要》，将建设韧性城市作为推进新型城市建设的重要任务；2022年10月，党的二十大报告中强调"加强城市基础设施建设、打造宜居、韧性、智慧城市"。2021年、2022年发文量持续不断地升高都与国家出台相关政策报告有关。截至2023年，2022年达到研究最高峰（166篇）。

国外对于韧性城市的研究开展得较早，本次研究聚焦2013—2023年度发文量，从图2-19可以看出，国外论文发表情况基本和国内发文量趋势相似，都呈逐年递增的趋势，2016年国外发文量相较于上一年有较大的增长，随后一年内发文量有所下降，之后几年逐年攀升，2021年和2022年发文量几乎相同，2023年并未统计完全，两年的发文量相同并不能预测研究是否达到相对饱和，还需未来进一步研究。

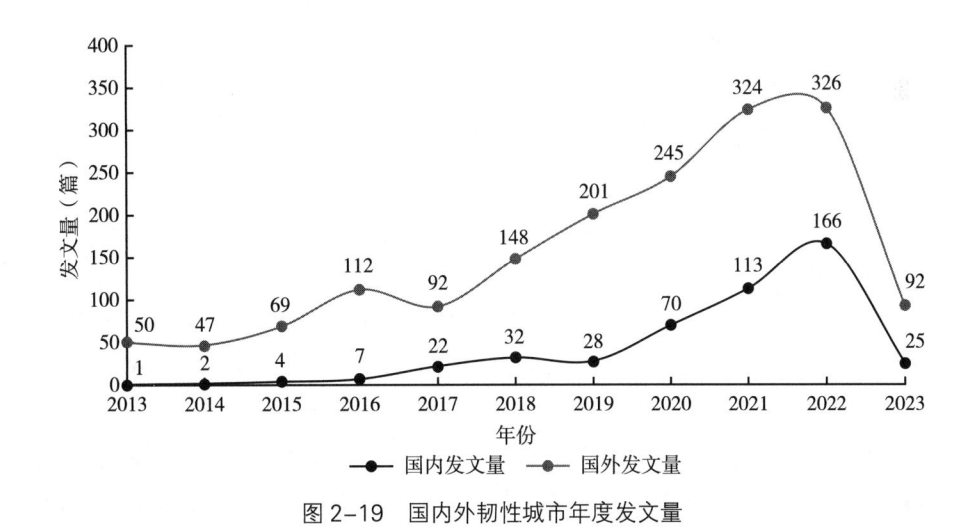

图2-19 国内外韧性城市年度发文量

2. 发文机构情况

对CNKI数据库中统计关于韧性城市发文机构的研究显示，发文量在5篇以上的有8个机构，主要发文机构集中在高校；发文量10篇及以上的有3所高校——天津大学、南京大学、同济大学。

对 WOS 数据库中统计关于韧性城市发文机构的研究显示，主要发文机构集中在大学；发文量 20 篇以上的有 5 所高校，从高到低分别是伦敦大学、墨尔本大学、加州大学系统、佛罗里达州立大学系统、亚利桑那州立大学；德国亥姆霍兹联合会作为德国最大的科研机构发文量也在 20 篇以上，达到 26 篇。

从国内外的发文机构及发文量可以看出，关于韧性城市科学的主要研究阵地还是在各所高校中，且国外高校发文量明显高于国内高校，国内科研产出距国际水平还有不小的差距。

（三）研究领域演进

1. 研究领域

研究聚类是在热点网络图谱基础上通过提炼总结形成的研究主题，直观展示主要研究领域。其原理是通过谱聚类算法生成知识聚类，并通过算法提取标签主题词，表征对应研究前沿领域。本文采用对数似然率（Log-likelihood Rate，LLR）数据分析方法提取聚类标签，CNKI 中所有文献关键词的前 10 个聚类，分别是韧性城市、城市韧性、韧性、韧性评估、经济韧性、社区韧性、城市治理、适应、城市、韧性社区。聚类模块值 Q=0.6903>0.3，聚类结构显著，聚类平均轮廓值 S=0.9363>0.7，聚类结果可信度高。"韧性城市"聚类大小为 44，其中心度较高的关键词包括灾害风险和城市设计。"韧性评估"聚类大小为 24，其中心度较高的关键词包括优化策略、城市网络和结构韧性。"经济韧性"聚类大小为 21，其中心度较高的关键词包括金融集聚、创新能力和数字经济。"社区韧性"聚类大小为 20，其中心度较高的关键词包括应急管理、自然灾害和韧性治理。"城市治理"聚类大小为 19，其中心度较高的关键词为防灾减灾、公共安全和内涝防治。

Web of Science 聚类分析中所有关键词的前 10 个，分别是城市规划（urban planning）、物联网（internet of things）、城市韧性（urban resilience）、气候变化（climate change）、空气污染（air pollution）、生态系统服务（ecosystem services）、当地食物系统（local food systems）、韧性城市（resilient cities）、城市绿地（urban green spaces）、图论（graph theory）。聚类模块值 Q=0.4362>0.3，聚类结构显著，聚类平均轮廓值 S=0.6936>0.5 且接近 0.7，说明聚类结果合理且较令人信服。"城市规划"聚类大小为 56，其中心度较高的关键词包括洪水风险管理和可持续城市排水。"物联网"聚类大小为 46，其中心度较高的关键词包括智慧城市和机器学习。"城市韧性"聚类大小为 45，其中心度较高的关键词包括城市可持续性和韧性城市。"气候变化"聚类大小为 43，其中心度较高的关键词包括韧性和适应。"空气污染"聚类大小为 41，其中心度较高的关键词包括室外热舒适性和交通行为。"生态系统服务"聚类大小为 41，其中心度较高的关键词包括绿色基础设施和生物多样性。"图论"聚类大小为 25，其中心度较高的关键词包括能效和可再生能源。

2.研究领域演进趋势

研究时间线图（Timeline）可以展示各聚类单元的历史研究成果、历年发展走势以及聚类之间的关系。由于本次研究于2023年年初开展，2023年文献数量较少，所以社区韧性聚类发展进度目前存在相对停滞的状态，但这并不能表明社区韧性不再作为研究热点。聚类韧性城市、韧性评估、经济韧性、城市治理至今都有较好的延续性，处于繁荣发展时期。

研究国外有关韧性城市关键词时间线图可知，除"生态系统服务"聚类近两年来研究热度下降外，其他聚类研究都有很好的延续性。

（四）研究热点及其演进

文献关键词是文献核心思想与内容的精炼浓缩，高频关键词的共词特征可反映出研究热点领域。利用CiteSpace软件对相关文献关键词进行知识图谱绘制，发掘各关键词之间的联系网络，以及网络之中不同关键词的中心性，从而总结得出研究领域的热点主题。

分析结果显示国内韧性城市的研究话题具有一定的集中度，部分关键词间呈现出较为紧密的联系，通过关键词共线频次和中心度体现。国内韧性城市规划研究中前20个热点关键词共线情况表明，在共线频次方面，除韧性城市、城市韧性、韧性这几个基础研究热点关键词外，出现频率较高的关键词为经济韧性、韧性评估、韧性治理、城市治理及防灾减灾。另外，海绵城市、气候变化、韧性社区、数字经济等关键词也表现出一定热度。在关键词中心度方面，韧性城市、城市韧性和韧性是研究热点网络图谱的首要节点，经济韧性和韧性评估等是二级重要节点。

国外有关韧性城市建设研究中前20个热点关键词共线情况显示，在共线频次方面，气候变化、框架、生态系统服务、适应等关键词出现频次最高。政策、脆弱性、绿色基础设施、可持续性等关键词出现频次也不低。在关键词中心度方面，生态系统服务、绿色基础设施是研究热点网络图谱的重要节点，框架、韧性、脆弱性、可持续性、风险、城市化等是二级重要节点。

突现关键词是指共现频次在较短的某一时期内有很大变化的关键词，可以反映出该段时间的研究前沿。本研究利用CiteSpace软件中突变监测的方法对470篇CNKI中导出的文献进行关键词突现分析发现，突现词共有18个，气候变化突现时间最早，且持续时间最长，从2013年延续到2019年。研究初期，脆弱性和灾害是韧性城市研究者主要研究的方向，突现强度相对较高，这一阶段侧重研究如何找到策略和方法使得极度脆弱的城市可以在自然灾害来临时继续发展；之后研究者开始思考如何提前规划增加城市的韧性，使得城市本身能够在应对冲击时做出积极响应，实现快速自我恢复，考虑从城市设计开始，包括基础设施的建设、韧性社区的建设，来提升城市应对风险的能力；近年来，韧性城市的研究开始从宏观把控，考虑城市是一个巨复杂系统，城市规模和空间规划成为研究热点。分析发现突现词共有22个，突现时间较早的关键词有植被、生物多样性、空气质量等，中间突现的关键词有地理环境、容量、社区韧性、抗灾韧性，最近几年智慧城市、交通运输成为研究热点。

（五）主要研究内容分析

CNKI中文献的主要研究内容分为两大部分。一是韧性治理，韧性治理体现的关键词有韧性、韧性治理、城市治理、防灾减灾、海绵城市、空间规划、智慧城市、优化策略等。二是韧性评估，韧性评估体现的关键词有韧性评估、影响因素、城市安全等。Web of Science中的文献对韧性城市的研究主要集中在城市韧性和城市治理方面。城市韧性体现的关键词有气候变化、城市韧性、生态系统服务、适应、影响、韧性、脆弱性、风险等。体现城市治理的关键词有管理、框架、系统、政策、模式、绿色基础设施、可持续性、城市化等。

一些专家学者在韧性治理整体路径方面做出研究，如南锐等针对面对重大突发事件的特大城市韧性治理中出现的问题，提出了突破性的治理路径：推进适应性变革，增强公共组织韧性；吸纳和优化多元主体，健全多元共治格局；强化规划更新和应急资源配置，提升危机恢复能力；构建共同体与常态化机制，提高危机学习能力；消除信息偏在和沟通梗阻，增强集体行动有效性；强化行动意识和内在优势，增强自组织行动有效性。朱正威等立足于我国现行的应急管理体系和灾害治理实践从三个方面提出韧性治理的新路径：①树立"发展-安全"同构的治理理念，构建常态与应急结合的灾害治理体系；②完善多主体合作治理体系，促进政府与社会间的增权赋能；③重视和加强组织学习，将制度优势转化为治理效能。另有学者针对城市面对或防范灾害时提升韧性的具体措施进行研究：为解决城市内涝灾害频发的问题，针对城市内涝防治设施的规划和建设而提出建设海绵城市——针对市政排水设施不足、生态系统薄弱和环境品质不佳的问题，可以起到缓解城市内涝、削减雨水径流污染、提高人居环境品质的作用。刘亚丽等结合山地城市特性，结合城市防涝和韧性发展的需求，开展了韧性城市与海绵城市耦合的山地城市防涝规划研究，通过对山地城市进行立体化防涝顶层设计，优化山地水系"韧性海绵格局"等一系列措施，构建了"外涵、内敛、韧性、安全"的山地城市立体防涝体系。徐雪松等结合智慧城市对智慧韧性城市建设框架体系及路径做出研究。提出智慧韧性城市建设以政府为主导，协同社会多元主体，融入新型智慧城市建设过程，将建设框架分为6个层级：智慧感知层、韧性感知层、韧性建模层、韧性决策层、韧性协同层和韧性管控层。提出从智慧韧性城市的8个关键流程出发，着眼提升城市6种韧性能力，构建4种城市治理的韧性职能以及统一的智慧韧性"城市大脑"主要路径。仇保兴建议以复杂适应系统（CAS）理论为方法来建造韧性城市，CAS理论认为，系统中的每个主体都会对外界干扰做出自适应反映，且各种异质的自适应主体相互之间也会发生复杂作用，二者均会对系统的演化路径和结构产生影响。基于 CAS 理论，仇保兴认为一座韧性城市应具备主体性、多样性、自治性、适当的冗余性、慢变量管理和标识六大要素，并平衡兼顾安全韧性、活力宜居、绿色微循环三大建设目标[3]。

张振等从社会、生态、基础设施和经济韧性四个层面建立城市韧性评价体系，基于熵权法确定权重，利用逼近理想解排序法（TOPSIS）模型对长春市 2016—2020 年的城市韧性进行评价，最终为长春市城市韧性建设提供依据。樊燕燕等在分析城市抗震系统构成的基础上，结合 DSR 模型，从抗灾因素、承灾因素和恢复力因素三方面构建城市系统抗震韧性评估指标体系，研究为城市抗震韧性评估提供一种新方法。陈长坤等为定量评估城市应对雨洪灾害的能力，建立基于韧性理论并结合逼近理想解排序法（TOPSIS）的评估模型，从城市韧性的抵抗力、恢复力和适应力三大属性出发，建立评估指标体系（包含 3 个一级指标和 25 个二级指标），并利用该模型分析武汉市雨洪灾害情境下的城市韧性，进而找出应对雨洪灾害时存在的薄弱环节，提出强韧建议。

三、韧性城市的发展趋势

（一）韧性城市规划设计的六大元素

基于 CAS 理论，韧性城市规划设计包含以下六大要素：主体性、多样性、自治性、冗余、慢变量管理和标识。

1. 主体性

城市系统的主体包含多个层次多个方面：小到市民、家庭、企业、社会机构；大到城市建筑、社区、城市政府、城市整体甚至一片区域。各类主体在环境变化时所表现出的应对、学习、转型、再成长等方面的能力，这些也就是系统的韧性之源。当这些主体在应对外界干扰时适当的行动，自我适应做出反映，以保障现代城市这个有机体的健康。日本专家林良嗣、铃木康弘在《城市弹性与地域重建》一书中明确提出："只要提升居民个人的素质即可决定减灾的成败……在灾害现场，要求人们在不确定信息的基础上开展合理的避难行动。"

2. 多样性

任何一个生态系统中物种越多系统越具有韧性，抗干扰能力就越强，这就是生态学给我们的启示。同样的，我们的城市基础设施的管理也需要多个控制中心，因此当我们的城市基础设施设计采用的是分布式的管理方式，进行去中心化，利用多个并列式的管理模块来改造城市的生命线（如城市管网、交通道路等），城市的生命线将会变得更加坚韧。

3. 自治性

城市内部不同大小的单元都能在应对灾害的过程中具有自救或互救的能力，能依靠自身的能力应对或减少风险。例如日本不少城市中，每一个居民家里都备有"救急包"，附近的街区公园有"应急站",城市还设立若干大型"应急中心"。依靠这些基础,城市即使被迫与外界隔离,也能在一个相对安全的时间内最大限度地维持城市内部生命和基本功能的运行。这一系列方法和设施的实施建设使城市具有了一个强大的"自治性"能力。这种就近、迅速响应的自治性机制一般能将众多的小灾险消除在萌芽状态。

4. 冗余

城市是一个复杂系统,而由于现代主流经济学过分地追求系统的运行效率,一定程度上使我们的城市有了"剑走偏锋"式的脆弱性,使城市这类系统也为了追求效率而失去了它本该具有的抵抗力。任何一类城市基础设施、城市的结构都必然存在一些无用之用的部分,当系统遇到风险时,往往这些无用之用部分会成为此刻效率最高的结构。

5. 慢变量管理

许多城市脆弱性是"温水煮青蛙"造成的,在潜移默化、不知不觉的过程中对风险"习以为常"地淡化了。这时就需要借助现代科技对这些人类日常不易察觉的慢变量进行搜集、整理、计算。利用智慧系统的微计量,通过累积性计算和临界点分析使其察觉到风险的来临,我们要学会管理"灰犀牛式"的缓慢来临的风险因子和外在的渐变影响因素带来的临界突变式灾难。

6. 标识

标识在复杂系统中的意义在于提供了主体在灾变环境中搜索和接收信息的具体实现办法。以便我们能够在复杂的灾害系统过程中迅速区分和找到不同主体的特征,给予我们高效的相互选择,从而减少因系统整体性和个体性矛盾引发的行动错位和信息混乱。

传统工业文明思路下的城市基础设施建设以集中化、大型化、中心控制模式为主,这种片面性的建设为城市带来巨大的脆弱性,必须辅之以各种高韧性的"微循环"新模式。传统的城市防灾思维企图建造一个巨大的"拦水坝",希望将各种不确定性拒之城外,这种想法不仅浪费极大,有时还会制造出新的脆弱性。基于在城市设计中应用第三代系统理论,规避第一、第二代系统论的局限,坚持主体性、多样性、自治性、冗余、慢变量管理、标识等 CAS 设计原则,是开拓韧性城市基础设施设计的新途径[1]。

(二)建设韧性城市的十大步骤

随着新技术的发展和气候的极端变化,城市面临"黑天鹅"的种类越来越多,其运行过程中面临的"不确定性"相比过去也大大增加,迫切需要城市决策者在韧性城市设计建设方面迈出坚实的步伐。建议按以下 10 个步骤展开行动[2]:

1. 转变思想观念

传统的城市防灾思路总是企图造一个巨大的"拦水坝",希望把各种各样的不确定性或风险拒之城外。这样做不仅浪费很大,有时还会制造出新的脆弱性[3]。试图用建造一个巨大的"拦水坝"或巨大的设施来减少不确定性,这实际上是一种传统的工业文明思路。而这种传统工业文明思路下的城市基础设施属于集中化、大型化、中心控制式,这些基础设施不仅造价非常高昂,而且会成为"脆弱性"的新源头。

一位英国的风险专家非常清楚地表达过,工业化国家城市中真正大规模杀伤性的武器正是那些我们常见的集中化、大型化、中心控制式的传统基础设施[4]。这句话可以通过前几年城市发生的一些灾害得到印证。

2015年8月,天津滨海新区危险品仓库发生大爆炸,死伤几百人。爆炸威力非常巨大,相当于800枚巡航导弹同时爆炸,造成的损失是中华人民共和国成立以来城市灾害中数一数二的[5]。由此,可以推测当年在规划建设滨海新区危险品仓库的时候,提出的方案显然是依据工业文明思路而建的。决策者希望把天津港所有的危险品集中在一个仓库,打造"亚洲第一"的大规模危险品仓库,因而造成了这场灾害。倘若采取依据危险品分类、小型化并靠近码头分散建设几个专业仓库的思路,就可以大大减少发生此类爆炸所造成的损失。

2015年12月,深圳光明新区的大土堆崩溃。当年12条地铁线同时开工,挖出来的土需要找地方堆放,一种方案是分散、就近堆放,另一种方案是在一个地方集中堆放,造就珠江三角洲最大的人工土堆。深圳当时就采用了后一种方案。于是,将12条地铁线挖出来的土都运到光明新区一个堆土堆进行堆土,高度达100多米[6]。结果,一场暴雨造成了人工泥石流,致使近100人的生命瞬间消失。

由以上几个案例可见,盲目的追求大规模、集中式和中心控制式设施很容易使其成为灾害的源头。因此,我们的城市如果要实现韧性,就需将基础设施设计思路从传统的大规模、单中心转向小规模多接点;从串联运行转向并联运行;从以"从上到下"顶层构成为主转向以"从下到上"主体生成为主;从以外调控为主转向内组织、以市场机制调控为主;从独立封闭转向开放协同;从中心控制的网络转向扁平化的网络;从静态僵化转向动态适应;从主体不明确或者高层决定为主转向主题明确、分布式决策为主;从城市的组团职住分离转向职住平衡;从单一结构转向多样化、模块化结构;这些都是使城市由脆弱走向韧性的路径,但是这些新思想显然与传统的工业文明相背。

2. 设计研究机构创新

要使韧性城市顺利应对我们面临的许多不确定性,传统的技术、工艺、设计方案、标准规范都必须进行再创新和变革,甚至抛弃。在方法论上,在城市规划设计中应用第三代系统理论——复杂适应理论(CAS),跳出第一代和第二代系统论的局限,坚持主体性、多样性、自治性、冗余、慢变量管理、标识等CAS设计原则,才能开拓未来城市韧性基础设施设计的新途径[3]。

由于未来是充满不确定性的,所以需要通过提高城市的韧性——免疫力来应对黑天鹅事件,而这就必须引入新的创新机构和新的创新体制。十几年前,在阿拉伯半岛中,阿联酋用丰富的石油赚来的钱,投资220亿美金用于在沙漠里面建造一个生态城,即马斯达生态城。这座生态城市由英国的福斯特公司设计，可供5万人在里面生活和工作。该生态城号称拥有最新的技术，可以实现水的全循环利用和零碳排放[7]。由于在没有历史经验的情况下，需要在沙漠里面进行系统性新技术的研发创新，从而创造出一个适应人居住的未来新城，这显然不能靠一次设计就能把所有不确定因素都解决掉，而是必须在整个城市规划过程中进行持续地研究，解决不断涌现的新的不确定性。因此马斯达生态城与麻省理工学院一起合作投入巨额资金建立马斯达沙漠学院[8]。在城市还未开始建设时，马斯达沙漠学院就已经开始动工。仅仅两三年以后就开始招生，并通过给予非常充足的经费保障，保证马斯达沙漠学院能够对马斯达生态城的人居环境、气候、能源利用途径以及水资源的循环利用等新问题进行持续不断地深入研究，通过这种合作创新解决了许多传统设计机构所不能解决的"不确定性"问题。

在我国也已经有诸多城市提出要用全新的理念实现"分布式"的基础设施建设，例如通过建设几十个再生水处理中心来取代原来"大规模、单一"污水处理厂。采用这种分布式的技术不仅在实际成本上比原来集中式更低，而且还具备强大韧性的新设计理念。即使这类新城市的总体规划中体现了这些新设计理念，但是在市政设计的具体实施过程中，传统的市政设计院却将后继的这些分布式设想全都改回到原来单一的、巨大的、中心化的污水处理厂设施。因为传统的市政设计单位往往倾向于做自己擅长的，即设计大型的、单一的、规模化的污水处理厂，而属于新思想的"分布式"基础设施一直不被传统市政院所接受和认可。

所以传统的设计单位必须要进行改变，接受新的设计思路、新的思维、新的技术和新的理念。只有通过引进具有新概念的设计机构进行对比，开展竞争合作，才能得到韧性设计最优解。在传统的工业文明时期，几十年习以为常的规范、标准、工艺技术路线都必须进行自我扬弃，从而拥抱新的思路、新的技术与新的模式。这是思想革命，也是技术革命和模式革命。当前我们正在从工业文明走向生态文明，从一般城市迈向韧性城市，而这一转变也就意味着城市工作者必须要拥抱新的思路、新的技术。

3. 分析脆弱点

分析城市生命线工程的脆弱点和治理成本，制定治理方案，并列入五年计划当中。通过一两个五年计划，分批地解决这些脆弱的短板，那么城市韧性就会不断提高。我们要用一些新的理念，如"海绵城市"的理念，使一类设施能够起到多种用途，在改善环境的同时使生态基础设施的类型更加丰富。例如在瑞典的马尔默，这座生态城市的人行道全是透水的，这些水透到一定程度就会溢出来，而溢出来的水就会流到一个约20平方米的小型湿地，通过就地渗透沉淀，水中的泥沙和脏东西都会在这个小型的湿地中间沉淀下来，这种方式下溢出的干净水就可以排到自然水体中去[9]。即使是一场大雨来临，这个城市内部的河泊水系都不会受到雨水的污染。更不用说"海绵城市"的基础设施本身就是小型的、分布式的水系循环设施，不需要把原来的公园绿地推倒重来，而是在原来的公园绿地中强化城市的韧性。

城市水系统是这样，能源系统也是这样的转变思路。这些都需要进行细致的研究，并列入五年计划。随着海平面的上升，美国纽约的很多地方受洪涝灾害的威胁就加大了，在新的规划中体现了很多办法，例如2020—2050年，纽约计划把许多低洼的地方修建成具有下渗功能、蓄水功能的湿地[10]。这些湿地在海潮或暴风雨来的时候，能够起到缓冲的作用。这些综合措施能够让洪水与城市实现和谐相处。特别是新开辟的那些公园绿地，一方面是一种城市海绵体，另一方面平时就是美丽的公园，可以对居民和游客开放，这样就建造出许多非常有意义和多样化的城市公园绿地。

4. 划分组团

分组团化改造，编制生命线工程方案。日本东京作为世界上规模最大的城市，在其2040规划中提出韧性城市的规划（图2-20）：把整个东京划分为30多个组团，每个组团都逐步改造成为拥有独立的能源供应、独立的供水、独立的水处理系统、独立的垃圾循环利用、独立的通讯保障和医疗保障[11]。每一个组团中都有一个规模适宜的综合性医院，这个医院在疫情到来的时候就可以迅速转化成为传染病防治医院。如果一个组团发生传染病例了，就可仅对这个组团进行封闭。而且对组团的改造要求是力求做到每个组团能够相对的职住平衡。这样的话，一个组团出问题就进行就地隔离封闭，也不会影响到其他组团的正常运行。如果一场大的地震或者暴风雨来了，其中一个组团的能源系统被破坏了，其他组团可以通过一定调控给予援助。如此看来，一个多组团、分布式的体系比原来单一的传统基础设施的韧性要强很多。

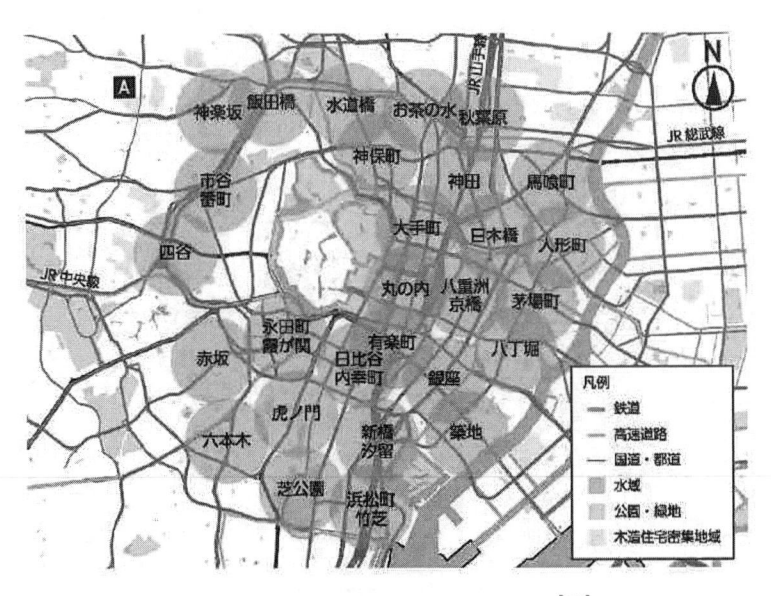

图2-20 东京韧性城市分组团示意[11]

来源：《都市营造的宏伟设计——东京2040》，2017

对超大规模的城市进行分组团的改造，实际上是一个必然的趋势。每一个组团里面原来就只有居住功能和一定的商业功能，很少有其他必需的功能。我们重新把娱乐服务，包括提供劳动力岗位的科技创新孵化器都植入这个组团里面，使这个组团内部的多样性更丰富，实现职住平衡，更能够进行独立的运作。这样每一个环节都具有能够进行新的微循环代谢的工程。各种微循环代谢流程在每个组团里面都可以完成。把微循环嵌入每一个组团里边去，使它们变得更加坚韧。对任何一个城市而言，只要每个组团都很坚韧，那么城市整体的韧性就可以发挥出来。

5. 补充微循环

在每一个社区、每一个组团里补充原来没有的微循环（图2-21）。许多微循环在传统城市中原来是没有的，这主要是由于工业文明思路使我们向往在城市中建立一个大型的静脉产业系统，把所有的垃圾、污水都长距离运送到那个巨大无比的静脉产业基地里进行处理。这是一种典型的工业文明的旧办法，这种办法会造成新的脆弱性。正确的做法应该是在每个组团里边补充新的微循环，比如现代化的污水处理工艺完全可以做到集装箱化处理，每天每个集装箱模块的处理量可达到300多吨；另外日本家家户户都可以做到厨余垃圾就地处理，即把厨余垃圾放到一个厨余垃圾处理箱中，这个处理箱有好氧菌，这些好氧菌能够起到垃圾分解作用，且不产生臭味，5~6个小时后就能使厨余垃圾成为花草的肥料[12]。如果我们的城市家家户户都能对废水、厨余垃圾实现短链处理，那根本就不需要形成一个像北京、上海那样专门处理垃圾的庞大的长链条。因为一旦遇到紧急事情，长链条很容易

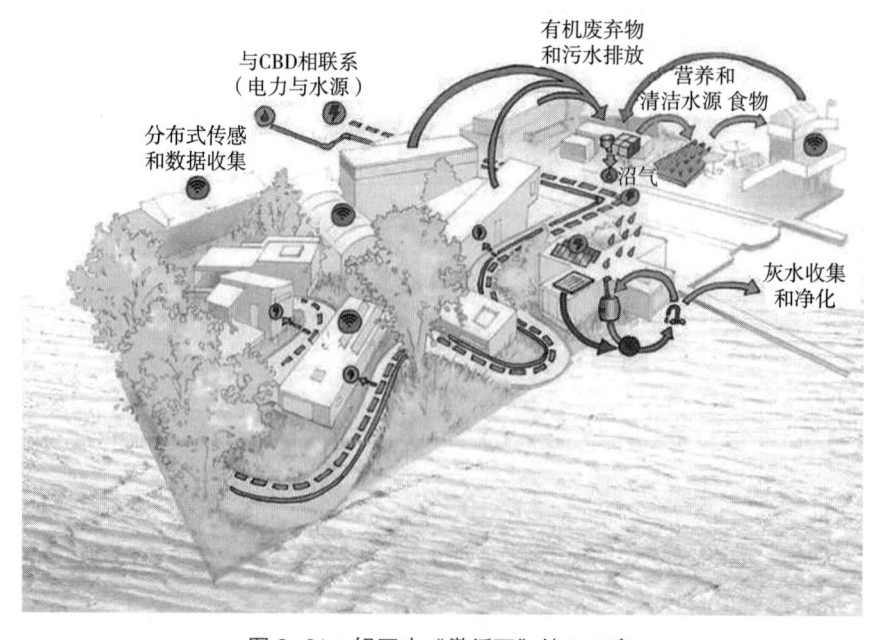

图2-21 组团内"微循环"植入示意

来源：阿姆斯特丹"De Ceuvel"项目

断掉,这些易臭、易腐的垃圾就会成为城市的灾害。倘若每个社区、每个家庭都能够进行自我无害化处理,家庭和楼宇处理不了的就在小区里面进行处理,并尽量在社区内进行循环利用,使微循环的循环链越短,不仅碳排放量越低,而且不论是社区的韧性还是城市的韧性就都能得到提升。无论是生活废水垃圾的微循环还是有机更新产生的建筑垃圾,都可以在城市里进行循环再利用,这样不仅能够加强城市韧性,而且可以提高生物多样性,完善组团内的各种基础设施的独立运作能力,最后达到低碳、生态化和生物多样性的目标。

6. 信息化协同

信息化协同即利用信息技术协调各个组团和组团内的各种微循环设施协同运营。微循环是一种分布式的系统,就能源而言,一个社区里的可再生能源有屋顶太阳能和屋顶风能等,还可以实现利用生物质废料变成沼气进行发电。不仅如此,上海、苏州的高层住宅区,已经可以实现利用电梯的下降势能进行发电[13]。这些不同的可再生能源在社区中组成一个微电网,将各种新能源连接起来,平常可以直接为居民提供电能。北京目前已正式出台每度可再生能源补贴0.3元的政策。这是一个非常好的政策,可减少新能源系统的建设成本。另外,随着电动车越来越普及,预计到2045年的时候,我们国家可能有两亿辆电动车[14]。这些电动车的储电能力相当于电网的1/3。在一个微电网中,系统可把白天多余的电力储存在电动车中,而且也可把半夜里电网的峰谷电储存在电动车的蓄电池里。这样一旦遇到用电高峰,电动车里边的电可以反馈一部分出来,原来的低价峰谷电就变成了高价的电力。如果遇到整个城市受灾停电的情况,可以在几个小时内,由微电网的电动车来支撑这个小区正常的运行。其他的微循环也是这样,通过信息技术把它们智能化协调起来,形成一种智能小系统。特别是到了5G时代,通过无处不连、无处不智的物联网功能,让各种分散、小型化的微循环、分布式基础设施都能够接入系统,产生巨大的微循环效果。

不同种类的物质之间也可以相互发生转换作用,比如能源供应和水供应(图2-22)。能源供应和水供应可以通过消费循环进行相互之间的置换,多余的能源可以转化成社区的水处理能力。把污水收集处理为中水,再把中水就地处理为纯净水,这说明能源和饮用水是可以相互转换的。如果在小区里再插进温室鱼菜共生系统,在屋顶上加装有机蔬菜生态系统,我们还可以使这个小区某几类蔬菜实现自我供应和循环利用。供应链非常短,蔬菜非常新鲜。所以,微循环可以在不同物质之间、不同能量之间进行转移和综合循环,产生非常好的韧性、生态和碳中和效应。

7. 改造老旧小区

对城市原有的老旧小区进行改造,一定要补足社区的单元短板。新加坡是一个拥有600多万人口的国际大都市,疫情防控做得好的原因是新加坡在城市防疫韧性设计上下了功夫,在每一万人的居民点里面都设有一个发热的门诊点[15]。而在我国城市中如果需要去发热门诊点检查可能要走很远的距离,在这种长距离的人口流动中很可能造成疫情的交

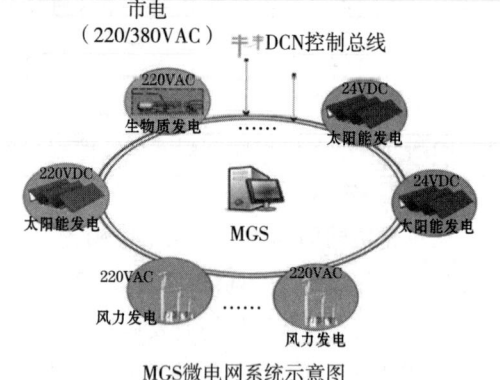

图 2-22　社区内多种可再生能源协同网络示意

叉感染。所以，在城市老旧小区改造中要补上这些防疫脆弱性的短板，强调在 15 分钟内到达防疫医疗点，15 分钟能达到小学、幼儿园，30 分钟能达到创新的孵化器等。在上海浦东新区，政府甚至考虑到在 15 分钟内到达"放管服"的服务点。政府和各公用事业单位在社区级服务的高质量、多样化、完备化可以大大增强老旧小区的韧性。每个小区的韧性提高了，整个现代化城市韧性的提高就有了基础保障。

8. 平灾结合改造

新建和改造公共建筑均要考虑"平疫结合""平灾结合"。近 500 年来，人类遇到多次大疫情，在这个过程中，总结出医院、大型公共设施应该采取"三区两通道"的设计方案。其中半污染区是缓冲地带，要做到空气流动的管制，门窗不接触打开，洗手、扶梯不接触使用，频繁接触物体表面镀银具防菌、防病毒性能。此类设计运用现代技术，成本很低，只要在设计上下功夫，就可以在疫情来临的时候，迅速把整个公共建筑改造成为"平疫结合"的公共设施，或者迅速建成能够容纳就地集中医治的传染病医院。以海南省委党校为例（图 2-23），海南省在接受了"三区两通道"的设计理念后，将建设过程中的海南省党校停工，重新设计图纸，仅比原来多花费 600 万元就把党校设计成为在疫情期间能够迅速转变为有近千张床位的传染病防治医院。优先把大型公共建筑、公共设施，特别是各级党校率先改造成为"平疫结合"的"三区两通道"建筑，不仅不影响日常的正常使用，还可以在疫情来临的时候，迅速转变为疫情防治医院，不仅能赢得抗疫时机，而且避免了重新改造、增加成本。

9. 建设反磁力中心

在超大规模城市的周边布局建设"反磁力"的"微中心"。"反磁力中心"遵循的是英国、法国在第二次世界大战以后在城市的郊区建立"卫星城"的思路。卫星城的建设，

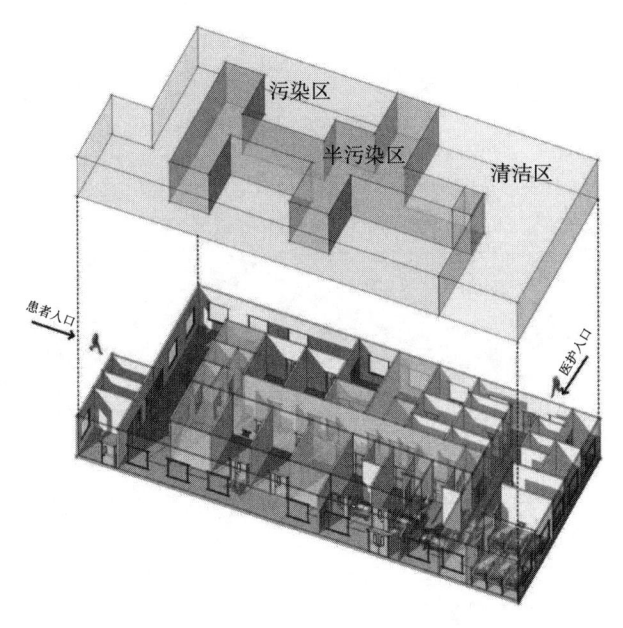

图 2-23 "三区两通道"示意

第一代不考虑职住平衡，这样会造成巨大的钟摆式的交通；第二代考虑 30%~40% 的职住平衡；最后第三代卫星城达到 70%~80% 的职住平衡，即任何一个微中心，任何一个卫星城能够创造 70%~80% 的就业岗位。这就必须要求在生活娱乐设施、商业服务、学校、医院、公园绿地、人居环境等方面要比主城区更完善。如此促使主城区一些喜欢在郊外居住的市民到分中心居住、工作，形成大小不一、多点化的组团式的网格结构，即十九届五中全会提出来的网络式、多组团的新型都市化区。以"2030 巴黎规划"为例（图 2-24），多中心的、"反磁力"的"微中心"的建设，是"韧性"巴黎未来发展重要的基础。但是，现在一些传统的思路仅将这些"卫星"城建设成纯居住区，职住平衡状况不好。整个长三角要通过"微中心"的建设，使得某些远郊、市郊的"卫星"城在某几个方面，如生活品质、工作条件、学校、医院的质量达到或者超过主城区的水平，产生一定的人口"反磁力"，才能有效分流城市人口和城市功能。

以日本的筑波城为例，通过 40 年的建设，已形成拥有 30 多万人口的规模，且基本能实现职住平衡，由于其归属感、可达性、碳中和以及休闲娱乐、生活环境都得到了综合性的提高，因此成为越来越多人向往的创新、创业的热土，也是日本国际化程度最高的创新中心之一[16]。40 年前，日本就开始了筑波科学城的建设，目的是把东京越来越集中的人口、设施分流一部分到"卫星"城，但是由于政策制定不到位，交通干线建设滞后，没有确定将它作为一个独立城市来进行管理，所以走了很多弯路。如果没有这些波折，可以缩短一半以上的时间，这些都可以作为长三角都市群参考、借鉴和反思的经验教训。

图 2-24 2030 巴黎大区空间规划

来源：《巴黎大区战略规划》*Le Schéma directeur de la région lle-de-France*，2014

10. 网格式管理

网格式管理智慧城市建设。早在 15 年前就已提出，首先是把城市许多固定的设施、不确定的因素数字化。一是城市的部件，如窨井盖、行道树、消防栓等，将这些部件坐落在何地、材质是什么、使用状况如何、主管部门是谁等形成一整套城市部件管理体系。二是城市的事件，如疫情期间有人发热，或乱停车、乱盖违法建筑、堵塞交通等。一般可以划分为一个个万米网格，对每个网格里的事件进行动态的采样，做到全面感知、精准运算、迅速执行、实时反馈，使整个城市对每一个网格内发生的问题更加敏感，且责任到位。这样的管理被称作"街道吹哨子，部门来报道""天上有云，中间有网，掌上有端，地上有格""小事不出网络，大事不出社区""人、事、地、物、情、组织等全要素信息常态化管理"[17]。

网格管理在疫情防控方面能起到很大作用。一是居民区、居民相互之间能形成自我监督，一旦有人感染，人员移动量就会减少，其活动踪迹所有人都可掌握。二是与健康码的珠联璧合，能发挥巨大作用。三是"放管服"，无论是政府各部门审批服务，还是快递系统，都可以做到不见面、专业化服务，使居民获得优质的、全面的供给，生活水平和质量没有受到大的影响。网格式管理的基础是网格感知更加清晰化，特别是 5G 时代的到来，1 平方千米可接入 100 万个传感器，城市每个细节都可以连入网络，每一处都可经过人工智能进行计算，使得整个网格更加敏感，更加综合高效，让人民群众实时掌握周边的事，知道自己应该怎样去利用这个网格，做到"平疫结合""平灾结合"提升生活品质。

网格化管理把灾时和平时、流动性与地域性在一个复杂的层次里适当进行时空上的切割，把流动的、不确定的、动态的要素变成相对的、稳定的、静态的，使获得信息的准确度提高，治理方案更有针对性，执行力度更好、更精准。

（三）韧性城市的实施保障

1. 重视实践规划

目前我国对韧性城市建设还停留在战略规划层面，针对韧性实践方面的顶层设计还有所欠缺。韧性城市规划与建设是解决新时代我国各种"城市病"的有力抓手，应顺应国土空间规划的发展与变革，搭建一套完整的多层级、立体化、系统化的韧性城市建设框架，并在具体项目中加以落实；编制国家层面的韧性规划指南来指导各地方韧性城市建设，突出韧性城市发展主题，首先要在城市治理实践中贯穿这一理念，统一部署来解决我国城市高质量发展过程中面临的各种风险与挑战；韧性城市更注重系统观念，在统筹考虑经济发展、城市承受能力的前提下平衡安全因素，还要统筹考虑各个实施主体，避免各自为战；研究确定韧性城市规划建设的阶段性工作与目标，助力我国城市向高质量高韧性方向发展。

2. 完善认知体系

城市韧性研究涵盖了灾害学、地理信息科学、数学软件编程、空间规划学、生态学、公共管理学、公共卫生学、环境科学等学科领域。国内对于韧性的关注较晚，不同学科的研究学者根据自身研究的需要分别提出自身学科的韧性概念。这种没有固定化的概念将不利于我国韧性城市的规划与建设。因此，有必要在我国的学术范围内对韧性及韧性的概念进行广泛的交流与研讨，以期将韧性的概念在一定学科领域范围内固定下来。

从多学科交叉视角出发加强探讨，突破当前研究局限，创造性地研发出更适合新时代国土空间规划体系构建要求的韧性城市理论和技术方法，形成以多学科、多理论共同支撑的空间治理结构体系，这种跨学科的良性互动讨论对进一步明确韧性城市基本概念的纵深和边界具有重要意义。

3. 强化地方特色

不同区域中的城市往往在自然本底层面（气温、降水、地形、地貌等）存在较大差异，适宜城市发展的条件也不尽相同，因此，并不是所有城市都适合进行大规模开发利用。韧性城市的规划与建设也要因地制宜、因时制宜、因城制宜，统筹考虑新城开发与旧城保护，重点体现不同地方的特色文化，使韧性本身更具韧性。

因此，韧性城市的建设要在不同城市现有发展基础上，依据城市自身的自然本底条件和历史文化等综合因素，发挥不同城市的比较优势，不断加强由"外延式"向内涵式的发展转变，不断完善城市功能，优化城市空间结构、挖掘特色文化、提升城市品质，找到一条适合城市自身发展的道路，逐步打造具有地域特色的高质量的韧性城市。

4. 加强区域合作

孤岛容易被摧毁，只有构筑区域性的、强大的城市网络才能抵御风险冲击。一是建立区域协调联动体制。组织以超大、特大城市为主导，中小城市共同参与，或者多个特大城市共同参与的区域性应急联盟，建立联络机制和会商机制，统一应急管理工作流程和业务标准，加强日常应急管理中的信息互通、风险共防、救灾互助等工作。二是建立应急准备合作机制。建立健全横向联合指挥跨域救援等机制；联合开展跨区域、跨流域风险隐患普查，形成综合治理、系统治理格局；编制联合应急预案，并组织联合应急演练，强化各地预案之间的衔接配合。三是建立应急资源区域储备体系。国家根据区域空间特性和规划建立若干区域灾害资源储备中心；利用大数据、人工智能等技术分析研判城市之间的资源分布差异，实现对防灾设备、救援物资和科研资源的科学布局，提高城市之间的资源互补性和城市群整体的资源韧性。

基于经济地理位置的相互关联构建区域韧性城市示范交流区，强化双边或多边沟通交流机制，形成"标杆"效应，为周围地区提升城市韧性提供政策借鉴、资源和经验共享、人才支持等。一方面，强化区域间的交流能够提升韧性水平较高地区对水平较低地区的示范带动作用，缩小区域间韧性水平差距；另一方面，通过双边或多边的交流机制，能够进一步激励区域内部发展，对区域韧性整体水平的提升起到积极作用。

5. 发挥主体能动

城市韧性建设应注重充分发挥社会主体的能动性。城市韧性建设的主导者是国家或者政府，但社会也是韧性建设的主体。当前安全风险越来越呈现不确定性、多样性、交错性、无止性等特征，愈发抗拒计划、管理和决策的传统路径，仅凭政府的科学分析与线性规划难以有效化解危机。因此，政府在强化自身建设和良好管治的同时，还需要科学有效地引导社会发展，帮助培育和完善各类社会组织，增强群众安全意识、提高安全技能，并提供开放有效的韧性治理参与渠道，利用多元力量共同应对挑战，形成一个国家行政能力强大、社会组织积极有活力的"好政府-强社会"的城市韧性建设格局，通过政府统筹引领实现政府与社会的互嵌与有机耦合，从而更有效地应对当前越来越多的复杂性风险问题。

6. 加强宣传教育

韧性城市中不仅有基础设施等硬指标，还包括意识形态、习俗、文化等软指标，市民意识形态高度认同是韧性城市建设不可忽视的重要因素。鼓励居民积极参与韧性城市建设，激发城市居民的主体意识和积极性，开展韧性科普讲座，培育居民安全意识和应灾能力，以推进城市形成可持续、自组织的长效韧性运维机制。通过加强宣传教育等方式，一方面提升市民自身素质，另一方面也能增强市民的共识。坚持人民城市人民建、人民城市为人民，推进以人为核心的新型城镇化，不断增强人民的获得感、幸福感和安全感，在意识形态方面形成高度认同，进而从软指标方面不断提升城市韧性水平。

（四）小结

总之，韧性城市设计建设要注意以下4个方面：①必须要用韧性城市的新理念来应对现代城市面临的诸多不确定性，减弱各类突发灾害事件对城市正常运行的影响；②韧性城市建设的主要内容：首先应通过中长期规划来补齐各类生命线工程的短板，并强调分类、过程和协同；③在韧性城市设计中推广应用第三代系统理论（即复杂适应系统），虽然我们研究的是韧性城市，但实践的是绿色、生态、智慧、宜居理念，这几方面是能相互协同的；④必须坚持以人为中心的新理念，提出韧性城市评估和对策建议，防止落入"确保增长为中心"的工业文明时代减灾防灾的旧框框。只有这样去理解，才能和"十四五"规划的其他课题无缝对接。如果说传统的城市防灾思路是建造一个巨大的"拦水坝"，幻想将各种不确定性拒之城外，那么韧性城市建设就应基于每个城市主体的能动性来发挥来设计更安全绿色的城市[1]。

参考文献

[1] 仇保兴. 基于复杂适应理论的韧性城市设计原则[C]//首届创新城市发展方式（西咸）国际论坛论文集，2018：29-35.

[2] 仇保兴. 迈向韧性城市的十个步骤[J]. 中国名城，2021，35（1）：1-8.

[3] 仇保兴. 基于复杂适应系统理论的韧性城市设计方法及原则[J]. 城市发展研究，2018，25（10）：1-3.

[4] 约翰·梅里曼. 欧洲现代史[M]. 焦阳，赖晨希，冯济业，等译. 上海：上海人民出版社，2016.

[5] 鲁征，傅贵，薛忠智. 天津港"8·12"危险品仓库火灾爆炸事故行为原因研究[J]. 灾害学，2017，32（1）：205-211.

[6] 瞿崑. 深圳光明新区致73死滑坡事故调查报告发布[EB/OL].（2016-07-15）[2020-11-17]. http://news.sina.com.cn/c/nd/2016-07-15/doc-ifxuapvw2080572.shtml.

[7] 马鸽，孙群力，彭有为. 数字经济与经济韧性耦合协调研究[J]. 财会研究，2022（7）：4-11.

[8] 吴秀真，刘新华. 新型城镇化与经济韧性的耦合协调分析——以长江中游城市为例[J]. 区域金融研究，2022（10）：77-84.

[9] 舒诚忆. 资本视角下城市社区社会韧性定量评价方法研究[D]. 江苏：东南大学，2019.

[10] 孙刚. 纽约推"绿色新政"：2050年实现净零排放[N/OL]. 解放日报，（2019-07-06）[2020-11-17]. https://www.jfdaily.com/journal/2019-07-06/getArticle.htm?id=274378.

[11] 柯锦雄.《东京2040》为城市规划打开新思路[EB/OL].（2019-10-29）[2020-11-17]. https://pl.ifeng.com/c/7rASNRqfA24.

[12] 西伟力. 日本垃圾分类及处理现状[J]. 环境卫生工程，2007（2）：23-24，28.

[13] 何先学，何焕锋. 一种利用电梯轿厢升降运动进行发电的设计方案[J]. 中国电梯，2018，29（5）：30-31.

[14] 邱海峰. 电动车保有量约两亿辆 相关安全事故该如何避免[EB/OL].（2018-05-30）[2020-11-17].

https://baijiahao.baidu.com/s?id=1601843164620032563&wfr=spider&for=pc.

［15］七哥．对抗疫情，新加坡800多家发热门诊一夜上线［EB/OL］．（2020-03-05）［2020-11-17］．https://www.sohu.com/a/377916552_456062.

［16］谭旭峰，孟庆华．日本筑波科技城——"现代科技的乌托邦"［J］．中国高新区，2004（9）：60-61.

［17］陈荣卓，肖丹丹．从网格化管理到网络化治理——城市社区网格化管理的实践、发展与走向［J］．社会主义研究，2015（4）：83-89.

［18］杨金山，王常效．韧性城市建设的深圳实践与展望［J］．特区实践与理论，2022（2）：79-84.

［19］左英．韧性城市建设思考——以西安为例［J］．大众标准化，2021（18）：44-46.

［20］王宝强，李萍萍，朱继任，等．韧性城市：从全球发展理念到我国城市规划的本土化实践［J］．规划师，2021，37（13）：57-65.

［21］谢起慧．发达国家建设韧性城市的政策启示［J］．科学决策，2017（4）：60-75.

［22］叶桂平，孟静文．澳门特区建设安全韧性城市路径研究［J］．中国应急管理科学，2020（12）：30-36.

［23］李万玲，肖云松，郭桂君．新西兰的韧性城市发展策略研究［J］．城市建筑，2022，19（24）：42-45.

［24］项松林，潘莉媛．韧性城市的理念演进与发展路径——以合肥市为例［J］．湖北经济学院学报，2022，20（6）：120-127.

［25］庞冬彦，赵林，于伟，等．山东省旅游经济系统的韧性测度与障碍因素分析［J］．资源与产业，2021，23（3）：50-59.

［26］陈鹏伟，宋慧琪，武耀杰，等．中国农村经济韧性评价及影响因素研究［J］．云南农业大学学报（社会科学），2022，16（5）：43-52.

［27］柳江，李志花．黄河流域经济韧性与经济高质量发展研究［J］．开发研究，2022（3）：11-22,2.

［28］杨保清，李贵才，刘青．基于DPSRC模型的国际社区社会韧性评价分析——以广州小北16个国际社区为例［J］．地域研究与开发，2020，39（5）：70-75.

［29］李亚，翟国方，顾福妹．城市基础设施韧性的定量评估方法研究综述［J］．城市发展研究，2016，23（6）：113-122.

［30］佘硕，段芳．长三角城市群基础设施韧性度评价——基于TOPSIS熵权法［J］．中国房地产，2020（27）：31-35.

［31］王思成，运迎霞，贾琦．基于"源—流—汇"指数分析的天津市中心城区生态韧性评价［J］．西部人居环境学刊，2020，35（1）：82-90.

［32］王少剑，崔子恬，林靖杰，等．珠三角地区城镇化与生态韧性的耦合协调研究［J］．地理学报，2021，76（4）：973-991.

［33］南锐，朱文俊．面对重大突发事件的特大城市韧性治理：衍生逻辑、现实困境与突破路径［J］．学习论坛，2022（4）：55-65.

［34］朱正威，刘莹莹．韧性治理：风险与应急管理的新路径［J］．行政论坛，2020，27（5）：81-87.

［35］刘亚丽，曹春霞，龚浩．"韧性城市"与"海绵城市"耦合的山地城市防涝规划研究［J］．规划师，2022，38（11）：97-103.

［36］徐雪松，闫月，陈晓红，等．智慧韧性城市建设框架体系及路径研究［J］．中国工程科学，2023，25（1）：10-19.

［37］张振，张以晨，张继权，等．基于熵权法和TOPSIS模型的城市韧性评估——以长春市为例［J］．灾害学，2023，38（1）：213-219.

［38］樊燕燕，刘轩谷．基于DSR-灰云模型的西北城市抗震韧性评估［J］．防灾减灾工程学报，2022，42（6）：1191-1202.

［39］陈长坤，陈以琴，施波，等．雨洪灾害情境下城市韧性评估模型［J］．中国安全科学学报，2018，28（4）：1-6.

［40］仇保兴. "韧性"——未来城市设计的要点［J］. 未来城市设计与运营，2022（1）：7-14.
［41］纳西姆·尼古拉斯·塔勒布. 黑天鹅［M］. 万丹，刘宁，译. 北京：中信出版社，2008.
［42］TED演讲. 比尔盖茨2015年TED演讲：面对病毒，全世界都没有做好准备［EB/OL］.（2020-02-08）［2020-11-17］. https://new.qq.com/omn/20200208/20200208A0QC1J00.html.
［43］北美生活志. 比尔·盖茨关于COVID-19病毒的31个问题和答案［EB/OL］.（2020-03-22）［2020-11-17］. https://baijiahao.baidu.com/s?id=1661766031588466075.
［44］温燕，黄培昭，陈一，等. 沙特世界最大原油工厂被袭，谁该负责？美国又把锅甩给了伊朗［N/OL］. 环球时报（2019-09-16）［2020-11-17］. https://world.huanqiu.com/article/9CaKrnKmQkb.
［45］吴斌. 马斯达尔零碳城市的启迪［J］. 绿色建筑，2011，3（6）：15-18.
［46］刘丛红，康珍珍. 传承与创造——马斯达尔学院设计解析［J］. 世界建筑，2012（7）：117-121.
［47］韩西丽，彼特·斯约斯特洛姆. 风景园林介入可持续城市新区开发——瑞典马尔默市西港生态示范社区经验借鉴［J］. 风景园林，2011（4）：86-91.

本节撰稿人：张哲源　王　云　仇保兴

海绵城市

一、海绵城市的发展现状

(一)海绵城市概念与内涵

海绵城市是指城市能够像海绵一样,在适应环境变化和应对自然灾害等方面具有良好的"弹性",下雨时吸水、蓄水、渗水、净水,需要时将蓄存的水"释放"并加以利用,能提升城市生态系统功能和减少城市洪涝灾害的发生[1]。

海绵城市的本质是以可持续发展的眼光协调、解决城镇化进程及伴随其产生的资源环境问题之间的矛盾[2]。从水生态系统的构建和服务角度来看,海绵城市的理论核心是增强生态系统的整体服务性功能体系,建立多种尺度上(流域或区域宏观尺度,城区、乡镇或村域中观层面,以及微观层面的具体建设单元)的水生态设施,并结合多类具体技术共同建设水生态基础设施[3]。海绵城市基于多技术、跨尺度的水生态基础设施建设与规划,是对城市排水思路由传统的快排模式向雨水资源化利用的转变,是城市建设在价值观上对雨水资源、生态环境、旱涝灾害等问题的弹性适应与灵活应对。海绵城市通过对原有生态系统的保护、修复、低影响开发等途径,以及机制建设、规划调控、设计落实、建设运行管理等过程,实现径流总量控制、径流峰值控制、径流污染控制和雨水资源化利用。

随着我国城镇化的不断发展,城市水环境污染、内涝等问题日益严重,海绵城市的提出为解决城市水环境问题提供了一种新思路。近年来由于城镇化水平不断提高,城市规模扩大、人口增加、规划编制不科学、工程设施建设标准滞后以及忽视绿色设施建设等,直接导致或加剧了水资源短缺、城市内涝、面源污染,甚至水系统整体功能退化等一系列严重问题。因此,建设能够协调资源利用与环境保护之间关系的海绵城市,是城镇化进入可持续发展转型时期的必然举措。

（二）海绵城市研究历程

为分析海绵城市的研究历程，对集中了中文研究成果的中国知网和集中了英文研究成果的Web of Science核心合集中海绵城市及与海绵城市紧密相关的雨洪管理文献发表情况进行分析。

1. 国内文献发表特征

（1）中国知网海绵城市文献发表总体分析

检索数据库为集中了中文研究成果的中国知网，检索时间为2023年4月1日。以"海绵城市"为主题搜索得到文献1.55万篇，其中学术期刊1.09万篇，学位论文2516篇，会议论文637篇，报纸文章561篇，成果发表153篇。文献的主要主题和次要主题包括海绵城市建设理念、规划设计、政策制度、海绵设施、PPP、雨洪管理以及公园、道路、老旧小区海绵城市建设等。

中国海绵城市的研究最早起源于2011年（基于"生态海绵城市"构建的雨水利用规划研究），研究文献早期发表年均1篇，自2014年起呈现指数级增长，由2014年31篇到2015年656篇，此后逐年增长，至2018年、2019年已达到年均发表文献2500篇，其后每年年均发表文献超过1400篇，2023年1月至4月初已发表218篇。文献研究内容涉及的学科包括：建筑科学与工程、水利水电工程、公路与水路运输、环境科学与资源利用、宏观经济管理与可持续发展、工业经济、园艺、资源科学、林业、计算机软件及计算机、气象学、自然地理学和测绘学等。研究层次包括：工程研究、技术开发与研究、工程与项目管理、行业技术发展与评论、管理研究、政策研究、学科教育教学、应用基础研究、应用研究等。部分文献发表来源于基金项目，如国家自然科学基金项目577篇、国家重点研发计划136篇、国家科技重大专项100篇、国家社会科学基金82篇、北京市自然科学基金44篇、建设部（住建部）科学技术计划43篇、国家科技支撑计划23篇等。显然，海绵城市是近10年来的研究热点之一。

（2）中国知网海绵城市文献发表特征分析

为进一步深入了解我国海绵城市建设进展，选取以上搜索到的文献中学术期刊被引频次高的文献2500篇，运用CiteSpace软件，对其所代表的中国研究进行历时性、共时性的分析，分析得到国内海绵城市研究的主要发展历程、研究热点和研究趋势。

关键词共现分析显示，国内海绵城市领域中多个研究热点聚集于"雨洪管理""雨水花园""城市内涝""市政道路""应用""规划设计""雨水利用"等方面。除了上述聚集热点，还包括各种海绵设施，以及道路、绿地、老旧小区、公园、校园、城市等各种海绵建设内容；也包括绩效评价和效果评估；同时，海绵城市建设紧跟国家战略及相关政策支持，并注重协同治理，关键词还包括生态城市、城市双修、韧性城市、公园城市、中国特色、生态文明、气候变化、碳中和、生态治理等；也出现了智慧水务、数字模拟等关键词。

（3）海绵城市发展阶段分析

通过对海绵城市领域研究热点的时间发展历程和研究趋势进行梳理，将2011—2023年海绵城市领域的研究划分为三个阶段：起步阶段（2011—2013年）、发展阶段（2014—2019年）、完善阶段（2020—2023年）。

——起步阶段：2011—2013年

这个阶段是中国海绵城市的起步阶段，文献发表数量较少，年均发表量1篇。关键词包括城市规划、雨水利用。此阶段已经开始了理论研究与技术探索，探讨其适用性与实现途径，为海绵城市在中国的推广奠定了理论基础。

——发展阶段：2014—2019年

海绵城市进行试点建设活动，共两批30个城市（地区）进行试点建设。通过这个时期的建设，发现问题、解决问题，获得丰富的海绵城市建设实践经验，同时丰富了海绵城市理论。在这一时期，积累技术与管理经验，相关技术标准和规范陆续出台，部分新技术取得进展，为海绵城市在国内的大规模推广创造了条件。

2014年文献发表数量有限，关键词有海绵城市建设、城市绿地、排水、水问题及海绵理念应用等。由此可见，发展阶段已经开始探究海绵城市理念及其在城市建设中的应用，分析城市建设涉水问题。

2015—2019年，文献发表数量骤增，关键词几乎涉及海绵城市建设的方方面面。2016年出现了生态文明、生态修复关键词，此后关于生态方面的术语更加频繁地用于海绵城市建设的相关文献；2017年关键词出现了韧性城市、生态城市；2018年关键词出现协同治理、城市双修、公众参与，并出现绩效评价、考核评估、风险评价等评价类的词汇；2019年关键词出现效果评估等。可见海绵城市在这一阶段试点示范后进入了评估评价阶段，并与生态文明、城市双修、韧性城市、生态城市等建设协同治理，还关注了公众参与。

——完善阶段：2020—2023年

这个阶段中国在进行系统化全域推进海绵城市示范城市建设，选取两批45个城市作为海绵城市示范城市，进行系统化全域推进海绵城市建设。2020年关键词出现气候变化、在线监测、模型模拟；2022年关键词出现智慧水务、碳中和、数值模拟、综合治理、口袋公园；2023年关键词出现低碳、中国特色等。在政策引导下，海绵城市建设与时俱进，关注气候变化、韧性城市、碳中和等热点问题，构建智慧水务，形成了中国特色的海绵城市建设经验。

这一阶段大批城市开展海绵城市建设，产业链初步形成，相关科研与产业发展进入快速发展阶段。这标志着海绵城市在中国全面推开并初步发展成熟。随着理论研究的深入、技术的进步和示范效果的显现，海绵城市在中国得到了全面推广与应用，并催生了相关产业的发展，为我国城市雨洪管理体系的优化转型和水环境治理提供了新的思路方法。未来，随着城市化进程加快，海绵城市技术的发展还需要进入更高层次与更广范围。

2. 国外文献发表特征

（1）海绵城市英文文献分析

检索数据库为集中了英文研究成果的 Web of Science（WOS）核心合集，检索时间为 2023 年 4 月 1 日。以"海绵城市"为主题搜索得到文献 622 篇。文献的研究方向包括：环境科学生态学 375 篇、工程 201 篇、水资源 192 篇、科学技术其他主题 98 篇、地质学 48 篇、材料科学 46 篇、建筑技术 41 篇、能源燃料 37 篇、计算机科学 22 篇、农业 15 篇、城市科学 15 篇、气象与大气科学 14 篇、自然地理 11 篇、公共行政 10 篇、生物多样性保护 9 篇、社会科学其他主题 8 篇、植物科学 6 篇、遥感 6 篇等（图 2-26）。

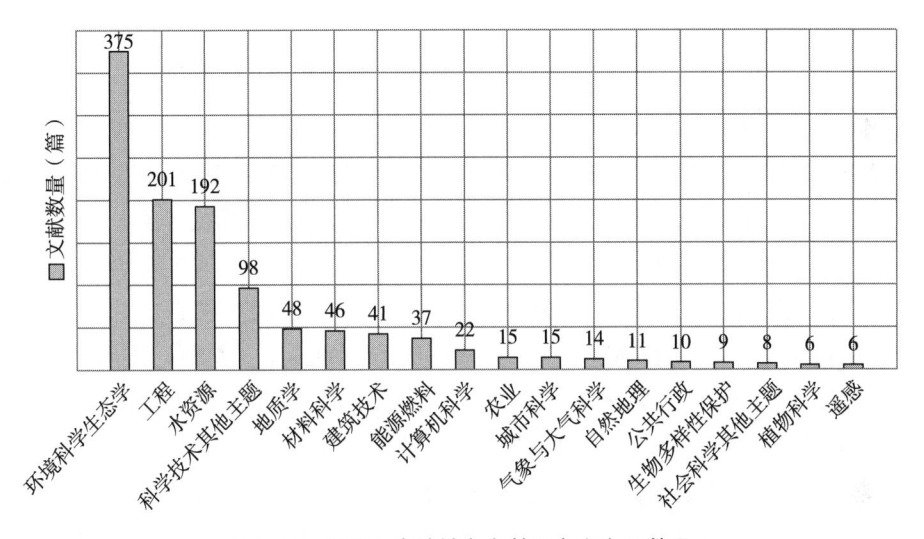

图 2-26　WOS 海绵城市文献研究方向及数量

国际上海绵城市的研究最早见于 2005 年印度专家的文章——《海得拉巴特大城市用水和污染用水平衡》（*Water balance of mega-city water use and wastewater use in Hyderabad*），研究文献发表数量总体呈持续增长趋势，早期仅 2005 年和 2008 年有文献发表，从 2015—2022 年年均文献发表量由 2 篇增长至 130 篇；2023 年 1 月至 4 月初文献发表量达到 29 篇（图 2-27）。从文献来源的国家和地区的分布状况看，文献来源于 40 多个国家和地区，其中中国 550 篇、美国 56 篇、英国 38 篇、澳大利亚 36 篇、荷兰 20 篇、日本 12 篇、新西兰 11 篇、印度 10 篇、新加坡 9 篇等。可见国际上关于海绵城市的研究大部分来源于中国，但是最早发表的文章来源于印度，美国等国家也是海绵城市研究的重要贡献者。

为进一步深入了解国际上海绵城市研究进展，对 622 篇文献进行历时性、共时性的分析，得到国外海绵城市研究的主要发展历程、研究热点和研究趋势。

关键词共现分析显示，国外海绵城市领域中多个研究热点聚集于"海绵城市""低影响开发""海绵城市建设""雨洪管理""绩效""气候变化""绿色基础设施""可持续发

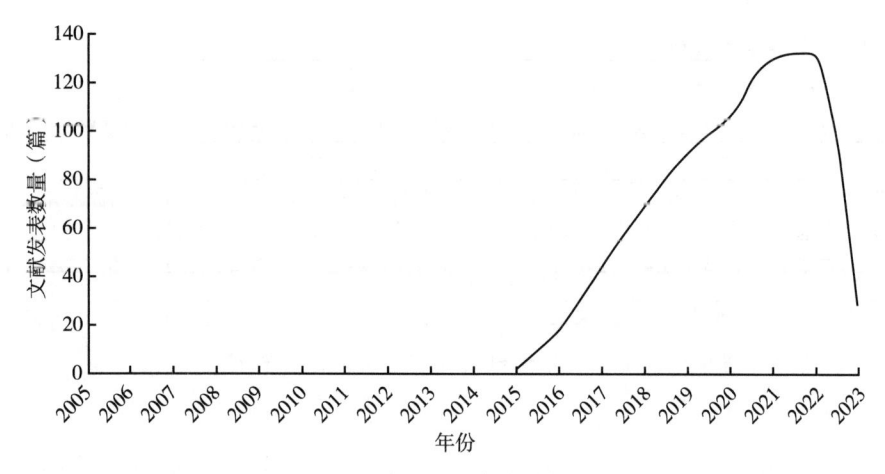

图 2-27　2005—2023 年 WOS 海绵城市文献发表数量变化

展""社区"等方面。

国外的海绵城市文献大部分来源于中国，对于其特色不必赘述，但是有一个显著的特征是：相关文章注重与气候变化、可持续发展、社区等国际热点问题结合。

（2）雨洪管理英文文献分析

检索数据库为集中了英文研究成果的 Web of Science（WOS）核心合集，检索时间为 2023 年 4 月初。以"雨洪管理"为主题搜索得到文献 5961 篇，其中论文 4965 篇，会议论文 792 篇，综述 329 篇。文献的研究方向包括：环境科学生态学（3551 篇）、水资源 2823 篇、工程 2452 篇、地质学 531 篇、科学技术其他主题 462 篇、海洋淡水生物学 243 篇、城市科学 230 篇、农业 215 篇、公共行政 163 篇、计算机科学 127 篇、地理 119 篇、气象与大气科学 117 篇、建筑技术 112 篇、自然地理 104 篇、生物多样性保护 79 篇、能源燃料 70 篇、林业 62 篇、材料科学 62 篇、植物科学 58 篇、建筑学 46 篇、公共环境职业卫生 44 篇、公共环境职业卫生 41 篇、发展研究 40 篇、遥感 21 篇等（图 2-28）。

国际上雨洪管理的研究最早见于 1971 年的文章——《雨洪管理模拟模型的发展》（*Development of a simulation model for stormwater management*），研究文献发表数量总体呈持续增长趋势，早期 1971—1992 年文献年均发表量保持个位数，数量增长较为缓慢；1993—2005 年年均文献发表量由 14 篇增长至 65 篇；2006—2022 年年均文献发表量由 106 增长至 600 多篇，2023 年 1 月至 4 月初文献发表量达到 140 篇。从文献来源的国家和地区的分布状况看，来源于 100 多个国家和地区，其中美国 2537 篇、中国 776 篇、澳大利亚 696 篇、加拿大 465 篇、英国 239 篇、德国 189 篇、韩国 189 篇、法国 186 篇，以及意大利、瑞典、巴西、荷兰、丹麦等国家。可见美国是雨洪管理研究的重要贡献者，中国也是重要的贡献者（图 2-29）。

为进一步深入了解国际上雨洪管理的研究进展，选取被引频次高的文献 3000 篇，对其所代表的研究进行历时性、共时性的分析。

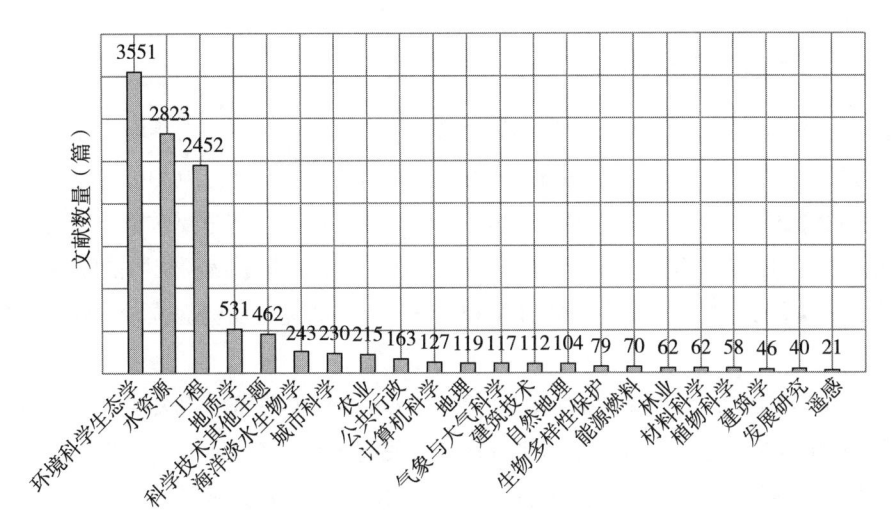

图 2-28 WOS 雨洪管理文献研究方向及数量

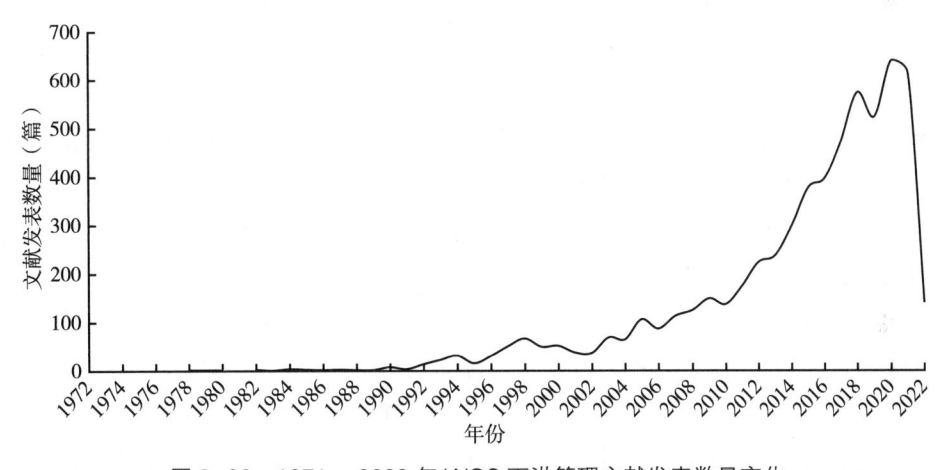

图 2-29 1971—2023 年 WOS 雨洪管理文献发表数量变化

关键词共现分析显示，国外雨洪管理领域文献多个研究热点聚集于"水质""绿色屋顶""气候变化""海绵城市""城市水文""氮去除""低影响开发""绿色基础设施""人工湿地""土地利用""管理"等方面。

分析显示节点关键词分别为：1993年"最佳管理实践"、1998年"底栖动物"、2000年"浮游植物"、2006年"生态系统"、2007年"低影响开发"、2010年"绿色基础设施"、2012年"气候变化""社区"、2013"绿色屋顶"、2014"水敏感设计"、2015年"生态系统服务"、2018年"海绵城市""生物多样性"、2020年"基于自然的解决方案"。可见，国外雨洪管理研究紧跟国际热点，如生态系统服务、气候变化、生物多样性、基于自然的解决方案等。我国海绵城市建设吸收了国外的先进理念，如最佳管理实践、水敏感设计、低影响开发等，国外雨洪管理研究很早关注了动物、植物及生态系统功能。

（三）海绵城市建设取得的成就

通过对海绵城市领域的理论成果和研究文献进行梳理，国内在海绵城市专项设计、技术应用等理论领域取得了突出的成绩，同海绵城市具体建设工作息息相关的融资方式、建设评估、政策法规、经验介绍等内容也是实践者与学者们探讨的重要对象。通过文献与成果梳理可知，国内在海绵城市建设方面的理论探讨基本覆盖了该领域所能涉及的主体范围，但是在本土理论探索、有效技术开发和跨学科综合研究方面仍显薄弱，有待后续研究补充完善。

截至2023年年初，中国海绵城市建设已实现较大规模覆盖，相关技术体系和产业初步形成，研究成果丰富，治理体系日趋重视。但关键技术与产品亟待进一步突破，理论研究与实践探索还需要深入。未来，随着政策支持力度的加大和产业链的进一步延伸，海绵城市建设将进入新的发展阶段。

1. 海绵城市试点示范广泛实践

海绵城市建设是城市建设领域落实生态文明的具体举措，海绵城市通过综合采取自然和人工措施，充分保护和利用城市自然山、水、林、草等生态空间，发挥建筑、道路、绿地、水系等对雨水的吸纳和缓释作用，实现水的自然积存、自然渗透、自然净化，构建生态、安全、可持续的城市水循环系统，促进城市高质量发展。

2012年，中国提出了建设海绵城市的战略构想；2013年，我国首次正式提出要建设海绵城市；2014年10月，住建部发布了《海绵城市建设技术指南》；自2015年，全国30个城市开展国家海绵城市试点建设以及100余个省试点建设，形成了一批可复制推广经验；2021年启动系统化全域推进海绵城市建设示范工程，截至第三批示范城市发布之前，共有45个城市成为示范城市。经过几年的海绵城市建设实践，海绵设施发挥了滞蓄洪涝、净化径流水质、补充地下水、雨水回用、调节微气候等功能，有效缓解城市内涝、黑臭水体以及城市热岛效应（世界自然基金会项目报告，2023）。

2. 海绵城市制度化管控体系日渐完善

海绵城市建设经过10年的探索，在机制建设、制度化管理、能力建设等方面取得有益的探索经验，基本形成制度化管理体系。海绵城市建设按照试点先行、系统建设、统筹推进的原则，逐步由试点区域向全市域推广覆盖，制度化管控体系包括组织架构、相关立法、规章管理制度、相关指导意见、相关规划、建设制度管控体系、标准规范体系等（图2-30）。

为确保海绵城市建设顺利开展，成立海绵城市建设推进工作领导小组和办公室，形成了垂直管理、分工明确的海绵城市组织推进架构。随着海绵城市建设的深入推进，各相关部门（如水利、住建、交通运输、财政等部门）协同推进海绵城市建设相关工作。

海绵城市建设坚持规划引领、全域管控。海绵城市理念注重生态系统的完整性，避免

专题报告

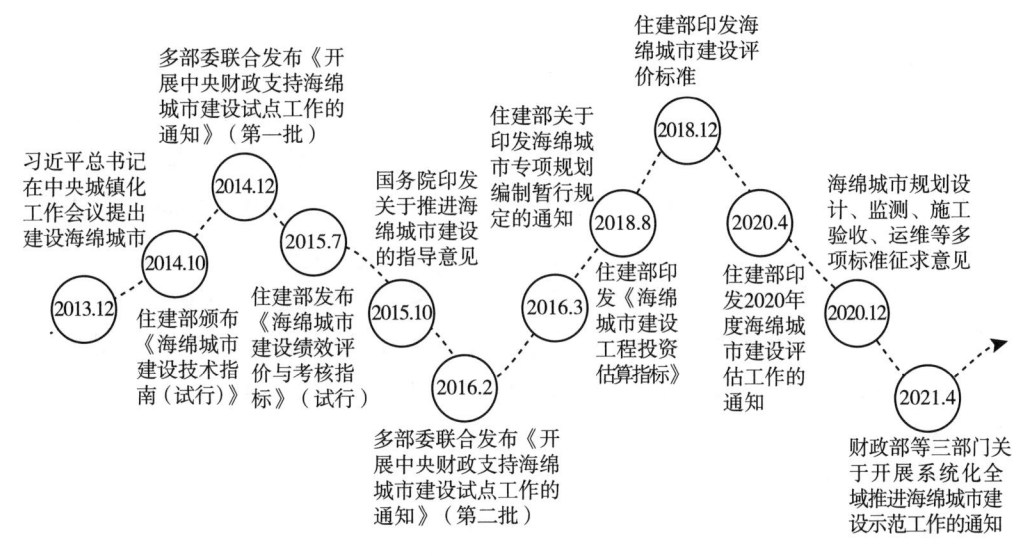

图 2-30 海绵城市相关政策文件发布情况

生态系统的碎片化，牢固树立"山水林田湖草"生命共同体思想。目前，已经形成了以海绵城市专项规划为引领，地下空间、城市防洪排涝、城市绿地、城市水系、生态环境等各相关领域专项规划为支撑的系统性规划体系，为实现全域管控提供坚实的保障。

中央财政已设立海绵城市建设专项资金，各地也出台海绵城市建设资金补助政策，用于支持关键技术研发、示范工程建设等，为海绵城市建设提供重要经费保障。《海绵城市建设技术指南》《海绵城市建设评价标准》等相关技术规范和标准相继出台，《海绵城市建设行动方案》等相关政策文件印发实施，为海绵城市建设提供重要制度保障。另外，多个城市已将海绵城市建设指标纳入城市基础设施与环境建设评价体系，并作为落实河长制和地方政府绩效考核的重要内容，有利于推动各级政府加大对海绵城市建设的重视程度与支持力度。

全过程监管体系。海绵城市建设是一项系统工程，其管理需要建立全过程的监管体系。从项目立项到建成，海绵城市管理过程主要包括规划、设计、施工和运行维护等环节。在规划环节，应遵循"源头减排、过程控制、系统治理"的原则，注重对源头污染和面源污染的控制，将雨水径流污染控制与径流污染总量控制相结合。在设计环节，应充分考虑海绵城市的综合性、系统性、协调性和经济性等要求，注重水资源节约利用和水资源合理配置，强化排水系统与水生态环境系统的有机衔接。在施工环节，应注重海绵城市工程建设质量管理和全过程安全质量管控。

我国海绵城市制度化管控体系正逐步完善，相关政策法规不断完善、资金支持力度不断加大，各部门也建立起协同推进的工作机制。为海绵城市建设的规模化发展和长期实施提供重要制度和财力保障。随着海绵城市建设工作的深入，相关治理体系也需要进一步健全和优化，以适应海绵城市发展的需要。

3. 海绵城市技术化保障渐成体系

海绵城市建设经过 10 年的探索，在技术保障等方面取得有益的探索，基本形成技术化保障体系。海绵城市建立健全技术化保障。除模拟技术、材料技术、工程技术、监测技术等，还推进海绵技术"本地化"应用，开展专题技术研究、制定地方技术标准、强化技术交流与培训等。

海绵城市技术体系相关标准规范不断完善，关键技术和产品有所突破，初步实现产业化应用。未来，随着科技创新与产业化进程加快，海绵城市技术体系将进一步健全与优化。如雨水收集技术和雨水利用技术为海绵城市雨水资源的高效利用提供技术支撑；透水铺装技术实现了人工渗透容量的增加和径流汇水控制，这是海绵城市在源头减少径流的关键措施之一。

海绵城市的监测预警与评估需要建立起全过程、多层级的监测与预警体系，以实现对海绵城市建设项目的动态、实时、全过程监管。随着海绵城市建设工作的不断推进，各地区对海绵城市建设工作的重视程度不断加深，对于海绵城市建设效果的评价也在逐步完善。当前我国的海绵城市评价体系主要集中在工程建设、运营管理与维护方面，以海绵城市建设效果为导向，从生态系统服务功能、雨水管理效益、城市内涝防治能力和水环境质量改善效果等方面开展海绵城市建设成效评价。近年来，我国在海绵城市建设成效评估方面开展了一系列研究工作，提出了相关评估方法，并取得了一定的成果。

4. 海绵城市产业发展加快

海绵城市产业发展势头良好，相关企业数量也快速增加，但产业集中度不高、产业链不完整仍是"瓶颈"。未来，随着海绵城市建设规模的扩大和技术进步加快，相关产业将迎来新的发展机遇，产业集聚和产业链升级也将加快，这将进一步丰富和壮大海绵城市产业体系。如透水铺装产业，包括透水混凝土、透水砖等产品，年产值规模超 10 亿元，虽然相关企业较多，但产品差异化程度也较高，产业链有待进一步融合。中水回用产业包括中水回用设备、中水管网等，产值规模达数十亿元，相关龙头企业涉及膜生物反应器、超滤膜等关键技术和设备，但总体实施规模还较小。另外，其他周边产业也在发展，如海绵城市数字化产业、海绵城市景观产业等，这也加快推动海绵城市产业的协同发展。

5. 海绵城市研究成果丰富

随着海绵城市相关理论研究不断深入，如海绵城市发展战略、技术路线图、效益评价体系等研究成果陆续发表，学科体系也在初步形成；涉及雨水资源高效利用、水环境容量提高、生态涵养等方面关键技术研究项目持续增加，科研经费增多、项目也在扩大；相关研究机构不断增加，有利于推动海绵城市理论创新与技术突破。另外，相关期刊、书籍、研讨会等日益丰富，如《海绵城市》杂志、中国海绵城市发展报告、年度海绵城市高峰论坛等，有利于学术界专家在理论与技术研究方面开展深入探讨与广泛交流。总之，随着海绵城市研究逐步深入，相关研究机构、项目、人才队伍等都在稳步扩充，研究成果和交流形式也更加丰富，理论体系和技术路线也在进一步清晰。但整体而言，海绵城市研究在理论创新和原始创新方面还有待加强。未来，随着海绵城市建设的深入实践，相关研究也将在更高层次和更广范围内开展，这将进一步丰富海绵城市研究成果，推动海绵城市理论创新。

（四）海绵城市需要继续完善的内容

海绵城市是一项系统工程，在我国起步较晚，尚有很多问题需要研究，同时，海绵城市建设涉及众多部门的多个专业领域，包括规划、市政建设、水利、建筑工程等方面。因此，在具体建设过程中又需要结合具体地区实际情况。此外，海绵城市建设过程中还会出现许多技术方面的问题需要不断探索和完善。所以，要想使海绵城市建设真正实现其预期目标，还需要通过科学有效、切合实际地对海绵城市建设进行探索和完善。当前在政策制度、技术研发、产业发展、资金保障和人才培养等方面与国外先进经验比仍存在一定差距，不能满足广泛深入推进海绵城市建设的需要。今后需要系统地加强顶层设计，破除发展障碍，在多方面采取措施不断强化和落实，扩大建设规模，海绵城市建设水平才能整体提高、效果更加显著。

1. 国内建设经验仍需继续探索

"海绵城市"是对城市建设的新思考、新思路和新探讨，我国对它的研究起步较晚，缺乏一个系统的研究体系。因此，海绵城市建设需要政府部门重视，提高科研水平，加大科研投入，不断进行先进技术研发。应在科学的规划下，因地制宜采取符合地域特点的措施，这样才能真正发挥出"海绵作用"，从而改善城市的生态环境。

2. 海绵城市的建设标准和技术规范有待完善

根据试点城市的经验，制定海绵城市的建设标准和规范，为"海绵城市"建设提供理论依据和技术支持。"海绵城市"建设是一项民生工程，如果缺乏明确技术规范，很有可能会造成技术失误，给城市建设带来不良后果。

3. 技术研发与产品创新能力有待提高

关键技术和产品创新成果转化率较低。海绵城市建设涉及的技术体系比较广，包括雨水收集利用技术、蓄水调蓄技术、中水回用技术、透水铺装技术等。这些技术的研发创新能力和产品供给能力直接决定着海绵城市建设的技术水平和产业发展。目前，我国在这些关键技术研发方面投入有限，创新动力比较薄弱，主要依赖跟跑和模仿，原始创新成果较少。这阻碍了海绵城市技术的自主可控，也加大了项目实施成本。另外，科研院所与企业技术创新活动脱节较严重，创新成果的转化率偏低。研发投入虽有所增加，但研发成果难以在市场上得到广泛应用，技术转化存在"死角"。这不仅降低了研发活动的经济效益，也制约了新技术商业化进程。技术创新是一个持续积累的过程，需要不断加大投入和改善环境。要提高海绵城市技术创新能力，政府应加大研发投入和项目支持力度，在关键技术上给予重点支持。科研院所和企业也应加强产学研协同创新，加速研发成果向产品转变。同时，建立科技成果与市场的有效对接机制，鼓励企业广泛采用新技术，实现产学研用协同创新。只有不断强化技术创新、加速研发成果转化、培育具有自主知识产权的企业，海绵城市技术体系才能获得长足发展，产业基础才会更加雄厚。依托制度建设营造有利的产业生态，方能激发广大市场主体的创新潜力，实现技术进步与产业升级，为海绵城市建设提供强有力支撑。

4. 产业基础薄弱，产业链不完整且产业集聚度较低，产业发展动能有待提高

海绵城市建设涉及的产业较广，主要包括雨水利用产业、中水回用产业、透水铺装产业等。这些产业的发展情况直接影响着海绵城市建设的产业化水平和产业发展潜力。当前，这些产业基础较薄弱，产值规模较小，产业链不完整且产业集聚度较低，产业发展活力还待提高。这些产业发展面临产业链不清晰、产业政策扶持力度不足、产品标准化程度低等问题。产业链条不清晰，上下游产业联系薄弱，不利于形成产业集群；产业扶持政策还不完善，产业发展环境有待优化；产品标准化程度较低，不利于规模化产业发展。要激发产业发展活力，加快产业集聚，关键需要加强产业政策扶持，培育龙头企业，完善产业链条和产品标准。在关键技术与产品上给予重点扶持，加大项目和资金政策倾斜，加快企业技术创新。重点培育一批龙头企业，带动相关中小企业发展壮大产业集群。同时加快产业标准制定，增强产品可替代性，推进产品的规模化生产与应用。产业发展是一个系统工程，需要政府和企业共同努力。政府要加大产业政策支持，营造有利环境；企业要加强技术创新和产业联盟，完善产业生态。只有加强产业扶持，重点突破关键环节的瓶颈，培育龙头企业，完善产业链条和产品标准，海绵城市相关产业的发展动能才能持续提高，产业体系才会更加完善，为海绵城市建设提供有力支撑。

5. 社会资本投入渠道有待进一步拓展

海绵城市建设是一个系统工程，需要大量资金投入。然而，当前资金投入明显不足，制约了海绵城市建设的规模和速度。首先，财政资金投入有限。海绵城市建设的公益属性较强，政府应承担较大投资。但考虑到财政资金的限制，政府投资难以满足需求。这需要政府积极探索新的资金筹措方式，扩大海绵城市建设资金规模。其次，社会资本投入渠道还不畅通。社会资本包括民间资金、企业资金以及金融资金等，需要不断创新投融资机制，拓展其投入渠道。如发展海绵城市建设专项债券、拓宽融资担保方式、设立专项基金等，吸引社会资金参与。但目前相关机制建设还不完善，社会资本投入规模有限。最后，社会捐赠和企业公益投入机制不顺畅。需要搭建平台，加强宣传引导，鼓励企业和社会公众参与海绵城市公益事业。但受到政策环境和意识状况影响，社会捐赠和企业公益投入水平还较低。资金是海绵城市建设的基石，资金投入的增长将直接推动建设规模的扩大。要扩大资金投入，关键是政府要加强海绵城市建设的投融资体制机制建设，创新各类资金筹措方式与渠道，推动社会资金和民间资金广泛参与，实现政府投资与社会资本的协同，形成合力，弥补资金缺口，为海绵城市建设提供持续稳定的资金保障。只有加强投融资体制创新，构建多元化的资金供给体系，海绵城市建设的资金基础才会更加雄厚。

6. 海绵城市能力建设尚需提高，公众参与度不高

海绵城市能力建设尚需提高，如政策制度体系不完善、相关标准规范还不健全、项目实施缺乏系统规范和管理、相关人才储备有待加强、高端技术人才和管理人才较缺乏、人才培养机制亟待健全等。

另外，公众环境教育和参与度有待提高，居民水资源保护意识和行动力有待增强，利益相关方沟通机制亟待完善。社会公众对海绵城市普遍缺乏认知，城市化建设的前期，人们只顾一味地追求建设速度和舒适性，而忽视了建成区与自然和谐共处。海绵城市的理念是采取"渗、滞、蓄、净、用、排"等措施促进雨水资源的利用和生态环境保护，趋利避害。海绵城市理念的提出让人们可以更加直观去想象未来城市会像海绵一样兼收并取，在适应环境变化和应对自然灾害等方面具有良好的"弹性"，下雨时吸水、蓄水、渗水、净水，需要时将蓄存的水"释放"并加以利用。

针对我国群众对"海绵城市"认识程度低的现状，要加大知识普及力度，推广宣传海绵城市建设成功案例，提高公众对海绵城市的认知和认同。如让城市屋顶"绿"起来，"绿色"屋顶在滞留雨水的同时还起到节能减排、缓解热岛效应的功效。道路、广场可以采用透水铺装，特别是城市中的绿地应充分"沉下去"。因此海绵城市建设需要公众的参与，广泛应用雨水再利用技术。

二、国内外研究进展比较

根据对国内外海绵城市、雨洪管理相关文献的演变趋势分析，国内外研究有一定的相似性，也存在差异性。以下将从研究起步时间和基础、技术和产品创新、项目实施规模、制度政策环境、社会参与度、研究热点与前沿等几个方面分析国内外研究进展。

（一）国外雨洪管理经验

海绵城市是雨洪管理的发展和进步，国际上成体系的雨洪管理研究主要起始于美国，早在1977年颁布的清洁水法案及其修正案中，美国就提出了以控制农业面源污染为目的的最佳管理措施（Stormwater Best Management Practices，BMPs），后来发展成为一项综合控制径流和水质的措施，但是早期的BMPs多以末端的、集中处理方式为主，存在投入大、效率低、实施困难等问题[4]。

到了20世纪90年代，马里兰州的乔治王子郡环境资源署提出了以小型设施、源头控制为主的低影响开发（Low Impact Development，LID）理论，而后这一理论被其他国家争相效仿，同时也与其他雨洪管理理论以及各国的实际情况相结合，形成了英国的可持续城市排水系统（Sustainable Urban Drainage Systems，SUDS）、澳大利亚的水敏感性城市设计（Water Sensitive Urban Design，WSUD）、新西兰借鉴各国的管理模式提出的低影响城市设计与开发（Low Impact Urban Design and Development，LIUDD）、新加坡的ABC水计划（The Active Beautiful Clean Waters Program）等理论。

1. 美国雨洪管理经验

美国城市雨洪管理以政府出台管理措施为前提，以低影响开发技术为支撑，以绿色基础设施为保障，鼓励公众参与。

美国城市雨洪管理建设起步较早，1948年颁布《联邦水污染控制法案》，1977年将法案修订为《清洁水法案》。1987年将法案进一步修订为《水质法案》。1990年提出采取最佳管理措施（BMPs）。20世纪90年代末，在政府出台管理措施的基础上，学者们提出"低影响开发"理论（LID），LID主要是通过贮存、渗透、滞留等技术手段从源头控制雨水径流和雨水污染。此外，LID营造了景观效果，如小区雨水花园、绿色屋顶、生态植草沟等能够增加城市的景观价值。目前，低影响开发技术已应用到全球范围。1999年8月，美国首次提出"绿色基础设施"的概念（GI）。通过合理的规划设计，将一个个绿色基础设施串联成为绿色网络体系，才能改善人居环境的状态，将短期的利益行为转变成为长期的可持续利益，实现真正意义上的可持续发展。

美国还建立了公众参与机制。在项目规划、建设过程中，公众可以依照程序实施全程监督及参与项目的阶段性评估。在项目落实后，政府对公众满意度进行调查，并给予及时的反馈，充分发挥公众在城市雨洪管理中的积极作用。

2. 德国城市雨洪管理建设经验

德国率先建立排水工程，注重雨水集蓄系统建设，积极宣传建设成果鼓励公众参与。

德国早在1811年慕尼黑就开始建造城市排水系统。1873年，柏林修建第一条下水道，考虑到了柏林未来可能面临的内涝问题，并在当时的规划中顾及柏林未来100年左右的发展规模。

德国的雨水收集技术经过多年的发展已相当成熟。雨水集蓄系统主要包括地下储水器、透水性地砖、绿色屋顶等设施。德国立法规定，在建筑建设之初，必须设立雨水集蓄设施，否则将按照雨水排放量缴纳雨水排放费。经过多年的发展，德国已成为屋顶绿化最先进的国家。目前，"建筑物大面积植被化"的专利90%来自德国。此外，德国非机动车道、步行街、广场等公共区域都采用了透水材料铺装，增加雨水的渗透。随着雨水利用技术及相关标准相继成熟完善，德国海绵城市建设迅速发展。

德国给排水工程做的大力宣传在柏林、慕尼黑、科隆等大城市取得了良好的效果。慕尼黑等地的下水道变成了游客的免费旅游景点,这个景点不是传统的下水道博物馆,而是正在运行中的地下给排水系统。政府的这一举措不仅促进了当地给排水工程建设和管理,而且对于其他城市和国家的海绵城市建设也起到很大的激励作用。向民众普及建设理念,鼓励民众参与排水工程建设,方便民众监督建设进程,充分发挥广大民众的力量。

3. 澳大利亚海绵城市建设经验

澳大利亚城市雨洪管理分阶段有针对性建设,具有明确的立法与政策架构和有效的监管体系。

澳大利亚城市雨洪管理分阶段有针对性地开展建设活动,如19世纪初开始解决城市供水问题;19世纪中晚期解决城市的排污问题,开始实行雨污分流;20世纪中期解决城市排水问题,提高基础设施建设投入,部署地下排水管线,将城市河道渠化;20世纪70年代,解决城市地表水问题;然后建设水循环城市;20世纪90年代后期,形成了澳大利亚著名的水敏性城市设计(简称WSUD)。

水敏性城市设计的立法与政策架构由澳大利亚联邦政府提出倡议,维多利亚州政府牵头制定相关法律法规,再由墨尔本市政府结合城市的实际现状制定城市的详细规划与设计方案。三者由上到下,从宏观到微观建构出了明确的立法与政策体系,为水敏性城市设计创造条件。

为实现水敏性城市建设的有效监管,澳大利亚政府鼓励多方共同参与,并建立政府、开发商和个人建设联盟,落实各方的监管职责和措施。通过层层递进的共建政策,协调各方的配合,以有效的监管体系保障WSUD的落实。

(二)国内外海绵城市发展比较

纵观上述国家的海绵城市发展历程,可以发现国内外在建设理念、建设规划、法律法规等方面既相互联系又相互区别。首先,在建设理念方面,国内海绵城市建设吸取国外先进经验,结合自身特点,以生态优先,增强生态系统服务功能,建立多种尺度、多类技术共同建设水生态基础设施。而国外城市雨洪管理以分散式雨洪管理措施进行源头控制为主。

1. 国内外应对雨洪方式的共识

第一,建立健全的法律法规。法律法规是海绵城市建设中的重要推动力和保障,国内外都颁布了海绵城市建设相关的法律法规。法律法规体系颁布主体可分为宏观层面的国家政府、中观层面的省级政府和微观层面的市级政府。国家层面制定出总体规划和宏观标准,中观层面制定适合区域尺度的法规政策,微观层面制订翔实的具体方案,层层递进,从而保证法律法规的权威性、科学性和务实性,确保政策的落地实施。

第二,构建完善的管理机制。对于海绵城市建设的管理问题,政府需要确立一个完善的管理机制,海绵城市建设是一项涉及多部门、多开发商及广大民众的庞大的系统工程,划清管理职责、建立完善的问责制度和监督体系，能够第一时间发现问题，找到解决问题的方法和途径，从而提高工作效率。海绵城市建设完成后，还需做好后期的维护，明确责任主体，进一步提高建设的环境效益、经济效益和社会效益。

第三，重视基础设施的升级改造。海绵城市建设的核心是解决城市水问题，一方面，落实水生态可持续发展理念，将海绵城市建设与开展生态修复工作相融合，重视城市流域保护，加强水安全管理。另一方面，将城市"灰色设施"与"绿色设施"结合建设，不仅注重地面上的公园、绿化带、植草沟等绿色设施的建设，也重视地下排水管网、蓄水池、雨污分流管道等灰色设施的建设，从而将雨洪管理与城市固有的自然生态系统有机融合，实现雨水快排和充分利用的最优目标。

第四，注重公众参与。美国建立有公众参与机制，日本的《河川法》修订后明确指出河道的整治规划必须保持与公众的良好沟通，德国把下水道变成旅游景点，这些国家的做法足以说明在海绵城市建设中积极宣传建设理念，鼓励民众共享海绵城市建设成果，能有效推动民众积极参与海绵城市建设公众参与的引导民众充分认识解决城市水危机、改善城市生态环境、形成对水资源的良性循环利用将给自身给社会带来的巨大效益，同时公众参与获得的民众的支持也能减少海绵城市建设过程中的阻碍。

2. 国内外应对雨洪方式的差异

第一，研究起步时间和基础。国外雨洪管理理论和技术起步较早，研究基础较深厚，中国起步较晚，基础还在积累之中。

第二，研究领域和内容。国外研究涉及理论体系、技术手段、项目案例等范围更广，而中国研究侧重工程应用，理论和技术体系建设还在加强之中。

第三，技术和产品创新。国外在雨水收集利用、中水回用、透水铺装等技术上较先进，拥有更丰富的产品与设备，中国技术创新和产品供给还需要继续努力。

第四，制度政策环境。国外雨洪管理的相关政策与法规较成熟完善，中国制度政策环境还在逐步改善之中，有一定差距。

第五，社会参与度。国外公众环境意识和技术知识储备较高，更广泛参与雨洪管理。中国公众参与度较低，散点参与为主，需进一步提高。

中国海绵城市研究吸收了国外雨洪管理研究的先进理念，在快速发展的过程中需要加强理论创新，技术引进消化吸收，丰富研究内容，拓展研究领域，改善制度环境，扩大社会参与，加快建设步伐。同时，也应努力深化研究，突出自身特色，形成具有中国特色的海绵城市发展模式。

三、海绵城市的发展趋势

海绵城市是在城镇化过程中保护和提升自然生态环境的一种有效途径。目前来看，海绵城市在国内外都有着巨大的发展潜力，因此，对其进行深入分析具有重要意义。为了充分发挥海绵城市优势，应注重做好规划，科学安排基础设施建设，以满足海绵城市长远发展所需；不断完善相关法律法规，加大政府支持力度，加强科研投入，促进技术进步，建立健全评价体系，保障其更加规范有序发展。海绵城市的发展趋势如下。

（一）进一步完善基础理论体系

海绵城市建设是一项长期的、复杂的系统工程，因此必须有完整的理论体系支撑，同时对生态、排水、园林景观、城市规划、气候气象等多学科进行全方位协调，结合生态城市、低碳城市、智慧城市、气候变化、生物多样性、双碳战略等，进一步完善管理体制、健全海绵城市规划体系，完善海绵城市建设标准体系，强化项目全过程管控体系等。

（二）智慧海绵城市建设研究

加强海绵城市监测，推进海绵城市智慧平台建设。海绵城市建设是一项复杂的系统工程，需要充分考虑从规划设计到工程建设的各个环节。在新一轮科技革命和产业变革背景下，如何实现以信息化、智能化为支撑并带动相关产业向海绵城市的方向转型是我们所必须关注和思考的问题。

（三）强化本地化研究

海绵城市是系统论方法，落地到各个条件不同的城市需要因地制宜采取不同策略、不同的技术。海绵城市建设需要考虑自然环境、社会条件、经济基础等多方面因素，开展本地化研究对海绵城市建设至关重要。首先，海绵城市建设需要立足本地水资源状况和水环境问题，针对不同的水循环与水资源利用特点提出定制化的技术路线和策略。我国各地自然条件差异大，水资源状况复杂，需要开展定地研究来指导本地海绵城市建设。其次，海绵城市建设需要融入本地城市发展战略和规划导向。不同城市的发展重点和路径不同，海绵城市建设需要服务于城市整体发展，满足城市自身的需求，这需要开展城市定制化研究。再次，海绵城市建设需要考虑本地居民生活习惯和接受意愿。不同地区居民对水资源利用与水环境管理的看法差异较大，海绵城市建设需要考虑这些因素，通过定点调研来指导项目设计和制定实施策略。最后，海绵城市建设需要根据本地财政情况和投资环境制定切实可行的实施路径。不同城市的融资情况和投资环境差异显著，需要开展财政经济研究来制定可操作的资金筹措方案和投融资模式。

海绵城市建设是一个定制化和定地化的系统工程，需要广泛考虑自然、社会、经济等因素，开展定地研究至关重要。只有立足本地，结合城市自身条件，制定切合实际的技术路线、实施策略和资金方案，海绵城市建设才能真正服务城市发展，回应城市实际需求。推进海绵城市本地化研究，是下一步提高研究实效性和决策科学性的关键。

（四）推进海绵产业化发展

目前，海绵产业规模较小但增长快速，产业链不完整且产业集聚度不高，随着海绵城市建设规模扩大，相关产业将迎来新的发展机遇。产业链条逐步延伸与升级，产业集聚加快，将促进产业规模的进一步扩大。关键技术取得突破，相关产品实现较大规模应用，将增强产业的技术自主可控能力。总之，海绵城市产业化水平尚需提高，产业集群效应和产业链协同亟待加强。但随着政策支持力度加大、技术创新加快和市场空间打开，相关产业规模将进一步扩大，产业链和产业集群也将继续优化。这将增强海绵城市产业的技术实力和市场竞争力。海绵城市将发展新产品新技术，发展绿色产业。

（五）进一步创新工作机制

未来海绵城市建设将进一步探索技术创新、社会资本各方参与、弹性指标、资金鼓励机制等研究。

技术创新是海绵城市建设的核心，而技术创新的主体又是企业。海绵城市的建设需要大量的技术支持，包括绿色基础设施、智慧化管理平台、新材料、新工艺等，这些技术研发需要大量的资金支持，需要政府出台相关政策引导社会资本进入。目前我国政府已设立了专项资金支持海绵城市建设，并提出了"一带一路"和"中国制造2025"等国家战略，鼓励企业将海绵城市理念与技术纳入企业发展战略，加大研发投入。未来随着我国海绵城市建设的快速推进，将会有越来越多的企业、高校及科研院所加入海绵城市建设中来，形成大量的创新技术和产品。

（六）提高能力建设和公众参与度的研究

海绵城市建设是一个系统工程，需要综合考虑技术、制度、资金等要素，提高相关能力建设和公众参与至关重要。同时，积极宣传推广海绵城市理念，让更多的群众参与到海绵城市的建设中来，加强制度建设，强化民众雨水利用意识同样重要。

第一，提高政府管理和技术能力。海绵城市建设涉及水资源管理、城市规划、市政建设等，需要加强政府部门的协同和提升管理能力。同时，还需要加强相关技术人才培养和技术交流，提高项目实施能力。第二，健全相关制度和标准体系。需要制定项目管理办法、资金补助制度、技术标准规范等，加强顶层设计和政策制定能力。这有利于推进海绵城市系统管理和规范化发展。第三，拓宽投融资渠道。需要开发财政资金、金融产品、市场化资金等新的融资模式，拓宽社会资本的投入渠道。扩大准入范围，吸引更多社会资本参与，这需要提高政府投融资组织能力。第四，加强公众教育和参与。需要开展水资源保护教育，提高公众环境意识，在项目设计和实施过程中加强公众参与，听取公众意见和建议。这需要提高政府和企业的公众沟通能力，建立长效机制。总之，想要推进海绵城市建设，系统提高政府管理能力、技术创新能力、制度建设能力和社会参与能力至关重要。只有提高相关主体的综合能力、健全管理体系、扩大社会参与，海绵城市建设才能真正服务城市发展，实现规模化建设。这是一个长期的过程，需要持续投入与积累。

（七）多目标优化协同

海绵城市的建设以生态环境保护、经济发展和社会稳定等方面为目标，如何协调各种目标间的冲突是今后海绵城市研究中需要考虑的重点。多目标协同优化是实现海绵城市建设综合效益最大化的有效途径，需要从以下几个方面进行探讨：

（1）强化和细化规划设计方案，注重设计方案间的协调与耦合，以达到整体最优效果。

（2）通过加强工程技术、管理措施与海绵城市规划设计的衔接，充分利用已有海绵城市建设成果，实现技术手段与目标要求的有效衔接。

（3）对各类规划和建设项目进行综合评价和技术经济分析，寻求技术、经济与生态环境保护、社会稳定等目标间的平衡。

参考文献

［1］住建部印发《海绵城市建设技术指南》（试行）［EB/OL］.（2014-11-18）https://mp.weixin.qq.com/s/4p3VJzdePJL66CTLBpRgxA.

［2］仇保兴. 海绵城市（LID）的内涵、途径与展望［J］. 建设科技，2015（1）：11-18.

［3］俞孔坚，李迪华，袁弘，等."海绵城市"理论与实践［J］. 城市规划，2015，39（6）：26-36.

［4］车伍，闫攀，赵杨，等. 国际现代雨洪管理体系的发展及剖析［J］. 中国给水排水，2014，30（18）：45-51.

［5］系统化全域推进海绵城市建设与城市生物多样性协同治理机制研究. 世界自然基金会（WWF）项目报告［R］. 2023.

［6］袁再健，梁晨，李定强. 中国海绵城市研究进展与展望［J］. 生态环境学报，2017，26（5）：896-901.

［7］郭琳，焦露. 海绵城市建设研究进展与展望［J］. 给水排水，2017，53（S1）：170-173.

［8］潘露，袁素勤，刘艺平. 我国海绵城市建设现状及研究进展［J］. 四川水利，2022，43（6）：131-134.

［9］史海波，王志丹. 北京市海绵城市发展历程及展望［J］. 北京水务，2020（3）：4-6.

［10］王磊之，云兆得，胡庆芳，等. 国内外城市雨洪管理指标体系对比及启示［J］. 水资源保护，2022，38（2）：25-31.

［11］徐君，贾倩，王曦. 国内外海绵城市建设经验镜鉴及比较［J］. 当代经济管理，2021，43（3）：57-62.

［12］杨林霞. 国内外海绵型城市建设比较研究［J］. 黄河科技大学学报，2015，17（5）：71-75.

［13］李楠，杜鹏飞，秦成新. 国内外海绵城市/LID设计目标、指标控制、技术应用综述［C］//2015年中国环境科学学会年会论文集，2015：5368-5373.

［14］董淑秋，韩志刚. 基于"生态海绵城市"构建的雨水利用规划研究［J］. 城市发展研究，2011，18（12）：37-41.

附录1：海绵城市政策（截至2021年4月）

1.《住房城乡建设部关于印发海绵城市建设技术指南——低影响开发雨水系统构建（试行）的通知》，住房和城乡建设部，2014.10.22，建城函〔2014〕275号

2.《国务院关于创新重点领域投融资机制鼓励社会投资的指导意见》，国务院，2014.11.16，国发〔2014〕60号

3.《关于开展中央财政支持海绵城市建设试点工作的通知》，财政部、住房和城乡建设部、水利部，2014.12.31，财建〔2014〕838号

4.《住房城乡建设部办公厅关于印发海绵城市建设绩效评价与考核方法（试行）的通知》，住房和城乡建设部办公厅，2015.07.10，建办城函〔2015〕635号

5.《水利部关于印发推进海绵城市建设水利工作的指导意见的通知》，水利部，2015.08.10，水规计〔2015〕321号

6.《住房城乡建设部　环境保护部关于印发城市黑臭水体整治工作指南的通知》，住房和城乡建设部、环境保护部，2015.08.28，建城〔2015〕130号

7.《住房城乡建设部关于成立海绵城市建设技术指导专家委员会的通知》，住房和城乡建设部，2015.09.11，建科〔2015〕133号

8.《国务院办公厅关于推进海绵城市建设的指导意见》，国务院办公厅，2015.10.11，国办发〔2015〕75号

9.《住房城乡建设部　国家开发银行关于推进开发性金融支持海绵城市建设的通知》，住房和城乡建设部、国家开发银行，2015.12.10，建城〔2015〕208号

10.《住房城乡建设部　中国农业发展银行关于推进政策性金融支持海绵城市建设的通知》，住房和城乡建设部、中国农业发展银行，2015.12.30，建城〔2015〕240号

11.《住房城乡建设部关于印发城市综合管廊和海绵城市建设国家建筑标准设计体系的通知》，住房和城乡建设部，2016.01.22，建质函〔2016〕18号

12.《国务院关于深入推进新型城镇化建设的若干意见》，国务院，2016.02.06，国发〔2016〕8号

13.《中共中央　国务院关于进一步加强城市规划建设管理工作的若干意见》，中共中央、国务院，2016.02.06，中发〔2016〕6号

14.《关于开展2016年中央财政支持海绵城市建设试点工作的通知》，财政部、住房和城乡建设部、水利部，2016.02.25，财办建〔2016〕25号

15.《住房城乡建设部关于印发海绵城市专项规划编制暂行规定的通知》，住房和城乡

建设部，2016.03.11，建规〔2016〕50号

16.《财政部 住房城乡建设部关于印发城市管网专项资金绩效评价暂行办法的通知》，财政部、住房和城乡建设部，2016.03.24，财建〔2016〕52号

17.《住房城乡建设部关于印发海绵城市建设工程投资估算指标的通知》，住房和城乡建设部，2018.08.28，建标〔2018〕86号

18.《海绵城市建设评价标准》（GB/T 51345—2018），住房和城乡建设部，2018.12

19.《海绵城市规划设计、监测、施工验收、运维等多项标准征求意见稿》，住房和城乡建设部，2020.12

20.《关于开展系统化全域推进海绵城市建设示范工作的通知》，财政部办公厅、住房城乡建设部办公厅、水利部办公厅，2021.04，财办建〔2021〕35号

附录2：海绵城市试点及示范城市名录

2015年，第一批海绵城市试点16个：迁安、白城、镇江、嘉兴、池州、厦门、萍乡、济南、鹤壁、武汉、常德、南宁、重庆、遂宁、贵安新区和西咸新区。

2016年，第二批海绵城市建设试点14个：福州、珠海、宁波、玉溪、大连、深圳、上海、庆阳、西宁、三亚、青岛、固原、天津、北京。

2021年，系统化全域推进海绵城市建设示范竞争性评审，前20名的城市确定为首批示范城市，包括：唐山、长治、四平、无锡、宿迁、杭州、马鞍山、龙岩、南平、鹰潭、潍坊、信阳、孝感、岳阳、广州、汕头、泸州、铜川、天水、乌鲁木齐。

2022年，系统化全域推进海绵城市建设示范竞争性评审，得分前25名的城市确定为第二批示范城市，包括（以下按行政区划排序）：秦皇岛、晋城、呼和浩特、沈阳、松原、大庆、昆山、金华、芜湖、漳州、南昌、烟台、开封、宜昌、株洲、中山、桂林、广元、广安、安顺、昆明、渭南、平凉、格尔木、银川。

本节撰稿人：杨德凭 王 云

生态城市

一、生态城市的发展现状

（一）生态城市概念

生态城市（Eco-city）作为目前广为认可的一种城市发展模式，是20世纪70年代由联合国教科文组织在"人与生物圈计划"中率先提出的概念，经过近50年的发展，其理论不断演进和深化，示范实践也在世界许多城市广泛展开，遍布世界各大洲。德国、英国、芬兰、挪威、奥地利、匈牙利、意大利、斯洛伐克、西班牙、瑞典、新西兰、美国、加拿大、澳大利亚、阿根廷、南非、新加坡、巴西、日本、韩国、印度、阿联酋等国家都相继开展了不同规模和类型的示范建设活动，并取得了诸多成功经验。尽管在具体的概念上学术界仍有不同的阐述，但推动城市转型发展已成为人类的共识，是人类践行生态文明的必由之路。全球生态城市正在积极发展。

"生态城市"的概念起源于20世纪70年代，经过近50年的发展，理论与实践不断拓展与深化，国内外在理论和实践层面对其有不同的解释和发展。国外阶段：20世纪70—80年代，提出建设可持续城市和生态化城市的概念，重点在环境保护和资源节约。20世纪90年代，提出生态城市理念，强调城市与周边生态环境的和谐共生。重要理论有生态足迹理论和生态容量理论。21世纪，进一步提出碳中和城市、智慧生态城市等理念，加强气候变化减缓和适应。国内阶段：20世纪90年代，引入生态城市理念，提出建设环境友好城市和生态化城市。2000年起，形成生态城市理论体系，提出生态城市内涵、特征和建设内容，形成技术规范和标准。"十二五"期间，政府提出生态文明城市试点，加强生态城市建设。近年来，提出建设可持续发展城市、智慧生态城市、无废城市、碳中和等，生态城市建设取得长足进步。

（二）生态城市研究历程

为分析生态城市的研究历程，对集中了中文研究成果的中国知网（CNKI）和集中了英文研究成果的 Web of Science（WOS）核心合集中生态城市文献发表情况进行分析。

1. 国内文献发表特征

（1）中国知网生态城市文献发表总体分析

检索数据库为集中了中文研究成果的中国知网（CNKI），搜索日期为 2023 年 4 月，以"生态城市"为主题搜索到文献 1.65 万篇，其中学术期刊文献 1.03 万篇、学位论文 2179 篇、会议论文 1062 篇、报纸文章 2425 篇、成果 88 篇等。文献的主要主题和次要主题包括生态园林城市、生态城市规划、生态宜居城市、生态文明、低碳生态城市、指标体系、循环经济等。

中国生态城市的研究最早见于 1987 年发表的《试论现代生态城市集聚生产力的表现》。研究文献早期（1992 年前）发表年均 1 篇，1994—1999 年文献发表数量从 13 篇到 55 篇。1992—2010 年，每年发表篇数呈逐年上升趋势，2010 年最多达到 1474 篇。2000—2022 年以生态城市为主题词的文章每年发表数量超过 100 篇，由此可见，30 年来生态城市建设研究方兴未艾（见图 2-31）。这与国家自 1992 年以来推动园林城市、生态园林城市、低碳生态示范城市、生态文明建设示范等建设活动相关。文献研究内容涉及的主要学科包括：建筑科学与工程、宏观经济管理与可持续发展、环境科学与资源利用、经济体制改革、林业、水利水电工程、工业经济、计算机软件及计算机等（见图 2-32）。

（2）中国知网生态城市文献发表特征分析

为深入了解我国生态城市建设研究进展，从以上搜索到的文献中选取基金研究学术期刊发表文献 1797 篇，运用 CiteSpace 软件，对其所代表的中国研究进行历时性、共时性的

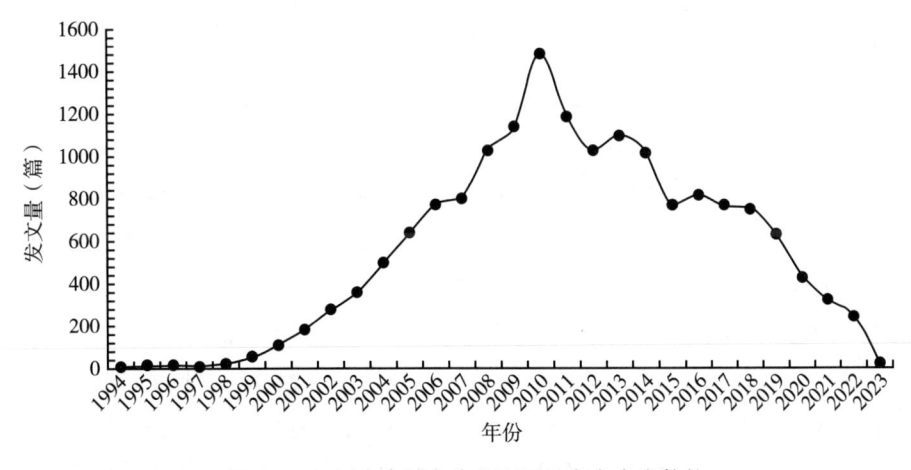

图 2-31　以生态城市为主题词的文章发表趋势

来源：中国知网，截至 2023 年 4 月

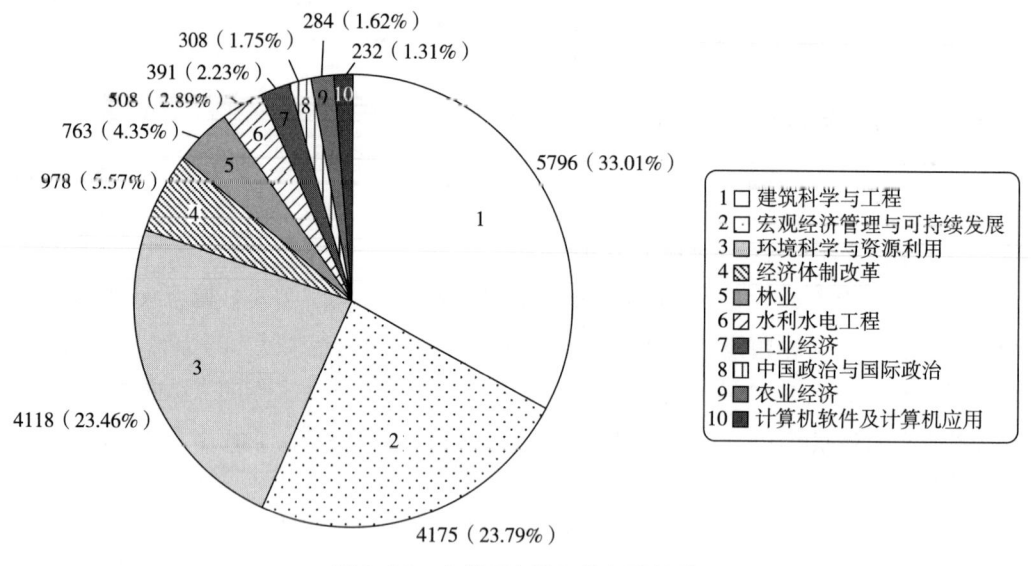

图 2-32 文献研究涉及的主要学科

饼图数据：
- 1 建筑科学与工程：5796（33.01%）
- 2 宏观经济管理与可持续发展：4175（23.79%）
- 3 环境科学与资源利用：4118（23.46%）
- 4 经济体制改革：978（5.57%）
- 5 林业：763（4.35%）
- 6 水利水电工程：508（2.89%）
- 7 工业经济：391（2.23%）
- 8 中国政治与国际政治：308（1.75%）
- 9 农业经济：284（1.62%）
- 10 计算机软件及计算机应用：232（1.31%）

分析，分析得到国内生态城市研究的主要发展历程、研究热点和研究趋势。

关键词共现分析显示，国内生态城市领域中多个研究热点聚集于"生态城市""生态文明""城市建设""生态环境""循环经济""低碳经济""生态规划""智慧城市"等方面。除了上述聚集热点，还包括"低碳城市""碳中和""城市规划""指标体系""低碳"等关键词。2005年前关键词出现生态城市、生态文明、城市建设、人居环境、公众参与、发展战略、生态规划、评价、循环经济；2005—2010年关键词出现生态系统、协同发展、低碳、生态宜居、气候变化等；2010—2015年关键词出现低碳建筑、低碳城市、宜居城市、评价体系、智慧城市；2015—2020年关键词出现海绵城市、公园城市、乡村振兴、评价指标；2020年后关键词出现碳排放、碳中和、信息资源共享交换等。

2. 国外文献发表特征

检索数据库为集中了英文研究成果的Web of Science（WOS）核心合集，检索时间为2023年4月1日。以生态城市（"ecological city"或"eco-city"）为主题搜索得到文献18614篇。生态城市文献发表的主要分类包括：环境科学、环境研究、绿色可持续科学技术、生态学、城市科学、能源、工程环境、公共环境健康、地理学、水资源、生物多样性保护、区域城市规划、遥感、建筑技术、建筑、林业、经济、社会等方面。

根据WOS文献搜索，生态城市的研究最早见于1972年发表的《卫星城市生态调查》（*Ecological Examination of a Satelitecity*）。研究文献发表数量总体呈持续增长趋势，2003年前文献年发表量少于百篇，2004—2017年年文献发表量从100多篇增长至900多篇；2018—2022年年文献发表量由1000多篇增至2781篇（图2-33）。从文献来源的国家和地区的分布状况看，文献来源于100多个国家和地区，其中中国7863篇、美国2919篇、英国 861 篇、巴西 755 篇、德国 726 篇、澳大利亚 701 篇、加拿大 614 篇、俄罗斯 565 篇、西班牙 526 篇、意大利 509 篇、波兰 449 篇、法国 416 篇、印度 415 篇、荷兰 377 篇等。由此可见，中国是生态城市建设相关的理论的重要贡献国家，同时美国也是生态城市建设的重要国家，其他主要来源国家还包括英国、巴西、德国、澳大利亚、加拿大、俄罗斯、西班牙、意大利、波兰、法国、瑞典等。

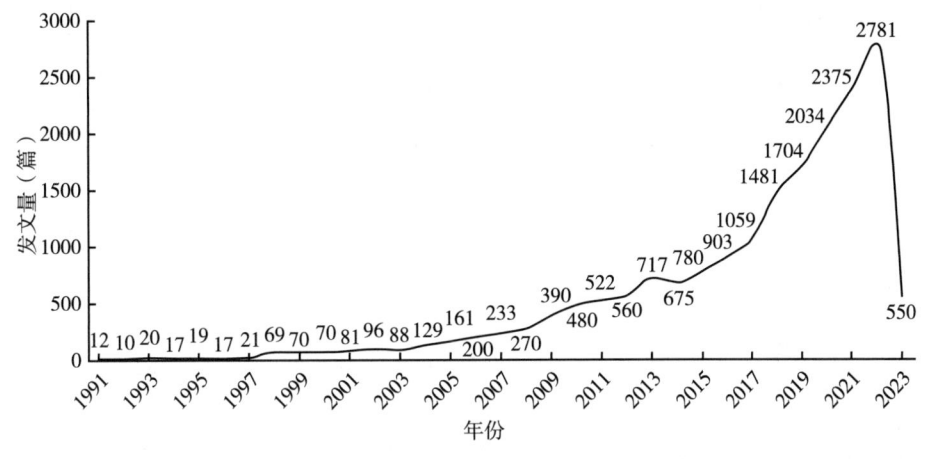

图 2-33　1991—2023 年发表文章数量

为进一步深入了解国际上生态城市研究进展，对于 WOS 核心合集收录的文献，经过筛选，选择高被引频次文章 3000 篇文章进行历时性、共时性的分析。分析得到国外生态城市研究的主要发展历程、研究热点和研究趋势。关键词共现分析显示，国外生态城市领域中多个研究热点聚集于"可持续发展""城市生态""遥感""花园鸟类"等方面。国外相关文献注重与可持续发展、生物多样性等国际热点问题结合。

（三）生态城市取得的成就

1972 年中国加入"人与生物圈计划"并当选为理事国，1978 年成立中国国家委员会，由此开启了中国生态学等学科领域学者与国际同行的学术接触。20 世纪 80 年代初，中国生态学、地理学以及城市规划等领域学者对国际城市生态问题研究迅速跟进，开始了城市生态问题的学术介绍和理论探讨。2002 年，第五届国际生态城市会议在深圳举行，生态城市建设理论与规划设计迅速成为中国相关学科领域研究热点。中国生态城市建设 30 年来，广泛开展了试点示范实践活动。

1. 各部委的相关实践

（1）住房和城乡建设部生态城市相关实践

住房和城乡建设部（包括原建设部）高度重视生态城市、低碳城市和城市可持续发展建设，出台一系列政策文件进行指导和推动，并通过创建活动加以落实（图2-34）。可以将住建部相关工作分为三个阶段。

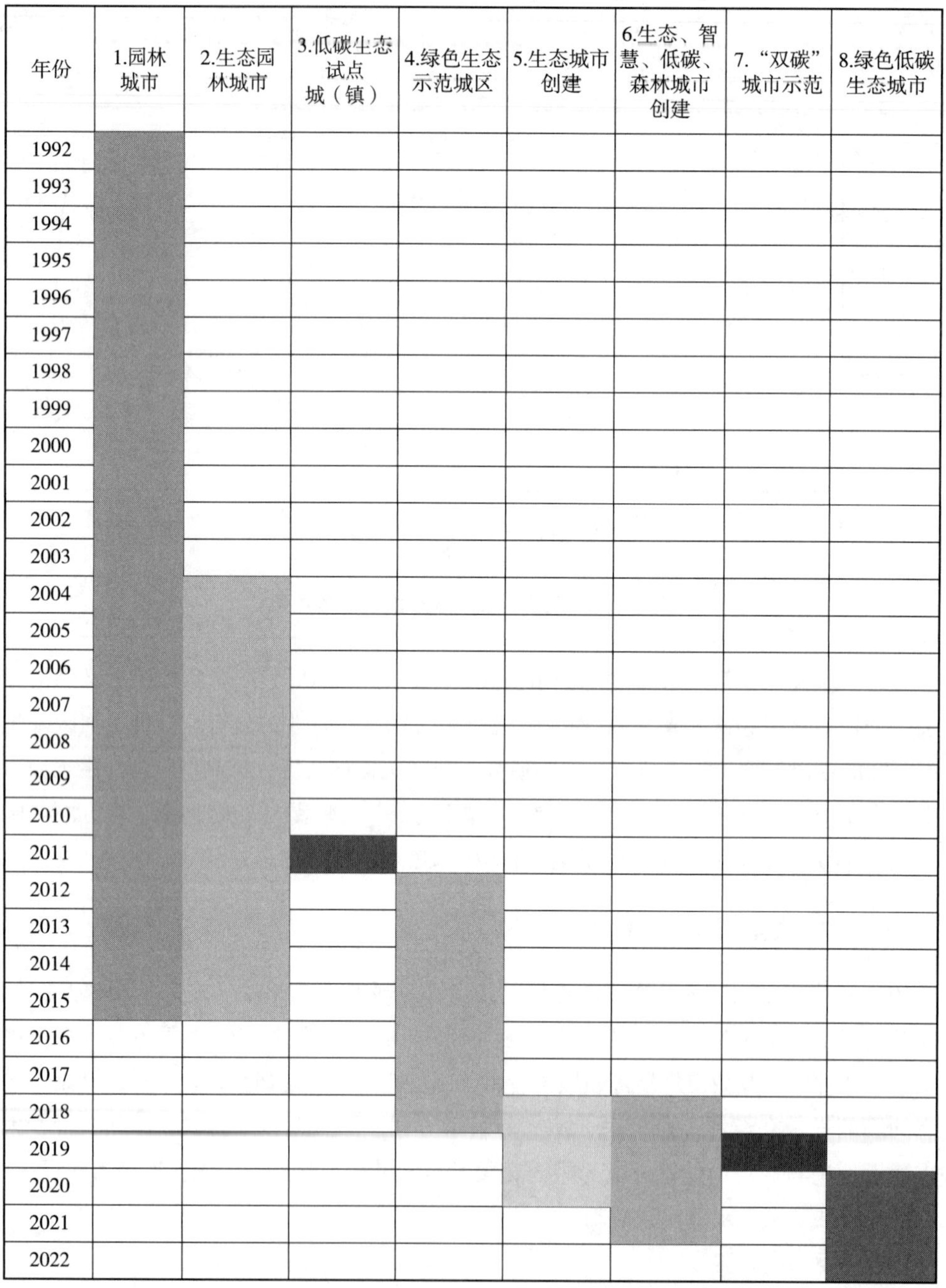

年份	1.园林城市	2.生态园林城市	3.低碳生态试点城（镇）	4.绿色生态示范城区	5.生态城市创建	6.生态、智慧、低碳、森林城市创建	7."双碳"城市示范	8.绿色低碳生态城市
1992								
1993								
1994								
1995								
1996								
1997								
1998								
1999								
2000								
2001								
2002								
2003								
2004								
2005								
2006								
2007								
2008								
2009								
2010								
2011								
2012								
2013								
2014								
2015								
2016								
2017								
2018								
2019								
2020								
2021								
2022								

图2-34 住建部生态城市相关工作示意

注：类别的标号对应下文中的标号。

第一阶段：1992—2015年，园林城市和生态园林城市建设阶段。

1）1992年，启动国家园林城市工作，颁布《园林城市评选十条标准》，之后延伸到国家园林县城、园林城镇和生态园林城市。截至2015年年底已经公布204个国家园林城市、204个园林县城和47个园林城镇。

2）2004年，建设部下发《关于印发创建"生态园林城市"实施意见的通知》（建城〔2004〕98号），这是我国第一次在国家层面正式提出生态城市建设。同期颁布了《国家生态园林城市标准（暂行）》，2012年将生态园林城市建设标准进行了进一步细化。2015年命名徐州市、苏州市等7个城市为首批国家生态园林城市。

第二阶段：2011—2018年，低碳生态试点城（镇）和绿色生态示范城区。

3）2011年，住建部通过省省、部市签订合作协议的方式，设立了天津中新生态城等12个生态试点城市。同年6月住建部制定了《低碳生态试点城（镇）申报暂行办法》（建规〔2011〕78号）。2011年提出"低碳生态试点城（镇）建设"。

4）2012年9月，整合了低碳生态城（镇）试点工作和绿色生态城区示范工作，统称为"绿色生态示范城区"，并于2012—2014年，先后批准设立16个绿色生态示范城区，于2012年优选8个绿色生态示范城区给予中央财政资金支持。2017年7月批准《绿色生态城区评价标准》为国家标准，编号为GB/T 51255—2017，自2018年4月1日起实施。

第三阶段：2018—2022年，生态、绿色、低碳、智慧、森林城市建设。

5）2018年3月，发布《生态城市创建工作方案》，提出到2020年生态城市数量达到200个的目标。

6）2018年12月，发布《2019年新型城镇化建设重点任务》，明确推动生态城市、智慧城市和森林城市创建工作。2019年12月，发布《2020年新型城镇化建设重点任务》，继续推动生态城市、智慧城市和森林城市创建工作。2020年12月，发布《"十四五"时期城镇人居环境建设发展规划》，提出推进生态城市、低碳城市和森林城市建设。2021年1月，发布《2021年新型城镇化建设重点任务》，落实生态环保要求，推动低碳城市创建工作。2021年3月，发布《2021—2025年新型城镇化发展规划》，提出大力推进生态城市、低碳城市和森林城市建设。2021年10月，发布《关于加快构建绿色低碳循环发展新型城镇体系的指导意见》，推动生态环境友好型绿色低碳新城建设。

7）2019年3月，发布《"双碳"城市创建工作方案》，支持一批城市创建"双碳"城市示范项目。

8）2020年9月，发布《2022年生态环境保护和高质量发展重点工作安排》，提出培育一批绿色低碳生态城市。

（2）生态环境部（包括原国家环保局、环保部）生态城市相关实践

生态环境部（包括原国家环保局、环保部）通过生态城市相关示范区建设，探索生态文明体制机制改革和政策创新，在规划建设、产业转型、制度创新等方面进行试点示范，

并在全国推广经验，推动形成绿色发展方式和生态文明体系（图2-35），相关工作大致可以分成四个阶段。

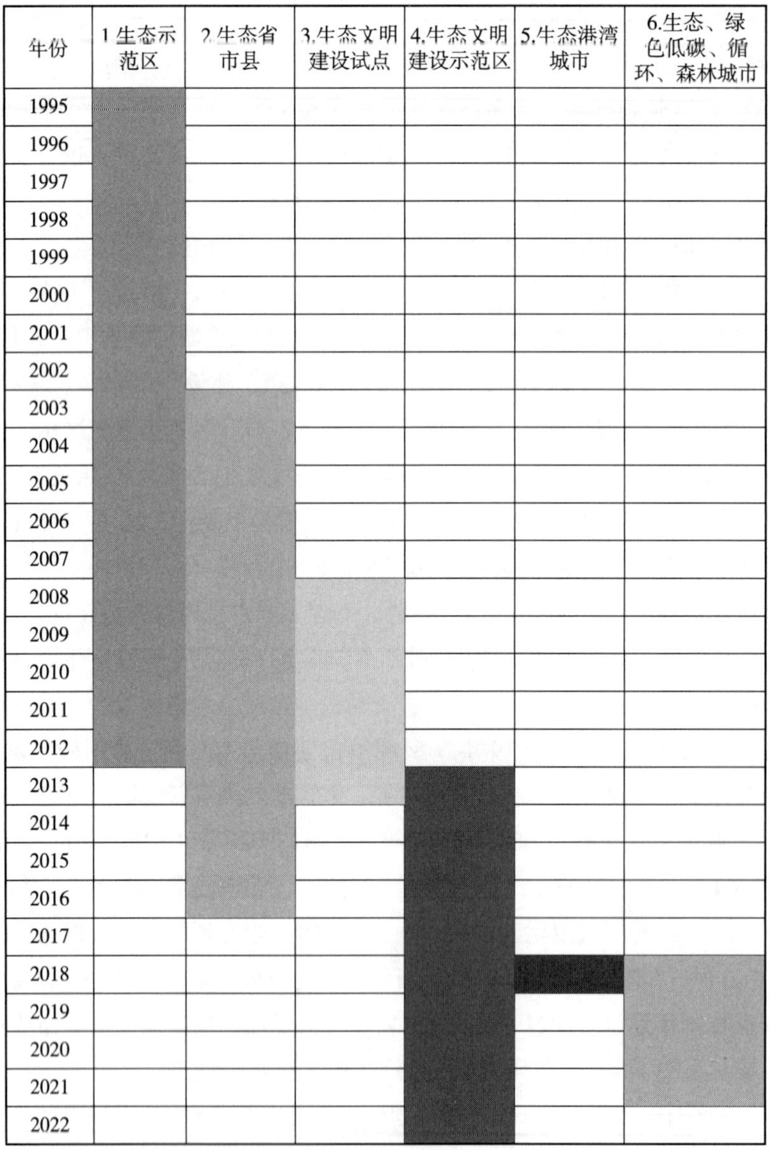

年份	1.生态示范区	2.生态省市县	3.生态文明建设试点	4.生态文明建设示范区	5.生态港湾城市	6.生态、绿色低碳、循环、森林城市
1995						
1996						
1997						
1998						
1999						
2000						
2001						
2002						
2003						
2004						
2005						
2006						
2007						
2008						
2009						
2010						
2011						
2012						
2013						
2014						
2015						
2016						
2017						
2018						
2019						
2020						
2021						
2022						

图 2-35　生态环境部生态城市相关工作示意

注：类别的标号对应下文中的标号。

第一阶段：1995—2016年，生态示范区建设。

1）1995年，原国家环保局发布了《全国生态示范区建设规划纲要（1996—2050）》（国家环保局环然〔1995〕444号），启动了全国生态示范区建设。截至2012年1月，环保部共公布了七批国家级生态示范区名单，共计 528 个。

2）2003 年开始的"生态省、生态市、生态县"建设，作为生态示范区建设的延续和发展，评选工作持续推进，截至 2016 年 9 月，环保部共公布了 143 个生态市（区、县）。

第二阶段：2008—2013 年，生态文明建设试点。

3）2008 年 12 月，环保部发布了《关于推进生态文明建设的指导意见》（环发〔2008〕126 号），要"推广生态文明建设试点示范"。截至 2013 年 10 月，环保部先后开展了六批全国生态文明建设试点地区，共计 125 个。

第三阶段：2013—2022 年，生态文明建设示范区。

4）2013 年，环保部发布了《关于大力推进生态文明建设示范区工作的意见》（环发〔2013〕121 号），将"生态建设示范区"正式更名为"生态文明建设示范区"。同年 5 月，环保部出台了《国家生态文明建设试点示范区指标（试行）》，首批授予江苏省扬州市等 37 个市（县区）"国家生态文明建设示范区"称号。

2013—2014 年，遴选全国首批 10 个生态文明建设试点省（市），包括浙江、江苏、广东、四川、上海、北京、天津、山西、安徽、陕西。

2015 年，在全国范围内遴选 20 个地级市为生态文明建设试点城市，包括杭州、宁波、温州、苏州、南京等。

2016 年，遴选北京市、天津市、河北省的 3 个区域为生态文明建设区域试点。

2017 年，遴选长江经济带 11 省（市）为生态环境建设重点区域。

2018 年，遴选晋城、威海、泰州、十堰 4 个地级市为生态文明建设试点城市；遴选山东半岛蓝色经济区为生态环境建设重点区域。

2019 年，遴选内蒙古大草原生态保护与建设试验区为国家级生态文明试验区。

2020 年，生态环境部会同相关部委选取了 5 个省区为全国生态环境建设示范区，包括福建、辽宁、陕西、新疆和西藏。

2021 年，生态环境部选取广西南宁节点城市为国家生态文明建设示范城市。

2022 年 1 月，生态环境部公布 2022 年生态文明建设示范区和示范城市名单，示范区 7 个、示范城市 12 个。

第四阶段：2018—2022 年，生态、绿色低碳、循环城市建设。

5）2018 年 5 月，发布《关于开展国家生态港湾城市创建工作的通知》，启动国家生态港湾城市创建工作。

6）2019 年 1 月，发布《关于开展全国生态环境优先型城市创建工作的通知》，启动全国生态环境优先型城市创建工作。2019 年 10 月，发布《关于加快推进绿色低碳城市建设的指导意见》，提出加快推进生态城市、低碳城市和森林城市建设。

2020 年 4 月，发布《关于推动全面绿色转型发展最严格环境保护实施方案》，支持一批绿色低碳生态城市建设。

2021年3月，发布《生态环境部2021年工作要点》，提出推动绿色低碳生态城市和生态文明建设。2021年4月，发布《关于抓好生态环境综合整治行动工作的通知》，明确环境综合治理城市考核内容包括生态环境友好城市等建设情况。2021年10月，发布《生态环境部关于加快推进绿色低碳循环发展的指导意见》，提出加快推进生态城市、低碳城市和循环城市建设。

（3）发展和改革委员会

国家发展改革委高度重视城市可持续发展，不断发布相关政策文件和立项支持，推动生态城市、低碳城市、循环城市和"双碳"城市创建与建设，通过创新发展模式引领新型城镇化建设。

从2010年7月起，国家发展和改革委员会（发改委）联合其他部门进行低碳发展试点，并逐渐扩大范围和类别，进行许多有益的探索。截至2017年10月，已经确定了6个低碳试点省区、81个低碳试点城市、7个绿色低碳小城镇、55个低碳工业园区、两省五市碳排放权交易试点。

2018年10月，发布《关于加快推进生态文明建设的意见》，提出支持一批城市建设生态城市、低碳城市和循环城市。

2019年6月，发布《"双碳"城市创建工作方案》，启动双碳城市创建工作，支持一批城市开展"双碳"城市创建。

2020年3月，发布《关于推进城市绿色发展的指导意见》，提出推动生态城市、低碳城市、森林城市和循环城市建设。2020年9月，发布《关于推动碳达峰碳中和行动方案》，支持一批城市抓紧开展"双碳"城市行动。

2021年3月，发布《"十四五"节能减排综合工作方案》，提出建设一批绿色低碳无废城市和生态文明建设示范市。2021年10月，发布《关于加快构建绿色低碳循环发展新型城镇体系的指导意见》，支持选优培育一批生态环境友好的绿色低碳循环发展新城。2021年12月，发布《关于加快推进新型城镇化高质量发展的意见》，提出推动生态城市、低碳城市和循环城市创建与建设。

（4）生态城市建设其他相关政策文件

1）提高空气质量。

近年来我国出台了一系列政策措施强化大气污染治理，从行动计划到法律法规，各层面加以规范和强化，以实现空气质量的持续改善（表2-12）。

表2-12 提高空气质量相关部分政策文件

序号	相关政策文件	年份	主要相关内容
1	《大气污染防治行动计划》（2013—2017年）	2013	首个专门针对大气污染的行动计划，提出PM2.5浓度下降等目标

续表

序号	相关政策文件	年份	主要相关内容
2	《大气污染防治三年行动计划》（2018—2020年）	2018	继续确定PM2.5浓度下降目标，加强区域联防联控
3	《大气污染防治法》	2018年1月实施	首部专门针对大气污染的专门法律，加大对企业和车辆排放的管理
4	《蓝天保卫战三年行动计划》（2018—2020年）	2018	提出制定重点区域的大气污染防治攻坚战，加快推进重点城市改善空气质量
5	《挥发性有机物污染防治行动计划》（2018—2020年）	2018	针对VOCs污染加强管控与治理，推动产业结构优化调整
6	《强化成品油品质提升工作方案》	2018	严格控制成品油质量，禁止柴油车使用劣质燃油
7	《推动一体化区域空气质量改善行动方案》	2020	提出建立空气质量一体化管理协同机制，统筹资源推动区域联防联控
8	《打赢蓝天保卫战三年行动计划》（2021—2023年）	2021	继续以打赢蓝天保卫战为主题，推动重点领域和城市大气污染防治
9	《大气污染防治法修正案》	2021年实施	进一步加强大气污染防治，明确企业主动预防和治理责任，加大行政处罚力度

2）保护水资源和改善水环境质量。

我国从"十二五"规划以来出台一系列水污染防治与水资源保护的规划和政策，立法及加强执行，取得了显著成效，但水环境质量提高任重而道远。各级政府和全社会仍需加大投入和采取有效措施，推动治水长效机制（表2-13）。

表2-13 保护水资源和改善水环境质量相关部分政策文件

序号	相关政策文件	年份	主要相关内容
1	《水污染防治行动计划》（2015—2020年）	2015	提出水环境质量改善目标和行动措施，加强水污染防治
2	《水资源保护和利用"十三五"规划》（2016—2020年）	2016	提出加强水资源调查监测、节约与高效利用、污染防治等内容
3	《水利部关于实施流域和海域水污染防治工作方案的通知》	2017	强化流域和海域水污染防治工作，提高水环境质量
4	《中华人民共和国水污染防治法》	2018年1月实施	首部专门针对水污染的法律，加大水污染防治力度
5	《国家水环境综合治理工作方案》	2018	系统提出水环境治理思路和措施，统筹城镇与农村、流域与海域水污染防治

续表

序号	相关政策文件	年份	主要相关内容
6	《打好水污染防治攻坚战行动方案》（2018—2020年）	2018	加快推进重点流域、重点城市和重点行业水污染防治
7	《保障国家水安全工作方案》	2019	强化水资源保护利用和水污染防治，确保国家水安全
8	《中华人民共和国水污染防治法修正案》	2021年实施	进一步加强水污染防治与水环境治理，强化政府和企业责任
9	《水污染防治十四五规划》（2021—2025年）	2021	推进重点流域、重点城市和重点行业水环境治理，提高水生态文明程度

3）无废城市建设。

近年来政府高度重视无废城市建设，相继发布政策以推动资源节约型社会建设和产业结构调整，并通过试点示范项目的方式在全国范围内推进无废城市建设（表2-14）。

表2-14 无废城市建设相关部分政策文件

序号	相关政策文件	年份	主要相关内容
1	《国家生态文明试验区建设总体方案》	2016	提出推进资源节约型和环境友好型社会建设，支持一批城市建设"无废城市"试点
2	《关于加快推进生态文明建设的意见》	2017	提出要大力推进无废城市建设，加快建立资源节约型社会
3	《关于印发〈推动节约资源型无废产业发展三年行动实施方案（2018—2020年）〉的通知》	2018	要求推动一批区域内贯通的无废循环产业链，将再生产业明确纳入本地产业发展规划
4	《关于印发〈推动消费革命促进可持续消费行动方案（2019—2022年）〉的通知》	2019	提出联合相关部门开展无废城市示范创建工作，打造一批资源节约型"无废城市"试点示范
5	《关于加快推进高质量发展的意见》	2019	提出推动资源利用方式由"开采—消耗—废弃"向"减量—再利用—资源化"转变，加快无废城市和园区建设
6	《生态环境部关于加快推进无废城市建设的通知》	2020	要求以创造"无废"生活方式为目标，加快推进一批城市开展无废城市建设试点工作
7	《关于印发实施〈生态环境部"十四五"生态环境事业发展规划〉的通知》	2021	提出加快建设一批无废城市试点示范项目，形成更综合完善的生态环境管理体系
8	《生态环境部关于组织开展第五批无废城市建设试点工作的通知》	2022	要求加快推进生态文明建设和产业结构升级，加快形成资源高效利用模式

4）循环经济。

政府近年来高度重视循环经济发展，相继出台一系列政策文件进行规划和推动，并通过建设试点示范区的方式加以实践和落地，推动产业结构调整和优化升级（表2-15）。

表2-15　循环经济相关部分政策文件

序号	相关政策文件	年份	主要相关内容
1	《循环经济发展战略与行动计划》	2013	首个提出循环经济发展战略和行动计划的文件，提出了到2020年的发展目标
2	《关于加快推进产业结构调整升级的决定》	2016	提出要发展绿色产业，推动传统产业转型，加快发展循环经济
3	《国务院关于加快发展生物产业的意见》	2017	提出要推动生物产业与新能源、新材料、循环经济等深度融合
4	《关于印发生态文明体制改革试点总体方案的通知》	2018	支持一批区域和城市建设循环经济示范区和试点
5	《关于加快推进生态文明建设的意见》	2018	提出要大力发展绿色产业和循环经济，推动形成绿色生产和消费模式
6	《国家生态文明试验区建设总体方案》	2019	提出要推动循环经济、清洁生产等生态文明建设
7	《关于加快推进生态文明建设的意见》	2020	再次提出要加快发展循环经济，推动绿色产业和生态产业发展
8	《关于加快建设生态文明试验示范区的指导意见》	2021	提出要推动循环经济产业集群发展，构建产业共生的生态文明新模式
9	《"十四五"生态环境保护规划》	2021	提出要大力发展循环经济，加快推动传统产业向生态环保产业转型，实现更高水平的资源共享和再生利用

5）可再生能源和清洁能源。

政府在近20年来不断加大对可再生能源和清洁能源的支持，通过制定中长期规划、修订法律法规和出台政策文件，设置具体利用目标，推动我国能源结构调整与转型（表2-16）。

表2-16　可再生能源和清洁能源相关部分政策文件

序号	相关政策文件	年份	主要相关内容
1	《可再生能源法》	2005年实施	首部可再生能源专门法律，提出发展可再生能源的基本原则和政策措施
2	《可再生能源中长期发展规划》	2007	提出到2020年可再生能源占能源消费总量15%的目标

续表

序号	相关政策文件	年份	主要相关内容
3	《国务院关于加快推进节能环保产业发展的若干意见》	2009	提出大力发展太阳能、风能等可再生能源产业
4	《能源发展"十二五"规划》	2012	提出到2015年非化石能源占原初能源消费比重达到11.4%的目标
5	《国务院关于加快可再生能源产业发展的若干意见》	2015	提出到2020年可再生能源占能源消费总量15%的目标
6	《可再生能源中长期发展规划》	2016	提出到2030年可再生能源占能源消费总量20%的目标
7	《"十三五"现代能源体系发展规划》	2016	提出大力发展新能源如太阳能、风能、生物质能等
8	《关于印发〈清洁利用煤炭行动方案（2017—2020年）〉的通知》	2017	提出发展清洁煤利用技术，提高煤炭利用效率和能源利用效率
9	《可再生能源法修订案》	2021年通过	进一步明确可再生能源利用目标和职责，加大政策支持力度
10	《"十四五"现代能源产业革命发展规划》	2022	提出到2025年，非化石能源占比达到20%以上的目标

6）碳中和和"双碳"目标。

政府近年来高度重视气候变化应对，制定国家长期发展规划，将"双碳"目标明确纳入，相继出台一系列政策文件和行动方案进行部署和落实，以确保如期实现碳达峰和碳中和目标，这在全球气候治理中具有重要影响力和示范作用（表2-17）。

表2-17 碳中和和"双碳"目标相关部分政策文件

序号	相关政策文件	年份	主要相关内容
1	《巴黎协定》	2016年批准加入	作为缔约方，中国承诺将在2030年前达到碳排放峰值，并争取尽早实现
2	《中国碳排放权交易系统建设工作方案（电力行业）》	2017	首个碳交易体系工作方案，包括电力行业在内的重点行业渐进纳入碳市场
3	《产业结构调整指导目录（2019年本）》	2019	鼓励发展低碳产业，限制高排放产业发展
4	《加快建立健全绿色低碳循环发展经济体制机制方案》	2021	提出要制定碳排放达峰实施方案和中期规划
5	《中华人民共和国国民经济和社会发展第十四个五年规划和二〇三五年远景目标纲要》	2021	将"双碳"目标写入国家发展纲要，提出到2030年碳达峰、2060年实现碳中和

续表

序号	相关政策文件	年份	主要相关内容
6	《中华人民共和国碳达峰行动方案》	2021	首个碳达峰行动方案，提出一系列政策措施确保如期实现碳达峰目标
7	《关于加快推进生态文明建设的意见》	2022	再次强调要完成碳达峰和碳中和目标，加大政策支持力度
8	《生态文明体制改革总体方案》	2022	提出要建立健全绿色低碳发展政策体系，推动形成绿色低碳生产生活方式
9	《"十四五"控制温室气体排放工作方案》	2022	提出一系列强化温室气体减排的措施和行动，以确保如期实现"双碳"目标

7）生态保护红线。

政府自2017年提出生态保护红线制度以来，不断强化相关政策发布，要求各地认真执行生态保护红线划定、规划编制和监督管理工作，并逐步建立长效机制，切实保护生态环境安全（表2-18）。

表2-18 生态保护红线相关部分政策文件

序号	相关政策文件	年份	主要相关内容
1	《中华人民共和国生态环境保护法》（2018年修订）	2018	首次提出生态保护红线制度，要求划定生态保护红线区域并严格保护
2	《生态保护红线划定规划管理办法（试行）》	2017	首个关于生态保护红线划定和规划的管理办法
3	《关于划定并严守生态保护红线的意见》	2017	要求各地持续推进重要生态空间生态保护红线划定工作
4	《生态环境部关于加快推进生态保护红线划定规划编制工作的通知》	2018	要求各省完成生态保护红线规划编制工作
5	《关于加快推进生态文明建设的意见》	2018	再次要求各地认真组织生态保护红线划定工作，严格保护红线内区域
6	《生态环境部关于加强生态保护红线监督检查工作的通知》	2019	要求各省开展生态保护红线监督检查工作
7	《关于印发生态保护红线监督管理办法的通知》	2020	明确生态保护红线监督检查工作机制和程序
8	《关于加快推进生态文明建设的意见》	2022	再次强调各地要严格执行生态保护红线制度，完善生态保护红线划定规划和监管
9	《生态文明体制改革总体方案》	2022	提出要建立生态保护红线保护长效机制，加强生态保护红线监督管理

8）城市生物多样性保护。

政府近年来逐步加大对城市生物多样性保护的重视，从法律法规到政策文件和技术规范不断完善，提出工作要求和行动举措，并逐步建立长效机制，这对推动我国城市可持续发展具有重要意义（见表2-19）。

表2-19 生物多样性相关部分政策文件

序号	相关政策文件	年份	主要相关内容
1	《中华人民共和国生物安全法》	2021	首次在法律中明确提出要保护城市生物多样性，加强城市生态环境建设和管理
2	《生物多样性公约》	1993年加入	作为缔约方，中国承诺采取行动保护生物多样性，包括城市生物多样性
3	《国家生物多样性保护战略和行动计划（2011—2030年）》	2010	提出要推进城市生物多样性保护和规划建设
4	《国家新型城镇化规划（2014—2020年）》	2014	提出要推进生态城区和生态文明城市建设，加强城市生态环境保护
5	《生态城市建设指南》	2016	提出城市生物多样性保护原则和建设内容，要将生物多样性融入城市规划
6	《关于加强城市生态文明建设的指导意见》	2017	提出要加强城市生物多样性保护，推进生态城区和生态文明城市建设
7	《生态环境部关于加强城市生物多样性保护的指导意见》	2019	首个专门关于城市生物多样性保护的政策文件，提出具体工作要求
8	《生态环境部关于印发城市生物多样性保护技术指南的通知》	2020	首个城市生物多样性保护技术指南，为城市生物多样性保护工作提供技术支撑
9	《关于进一步加强生物多样性保护的意见》	2021	对生物多样性保护的政策法规、空间格局、监测体系、生物安全管理水平、可持续利用等提出了要求
10	《生态文明体制改革总体方案》	2022	提出要建立城市生态环境保护长效机制，加强城市生物多样性保护
11	"昆蒙框架"	2022	中国作为《生物多样性公约》缔约方大会第十五次会议（简称COP15）的主席国，推动大会达成了历史性的"昆明—蒙特利尔全球生物多样性框架"（简称"昆蒙框架"）等具有里程碑意义的成果

9）绿色建筑。

国家近年来出台一系列政策规划持续推动绿色建筑发展，不断完善标准体系和政策保障，并设置发展目标与行动计划，取得了长足进步，但仍需加快推行绿色施工与运营，实现建筑全生命周期绿色发展（表2-20）。

表 2-20 绿色建筑相关部分政策文件

序号	相关政策文件	年份	主要相关内容
1	《绿色建筑评价标准》	2006	首个绿色建筑评价标准,为绿色建筑发展提供技术支撑
2	《国务院关于加快发展绿色建筑的意见》	2013	首次专门提出加快发展绿色建筑,提出发展目标和政策措施
3	《关于实施绿色建筑行动计划的通知》	2016	提出绿色建筑发展目标和行动,要大力推广绿色建筑
4	《绿色建筑评价标准》	2019	进一步提高绿色建筑标准和要求
5	《建设部关于开展国家级绿色建筑认证工作的通知》	2016	要求在全国范围内推开国家级绿色建筑认证工作
6	《建设部办公厅关于加强绿色施工管理工作的通知》	2017	要求在工程建设全过程实施绿色施工
7	《关于印发〈绿色建筑发展"十三五"规划〉的通知》	2017	提出到2020年,新建建筑中绿色建筑面积比例达到50%的目标
8	《关于加快推进绿色建筑发展的指导意见》	2018	提出进一步丰富绿色建筑政策体系,加快绿色建筑发展
9	《关于推进绿色建筑高质量发展的指导意见》	2020	提出推进绿色建筑长效机制建设和体系完善
10	《建筑节能与绿色建筑发展"十四五"规划》	2021	提出加快构建覆盖城乡的绿色建筑标准体系

10)绿色交通发展。

国家近年来高度重视绿色交通发展,密集出台一系列规划与政策推动新能源汽车、智慧交通和轨道交通发展,并提出具体目标与行动,加速兼具高效、智能与低碳的交通运输体系建设。但应进一步强化政策延伸至城市道路与停车等领域,实现交通全流程绿色转型(表 2-21)。

表 2-21 绿色交通相关部分政策文件

序号	相关政策文件	年份	主要相关内容
1	《绿色出行行动纲要》	2019	首个专门提出绿色出行并提出发展目标和政策措施的文件
2	《交通强国战略纲要》	2019	将绿色交通发展作为重点内容提出,要推进智慧交通和新能源汽车发展
3	《产业结构调整指导目录(2019年本)》	2019	将新能源汽车和轨道交通设备制造业列为鼓励类产业
4	《交通运输部关于加快推进绿色交通运输发展的指导意见》	2020	提出加快发展新能源汽车、智慧交通等,推动交通运输业绿色发展

续表

序号	相关政策文件	年份	主要相关内容
5	《新能源汽车产业发展规划（2021—2035年）》	2020	提出到2025年新能源汽车占比达到20%的目标
6	《"十四五"智慧交通发展规划》	2021	提出加快发展电动汽车充电基础设施和智慧交通产业
7	《铁路发展"十四五"规划纲要》	2021	提出发展绿色高铁和都市轨道交通
8	《绿色交通发展"十四五"规划》	2021	提出加快发展公交、铁路、新能源出行方式的目标，构建绿色交通体系
9	《关于加快推进绿色低碳循环发展的行动方案》	2021	提出加快发展绿色公交、新能源汽车和智慧交通，推动交通运输低碳转型
10	《绿色交通行动计划（2021—2023年）》	2021	提出具体工作任务和时限要求，促进绿色交通发展

2. 生态城市的国际合作

（1）生态城市国际合作项目或地区（表2-22）

表2-22　部分生态城市国际合作项目或地区

合作国家	生态城合作项目或地区
中国—新加坡	中新苏州工业园
	中新天津生态城
	中新广州知识城、中新南京生态岛
中国—欧盟	珠海、洛阳
	青岛、常州、合肥、威海、株洲、柳州、桂林和西咸新区沣西新城
中国—德国	青岛中德生态园
	张家口市（含怀来）、烟台市、江苏省宜兴市、海门市、乌鲁木齐市
	荆州市、白银市、银川市、江油市、吉林高新区、淮安高新区
中国—芬兰	阿尔山、南京南部新城、榆林空港生态区
	共青数字生态城、头沟中芬生态谷
中国—法国	中法武汉生态示范城
	荆州市、磐石市、庆云县、（中—新）吉林食品区、佛山市南庄镇
中国—瑞典	唐山湾生态城、无锡中瑞低碳生态城
中国—英国	崇明东滩生态城
中国—美国	廊坊、潍坊、日照、鹤壁、济源、合肥

（2）"一带一路"和南南合作框架下生态城市相关项目

近年来中国在"一带一路"和南南合作框架下，加强与周边发展中国家在生态城市规划、建设与产业合作，并在多国开展生态城市试点建设，这有助于推动生态城市国际化。主要的生态城市国际合作项目和建设试点（表2-23）。

表2-23 "一带一路"和南南合作框架下生态城市相关项目（部分）

合作国家	启动时间	合作地区及内容
中国—新加坡生态城市合作项目	2018年	选定重庆两江新区和成都高新区开展合作，围绕生态城市规划、绿色建筑、智慧城市等开展交流与合作
中国—马来西亚森林城市合作项目	2018年	选定云南昆明与马来西亚哥打京那巴鲁市开展生态城市及森林城市规划和建设方面的合作
中国—越南森林城市合作项目	2020年	选定福建龙岩与越南芽庄市开展生态城市及森林城市建设方面的合作
中国—老挝生态城市发展合作项目	2021年	选定贵州毕节与老挝万象特区开展生态城市规划与发展合作
阿斯塔纳生态城市试点	2018年	哈萨克斯坦阿斯塔纳市与我国企业开展绿色低碳循环生态城市试点建设，协同推进绿色产业发展
俄罗斯符拉迪沃斯托克生态城市试点	2019年	与中俄企业合作，在符拉迪沃斯托克建设生态园区，发展绿色产业，探索中俄生态城市合作新模式
泰国罗永府生态城市试点	2020年	与泰国罗永府合作，在罗永府建设生态城市试点，开展绿色产业园区建设，市政基础设施改造等

3. 指标体系为主的实施体系特点突出

生态城市指标体系构建的总体目标是建立一套设计合理、操作性较强的指标体系，使生态城市这个抽象的复杂系统变得可以被理解、被测量，让城市管理决策部门可以定期了解当前城市处于什么位置、距生态城市还有多远、未来改如何发展，以期为城市的规划、建设、管理和决策提供数据支持。生态城市核心是可持续发展，其指标涉及生态空间、空气质量、固废处理、水管理、清洁能源、紧凑发展、绿色交通、绿色产业、绿色建筑等方面。

（1）国外生态城市相关指标体系

国外生态城市相关指标体系包括：联合国人居署城市指数、联合国可持续发展指标、全球城市指数、欧洲绿色城市指数、亚洲绿色城市指数、美国耶鲁大学和哥伦比亚大学环境可持续发展指标体系、英国可持续发展指标体系等。这些指标体系为我国生态城市指标体系构建提供了借鉴。

（2）国内生态城市指标体系

国内生态城市指标体系包括：住建部制定的相关指标体系，如国家生态园林城市分级考核标准、人居环境奖评价指标体系、中国城市发展战略绩效指标；生态环境部制定的相关指标体系，如国家生态文明建设示范县、市指标体系等；还有科技部及相关研究机构制定的相关指标体系。这些指标体系为生态城市指标的制定提供了支持。

（3）以指标体系为主的实施体系日趋完善

生态城市建设形成了以指标体系为主的实施体系。城市是一个由环境、社会、经济构成的复杂巨系统，涉及资源、能源、生态、政治、经济、文化、管理、环境、规划、工程等诸多学科门类。由于城市所处的地域和文化区域特征各异，生态城市建设过程中的建设条件、发展方向、技术手段各不相同，因此发展生态城市是一个从理论到实践的探索过程，迫切需要有明确发展目标和规范的评价标准来引导生态城市规划、建设、管理的各个环节。

（四）我国生态城市相关研究仍需进一步提高

随着城镇化进一步发展，中国生态城市建设研究虽然取得了令人瞩目的成就，但是生态城市建设仍然处于探索阶段，符合中国实际的生态城市规划设计原理和实践经验亟待进一步研究和积累。生态城市试点示范城市（区）建设获得了丰富的经验，但是试点示范的经验转化仍存在瓶颈，需要更新城市规划建设的有关原则和理念，进一步明确思路；同时，在更大范围内贯彻生态城市建设的政策及保障措施有待完善。我国生态城市在规划、功能、资金、监管、产业、人才等方面仍有很大提升空间，需要政府与社会各界共同努力加以改善，以促进生态城市健康和高质量发展。

1. 生态城市创建标准问题

各省市和部门均制定生态城市相关标准，但标准之间缺乏协同性和一致性，不利于生态城市健康发展。

2. 生态城市监测与评价问题

生态城市创建工作有监测和评价制度，但多数城市在创建后未建立定期监测机制，也没有第三方评价，无法真实评估创建效果。在生态城市规划实施过程中缺乏数据监测与过程监管，并且问题反馈与目标纠偏机制不完善。

3. 生态城市创建的内生动力和投入机制问题

生态城市创建动力不足。生态城市创建工作在初期时政府推动较为积极，但长期来看相关政策支持不足，社会各利益相关方参与度不高，创建动力难以持续。

生态城市投入机制不完备。生态城市建设需要大量资金投入，但现有财政转移支付和融资机制无法满足需求，生态城市项目建设面临资金短缺的困境。

4. 城市群生态城市协同建设问题

生态城市协同建设缺乏内生动力。在城市群协同建设过程中，参与生态城市协同建设的各方利益得失不同。得到利益的城市往往实施协议的积极性高，推进速度快，而失去利益的城市往往会采取各种借口拖延甚至抵制协议的实施，影响了城市群整体效能的发挥。

城市群内部生态城市协同建设效果还不尽如人意。另外，协同层次低、内容少，生态补偿没有落到实处；城市间协同法律法规、协调机制不健全。

5. 生态城市公众参与问题

公众参与涉及公众对生态城市的规划、建设和管理的知情权、参与权、表达权和监督权。生态城市建设的最终受益者是社会公众，但在生态城市规划建设与运营环节，政府和开发建设单位是主要参与者，公众的参与只是象征性的，社会组织很少能发挥协调作用。究其原因，其一是生态城市建设是一个漫长的过程，短期内难以收到成效，公众参与积极性不高；其二是在生态城市的建设中，公众的生态意识还未真正建立起来，很少参与有关生态城市建设规划的活动。因此，公众参与机制的建立与完善是建设生态城市的迫切需求，鼓励广大市民与各种社会组织积极参与，是中国生态城市建设中有待改进的地方之一。

二、国内外发展比较

（一）国外生态城市发展

1. 美国生态城市主要做法

20世纪70年代，美国发布了《生态城市规划指南》，将"生态城市"作为指导美国发展的重要目标。其主要做法如下：

（1）积极推进环境保护工作。如提出了《清洁空气法》《清洁水法》《减少工业污染法》等一系列法律法规，将环境保护工作提到了前所未有的高度。

（2）加强生态城市建设的研究。如建立了国家生态城市研究中心，与哈佛大学、麻省理工学院等名校共同开展生态城市研究；制定了一系列有利于生态城市建设的政策措施，并给予资金支持和技术保障等。

2. 欧盟生态城市建设的主要做法

欧盟在城市的发展规划方面，强调其政策制定、环境治理、基础设施建设、社会福利保障等方面的一体化，从而实现全欧盟范围内城市生态的协调发展。

（1）欧盟对生态城市发展目标的制定由单纯的物质层面发展向社会、经济和环境综合协调发展转变，并且把生态城市与社会福利体系有机地结合在一起。

（2）欧盟将生态城市建设目标分为4个层次：

①物质层面上的能源节约和循环利用；②经济层面上的贸易自由化和产业升级；③环

境层面上的土地合理使用和生态系统平衡；④社会层面上的健康和谐。

（3）欧盟通过制定相关法律法规推动生态城市建设，在《欧盟气候变化框架公约》《里斯本条约》《马斯特里赫特条约》等国际公约中对城市生态系统和环境保护内容进行了明确规定，从而为欧盟推动生态城市建设提供了法律依据。

（4）欧盟通过制定《关于城市能源政策和可再生能源战略》《关于循环经济发展和工业废弃物管理的框架》等一系列政策，使欧盟内部各成员国在经济结构和能源结构调整、实现循环经济等方面形成了协调统一的行动纲领。

（5）欧盟在生态城市建设中强调基础设施建设，如交通、通信基础设施建设以提高能源效率和保护环境为目的；重视发挥公共交通在解决交通拥堵、环境污染和交通安全等方面的作用。

（6）欧盟还通过制定有关标准与规划来促进城市生态系统平衡。在标准方面，欧盟制定了多项与生态相关的标准及指南，如能源标准、可再生能源标准等。

3. 新加坡生态城市取得的经验

新加坡也在生态城市建设方面做出了不懈的努力，其成功的关键在于：

（1）在环境治理方面，采取了自上而下和自下而上相结合的治理策略。自上而下是指政府通过行政命令或立法进行环境治理；自下而上则是通过居民对政府工作提出意见和建议的方式实现环境治理。由于新加坡人口密度小且地处热带地区，所以政府通常采用自上而下的方法来实现环境治理，即由政府直接负责环境治理，再由社区居民具体实施。

（2）在资源利用方面，新加坡为保护本国生态系统服务功能实行了一系列制度创新。如实施"中央公园"制度；制定《土地使用法案》等政策法规促进土地资源的合理利用；大力发展太阳能、风能、潮汐能等可再生能源技术；提高污水资源化利用率；等等。

（3）在生态系统服务方面，新加坡采用了多项生态补偿制度来实现生态补偿。如采用《森林保护条例》等相关法律法规对森林资源进行有效保护；推行"自然资本核算"制度（Eco-Capital Accounting）来衡量和核算生态系统服务价值；通过"绿带"等形式实现对生物多样性的有效保护等。

4. 英国的生态城市建设经验

城市发展与自然资源相协调，城市开发过程中优先考虑与自然和谐共存。如英国在建造新的住宅小区时，首先要考虑周边环境是否适宜居住；伦敦有两个著名的"绿色街区"，一个是"绿色街区"，另一个是"绿色住宅区"。在规划设计中，"绿色街区"强调建筑与周围环境自然融合，住宅内部设施和空间布局有利于住户最大限度地利用室内和室外空间；而"绿色住宅区"则更强调利用自然能源和资源，减少化石燃料的使用，建立完善的节能体系和生态系统。

英国是最早提出生态城市理念的国家之一，其发展道路与其他国家有很大的不同。英国很早就开始了生态城市建设工作，如将可持续发展理念融入城市规划与建设之中，将可持续发展政策作为法律制度加以完善等。

英国的生态城市建设以"低碳经济"和"循环经济"为原则,采用清洁能源、节约资源和废弃物资源化等技术;同时加大了对清洁能源技术的研发与使用,鼓励新能源汽车普及和促进交通出行方式转变,推动了"绿色交通"和"智慧交通"等的发展;重视发展低碳经济以提高经济效益,减少对化石燃料的依赖;强调绿色消费与绿色生活理念,实行垃圾分类回收等。

如在城市规划方面坚持以"可持续发展"为原则;在资源利用方面坚持以循环经济为原则;在环境治理方面坚持以技术创新为原则;在社区建设与环境保护方面坚持以以人为本与社区参与为原则。

(二)国内外生态城市发展比较(见表2-24)

表2-24 国内外生态城市发展对比

层面	国内生态城市	国外生态城市
概况	建设起步晚。随着城镇化推进,规划建设的技术、管理和保障机制落后于城市开发,仍需要进一步发展完善	建设开展时间较长,取得了很好的成效
背景	中国正在快速城镇化和工业化的过程中,生态城市的建设一般是由政府主导的,涉及范围大,城市体量和人口密度更大,面临的问题更多更复杂,既要解决公共基础设施问题,又要解决资源环境问题以及节能减碳应对气候变化	国外发达国家已经进入后城镇化和后工业化阶段,大部分是已建城市的生态化改造,一般规模较小,涉及人口也较少,以解决交通问题和应对气候变化为主,非政府组织和居民参与度较高
战略规划	国内的生态城市一般只发布了5~15年的中短期规划,缺乏对应对海平面上升和极端气候的长期规划。国内规划中对建设成本以及落地的具体途径考虑不足,导致很多规划难以真正实施	国外生态城市的规划往往富有远见,甚至有长达百年的战略规划。规划时间虽然长,但是却有明确的长短期目标。例如伯克利制定了150年的长远规划,但通过一系列小而具体的生态建设项目,如恢复废弃河道项目、改善能源利用结构项目,以及慢行车道项目等,稳步推进生态城市的建设
绿色出行	国内城市大力推进公共交通,地铁和公交车线路发达。但是在细节上考虑不足:大量自行车道被占用停放机动车,步行和骑行环境差;道路主干道宽敞,但支路缺乏,导致出行集中于主干道造成拥堵。现在,不少生态城区已经开始考虑出行细节,设置专用自行车道和慢行道路,为骑行和步行创造了安全的环境	国外生态示范城市从总体布局和细节两方面鼓励绿色出行。布局上,在大型公交站附近设置居民小区、商业中心和公共设施来方便人们采用公共交通出行。细节上,采取多种措施提高骑行和步行的舒适度和安全性来鼓励人们骑行和步行
绿色建筑	大力推动绿色建筑建设与评价,各地相继出台了相关政策文件	—

续表

层面	国内生态城市	国外生态城市
可再生能源（清洁能源）	大力推动可再生能源利用及清洁能源利用，国家应对气候变化和"双碳"政策，开展了大量的相关实践和研究	—
技术和产业	国内生态城市的规划大多数与国外咨询公司合作，思想上缺乏本土创新，靠引进技术和设备来进行节能减排，缺乏本地适宜技术的应用。国内很多生态城市对产业的考虑不足，或者产业比较单一，不能形成完整的产业链，难以支撑城市发展	先进的节能技术为绿色建筑和减碳提供了技术支持
公众参与	国内生态城市一般是由政府主导的、自上而下的建设方式。非政府组织和个人缺乏相应的支持政策和参与途径，很难在城市规划建设和社区中发挥大的作用；社区文化大多数还停留在口号层面，没有实质的进展。随着政府信息公开、网络传播平台的发展以及居民环境意识的提高，公共参与程度也会逐渐增强。近年来，国内越来越重视社区层面生态层面建设，促进了公众参与	国外将生态城市建设视为提供工作和改善居民健康的机会，进行广泛宣传，公众参与积极性很高
保障措施	国内针对生态城市制定了很多的激励政策，同时也出台了对绿色建筑、节能改造、绿色生态城区、电动汽车等一系列的补贴政策，取得了一定成效。但是，生态城市建设主要依靠政府投资，私人参与投资的途径并不完善，政府财政压力较大。针对生态规划和生态技术落实的法规体系还不十分健全，技术标准、绩效考核上也有大量的空白	国外生态示范城市从法律法规、标准制定、激励政策、考核指标等方面形成系列的配套政策，使得生态城市的规划和设计能够落地，同时能激励不断地技术创新来支撑城市的良性发展

三、生态城市发展趋势

根据国内生态城市相关实践及国内相关政策文件总结分析，同时通过 CiteSpace 软件，针对 1990—2023 年 3 月 3000 篇文章样本，深入分析了发表的文章、研究热点，提出了生态城市相关研究动态和未来发展方向。

（一）生态城市建设持续服务于国家战略

近 30 年来，全球生态城市的研究更加多样化和全球化。我国生态城市建设持续服务于国家战略，在应对气候变化、生物多样性保护、"双碳"战略等国家战略下采取的行动极大地推动了生态城市建设，海绵城市、低碳城市、宜居城市、韧性城市、无废城市等建设实践也促进和丰富了生态城市建设理论和实践发展。

（二）生态城市建设重点将关注城市群高质量发展

中国的生态城市建设已经进入城市群阶段，生态城市建设重点将关注如何实现城市群高质量发展。城市群高质量发展是生态城市建设的重要路径选择。中国生态城市建设需要在更大范围的城市群空间加以布局和谋划。同时，也需要各城市群内城市之间在生态建设方面加强协作，实现资源配置最优、产业发展协同、生态环境治理共治的目标。这也将有助于中国生态城市建设由点到面、实现高水平发展。

（三）将突出中国特色现代化生态城市概念

随着中国城市发展进入"高速转型期"，可持续发展问题日益突出，城市发展模式迫切需要转型。基于此背景，中国政府开始高度重视城市发展模式转型问题，提出了"中国特色现代化生态城市"概念。

（四）城市生态系统性能分析和全生命周期评价研究将持续深入

生态城市研究主要集中在清洁生产、可持续建筑、城市固体废物管理、能源以及碳排放等领域。新能源利用、绿色基础设施和城市转型是生态城市研究比较先进的研究领域。随着气候变化、碳排放限制和可持续发展要求，未来城市生态系统性能分析和全生命周期评价将逐渐成为主流趋势。

（五）进一步完善以指标体系与制度保障为主的生态城市实施体系特点

当前我国城市的高质量发展和生态文明建设目标的实现，离不开城市现代化治理体系的完善和治理能力的升级。生态城市实施体系的完善，需要通过指标体系与各类制度保障相结合，产生复合效应。指标体系为生态城市建设提供目标导向，各项制度保障则促进各目标的实现。这种相互补充的机制，将有助于中国生态城市建设工作的深入开展。

建立生态城市评价体系有助于促进各城市生态文明建设水平的提高，也为后续政策支持与推广提供参考。包括生态城市创建标准、评价指标体系和评价方法，对城市的生态文明建设水平进行评价和分级，为生态城市创建提供依据。

出台生态城市创建工作规划和实施方案是实现生态城市目标的重要保障。在评价体系的基础上，各城市根据自身实际，制定生态城市创建的规划与路线图，提出具体实施方案与重点工程，推动生态城市建设各项工作落地。

建立生态城市目标责任考核机制。在生态城市创建工作规划的基础上，落实各项生态文明建设目标与考核指标，通过定期评估和考核，强化各城市实施生态城市建设工作的责任感，督促城市达成既定目标。

提供生态城市政策和财政支持是实现生态城市目标的重要保障措施。包括优先支持生态城市建设项目，提供生态治理、产业转型等专项资金，采取税收等优惠政策，激励各城市加速推进生态城市建设进程。

加强生态城市管理与督察是生态城市建设实施体系的重要组成部分。建立生态城市创建后管理机制，开展定期督察评估，查处违反生态文明建设要求的行为，确保生态城市创建取得实效。

（六）将持续完善本地化绿色技术体系

促进技术适用、成本可接受的本地化绿色技术体系对于生态城市建设至关重要。本地化绿色技术体系的完善，需要科技创新、产业发展、技术应用和消费体系的协同推进。此外，加强政府引导和支持，也是建立本地化绿色技术体系的重要前提。这些举措的综合效应，将有效促进中国生态城市建设水平的提高。

参考文献

[1] 张玮. 生态城市规划设计理念与路径探析［J］. 城市建筑空间，2022，29（8）：176-178.
[2] 李迅，李芬. 中国生态城市的实践与理论［J］. 建设科技，2019（7）：17-20.
[3] 刘举科，孙伟平，胡文臻，等. 中国生态城市建设发展报告（2020—2021）［M］. 北京：社会科学文献出版社，2022：1-36.
[4] 杨琰瑛，郑善文，逯非，等. 国内外生态城市规划建设比较研究［J］. 生态学报，2018，38（22）：8247-8255.
[5] Tang W P, Niu Z J, Wei Z L, et al. Sustainable Development of Eco-Cities: A Bibliometric Review［J］. Sustainability, 2022, 14（17）：10502.
[6] Margarida Rodrigues, Franco Mário. Bibliometric review about ecocites and urban sustainable development: trend topics［J］. Environment, Development and Sustainability, 2022, 24（12）：13683-13704.
[7] 仇保兴. 海绵城市（LID）的内涵、途径与展望［J］. 建设科技，2015（1）：11-18.
[8] 俞孔坚，李迪华，袁弘，等. "海绵城市"理论与实践［J］. 城市规划，2015，39（6）：26-36.

本节撰稿人：杨德凭　王　云　徐文珍

宜居城市

一、引言

宜居城市是指经济、社会、文化、环境协调发展，人居环境良好，能够满足居民物质和精神生活需求，适宜人类工作、生活和居住的城市，即人文环境与自然环境协调，经济持续繁荣，社会和谐稳定，文化氛围浓郁，设施舒适齐备，适于人类工作、生活和居住的城市。这里的宜居不仅是指适宜居住，还包括适宜就业、出行及享有充足的教育、医疗、文化资源等多项内容。

长期以来，中国快速的城镇化发展带来了环境污染、交通拥堵、服务设施缺失、城市历史和文化特色消逝等一系列的城市病，制约了城市宜居性的发展。建设宜居城市已成为现阶段我国城市发展的重要目标，对提升城市居民生活质量、完善城市功能和提高城市运行效率具有重要意义。

二、宜居城市的发展现状

（一）国外宜居城市研究与实践

1. 国外宜居城市理论研究

国外发达国家在19世纪就开始关注城市发展的质量问题，而对宜居城市的理论研究则始于20世纪60年代。美国城市社会学家简·雅各布斯（Jane Jacobs）在其著作《美国大城市的生死与生》中首次对城市的宜居性提出了质疑，并提倡建立适宜人类居住的城市。在一些发展中国家，宜居性也已成为城市发展中重要的组成部分。目前，国外对宜居城市的理解，可以用瓦妮莎（Vanessa Timmer）和诺拉-凯特（Nola-Kate Seymoar）在2006年世界城市论坛发言中的一句话来概括：宜居性，即为在一座城市或者区域之内生活的居民所感受到的生活的质量。国外对此的研究比较注重城市内居民对城市发展决策的参与能力，而且，他们比较重视城市的可持续发展，在他们看来，并非目前城市居民生活水平高就是城市宜居，有可持续发展潜力的城市才可能成为他们眼中的宜居城市。

D.哈尔韦格（D. Hahlweg, 1997）认为：在宜居城市中，能够享有健康的生活，能够很方便到达要去的任何地方，不论是采取步行、骑车、公共交通或是自驾车的方式。宜居城市能够为老人和儿童提供绿地让他们娱乐和相互交流，是一个全民共享的生活空间。

E.萨尔扎诺（E. Salzano, 1997）认为：①宜居城市是连接过去和未来的枢纽，宜居城市尊重所有的历史遗迹（即我们的根），能够保护留存下来的场所、建筑和城市布局；②在宜居城市中，所有自然资源都能够得到充分的利用，以保证城市可持续发展，因此宜居城市也是可持续城市；③宜居城市能够为社区及其市民提供物质和社会两方面的福利，并促进市民不断发展。在宜居城市中，公共空间是社区和社会生活的中心，同时它也尊重那些还未出生的人们。

伦纳德·H. L. t（Lennard H. L. t, 1997）则提出了如下宜居城市建设的基本原则：①在宜居城市中，人们可以彼此自由地交流；②健全的平等对话机制是很重要的；③城市公共管理机构应该经常举行各种活动、庆典和公众集会；④一个好的城市不应该为恐惧的气氛所主宰，不应该有歧视异族、认为他们低人一等或是天生邪恶的观念；⑤一个好的城市能够提供合适的公共设施，以作为社会学习和成员社会化的场所，对于儿童和青年而言，这些场所是他们生活不可缺少的组成部分，社会中的每一个成员都能相互学习、共同提高；⑥城市应该是一个具有多种功能的有机体；⑦城市中的居民应该彼此认同、彼此尊重；⑧我们应该注重城市建设中的审美考虑、建筑美学和实体环境的深层次文化含义。

P.埃文斯（P. Evans, 2002）认为城市的"宜居性"概念包含两个方面的含义：①适宜居住；②宜居城市应该符合生态可持续发展的要求。适宜居住意味着良好的居住条件、离住地不远的工作、适当的收入以及为实现健康生活的公共设施和服务。但适宜居住必须是生态可持续性的，它不能导致环境的退化，否则就会降低市民的生活质量。所以，宜居城市必须将适宜居住和可持续性两者结合起来，在保护生态环境的前提下，实现所有市民的生活需求。

2. 国际宜居城市建设经验

（1）英国：田园式居住环境

英国作为率先展开工业革命的国家，也是最早经历城市化的国家之一——城市人口急剧膨胀带来了住房拥挤、贫民窟、卫生条件差、环境污染、传染病流行等典型城市病。在应对城市病的探索中，英国形成了重视居住环境、推崇田园特色的城市和住房发展理念，在住房、城市和都市圈三个层面显著改善居住环境。英国居民崇尚自然、生态、绿色的居住环境，住房的田园式特征显著，主要体现在分布上以郊区和乡村为主，结构上以独户住宅为主，城市和乡村的居住区都富有田园元素。80%的住房分布于城郊和乡村。英国的郊区和乡村环境优美，公共交通等基础配套服务完善，宜居性强。2012年伦敦奥运会开幕式更是以田园风光和生活为重要元素，彰显英国人对田园生活的热爱。2016年英格兰存量住房中分别有62%和18%位于郊区和乡村。

居住区周边具有丰富的田园元素。住房设计上，常用灰泥墙面，搭配红色、棕色为主的清水砖头，加上白色门窗，同绿草绿树形成鲜明对比；住房配套上，常有短前院、长后园，保证私密性和独立的亲近自然的活动空间；城市规划上，注重绿化带和绿色开放空间；而郊区和乡村的住房，更是直接与自然植被融为一体。

（2）美国：包容性宜居社区

当前，在美国塑造宜居社区正在成为一场广泛的城市社会运动。在新的城市发展语境下，城市以及城市社区宜居性的内涵也在不断拓展，"创新""包容""公平"构成了宜居城市和宜居社区的新表征。美国宜居城市中，许多城市为了让社区变得更加适合所有居民居住，正在实施一些新的政策和做法。随着城市试图满足不同居民的需求，这些政策涵盖了许多不同领域——从住房与交通到气候适应能力和公共空间的使用。但每项政策都是基于创新、公平或包容。

亚拉巴马州莫比尔市的"废旧房产减少计划"旨在帮助城市领导人了解废旧房产的真实情况，确保居民对房屋和社区的投资是安全的，保护莫比尔市的社区文化，并找到公平的解决方案。截至2019年，莫比尔的"废旧房产减少计划"进行得非常好。该市为低收入房主提供拨款，帮助他们修复房产，并提供免费遗嘱准备服务，帮助居民将明确的产权传给继承人。莫比尔的这一举措使该市范围内废旧房产数目减少了44%。此外，莫比尔市居民的房产价值也有明显增长。另外，加州圣莫妮卡市的"无家可归对策"和华盛顿哥伦比亚特区的"租客维权办事处"也都是住房方面的政策实践。

康涅狄格州哈特福德市的"美国地方"（The American Place，TAP）通过哈特福德公共图书馆建立，用于满足哈特福德市不断增长的新移民和难民的需求。TAP最初是一个以英语为第二语言的免费项目，后来演变成一个获奖的倡议，欢迎新居民并帮助他们过渡新家和新的城市。TAP提供了一个空间，在这里，成年移民和年轻人可以聚集在一起，全面准备、调整、学习，并在这个新的城市获得成功的生活。除了提供一个社区聚会的空间，"美国地方"还直接为新居民提供相关的服务和支持，包括美国国籍预备及申请协助、为其他语言使用者开设的英语课程、工作与职业培训及协助、计算机培训等。哈特福德公共图书馆不是市政部门，而是一个由城市资助的非营利组织。它是一个提供免费资源的公共空间，为哈特福德市的居民提供服务，同时还是难民和移民的门户。

（二）国内宜居城市研究与实践

1. 宜居城市概念与评价研究

"宜居城市"在规划的层面上首次被提出来是在北京市政府《北京城市总体规划

（2004—2020年）》。宜居城市是指能够提供充分的就业机会、舒适的居住环境，创建以人为本、可持续发展的首善之区。此后，宜居城市成为讨论和研究的热点，各界专家学者纷纷提出自己的观点。这是中国城市首次把"宜居城市"提高到城市规划的高度。天津、上海、成都等也都在制定规划，准备将自己的城市打造成一个"宜居城市"。上海市政府认为维护上海房地产市场可持续健康发展，是为营造上海"宜居城市"良好环境，为确保市民百姓持续分享上海经济发展的成果。他们是从城市市民的居住工程来理解"宜居城市"的，可以说这是最简单、最直接的理解——"宜居环境"要有一个好的房屋居住环境。

2005年1月，国务院正式批复的《北京城市总体规划（2004—2020年）》将北京城市发展目标定位为"国家首都、国际城市、文化名城、宜居城市"，首次明确提出了要建设"宜居城市"。国务院2005年国函〔2005〕2号文件《关于北京城市总体规划的批复》第八条指出，"坚持以人为本，建设宜居城市。要采取有效措施，进一步改善居住环境，满足人民群众物质、文化、精神和身体健康的需要，切实提高人民群众的居住和生活质量。要解决好人居环境和交通、上学、就医等关系人民群众切身利益的问题，构建和谐社会，把北京市建设成为我国宜居城市的典范。"2005年7月，时任中共中央政治局委员、国务院副总理曾培炎在全国城市规划工作会议上要求"要把宜居城市作为城市规划的重要内容"。

中国城市科学研究会着手组织研究《宜居城市科学评价标准》的课题，并于2007年4月公开课题研究成果。作为导向性的科学评价标准和非强制性的行政技术标准，《宜居城市科学评价标准》对评价和建设宜居城市，并使之成为城市发展建设中的实践内容和目标发挥了一定的推动作用。我国学者舒从全、邓清华、任志远、俞孔坚、张文忠等也从不同的侧面对"宜居城市"的内涵进行了梳理和论述。

国内学术界对"宜居城市"概念理解的视角比较全面，没有局限于某一学科领域，例如单纯从生态学、资源环境学的角度阐述城市的宜居性，而是考虑到了居住其中的人们的多层次需求（见表2-25）。"宜居城市"必须要将居住、生活、休憩、交通、管理、公共服务、文化等各个复杂要素的要求在时间和空间中有机地结合起来，使所有社会功能在满足目前的发展和将来的发展之间取得平衡，最终达到"人–城市–自然"的和谐共生。简单地讲，它涉及城市与人在生活中方方面面需求之间的关系，是人们生活的全方位需求的行为和活动。"宜居城市"体现的是一个综合概念，它已经完全超出了简单居住的含义。

表2-25 我国学者提出的宜居城市内涵

舒从全（2000年）	一个舒适城市要有健康的经济结构、合理的空间模式、宜人的生活环境，这和后来提出的宜居城市的本质是相同的
邓清华（2002年）	城市人居理想的核心内容是安全、天人合一、宜人性、平等和文化性

续表

任致远 （2005年）	满足人们有其居，而且居得起、居得好和居得久的基本要求和良好条件，即"易居、逸居、康居、安居"八个字
俞孔坚 （2005年）	宜居城市必须具备两大条件：一个是自然条件，这个城市要有新鲜的空气、洁净的水、安全的步行空间、人们生活所需的充足的设施；另一个是人文条件，"宜居城市"应是人性化的城市、平民化的城市、充满人情味的城市，让人有一种归属感，觉得自己就是这个城市的主人，这个城市就是自己的家
张文忠 （2006年）	宜居城市是一个动态的概念，是居民对城市的一种心理感受，是所有城市的发展方向以及规划和建设的目标。宜居的较低层次是满足居民对城市的基本要求，如安全性、健康性、生活方便性和出行便利性等；较高层次是满足居民对城市的更高要求，如人文和自然环境的舒适性、个人发展机会等

2. 以人为本的宜居城市研究

目前国内学者都认为"宜居城市"归根结底还是一个"以人为本"的城市，即城市的建设必须满足市民的需求，不以市民需求为导向的城市建设都不是"宜居城市"内在的根本要求。而且，一个城市到底宜不宜居，归根结底不是由城市的政府、企业、研究机构等来确定的，而是由广大城市居民说了算的，是由广大城市居民的生活经历和感受来决定的。

清华大学建筑学院教授吴唯佳认为，建设"宜居城市"首先要解决一个观念方面的问题，即"宜居城市"是为什么人服务的问题。北京大学中国可持续发展研究中心主任叶文虎教授也认为，"居"不仅有"居住"的意思，还有"生活"的意思，所以"宜居"应该满足三个条件，一是好的物质环境，二是好的人际环境，三是好的精神文明氛围。董山峰认为一个宜居城市要有充分的就业机会、舒适的居住环境，要以人为本，并坚持可持续发展战略。北京市社会科学院副研究员叶立梅直接将"宜居城市"定义为："宜居城市是以人为本的城市，建设宜居城市不仅是一个设施建设问题，还是一个如何协调兼顾不同群体利益和需求的公共政策的制定问题。通过投资建设和调整资源配置，满足不同群体的需求，使城市能够适宜不同群体居住，使城市更加和谐。"

华侨大学建筑学院边经卫在《宜居城市与慢行空间》的报告中提出：宜居城市在全世界已形成了广泛共识，成为21世纪新的城市观。要打造一座人性化的宜居城市，必须是为广大普通市民服务的，必须为广大的城市居民提供整洁的环境、清洁的水源、通畅的交通、便捷的公共设施等。如果居民居住在一个生活非常不方便的城市，诸如买水买电买菜、存钱取钱、接送孩子上学等日常活动都感到为难和不便的话，那么宜居也就无从谈起了。"以人为本"，就是要以人的全面发展为目标，从人民群众的根本利益出发，谋发展、促发展，不断满足人民群众日益增长的物质文化需要，切实保障人民群众的经济、政治和文化权益，让发展的成果惠及全体人民。

3. 国内宜居城市建设实践

（1）北京：国际一流和谐宜居之都

党的十八大以来，习近平总书记多次要求"把北京建成宜居之都"。沿着习近平总书记指引的方向，北京立足建设国际一流和谐宜居之都的战略目标，以前所未有的决心和力度狠抓环境治理，持续高标准书写绿色发展"北京答卷"。

老旧小区作为城市宜居环境洼地，是更新社区服务重要切入点。近年来，北京市持续推进老旧小区改造，陆续发布《关于开展危旧楼房改建试点工作的意见》《2021年北京市老旧小区综合整治工作方案》《关于老旧小区综合整治实施适老化改造和无障碍环境建设的指导意见》等多项政策措施，一大批老旧小区实现了"旧貌换新颜"，老旧小区居民的幸福感、获得感得到显著提升。

三维探索，加快社区宜居建设。利用数字化技术，构建智慧社区雏形。大兴区加快社区治理与服务的数字化转型和智慧社区构建，破解老旧小区情况杂、管理难的问题。例如，清源街道作为大兴区智慧养老试点社区，率先启用智慧养老服务平台，以数字化推动养老服务发展。依托清源智养App，通过"线上+线下"服务模式，链接辖区内的社区、养老机构、养老驿站、公益组织、服务商，发布文体活动信息，开展全闭环健康管理。

利用社会资源，创新有机更新模式。针对内部资源挖潜困难的情况，部分老旧小区尝试打破单个社区的物理空间边界，统筹整合区域资源，实现小区功能向外拓展。例如，大兴三合南里社区为解决内部公共空间较少且欠缺便民配套服务的难题，引入社会资本，打造集便民服务和文体活动为一体的综合服务场所，向着"片区统筹、街区更新"的老旧小区有机更新模式迈出重要一步。

（2）珠海："参与式"打造和谐宜居环境

广东珠海连续7年被评定为我国最适宜居住的城市。珠海经济特区成立40多年来在生态宜居规划建设方面的探索和经验，已为中国城市高质量发展提供来自实践的借鉴和启发，探索经历了以政府法规主导守护生态底线，以规划政策引导生态环境建设，以宜居项目系统提升生态水平，以信息化精细化和面向治理支撑生态迈进等四个阶段。其中生态优先理念深入民心，升华为城市规划建设核心价值。

2021年以来，为了倡导市民共同推进城市精细化管理，打造优美、和谐、宜居的城市环境，珠海主城区掀起了"五项美化"活动的浓厚氛围，共建各具特色的最美屋顶、阳台、护坡/挡墙、街角和楼道，形成了全民支持和参与市政建设的良好社会氛围。因地制宜，对老旧的、不雅的角落进行美化、净化、文化"微改造"，打造成有"文艺范"的景观，延续历史文脉、保存城市记忆，实现建筑、雕塑、彩绘、文化等要素的有机结合，令社区空间功能得以改善、品质得以提升。

三、国内外发展比较

（一）和谐宜居建设理论与实践研究

2015年12月20日召开的中央城市工作会议，提出把"建设和谐宜居城市"作为城市发展的主要目标。2016年2月6日发布的《中共中央国务院关于进一步加强城市规划建设管理工作的若干意见》中，明确提出"努力打造和谐宜居、富有活力、各具特色的现代化城市，让人民生活更美好。"2016年"两会"正式批准的《中华人民共和国国民经济和社会发展第十三个五年规划纲要》中设立专章论述"建设和谐宜居城市"。

张文忠研究员带领其团队十多年来一直致力于中国宜居城市的研究，主持编著了《和谐宜居城市建设的理论与实践》，全书系统梳理了"和谐宜居城市"的内涵及国内外和谐宜居城市的研究进展和建设经验，构建了适用于和谐宜居城市的评价体系和方法；并以北京为典型案例，运用数理统计和GIS空间分析方法，对北京建设国际一流和谐宜居之都的现状进行了综合评价，诊断了北京建设和谐宜居城市存在的问题，进而又解析了建设国际一流和谐宜居之都的影响机制；并提出北京建设"国际一流的和谐宜居之都"的规划实施目标、路径和政策。该书强调城市建设要回归舒适、休闲、健康、安全和文明等人类最基本的追求，以人为本是建设宜居城市最基本的理念，城市的基础设施和公共服务设施要能够最大限度地满足居民的日常和行为活动，为居民提供便捷、高效的服务，同时又能够有效保障居民财产、人身安全，抵御和防止各种灾害的侵袭。该书所建立的宜居城市的主观评价指标，即城市的安全性、环境健康性、生活方便性、自然宜人性、人文环境舒适性、出行便捷性。这六大指标体系是在综合国内外相关研究基础上建立的，主要反映了居民对生活质量和品质的追求。和谐宜居城市的发展目标就应该是建设环境舒适宜人、社会包容和谐、尊重自然和历史文化、具有开放和创新精神的高品质城市。

2018年11月，中国城市规划年会在杭州举行，张文忠在大会特邀报告中提出新时期宜居城市的4个转变（图2-36），即转向以生活为中心，强调慢生活与人的尺度，突出特

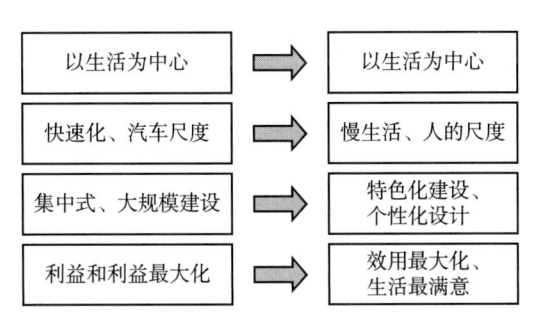

图 2-36 宜居城市的4个转变

色化建设与个性化设计，实现效用最大化和生活最满意。张文忠等认为，宜居城市，即适宜人类居住生活的城市，其落脚点在"居"上，所以宜居城市建设与物质空间密不可分，应通过建设满足居民不同层次需求的物质空间环境来体现以人为本的思想。

（二）近10年研究热点演进分析

根据CiteSpace对数据的要求，本研究探究国内宜居城市发展的基础数据来源于中国知网数据库。以宜居城市为搜索关键词，综合考虑研究需要与文献质量，本文设置"按主题搜索"精确检索条件，所选文章来源类别包括SCI、EI、北大核心和CSSCI，以及CSCD期刊，检索中不含新闻报道、会议论文、会议记录、评价意见、期刊导读等参考度较低的文献，也不包含学位论文，文献发表时间限定为2013—2023年，检索选取513篇文献作为本次分析的基础数据（图2-37）。

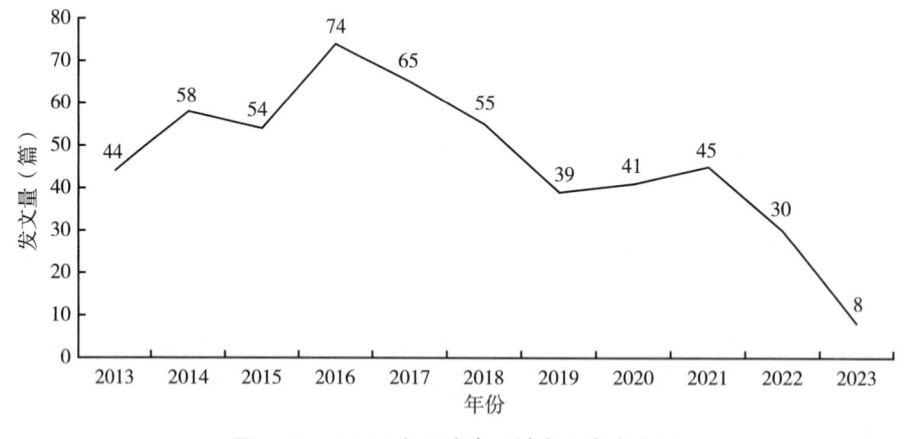

图 2-37　近10年国内宜居城市年度发文量

对中国知网数据库中统计关于宜居城市发文机构的研究显示，主要发文机构发文量靠前的机构为中国科学院地理科学与资源研究所及相关机构，以及东南大学建筑学院、中国城市科学研究会等单位。

通过关键词聚类分析的方法对宜居城市的研究热点进行分析，可以了解我国宜居城市的研究重点及研究方向。通过CiteSpace软件对检索结果的513篇文献的引文信息进行分析，得到宜居城市研究文献的聚类视图，可以直观反映研究的知识结构和发展历程。其中，"宜居城市""宜居性""人居环境""城镇化""生态宜居""城市更新""指标体系""国际一流""人民至上"等9个聚类，反映了近10年我国宜居城市领域的研究热点。

研究时间线图（Timeline）可以展示各聚类单元的历史研究成果、历年发展走势以及聚类之间的关系。从文献分析来看，2023年文献数量较少，国际一流聚类发展进度目前存在相对停滞的状态，但这并不能表明国际一流不再作为研究热点。聚类宜居城市、宜居性、指标体系、人居环境至今都有较好的延续性，处于繁荣发展时期。

文献关键词是文献核心思想与内容的精炼浓缩，高频关键词的共词特征可反映出研究热点领域。利用 CiteSpace 软件对相关文献关键词进行知识图谱绘制，发掘各关键词之间的联系网络，以及网络之中不同关键词的中心性，从而总结得出研究领域的热点主题。

分析结果显示国内宜居城市的研究话题具有一定的集中度，部分关键词间呈现出较为紧密的联系，通过关键词共线频次和中心度体现，展示了国内宜居城市规划研究中前 20 个热点关键词共线情况，在共线频次方面，除宜居城市、宜居性、人居环境这几个基础研究热点关键词外，出现频率最高的关键词为建筑环境、生态宜居、生态文明、北京市及指标体系。另外，城市更新、国际一流、创新、公园城市等关键词也表现出一定热度。在关键词中心度方面，宜居城市、宜居性和人居环境是研究热点网络图谱的首要节点，生态宜居和指标体系等是二级重要节点。

（三）相关学位课程

2023 年 2 月新加坡国立大学设计与工程学院（NUS College of Design and Engineering，CDE）成立了国大城市科学中心（NUS Cities），并由邱鼎财教授担任中心主任，通过教育、培训和咨询服务，培育城市规划以及可持续发展方向的人才。

作为一个独特的跨学科和多功能中心，国大城市科学中心将以宜居城市的框架为基础，以满足新加坡未来城市规划的教育需求和可持续发展目标，教导学生如何治理、规划和管理城市。提供学生跨学科的城市规划系统教育和研究课程。目前，城市科学中心提供的宜居城市（Liveable Cities）课程已成为所有国大设计与工程学院本科生的必修课（表 2-26）。

表 2-26　国大城市科学中心（NUS Cities）2023 年新开本科必修课课程目录

时间	1月	8月
课程名称	全民城市（Cities for All）	智能城市（Smart Cities）
	自然城市（Cities in Nature）	规划与治理（Planning and Governance）

除了本科课程，国大城市科学中心也在开发硕士、博士和行政课程，为学生和专业的城市规划职员提供更深入的跨学科培训，其中包括对社区文化、国家政策、气候科学、土地利用和交通等各方面的研究，采用包容和协作的方法来应对复杂的城市发展。

四、宜居城市发展趋势

（一）面向城市复兴："+宜居"，针对性解决人民群众急难愁盼

党的十九大报告提出，要提供更多的优质生态产品，满足人民群众日益增长的优美生态环境需要。迈入新时代，应如何理解和加强宜居城市发展建设并确保科学决策，需要进一步进行思考，跟上时代发展的节拍。在当前我国已经实现小康社会的目标前提下，向着全面建设现代化国家进军，肩负起伟大复兴的神圣使命。发展建设宜居的现代化城市，无疑是其重要的组成部分和历史责任，这是坚持以人民为中心的发展思想所决定的，为人民谋幸福是为民族谋复兴的首要条件和发展途径。城市宜居必然伴随走向伟大复兴，换而言之，面向复兴是宜居城市建设发展的不息动力和根本要求。

探究中国宜居城市建设的难题与路径。城市老旧建筑老化、设施不足、安全隐患等问题逐渐暴露，服务设施与公共空间数量不足、品质低下的困境日益突出。地区人口密度太大，交通、教育、医疗等公共服务设施供给若不能及时跟上，就会对城市宜居度构成较大挑战。

（二）加强城市治理："宜居+"，精细化推动城市品质全面提升

习近平总书记强调："推进城市治理，根本目的是提升人民群众获得感、幸福感、安全感。"城市治理能力的现代化，是提升城市宜居水平的核心动力。当前，在宜居城市建设中安全、文化、智慧等方面将得到更多的关注。

后疫情时代，安全韧性成为城市宜居建设的一项重要内容。城市空间结构规划应当考虑到流行性传染病的防治，尤其是人群密集的公共场所、公共建筑，通风是一个非常重要的问题。另外，在城市管理方面，作为基本单元的社区管理空间制度体系，是我们值得思考和未来努力的方向。

完整社区、智慧社区服务民生已经渐渐成为主流，用新一代信息技术，融合社区场景下的人、事、地、物、情、组织等各种数据资源提升社区智能化的管理和服务水平，为居住者提供更加方便、快捷、安全、优质的生活服务。

参考文献

[1] 温婷，蔡建明，杨振山，等. 国外城市舒适性研究综述与启示[J]. 地理科学进展，2014，33（2）：249-258.

［2］李丽萍，郭宝华. 关于宜居城市的理论探讨［J］. 城市发展研究，2006（2）：76-80.
［3］张文忠. 中国宜居城市建设的理论研究及实践思考［J］. 国际城市规划，2016，31（5）：1-6.
［4］唐燕，张璐. 2018年宜居城市研究与建设热点回眸［J］. 科技导报，2019，37（1）：196-202.
［5］庞前聪，周作江，王英行，等. 城市宜居动态指数的研究及应用——以珠海国际宜居城市指标体系为例［J］. 规划师，2016，32（6）：124-128.
［6］黄江松，鹿春江，徐唯燊. 基于马斯洛需求理论构建宜居城市指标体系及对北京的宜居评价［J］. 城市发展研究，2018，25（5）：89-93.
［7］王蒙徽. 实施城市更新行动［J］. 工程勘察，2021，49（1）：79-82.
［8］任致远. 新时代宜居城市思考［J］. 中国名城，2021，35（3）：1-5.

本节撰稿人：王文静　王　云

城市更新

一、城市更新的发展现状

（一）城市更新起源

1. 城市更新的概念和背景

关于"城市更新"（Urban renewal），最早的较权威概念是在1958年荷兰海牙召开的城市更新研讨会上提出来的，主要内容是对城市中的建筑物、街道、公园、绿地、购物、游乐场等周围环境和生活的改善，尤其是对土地利用的形态或地区制度的改善，以便形成舒适的生活和美丽的市容[1]。英国学者彼得·罗伯茨和休·塞克斯对城市更新的定义是：综合协调和统筹兼顾的目标和行动；这种综合协调和统筹兼顾的目标和行动引导着城市问题的解决，寻求持续改善亟待发展地区的经济、物质、社会和环境条件。城市更新，也叫城市再开发、城市再活化、城市复兴或城市再生，是在城市土地资源量有限、可持续发展需要以及居民生产生活需求难以得到充分满足等背景下，建设重点由"增量"转向"存量"发展方向的一种城市开发方式。因此，城市更新是一个国家城市化水平进入一定发展阶段后面临的主要任务，其目的是对城市中某一衰落的区域进行拆迁、改造、投资和建设，对城市中不再适应现代城市社会生活的区域进行必要的、有计划的改造，以新的城市功能取代物质空间的功能衰退，使其重新发展和繁荣。

随着城市现代化的发展，以人为核心的新型城镇化深入推进，常住人口城镇化率从2012年的53.1%提高到2021年64.7%，进入城镇化发展的中后期，特别是人民群众对于生活环境质量的需求不断提高，城市更新已逐渐成为社会关注的热门话题[2]。城市更新行动不仅关系着一个城市的建设和经济社会发展，而且关系到居民的切身利益。经济社会的发展加快了城市建设进程与人民生活品质的提高，城市更新行动是当前重要的民生工程，对于解决"城市病"，充分释放我国经济发展巨大潜力，形成新的经济增长点，畅通国内大循环，推动城市结构调整优化，提高城市治理水平，起到了重要作用。

中国城市建设，在改革开放以来创造了世界城市发展史上的伟大奇迹。我国已进入快速城镇化的中后期阶段，城市发展进入了城市更新的发展阶段，城市逐步从外延式扩张向内涵式发展转变，要从大规模增量建设转变到存量提质改造和增量结构调整并重的城市建设思路上来，因此城市更新行动是主动适应城市发展新形势、推动城市高质量发展的必然要求。

城市更新行动是构建新发展格局的重要支点与践行绿色发展理念的重要方式[3]。现代化城市建设是社会主义现代化建设的重要内容，构建发展新格局必须以城市建设为支点。在城市建设规划、推动一系列重大项目中，城市更新可以释放新的发展潜力，培育新的经济发展动力，促进经济社会长期可持续健康发展。

2. 城市更新的概念演变

"城市更新"一词来源于西方，国际上对城市更新的定义各不相同，其中广义上的城市更新指西欧国家第二次世界大战结束后至今的城市建设，狭义上的指20世纪70年代的解决城市问题而采取的城市建设手段。

我国城市更新的概念于20世纪80年代开始才被记录在文献上，相关研究也是那时候才开始展开的。但是我国城市更新行动于中华人民共和国成立初期便已开始进行。如中华人民共和国成立初期的"环境整治"、改革开放后的"旧城改造"、20世纪90年代的"有机更新"、21世纪初的"城市复兴""城市再生"和现在的"城市更新行动""微更新"等。

（二）城市更新的继承与发展

1. 城市更新体系

随着经济的发展，国外一些大城市中心地区的人口和工业出现了向郊区迁移的趋势，原来的中心地区开始"衰落"。面对这一整体性的城市问题，国外许多国家都掀起了一场城市更新运动的热潮。

中国学者陶希东认为城市更新最初的定义无法清楚地阐释城市更新这一概念，所谓"城市更新"就是在城市转型发展的不同阶段和过程中，为解决其面临的各种城市问题，如经济衰退、环境脏乱差、建筑破损、居住拥挤、交通拥堵、空间隔离、历史文物破坏、社会危机等，由政府、企业、社会组织、民众等多元利益主体紧密合作，对微观、中观和宏观层面的衰退区域，如城中村、街区、居住区、工厂废旧区、褐色地块、滨河区乃至整个城市等，通过采取拆除重建、旧建筑改造、房屋翻修、历史文化保护、公共政策等手段和方法，不断改善城市建筑环境、经济结构、社会结构和环境质量，旨在构建有特色、有活力、有效率、公平健康城市的一项综合战略行动[4]。

1949年以来，中国城市更新促进了产业升级转型、社会民生发展、空间品质提升和功能结构优化、制度建设等方面取得了巨大成就。在城市更新不断推进的今天，中国城市更新的内涵越来越丰富，外延日益增大，已成为城市可持续发展的重要主题之一。

当前城市更新体系构建主要体现在以下几个方面（见图2-38）：

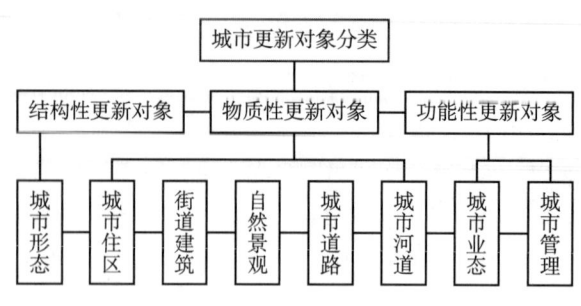

图 2-38 城市有机更新对象分类示意

（1）更新对象

城市更新对象不局限于旧村、旧城、旧厂，而是对街区、道路、建筑、环境等城市全要素的有机更新。由点到面、由线到片，形成"更新经验"。在"城市更新"的实践中，归纳出城市形态、城市住区、街道建筑、自然景观、城市道路、城市河道、城市业态、城市管理八大城市更新对象，根据其不同性质分为结构性、物质性和功能性更新对象三大类型。

（2）产业创新

人类文明历史上随着生产模式创新理论的变化不断推进着产业模式的变革。因此，理论和科技的不断创新也是实现城市功能提升的前提和支撑。目前，我国的城市发展已经进入一个新的阶段，随着产业结构的不断深化调整，城市与城市之间的功能分化越来越清晰。地域的差异和特点，也使得城市功能定位的区别愈发明显。即使是同一个城市的内部区域划分也会因为产业布局和城市特点而有具体的区域功能分布。

科技创新是分化产业布局的动力，随着创新理论的不断涌现，新的产业集群化给城市结构带来了新的格局。不同的城市以及城市不同的区域，都应该根据自身的优势资源，发展相应的主流产业。利用好自然资源的同时，合理布局。引入与自身发展相适宜的科技产业，将新兴力量和产能导入的过程中，逐步实现城市的更新发展和功能提升。

（3）空间品质提升

根据国内目前的城市定位，我们已经初步形成了城市分化的概念，未来城市功能的细化与升级转型是空间价值再提升的重中之重。城市的发展最终一定会与时代与民生紧密挂钩。一个科学的规划和布局，会对城市发展产生深刻的意义和积极的推动，让人民安居乐业的同时，给整个国家的产业布局带来积极的作用。目前，我们已经将科技创新和城市发展结合在一起，将人口、经济、绿色可持续发展作为城市新的总体规划目标，在未来的产业布局和产业导向中，我们会结合实际，融入更多的创新思维，运用于城市更新和城市发展中。

（4）文化传承

习近平总书记指出："文化是城市的灵魂。城市历史文化遗存是前人智慧的积淀，是城市内涵、品质、特色的重要标志。要妥善处理好保护和发展的关系，注重延续城市历史文脉，像对待'老人'一样尊重和善待城市中的老建筑，保留城市历史文化记忆，让人们记得住历史、记得住乡愁，坚定文化自信，增强家国情怀。"保护历史文化名胜等不被破坏，加强对具有历史文化价值的街道、建筑群的保护工作，统筹好历史文化保护和城乡建设、经济发展、旅游开发，统筹好重要文化、自然遗产、非物质文化遗产，要正确处理历史与当代、保护与创新、资源与环境的关系，切实做到在保护中发展，在发展中保护，积极推进创造性转化，让历史古迹、历史文化成为增进历史自信的重要源泉，加强历史文化发展价值研究。实现城市空间利用率最大化、最优化，科学合理安排建筑布局，塑造城市当代特征面貌。

（5）生态效益

城市更新行动要深入贯彻绿色发展理念。我国建筑建造在社会能耗中占比较高，这与深入促进经济社会全面绿色转型，建设美丽中国，实现"碳中和、碳达峰"目标要求已经不相适应，过去"大量建设、大量消耗、大量排放"的城市开发建设方式已经难以为继。据不完全统计，既有建筑中约有1/3必须进行节能方面的相关改造。城市更新是实现城市建筑可持续发展的重要途径，对城市社会、经济和生态具有重要意义。城市更新工程不仅是让人民群众在城市生活得更方便、更美好的重要手段，而且是补充基础设施和公共服务设施建设短板的重要内容。构建科学有效的评价体系，对城市更新项目效率、经济、成果进行评价，通过综合评价发现存在问题，提出合理化改进建议，提升项目的管理水平，为推进城市更新行动，实现经济、环境和社会效益的深度融合，推动城市的有机更新，实现可持续发展提供科学、前瞻性的决策参考。

2. 学术研究

（1）学科交叉

根据学科研究重点的变迁及学科研究领域的变化可以看出与城市更新相关的热点分别有工业遗产、旧城改造、城市设计、风景园林、历史文化名城。

分析城乡规划类学科关键词可以发现"城市更新"一词出现次数最多，中心性最强，城市更新为最核心的关键词，与其他关键词住宅区、公共空间、市中心区、步行街道等，形成紧密联系。而距离城市更新这个关键词较远一些的高频词语有旧城改造、工业遗产、城市设计、旧城更新、历史街区等，说明这些词依然是该领域关注的重点。其中工业遗产这个关键词较远，与其他无较多的连线，说明工业遗产的这一领域较为独立，通过整理文献发现大多数对工业遗产的研究都是基于改造项目。城市设计、城市化、城市空间等概念与城市更新也相互交叠，可以看出这些词与城市的方方面面相关，很多都是从不同角度入手对城市问题进行研究的。很多学者从这些方面为研究主题入手，研究中也涉及了城市更新的相关问题。历史街区、城市复兴、保护、再利用等关键词频率也比较高，说明城市更新研究逐渐区域多元化，对城市的关注更加全面，有利于城市更新研究发展。根据文献分析可知，城市设计、城市更新、工业遗产一直是研究的重点，而旧城改造是早期的研究重点。通过词频分析，相关城市管理策略等关键词频率较低，可见现阶段城市更新研究仍以理论研究和实际项目的建设为主，对城市治理、城市管理和再评估等方面的研究较少，但这些方面的关注与研究已逐渐成为趋势。

通过聚类分析发现，关键词可以聚类为10个主要的类团，分别是：城市更新、城市设计、历史街区、旧城改造、深圳、上海、保护、旧城更新、工业遗产、城市复兴。

0号聚类为城市更新，体现了这个关键词是该领域研究的核心。城市更新是一个大的研究类团，其中对于城市更新的说法从最开始的旧城改造，再到后来提到的旧城更新，到最新的城市更新，虽然说法多次变化，但是研究的内容依旧未变。其中包含的关键词有：城市更新、市中心区、住宅区、步行道路等。

1号聚类为城市设计，其含义为以城市为研究对象的设计工作，更加具体化和图像化，侧重城市中各种元素之间的关系组合，包括建筑、景观、公共空间、历史建筑、交通等。其中城市更新为其中的一个分支。其中包含的关键词有：城市设计、城市发展、城市改建、城市空间、城市化等。

2号聚类为历史街区，其核心关键词为历史遗产保护更新，指对物质文化遗产的保护更新，具有历史性、科学性与艺术性。其中包含的关键词有：历史街区、文化遗产、城市遗产、历史城区、遗产保护等。

3号聚类为旧城改造，这一关键词是早期城市更新研究的说法，其中包含的关键词有：旧城改造、旧城改建、北京市等。

4号聚类为深圳，作为一个从1979年建市、1980年成立经济特区的城市，深圳凭借敢闯敢试的精神，经济发展效率跑在全国前列，但城市发展迅猛的同时，也带来了空间结构的巨大变化。深圳从一个小渔村发展到今天的国际化大都市，这样一段历史，实质上就是城市更新的历史。其中包含的关键词有：深圳、北京、微更新等。

5号聚类为上海，作为中国直辖市、国家中心城市、超大型城市，集国际经济、金融、贸易、航运、科技创新于一身，其发展速度一直是中国最快的。伴随着高速的城市发展，如何平衡其旧城与新建城市之间的关系成了一大难题。因此，上海市已于中华人民共和国成立初期就开始旧城改造、环境治理相关行动。并且，上海市的教育资源也是中国前列的，同济大学等高校早已开始对城市发展、城市更新等问题进行研究。无论是理论研究还是更新实践研究，上海都是不可或缺的关键词。

6号聚类为保护，提到保护通常想到的是对旧事物的保护，这里可以说是对旧城区的保护、对历史文化遗产的保护、对工业遗产的保护、对景观环境的保护等。

7号聚类为旧城更新。旧城更新不同于旧城改造的是，将改造换成了更新一词，代表着它并不仅仅是简单的改造行动，而是在改造行动中要考虑到诸多因素的影响，例如旧城与新城的关系、旧城中历史文化的延续、旧城中的居民参与、旧城的场所精神等。而与城市更新不同的是，旧城更新研究的是旧城区内的问题。

8号聚类为工业遗产，具体指为了从事工业活动所建造的建筑。这类建筑结构包含的工艺与工具，以及其周围的城市景观和非物质层面价值，对城市整体均有重要意义。其关键词包括：工业遗产、价值利用等。

9号聚类是城市复兴，即"城市复兴"理论，来源于西方。21世纪初传入中国，城市复兴理念为我国城市建设提供了有益借鉴。大多文献是对国外城市复兴理论与实践进行综述，并探讨其启示意义以及在国内的应用。

（2）政策理论研究

城市更新是我国城市现阶段发展面临的重大课题，为此我国学者借鉴国外理论探索出适合我国城市发展的城市更新理论。随着城市化进程的推进，出现越来越多的城市更新实践项目，这是理论与实际结合的重要表现，其对城市更新的要求也逐渐提高。

随着全球化和经济多元化时代的到来、我国城市化进程加快的同时，城市更新成为现阶段的主要任务。经济的发展不但是城市化水平提高的物质基础，还使我国进入新型城镇化时期；同时也为我国城市更新提供了良好的实践机遇和研究平台。由于我国各个历史阶段的现实背景不同，导致城市更新路径、更新模式、更新策略亦不相同。纵观1949年至今，我国的城市更新发展一直在探索中前行，鲜有学者对我国城市更新学科发展进行梳理总结。因此对我国城市更新发展进程、发展模式、发展问题及发展趋势的研究具有重要意义。

我国当前处在特殊的历史转型期，国家对城市更新的指引主要表现在：推进国家治理能力与治理体系现代化、实现高质量发展、建构"双循环"格局、实施城市更新行动等方面。伴随着经济的快速发展，我国城市建设模式逐渐转型，从增量的规划建设转向存量的规划建设。国家明确提出关于城市更新的重要指示，城市更新成为当下的重要课题。2013年11月，国家提出全面推动我国社会主义现代化建设改革，推进国家治理体系和治理能力现代化。城市建设需要负担推动优化社会治理的责任，力求城市的精细化治理。

2018年，国家明确了实现高质量发展，城市发展要以稳步提升质量为重点。2020年5月，在全球化经济总体下行和新冠肺炎疫情的冲击下，实现持续稳定的经济发展成为不同国家和地区共同面临的挑战，形成国际国内相互促进发展的"双循环"格局。城市建设不仅通过城市更新来要空间、要品质，同时会在此进程中要发展、要增长和要动力。

2020年10月，国家提出"实施城市更新行动"指示。指示明确了未来城市建设的方向，解决城市发展中的问题，走高质量发展的道路。其中上海、深圳城市更新工作开展较早，城市发展较快，城市化程度较高。这些城市在过去10年持续推进城市更新政策与体制的改革创新。2020年年底，深圳正式通过《城市更新条例》，创造了我国城市更新制度建设的新里程碑。党的十九届五中全会通过的《中共中央关于制定国民经济和社会发展第十四个五年规划和二〇三五年远景目标的建议》明确提出："实施城市更新行动"是以习近平同志为核心的党中央站在全面建设社会主义现代化国家、实现中华民族伟大复兴中国梦的战略高度，准确研判我国城市发展新形势，对进一步提升城市发展质量作出的重大决策部署，为"十四五"乃至今后一个时期做好城市工作指明了方向，明确了目标任务。要深刻领会实施城市更新行动的丰富内涵和重要意义，在全面建设社会主义现代化国家新征程中，坚定不移实施城市更新行动，推动城市高质量发展，努力把城市建设成为人与人、人与自然和谐共处的美丽家园。

2022年10月党的二十大召开，习近平总书记在报告中指出，要坚持人民城市人民建、人民城市为人民，提高城市规划、建设、治理水平，加快转变超大特大城市发展方式，实施城市更新行动，加强城市基础设施建设，打造宜居、韧性、智慧城市。

2023年11月29日，住房城乡建设部关于《全面开展城市体检工作的指导意见》（建科〔2023〕75号）发布，意见指出把城市体检发现的问题作为城市更新的重点，有针对性地开展城市更新，整治体检发现的问题，建立健全"发现问题—解决问题—巩固提升"的城市体检工作机制。要将开展城市体检工作的重要性，将其作为实施城市更新行动的重要基础性工作。

根据住建部政策要求，自2024年开始，住建部将在地级及以上城市全面开展城市体检工作，把城市体检延伸到群众身边，将小区、社区、街区列为城市体检的基本单元，查找出社区养老服务设施、婴幼儿照护服务设施、公共活动场地、文化活动中心等设施配建不达标、功能不完善、服务不到位的问题短板，列出问题台账、录入信息平台并实施动态更新，为社区服务设施的科学规划、合理布局、精准嵌入提供有力支撑。

（三）城市更新理论与应用

1. 城市更新理论发展

国外的城市更新理论是伴随城市的发展进程一同进行的，最早的城市更新概念源于欧美国家，最早的城市更新理论可追溯至欧洲文艺复兴时期对罗马的城市更新策略。霍华德的《明日的田园城市》和伊·沙里宁的《城市：它的发展、衰败与将来》对于当时西方城市更新乃至如今的国家城市更新计划都具有指导意义。柯布西耶的《明日的城市》，详细记载了20世纪初的城市发展情况和社会问题，并提出了建设顺应时代发展的理想型"未来城市"，需要通过对现有城市显现的发展问题进行内部调整解决，柯布西耶对城市更新发展提出了4项原则，即增加城市绿地率、增加城市交通运输方式、提高城市中心区域人口密度、减少城市中心区的交通不畅问题。美国学者C.A.佩里在1929年提出"邻里单位"的理论。美国学者雅各布斯的《美国大城市的死与生》，以人为核心发掘城市存在的问题，将人本思想致力于区域更新规划，旨在赋予城市人情味和活力。书中重点叙述了城市多样性的原则，其中包括保持城市多样性需要保留适当比重的老旧建筑等。

通过对文献资料的梳理，根据不同时期、不同城市对城市更新深度与广度的研究。可以将西方国家的城市更新理论研究划分为以下三个阶段：

第一阶段：19世纪后期到20世纪初期为城市更新理论的起始阶段。起源于霍华德的"城市田园理论"，主要希望建立新的、乡村式的、通过绿化带限制城市人口向外围扩散的理论。此后由伊·沙里宁提出的"有机疏散理论"又进一步完善了田园理论，仍以传统的"形体决定论"为思想基础，认为城市是一个静止的事物，以此来解决城市的发展问题，摆脱了早期追求理想化的城市规划模式，有了很大的进步，并且更新对象也从居住空间扩大到整个城市空间。

第二阶段：20世纪初期到20世纪中期为城市更新理论的发展阶段。此阶段主张通过建立独立的城市单元来有秩序扩展城市空间，而不是无止境地增加城市面积。同时指出政府应该是城市建设的主体。由于经历了战争的原因，此阶段西方国家的城市更新主要以大规模的拆除重建为主。

第三阶段：20世纪60年代以后，城市更新理论进入以人为本的可持续发展阶段。此阶段可持续发展理念出现，与人本思想相结合，重视改善人们的居住环境，并延伸为对城市历史文化、城市历史建筑的保护和传承，迅速在当代城市更新中占据重要地位，成为新时期城市更新的主要思想。目前，西方学术界在城市更新方面具有代表性的观点，可以概括为以下4点：①由于"人本主义"思想在社会经济生活中复苏，对城市更新的影响与日俱增，所以城市更新更加注重人的需要，重点从对贫民窟的大规模扫除转向对社区环境的综合整治；②开始重视城市更新的社会经济意义，规划与设计从单纯的物质环境改造转向社会、经济发展和物质环境改善相结合的综合性更新规划，强调规划过程的连续性；③城市更新的方式从大规模推倒重建模式，转向小规模、分阶段、主要由社区组织的谨慎渐进式模式；④可持续发展思想成为社会共识，逐渐被参与更新的各方所接受，未来的城市更新必然将更注重社区的可持续性。

2. 城市更新方法与实践

（1）城市更新方法

从文献资料以及西方国家城市更新的经验中可以得出国外城市更新的方法主要有三种：①拆除重建，即常说的推倒重建或推土式重建，常用于严重衰退或破败的地区，20世纪30—40年代西方工业城市实施的清除贫民窟运动，主要采用了这一方式；②改建或翻修，即对那些旧建筑和具有一定保存价值的旧房屋，采取功能置换、内部修缮、基础设施更新等方式，实现其功能转型升级、改善居住质量的目的；③保留，即对富有历史文化价值的资源，进行保留并实施保护性开发，延续城市的历史文化脉络，提升文化品质。这3种直观的更新手段贯穿城市更新运动，也为寻求新的城市更新方法提供了参考依据。

（2）城市更新实践

欧美等国家在城市更新的过程中，从整体式的拆除建设到多目标的综合更新，与中国目前的城市更新存在一定的相似情况。英国作为资本主义工业强国，在城市更新的过程中形成"政府-社会资本-社区参与"的三方合作机制，有效地促进了城市更新从单一层面的更新，转向更为广泛和整体性的可持续更新，有助于为中国城市更新的模式提供借鉴。荷兰是一个多民族混合居住的复杂国家，研究其城市更新的实践有助于实现中国城市社会生活的整合更新。法国主要通过制定相应的法律来保障城市更新的顺利进行，可以说法国的城市规划立法与公共部门在城市更新过程中为促进社会融合、保障社会住宅建设数量与住房质量提供了确切的依据。同时，依靠政府加强基础设施的建设、提高城市环境质量，以保护性更新对旧城区进行改造，让拥有历史文化遗产的城市得以存活。新加坡，尤其是市中心的城市更新是城市建设成功的象征，展示了一个土地资源稀缺的岛国如何平衡好经济、社会和环境目标的发展过程。日本由于战争及土地面积的限制，需要更新的区域普遍存在街道狭窄曲折、土地划分零碎且形状不规整、土地归属不同的土地所有人等问题，无法进行大规模的城市更新，主要以土地重划的方式来实现城市的更新项目，确保土地所有人在城市更新实施前后的资产实现等价交换。可以说日本在有限的国土面积上充分发挥了城市更新的功能，丰富了城市更新的内涵。

结合这些先行国家在城市更新方面取得的一定的成绩，以及美国、英国、法国、荷兰、新加坡和日本城市更新的具体实践，探寻出适合中国城市更新的实践启示：一是要完善法律法规体系，重视预防；二是因地制宜，保护城市历史文化；三是注重环保理念的应用；四是要坚持以人为本，提升人居环境和公众参与度。

3. 长效机制

生产生活方式绿色转型成效显著是"十四五"时期我国经济社会发展的主要目标，绿色发展的时代背景迫切要求转变传统城市更新的高能耗发展模式，探索绿色城市更新路径。然而，在传统城市更新治理中政府、市场、公民等单一主体主导的模式存在诸多困境。为此，国内外不同城市开启城市更新新模式的探索与实践，为绿色城市更新积累了宝贵经验。通过分析国内外城市更新实践发现，当前城市更新较之以往呈现出更为复杂与多元的特征。事实上，绿色城市更新的有序运转并非依靠系统外部或系统上层，而是依赖多主体多中心的共同实践。因此，协同治理是新时期绿色城市更新的必然方式，其符合绿色城市更新需求，且具有推动更新的可行性。但协同治理并非一蹴而就，仍需进一步优化相关制度措施，明确政府、企业、社会组织、公民及其他主体的角色定位，并通过完善参与机制、推动信息共享、健全更新激励等方式增强协同治理的权利保障，从而构建更新利益共同体，汇聚绿色城市更新发展合力。

二、国内外发展比较

（一）国外城市更新发展历程

在城市的发展过程中，更新改造如影随形，现代意义上大规模的城市更新运动则是开始于20世纪60—70年代的美国。当时的更新是针对高速城市化后由于种族、宗教、收入等差异而造成的居住分化与社会冲突问题，主要以清除贫民窟为目标。这一阶段的城市更新主要是改善居住、整治环境、振兴经济，相较以往单纯以优化城市布局和改善基础设施为主的旧城改造，涵盖了更多、更广的内容，但是其所引发的社会问题也相当多，特别是在有色人种和贫穷社区的拆迁过程中存在不公平问题，后因受到社会严厉的批评而不得不终止。

1980年后，欧美国家大规模的城市更新已经停止，总体上进入谨慎的、渐进式的以社区邻里更新为主的小规模再开发阶段。城市土地再利用则是对小块土地或建筑物重新调整其用途，例如将工业区、码头区转变为商业区等，往往并不牵涉大规模的街区特别是居住用地的调整。而在世界上最早的工业化国家——英国，其城市更新的任务更加突出，也更倾向于使用城市再生这个字眼，其表征意义已不仅仅是城市物质环境的改善，而且还以更广泛的社会与经济复兴为主。

虽然这些国家的城市更新具体问题不同，但从总体来看，这些国家的城市更新趋势是一致的，大概经历了四个时期：

第一个时期，社会经济快速增长导致城市环境恶化，即城市化进程加快，城市结构功能急剧变化，城市问题较多，人们迫切希望改变现有的居住环境。作为最早投资城市更新的国家之一，英国在此期间开展了大规模的清理贫民窟运动，并颁布了《格林伍德住宅法》；美国的城市更新模式始于广泛的清理贫民窟和颁布改善住房的法律，英国也是如此。总体而言，这一时期的城市更新策略大多以拆除和重建为主，旨在提升该地区的整体形象，但这在很大程度上忽略了城市环境和场所因素的重要性。

第二个时期，开始兴建福利社区。在良好的经济发展环境和人民高水平的生活下，政府开始重视社会福利保障，产生相应的城市更新制度。英国政府出台了复兴内城、改善社会福利和城市环境的城市更新政策，并继续开展城市更新运动。与此同时，在社会艺术团体迫切需要空间的时候，商人开始通过创造文化氛围来吸引游客。美国巴尔的摩内港的开发、匹兹堡市的成功改造和复兴以及波士顿昆西市场的发展，都是文化引入城市更新的典型案例，使文化在城市复兴和发展中发挥越来越大的作用。受美国感染的其他西方国家也在其城市进行了类似的更新改造。城市更新的方法论研究主要是通过对美国城市更新实践的研究，以及对中国城市化进程中城市更新问题的思考，以期对我国城市更新的研究有所帮助。这一时期的英国城市更新运动，也是在城市更新的基本理念和策略方面的一种创新。

第三个时期，欧美国家相关政策开始发生重大变化，由于20世纪70年代全球经济衰退，由政府主导的福利社区建设转向以地产开发为主的市场主导模式。西方发达国家的城市更新实践也正是基于此。在20世纪70年代后期，亚洲部分国家主导与自由市场两种思想在此过程中交织碰撞。这一时期，英国、伯明翰、利物浦、谢菲尔德等地以文化为导向的城市更新取得了成功，这些成功经验被有效地传播到世界各地，并开始影响亚洲部分地区城市更新的方向。

第四个时期，呈现多元化的更新模式。城市更新重视人文环境，社会人文思想、可持续发展观念深入人心，突出环境、经济、社会和文化等方面，更加注重城市问题的多维度、全方位解决，更加注重区域主体的参与，已成为城市更新工作的重要方向。国际现代建筑协会，即 CIAM，通过了《马丘比丘宪章》。宪章强调保护历史文物建筑，并且要保留城市的历史文脉。通过与前期城市更新实践的比较，分析不同城市、不同区域的差异性，具体问题具体分析，实现长远性、持续性的改进和提升。在这期间，由英国学者罗伯兹和赛克斯撰写的《城市更新手册》，集中论述西方欧美国家和美国城市更新的特点。《手册》指出："城市更新是一个全面和整体性的概念，透过实际的行动、可持续性和长远的改善，以及促进环境、社会及经济领域的转变，来处理市区发展问题。"

美国从 20 世纪 30 年代开始了持续的城市更新，随着城市蔓延以及内城衰败等问题的加剧，城市更新从单一的贫民窟清理、消除破败转向经济、社会、环境等多目标的综合治理。在经历了不同的发展阶段，各阶段城市更新的动因、特征、政府角色均有所不同，20 世纪 50 年代以来，与城市更新密切相关的政策工具主要来自税收融资、土地调控和发展管理三个方面。

德国在第二次世界大战后经历大规模的住宅重建工作。第一阶段主要强调数量的增加。到了 20 世纪 70 年代，住宅发展的第二阶段则更多地强调住宅质量和居住环境质量的提高。20 世纪 90 年代德国开始推行适应生态环境的住区政策，以切实贯彻可持续发展战略。其中包括：特别强调城市内发展，通过城市更新、城市改造和城市边缘发展等途径挖掘和保护市镇中富有价值和吸引力的地区；必须在改善环境、恢复自然生态基础的目标下对基础设施进行维修和更新；颁布《保温条例》《缩小壁炉条例》，进一步使用高效能源设施和供应系统；发展地方公共交通和非机动交通工具，制定适合城镇发展需要的汽车政策。

法国强调居住区同城市社会的联系功能。20 世纪 60—70 年代建设了一大批住宅，基本满足了当时的需要。但到了 80 年代，进行了包括改善居住环境为主要内容的大规模住区改造工作，特别强调居住区同城市社会的联系功能。另外，法国的社会福利住房建设也颇有成就。

俄罗斯的垃圾与污水处理。以莫斯科的环境治理为例。为了扼制生态环境恶化，1994 年莫斯科市通过了"莫斯科生态综合规划"，随后采取了一系列措施。在垃圾治理上，莫斯科州拟订了"废物利用"计划，采用技术、经济和政治决定的办法综合处理工业废料和垃圾。同时，莫斯科市针对垃圾的生产和使用也实施了相应的法律。另外，又成立了市政府行政技术监察团，用行政命令和技术措施来监督随意丢弃垃圾的行为。在污水处理上，从 1898 年莫斯科市第一个上下水管理站动工建设，100 多年来，莫斯科市从未停止过对城市供排水系统的建设和改造。

日本的环境保护。日本在环境保护方面取得的成就首先得益于环境立法和政府对环境工作的指导。早在1950年日本政府就颁布了《国土综合开发法》。1951年公布的《森林法》以法律的形式确立了保护植被、增加植被覆盖的各种对策。此后，又颁布了系列法律法规对环境进行保护。还有，日本的环保监测手段和管理决策实现了现代化。

日本全国各地建立了包括水质、大气、噪声、地表沉降等项目的自动观测网络，以在各种观测数据的基础上建立环境信息系统，从而完成各种监测统计表格、监测统计图形及污染源分布图的输出，同时还具有环境预测和管理决策的各种功能。

新加坡的居住条件改善。1964年新加坡政府开始实施"居者有其屋计划"，至今新加坡住屋拥有率高达92.3%。20世纪60—70年代，建屋发展局主要致力解决新加坡居民住房短缺和住房拥有问题；80年代开始进行社区建设；90年代进行组屋翻新计划；21世纪初主要从事寻求高尚住宅和廉价组屋之间的平衡发展。1991年，建屋发展局以创新手法建设的新镇和社区为全球塑造了数个住宅典范，并获得了联合国颁发的世界居住环境奖。

（二）我国城市更新发展历程

对于我国城市更新的相关理论研究，最早可以追溯到中华人民共和国成立初期。梁思成和陈占祥提出的"梁陈方案"，其中提到了关于对旧城区历史文化的保护与新城区的开发建设。早期的理论研究并没有形成"城市更新"的具体概念，直到20世纪80年代陈占祥先生提出了"城市更新"一词，这也是我国首次出现城市更新的概念。20世纪末，吴良镛提出"有机更新"的概念。21世纪初，吴晨提出"城市复兴"理论，张平宇提出"城市再生"概念等。这些理论的提出，促进了我国城市更新理论研究的发展。我国城市更新的概念是来源于西方，但是与西方为缓解城市中心区的衰败不同，我国城市更新受到历史遗留问题和社会发展矛盾的双重影响，呈现出特殊性与复杂性。

党的十九届五中全会明确提出实施城市更新的战略，总体目标是构建宜居城市、绿色城市、韧性城市、智慧城市和人文城市，不断提高城市人居环境的质量，改善人们的生活质量和提升城市竞争力，走出一条具有中国特色的城市发展道路，其必将实现中华民族伟大复兴的中国梦。

在"生态文明""高质量发展"等新的时代背景下，我国城市建设由增量发展向存量更新转变，经济发展由高速增长向高质量发展转变。作为实现城镇发展质量的内涵式提升的重要手段，对面向城市治理现代化转型的城市更新提出了更高要求。新时期的城市更新不仅关注物质空间的物理更新，也不仅是传统规划的愿景蓝图推陈出新，它更是一种关注城市空间及其承载的经济、社会、文化、历史等要素之间的复杂关系的城市现代化治理活动，既要追求经济效益，更要兼顾提升空间品质、落实绿色生态理念、实施历史文化保护等方方面面，实现更高质量、更有效率、更加公平的城市治理，来满足人民对美好生活的新期待。

（三）国内外城市更新发展对比

1. 发展历程对比

新时代城市更新与传统意义城市更新有很大差异，与欧美国家城市更新也存在内涵差异，从资料文献可以看出西方国家的城市更新起步早、经历时间较长，在城市改造方面积累了较为丰富的理论知识及建设经验。从城市更新过程上看，西方国家经历了大拆大建到以人为本的可持续更新，城市更新也从最初的硬件改善转移到注重城市文化传承的软件提升；从城市更新主体上看，基本经历了中央到地方再到社会团体，最后由三方合作的城市开发过程；从城市更新方式上看，由拆除建设到小规模的更新改造，改善居住质量，保护和传承城市历史文脉。

国外城市更新是随着时间、地域的变化而不断变化的，它不是一个静止的事物，而是同城市一起向前发展的。在中国城市更新的过程中，始终要以发展的、长远的眼光去看待城市更新，依据不同地域的文化特色来发展城市，而不是千篇一律的同质化更新。

可以预见，中国未来一个时期内大规模的新建、重建项目仍然存在，但会相对减少，城市更新开始向存量更新发展。除经济方面的改造建设以外，主要是对大量建设于20世纪的住宅小区、街道进行更新改造，既是对城市文化的延续，对城市风貌的提升，又是对城市居民居住和生活质量的提高。目前，中国的城市化率相比于西方发达国家仍然存在差距，主要是因为中国的老旧小区更新工作起步较晚，更新技术、相关实践经验与国际先进水平仍有差距，但是随着中央财政补贴的支持、更新政策的不断规范化、精细化，以及多学科、多领域的专业人才不断进入具体的更新实践中，更新策略将不断趋于正规化、综合化、科学化，更新水平也将不断提高。

2. 发展借鉴

城市更新应强调以人为本，建立多方合作关系。随着时代的发展，国内外城市更新的理念在不断发展变化，城市更新的管理方式也在不断变化。从上述国家城市更新的实践也可以看出，几乎所有的国家都经历了由最初的政府主导到多方合作，再到人本化的更新转变，可以说当前的城市更新需要多方合作，来共同完成对城市的改造。首先，中国的城市更新要注重以人为本。在城市建筑的规划设计中，应用现代科学技术，从整个城市生态功能的整体构建出发，充分考虑城市景观、城市廊道、景观线等多元化的需求，城市建筑材料等的应用也应注重选择环保的材料。其次，政府的力量总是有限的，需要采取多种方法去吸引私营部门的投资，确保城市更新项目完成；同时兼顾公共利益，考虑社区的参与，实现利益的合理分配。因此，政府应在协调、引导、监督和调解城市更新的三维合作关系方面发挥重要作用。城市更新的决策从自上而下的单一模式，发展到兼顾自下而上的新模式，为城市更新的透明、民主、利益权衡方面提供保障，从而使城市更新能够真正达到目的。

城市更新要提升人居环境和公众参与度。人是城市更新的主体，是城市空间的使用者，从以上国家的实践中可以得出一个重要的更新经验：对公众参与度的重视。城市更新建设是一个综合的社会工程，主体是城市的居民，公众的需求决定了城市更新的方向，政府在做城市更新规划决策前应多吸取公众意见，同时要积极营造宜居的环境和空间，提升人居环境质量，切实考虑人居需要。如在改造旧城公共空间的设计方法上，可以加强对步行街的保护和改造，提高旧城区开放空间的环境质量，增强舒适性；针对旧城区公共空间缺乏的问题，根据旧城整体风貌，增加供人们休息娱乐的开放性公共活动空间，并注重公共活动空间的品质。

三、城市更新发展趋势

（一）理论、实践与创新

城市产业发展的过程，也是理论创新发展的过程。前人已经为我们摸索了一条发展之路。管理学之父泰勒曾提出厂商生产线管理理论，这一理论的提出导致了作坊工业的消亡；科技创新之父熊彼德提出了微观企业科技创新理论，这一理论的推行导致了规模企业的消亡；英国经济学家克拉克提出的"产业要素结构"理论，主要分析了土地、劳动力和资金的重要关系；哈佛大学教授、著名经济学家钱纳里，从产业结构阶段理论出发，提出了"发展形式"理论，让工业化进入飞速的发展阶段；哈佛商学院、竞争力之父波特的"竞争优势理论"建立竞争优势模型，从宏观尺度确立了国家创新理论。上述这些理论的发展和创新，伴随着人类文明的进步和城市发展的进程，是一种对原有社会生产格局的颠覆，通过创新理论的发展，推动了社会、城市的进步。如今，结合目前我们国家的发展时期和状态，我们应该与时俱进，积极研究和思考如何通过创新理念提升城市的发展动力，深挖城市的发展潜力。

在实践中纳入城市有机更新、社区微更新等理念，从理论到实践促进了城市更新与城乡风貌的整体提升。目前，我们已经将科技创新和城市发展结合在一起，将人口、经济、绿色可持续发展作为城市新的总体规划目标，在未来的产业布局和产业导向中，我们会结合实际，融入更多的创新思维，运用于城市更新和城市发展中。

（二）综合效益评价系统

城市更新的目标是改善城市人居环境、优化城市产业结构，增强城市功能，推动城市建设从粗放型外延式发展向集约型内涵式发展转变，将建设重点由房地产主导的增量建设向以提升城市品质为主的存量提质改造，从源头上推进城市开发建设方式转变，走出一条中国特色城市发展道路。习近平总书记指出："城市治理是推进国家治理体系和治理能力现代化的重要内容。衣食住行、教育就业、医疗养老、文化体育、生活环境、社会秩序等方面都体现着城市管理水平和服务质量。"城市承载着经济、政治、文化等方面的活动，实施城市更新行动计划，将会提升城市的发展质量、更好地满足居民对于居住环境的美好生活需要，促进社会经济的持续健康发展。

（二）城市更新四大趋势

1. 从碎片化、应急式更新到有政策和规划引导的更新

2021年各个地方关于城市更新的相关的政策出台了106项，比2020年的47项多了一倍多。这些政策包括了更新的条例、操作的规范、实施的细则、管理的办法、专项的规划和实施意见，是全方位、系统化的政策。这些政策涉及全国大部分省份和主要城市，所以未来城市更新的趋势，就像从过去碎片化应急式的更新，到有政策有规划引导的更新。

2. 以拆除重建为主的更新到以保留为主的有机更新

2021年8月30日，住房和城乡建设部印发《关于在实施城市更新行动中防止大拆大建问题的通知》（以下简称《通知》）。《通知》对城市更新中的"拆建"给出了明确的政策边界，这对以往拆除重建类的城市更新将形成制约，更新方式也将从以拆除重建为主的模式转变为以保留为主的有机更新模式。首先要明确一个目的，"一改善三提升"，改善人民生活的同时，提升城市魅力、城市活力和城市竞争力。此前的快速发展把许多历史记忆都"抹掉"了，剩下的有故事、有记忆、有情感的老建筑、老街区不多，因此显得弥足珍贵，应该"留改拆增并举，以留为主"。"留"的是经济价值、社会价值、文化价值、情感价值、记忆价值、历史价值，让城市留下成长的年轮；"改"肯定是必须的，根据风貌特色的需要，对内外都进行修缮改造，赋予它新的功能；"拆"主要是针对危房；"增"瞄准的是补短板、强弱项，注入新的动力。

3. 从单维建筑更新到民生产业、文化多维更新

外在更新，包括对环境，基设，形象，建筑的美化、修缮，以及城市空间品质的改善都要设计。未来的城市更新，仅仅靠改造建筑是达不到国内经济循环、内需消费、提升城市活力的目标的，所以城市更新一定要内外兼修。内在更新，包括民生方面，完善老旧小区，兼顾保障养老育儿、医疗、文化体育等公共服务设施的补短板，以及城市基础设施、城市信息系统的更新；经济方面，产业更新承载着优化升级传统产业，增加新的优质供给，"破旧立新"的重要使命；文化方面，不仅是文化和历史保护，还要挖掘内在的文化价值，强调公众参与和治理水平提升，形成可持续的文化产业经营模式。地方政府要兼顾多重目标，而综合实力强、策划理念超前、运营能力突出的企业机遇更大。

4. 从点状和单业态更新到片区综合统筹更新

中国的城市更新将从过去的点状更新、单业态更新为主，发展到未来的片区综合统筹更新。实际上，城市更新既有点状更新，也有片区的更新，最终完成城市不断轮回的整体更新。片区更新不等于规模大，未来的城市更新（片区更新）关键在于统筹。综合统筹不

仅可以解决城市更新中所遇到的政策层面、实践层面、企业参与、盈利等困惑，还可以解决空间资源配置效率提高的问题和更新资金投入与产出平衡问题。

（四）城市更新模式与实践

1. 美国多目标的综合更新模式

1949年，美国通过了《国家住房法案》，开始为期20多年的大拆大建式城市更新。城市更新是为了改善破旧的物质环境，减少社会隔离，不料"推土机式"的更新方式却破坏了当地居民的社会邻里关系，许多老住户被迫从原居住地搬走，贫困问题没有得到解决，生活水平也没有因城市更新而有所提高。那些城市中心区与老旧住宅区却由于环境的改善与高档住宅的建设，为中上阶层所使用，产生了严重的社会矛盾与隔离。在意识到原本粗放式的城市更新所带来的种种社会问题后，1974年美国通过了《住房与社区开发法》，标志着大拆大建的城市更新模式结束。到20世纪80年代初，里根总统宣布逐渐弱化政府在城市更新中的作用，且鼓励私人发展商的投资与加入，城市更新的目标仅为促进经济增长。从20世纪90年代开始，政府、私有企业与社区三方面的合作关系加强，且受到20世纪80年代末可持续发展观的影响，城市更新由最开始的以经济增长为目标的物质环境更新转变为经济、社会、环境等多目标的综合更新。

2. 英国多方合作伙伴模式

与美国相似，第二次世界大战后英国城市的旧城更新实践也是沿着清除贫民窟、邻里重建、社区更新的走向发展，城市更新理念也由单一目标的物质环境更新逐渐转变为层次丰富、内容广泛的综合可持续更新。20世纪60—70年代，此时的更新活动由英国政府主导，其间颁布了包括"社区发展项目"和"综合社区计划"在内的城市计划，主要目的在于振兴衰落的内城、改善物质环境和提高社会福利。1980年，以市场为主导，引导私人投资，包括城市开发公司等市场化措施的"城市再生"政策应运而生。到2001年以后，在全球化与公民社会的影响下，社区的作用逐步显现，英国颁布了"城市复兴"政策。"城市复兴是致力于经济、社会和环境综合社会问题的长期思考。""城市复兴的焦点层面在社区，鼓励社区与邻里、地方、区域乃至国家各个层面共同行动探索社区未来的发展之路，希望城市（镇）能够成为经济动力之源，将其能量由核心向外辐射，不仅惠及城区居民，同时更应惠及周边区域，实现社会整体可持续发展。"在公私合作的基础上加强了公众参与度，开始关注当地社区的需求，英国政府不再直接介入当地事务，鼓励相关利益成员形成合作伙伴关系，共同竞争。城市更新以单一国家服务转为多方竞争。

3. 荷兰的社会整合式更新模式

第二次世界大战以后，传统的荷兰发展成了一个事实上的多族群民族国家。荷兰的城市更新计划，特别是1995年以来的大城市政策，正是在此背景下出台的。无论是自1975年开始的旧城市更新计划，还是自1995年开始的大城市政策，乃至21世纪以来的"新城市政策"，荷兰的城市政策都具有明显的区域自治特征，这在很大程度上与荷兰的地方自治传统有关。

荷兰的"城市更新计划"自实施以来，争议颇多。一是对整体而言，因为对社会整合难以统一定义，衡量标准难以一致，所以效果难以判定。"城市更新计划"的实施的确对城市老旧小区居住品质的提升有积极作用，但也导致低收入群体（主要是少数族群）从中心城区迁出，滋生出社区问题。二是就某些具体领域而言，有些方面效果较好，有些方面并无效果。这种旨在实现族群聚居"去隔离化"的城市更新计划既不同于欧洲其他国家所采取的强制配额制，也不同于以自由市场经济著称的美国的积极市场政策，而是寄希望于在不触动荷兰多元文化主义族群政策的前提下，通过住房结构的空间混合以实现人口结构的少数族群的社会整合。

自第二次世界大战后至今，荷兰的城市更新计划经过了数次转变，但整体而言，随着荷兰少数族群人口的增加，城市少数族群聚居的"去隔离化"政策还将进行不断的调整。

4. 杭州高质量发展城市更新

（1）旧城拆除重建更新阶段（1978—1999年）

在改革开放之后，杭州开始了现代意义上的大规模的城市更新。面对城市现代化生活方式和工业化生产方式的转变，同时为解决经济高速发展带来的住房紧缺问题，杭州城市建设表现为粗放式发展，城市更新表现出对传统历史文化的忽视和对外来文化的引进吸收，进行大规模的旧城拆除重建。

这一阶段，杭州一方面开展对西湖的环境整治，另一方面集中改造旧城区域。在初期的20年中，杭州集中大量财力用于旧城改造，对老城区进行大规模拆迁，在城市近郊建设古荡、朝晖、景芳等约10个大型居住区，逐步建立新城区，实现旧城区即环西湖区域的人口疏散，奠定了杭州"环湖发展"的城市格局，开展了中河中路、庆春路、延安新村、清河坊改造等工程。

（2）物质空间更新阶段（2000—2012年）

进入21世纪后，随着城市化的加速推进，杭州迎来"完善城市空间形态、保护历史文化名城、保护城市生态环境、缓解交通'两难'问题、解决'城中村'和农民工问题、弘扬'城市美学'、彰显城市特色、实现城市管理现代化"等"八大挑战"。这也是对城市更新理念提出的新要求。

这一阶段，杭州主要以老旧小区、自然景观、城中村、城市道路与河道、历史文化遗产等为主要对象，通过遗产保护、环境改善、交通治理等带动城市多方更新与整治，激发城市活力。如针对20世纪60—70年代甚至更早时期建设的老旧小区相继开展背街小巷改善、危旧房改善、庭院改善、物业管理改善等综合改造工程；继续加强改善西湖景区环境质量，实施西湖"景中村"改造工程，推行"西湖西进"工程；推动城市交通治理，实施"一纵三横"道路整治工程，推广TOD交通模式，规划建设地下铁路；重视京杭大运河流域文化遗产保护与沿河的保护和更新整治工程，开展了较大规模的历史文脉保护及配套的空间治理措施，如拱宸桥西搬迁与小河直街、大兜路历史街区改造工程等。

（3）城市全要素有机更新阶段（2013年至今）

随着城市化进程的推进，杭州进入城市化水平增长趋缓至停滞的后期阶段，既面临着城市规模与地域空间的增长需求，又面临着城市建设质量的提高和城市空间用地结构的调整。空间、产业、环境、社会等方面存在的诸多问题都成为制约城市发展的瓶颈，杭州城市发展模式从规模扩张型为主逐渐向质量效益型转变。在"生态文明""高质量发展"的新时代背景下，杭州城市发展更加关注城市综合品质的提升，实施多目标多模式更新，实现城市综合治理。这一阶段，杭州城市更新演化为城市功能完善、产业创新发展、风貌特色塑造、公共服务设施完善、人民生活品质提高、文化传承和生态环境修复等多元目标协调统一的城市有机更新模式。

5. 重庆品牌城市更新项目

（1）重庆市老旧街区有机更新——重庆市九龙坡区劳动三村

重庆城市更新暨老旧小区改造PPP项目有四个亮点，一是模式创新，改管一体；二是传承人文风貌，延续历史记忆；三是依据山城地势，因地制宜打造3D立体小区；四是完善功能设施，提升生活品质，构建全龄友好社区。其中最具亮眼的是通过重建建设厂家属区，利用VI标识、文化墙、墙面彩绘、地面浮雕和小品装置等方式重现三线军工文化，再现往昔生活场景，纪念和传承百年建设厂艰苦奋斗的精神文化。

利用25米高差打造立体山地公园，改建活动面积超10000平方米，将无效坡地改造成活动空间超1000平方米。新增停车位101个，有效提升居民生活品质。

（2）重庆城市更新老旧商业街区典型项目

该项目位于重庆市两江新区的金渝大道，总体量8万平方米。2020年在两江新区各级政府部门领导的支持下，按照城市经济从增量时代到存量时代的转化的理念，从"空间+内容"两个方面开展城市更新行动。空间上利用"山城"地势，打造成为"向下"探索的山谷式开放街区，完成以公园为触媒，重构城市活动核心的低效空间，将自然与城市活动融合，实现了城市公共空间的焕新。内容上突破传统招商模式，植入特色以及价值观一致的商业品牌，赋予新的发展创新动能，实现合作共赢。

（3）山城巷项目

以延续老重庆的记忆原乡为理念基础，打造有温度、有烟火气的人文街巷，逐渐成了渝中文旅新地标。目前，项目招商已完成。为更好地保留重庆的烟火气，增加项目人文气息，保留了多种民俗业态，营造出最有仪式感的文化输出。

（五）结论

"十四五"时期，生态文明这个旗帜必须高扬。绿色城市更新不仅是"双碳"目标与生态文明建设的要求，更是实现国家治理能力和治理体系现代化的重要内容。它不是单一主体的责任，而应是全社会共同的义务，要求不同主体共同合作、协同推进。协同治理的最终目的即是构建更新利益共同体，政府、企业、社会等多元主体共同推进绿色城市更新有序发展。同时，绿色城市更新是复杂的系统工程，更需加强技术进步与成本控制，在根本上依赖全体利益相关者的自主实践。为此，必须构建更有效率、更加公平、更可持续的制度环境，实现因地制宜，坚持问题导向，在新的实践基础上推动相关制度不断完善和发展。

我国城市更新的政策逻辑可以分为求进型政策探索、开放型政策学习、激进型政策革新以及治理型更新四个阶段，各个阶段的政策着眼点随着我国城镇化所处的发展阶段的变化而不断变化。站在新的发展起点，我国城市更新的政策逻辑发生了根本的改变，有必要从"以人民为中心"的逻辑出发，构建城市更新行动的整体性治理政策框架。整体性治理下的城市更新行动不仅是物理空间的改造工程，而且是一个"以人民为中心"的整体性治理过程，通过要素、机制、调控工具研究，厘清城市更新中的"央—地"事权、责任、利益统筹协调关系，有助于创新未来城市治理体制。从整体性治理的视角解剖城市更新行动的利益关系系统，有助于及时发现我国城镇化新阶段的特征，诊断主要矛盾，及时响应人民需求。

参考文献

［1］刘伯霞，刘杰，程婷，等. 国外城市更新理论与实践对我国的启示［J］. 城乡建设，2022（6）：45-48.
［2］温锋华，姜玲. 整体性治理视角下的城市更新政策框架研究［J］. 城市发展研究，2022（11）：42-48.
［3］新时代城市更新内涵解读与实践探索［J］. 城市建筑空间，2022，29（10）：47-50.
［4］马皓宸. 基于期刊文献统计的我国城市更新发展演变研究［D］. 陕西：西安建筑科技大学，2022.
［5］刘伯霞，刘杰，王田，等. 国外城市更新理论与实践及其启示［J］. 中国名城，2022，36（1）：15-22.
［6］杨甜. 城市更新发展过程中文化传承模式分析［J］. 中华建设，2022（10）：85-87.
［7］孙景芝，沈宏，田荣. 城市更新发展研究及绿色低碳理念对燕郊城市更新的启示［J］. 现代园艺，2022，45（22）：167-169，172.

本节撰稿人：厉晓宇　王　云

新城市科学

一、新城市科学概述

以互联网产业化和工业智能化为标志,技术融合为主要特征的第四次工业革命正以一系列颠覆性技术深刻地影响和改变着我们的城市[1]。自21世纪以来,随着人工智能、传感器、物联网、云计算等技术的迅速发展,图灵奖得主吉姆·格雷在2007年提出了"科学的四次范式发展"。他认为,当下科学研究在技术的推动下已经进入第四次范式,即(大)数据驱动型(图2-39)。这些颠覆性技术将进一步在不同层级作用于城市空间。新城市科学(New Urban Science),即依托深入量化分析与数据计算途径来研究城市的学科模式,在多种新技术和新数据的支持下,以城市计算、虚拟现实、人机交互等方向为代表

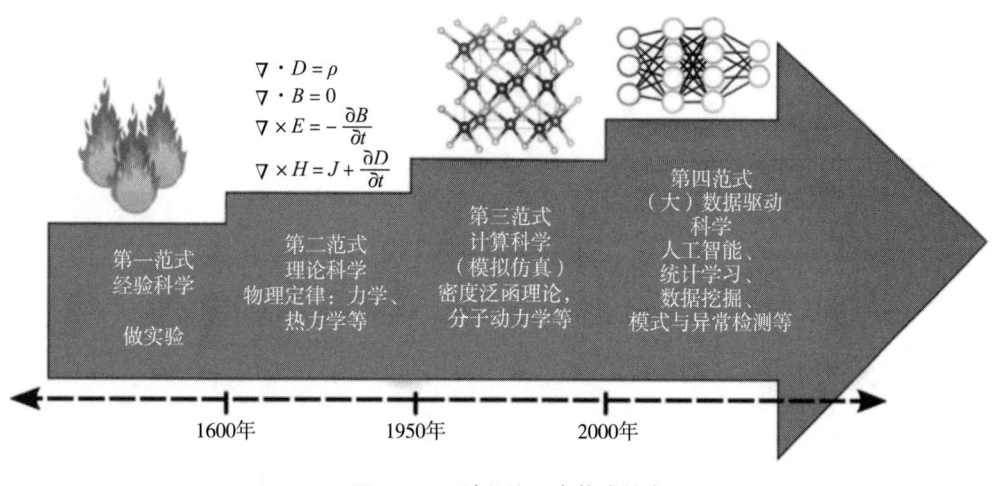

图 2-39 科学的四次范式转变

来源:根据(Schleder,2019)改绘

的多学科交叉的新城市科学正在为城市设计带来革新的可能性。新城市科学提出认识城市不仅仅是理解城市空间，还需要理解网络和流动如何塑造城市，强调新城市科学在促进人们更好地理解城市系统和结构方面的作用。新城市科学提供关于城市面临的限制和挑战的新见解，丰富当前的城市规划方法，并用有利于所有城市居民的现实城市规划取代传统的自上而下规划。

与新城市科学相关的复杂科学学派包括：以美国圣塔菲研究所为代表的复杂科学学派，以美国城市及区域规划专家路易斯·霍普金斯为首的伊利诺规划学派，以及以迈克尔·巴蒂为代表的城市科学学派。霍普金斯将城市系统的复杂性归纳为相关性、不可分割性、不可逆性和不完全预见性，并据此提出了制定城市发展计划的逻辑。而巴蒂则指出：城市是一个以自下而上发展为主的复杂系统，其规模和形态遵循因空间争夺而导致的扩展规律；认识城市不仅仅是理解城市空间，还需要理解流动和网络如何塑造城市。巴蒂在复杂科学的基础上对城市科学中的区域科学及城市经济学内涵加以系统整理，称之为"新城市科学"。

20世纪80年代以来，在自然科学及社会科学中一直盛行的复杂运动泛指利用复杂、非线性及非均衡系统相对于简单、线性及均衡系统所进行的观念革新。在第四次科技革命和复杂系统的理论构建背景下，英国皇家科学院院士巴蒂出版了著作《城市新科学》(*The New Science of Cities*)。书中指出，之所以称为"新科学"，是因为这些学科采用了相对较新的技术和工具。相对而言，传统的城市科学包括社会物理学、城市经济学、城市地理学以及与交通相关的理论等，它们更多地体现为截面的静态和系统论视角的"区域科学"。而新城市科学则以演进和复杂科学的角度进行研究。从某种程度上来说，我们可以将这门"新科学"描述为利用了最近20~25年发展出的新技术、新工具和新方法，具有演进性和复杂科学特性，以及更鲜明的离散性、自下而上学科思想和演进视角的城市科学。新城市科学的兴起也反映出，在过去数十年中，学术界在城市复杂性研究领域取得了丰富的研究成果[2]。

当下，正在经历急剧变化的城市需要相应的理论、研究范式和技术方法，以便有效地引导我们更科学地理解城市的本质和发展过程，以及更准确地预测城市规划方案和发展政策对城市发展的干预效果。在巴蒂提出的"新城市科学"中，城市复杂性理论和网络科学成为两个主要的研究视角。尽管"位置"仍然保持一定的重要性，但在这一新科学中，更加强调了"网络""流动"以及城市的"动态变化"。伦敦大学学院的高级空间分析中心（The Centre for Advanced Spatial Analysis，CASA）在巴蒂的领导下近年来积极开展了大量相关研究，包括研究城市在受到干扰后的短期动态变化，以及通过将城市静态模型融入城市动态演变的研究框架中，模拟城市的短期变化。尽管这些模型呈现出分散和片段化的特点，更接近传统的城市科学，但它们的动态性质使其具备了一些"新科学"的特点。新加坡 – 苏黎世联邦理工学院未来城市实验室（Singapore-ETH Centre Future Cities Laboratory）

的前负责人彼得·爱德华于 2016 年提出，新城市科学的主要目标在于推动城市更具可持续性、韧性和宜居性[3]。美国学者安东尼·汤森德认为，新城市科学应该具备三个基本特征：首先，它应包括对抗性研究方法，旨在探索城市案例的描述性研究方法，以及揭示影响城市结构和动态的演绎研究方法；其次，新城市科学需要得到多学科理论方法的支持；最后，它还需要在数字技术的研究和应用方面取得进展[4]。

国内涌现出了一批杰出学者，他们积极倡导着新城市科学的发展。以龙瀛为代表的学者认为新城市科学既包含了新的城市科学——通过新数据、新方法和新技术来研究城市，也涵盖了新城市的科学——研究那些受到颠覆性技术影响的城市，同时关注这些技术在未来城市中的应用（图 2-40）。新城市科学的研究可以划分为两个主要层面：一是通过广泛收集和充分分析城市数据，以帮助人们更全面地理解所在城市，这一层次的研究侧重于采用新技术和工具；二是更深层次的研究更为重要，不仅关注技术本身的应用，还要认识到城市的生活方式和空间运行方式已经发生了巨大的变化，因此需要探究"新城市"的原理和规律[1]。

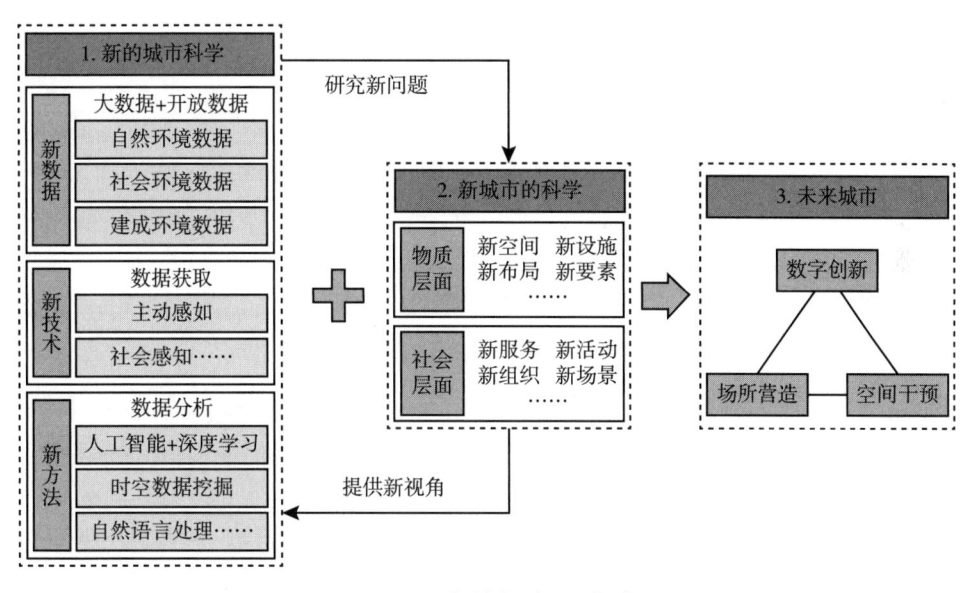

图 2-40 新城市科学的构成

来源：《新城市科学》课程

二、新城市科学发展现状

（一）新城市科学发展现状概述

在全球高速的非可持续城市化进程给环境带来的巨大冲击与挑战面前，城市发展正在进入以存量设计为主导类型,以品质提升为主要任务的新阶段。中国城镇化发展经历增速拐点并迈入新型城镇化时代,面对过去城市粗放型发展所暴露出的人口、气候、空间环境等方面日益突出的问题与挑战[5],更加注重城镇化发展的质量及以人为本的理念。城市设计正在由应对城市空间扩张的宏观增长性设计,转向以内涵品质提升为主导的建成环境营造与精细化管理,技术创新给未来城市的高质量发展提供了新的思路与重要支持[6],人们对新城市科学的关注度也达到了前所未有的高度。

随着以计算机技术和多源城市数据为代表的新技术和新数据的迅猛发展,新城市科学以深入量化分析与数据计算途径等研究模式为依托,在过去的十几年间逐渐兴起(表2-27)。当前的新城市科学不仅具有远胜于彼时的运算能力和海量数据支持,还更关注技术与数据支持下的使用体验。以城市计算、增强现实、人机交互等方向为代表的多学科交叉的新城市科学正在为城市规划设计带来新的变革可能。随着民众对于人性化、品质化公共空间的追求,城市设计实践也将更加注重以人为本、立足空间形态,高效、精准度量空间品质的评价工具。

表 2-27 新兴技术的概述

技术	最早应用时间	描述
地理信息系统(GIS)	20世纪60年代	辅助分析和可视化与土地利用、交通、人口统计数据和其他影响建筑环境因素相关的数据的技术
遥感技术	20世纪70年代	允许规划师和城市管理人员从卫星和航空影像中收集城市地区信息的技术
计算机辅助设计(CAD)	20世纪80年代	创建和操纵建筑和城市空间三维模型的软件技术
虚拟仿真技术	20世纪90年代	让规划师测试不同的城市发展方案,预测它们对环境和社区的潜在影响的模型
虚拟现实技术(VR)	20世纪90年代	创建沉浸式的三维环境,测试和可视化城市设计项目的技术
建筑信息模型(BIM)	21世纪前10年	让建筑师和规划师创建建筑和基础设施的详细数字模型,从而实现更好的协作和分析的软件
物联网(IoT)	21世纪10年代	连接设备的网络,可以提供关于交通、能源使用和其他城市系统的实时数据,从而实现更高效和响应式的管理
自动驾驶技术	21世纪10年代	可以实现更高效和可持续的移动选择,从而有可能改变交通规划的技术
区块链	21世纪10年代	分布式账本技术,可以用于安全和透明的房地产所有权、分区和其他城市规划数据的跟踪
增强现实技术(AR)	21世纪10年代	将数字信息叠加到现实环境中,使规划师可以在场地上可视化拟议的发展项目的技术
人工智能(AI)	21世纪10年代	使用机器学习算法分析城市系统的大量数据,预测未来趋势和结果的技术

续表

技术	最早应用时间	描述
5G 网络	21 世纪 20 年代	下一代蜂窝网络，承诺更快、更可靠的连接性，实现智慧城市技术的广泛采用
数字孪生	21 世纪 20 年代	城市系统的数字副本，可用于基础设施和服务的建模、模拟和优化

在新的城市科学方面，不断涌现的大规模、多元化、快速更新的城市数据为深入研究人类行为和空间形态提供了广阔的前景，同时也为城市空间与人类活动之间的相互影响机制研究提供了重要机遇。龙瀛等提出了一种被称为"数据增强设计"（Data Augmented Design，DAD）的定量城市分析驱动的规划设计方法。这一方法通过精确的数据分析、建模、预测等手段，为规划设计的整个过程提供了调查、分析、方案设计、评估和跟踪等支持工具，以数据实证的方式提高设计的科学性，同时激发规划设计人员的创造潜力[7]。叶宇认为，在新城市科学引入的多种新技术和新数据支持下，当前城市设计所面临的问题逐渐具备了革新的潜力[8]。在研究领域，包括量化城市形态学研究[9]，以及探索数据驱动的空间规律的研究[10]等方面取得了显著进展。在实践层面，数据技术已经在规划设计和城市研究中取得了大量成果。例如，杨俊宴提出了"全数字化城市设计"（All-Digital Urban Design）方法[11]，该方法包括利用新数据和技术来支持空间品质分析、现状问题识别和数字化设计表达等多个阶段[12]。

在新城市的科学方面，移动互联网、智能制造、人工智能、大数据和云计算等新兴技术深刻地改变着城市的行为方式和空间组织模式。这些新兴数据和技术不仅丰富了城市研究的数据来源并提升了研究方法，也反映了城市中个体生活方式的演变，以及随之而来的空间使用方式的变革。研究的焦点主要在城市本身的变化上，涵盖了社会层面和物质层面的新城市空间现象和规律。在个体层面，学者们关注信息通信技术对个体生活方式的影响[13]，以及线上和线下活动之间的相互关系[14]。在群体组织层面，研究聚焦于网络社会对群体组织的影响[15]。此外，学者们还研究产品和服务层面的变化，探讨在线化、即时化和智能化所带来的影响[16]，以及这些变化可能引发的积极和消极外部效应。在物质层面，研究包括城市总体结构的集中或分散趋势[17]，各类城市功能空间的演化以及潜在的正面和负面外部效应，还有城市空间设计本身可能引发的变革[18]。

在未来城市方面，随着信息通信技术对城市的深刻影响，城市空间设计开始融合这些新兴技术以增强空间的感知、反馈和互动。研究方向包括未来城市研究的范式和路径的演变。例如，武廷海等总结了未来城市研究的四个主要方面，包括数据实证、未来学、设计实践和技术推广[19]。甄峰等认为未来城市研究的范式应充分利用大数据，朝着"人本驱动、数据支撑"的方向发展[20]，体现了跨学科交叉研究的特色。研究还包括对未来城市核心概念的思考[21],实施机制的路径[22],未来城市空间单元[23],以及具体空间场景的设想,例如在无人驾驶技术影响下的未来交通空间构想等[24]。未来城市的设计、建设、运营和更新过程将涉及多方面主体的参与。

(二)新城市科学的相关研究领域

从全球视角来看,新城市科学的前沿研究领域主要聚焦跨学科研究、数据驱动研究、可持续发展研究、城市创新研究以及地域特色研究。其中跨学科研究是新城市科学研究的根基,而新城市科学是涉及多个学科的研究领域,包括城市规划、建筑设计、地理信息系统、社会学、经济学、环境科学等。因此,新城市科学的研究团队往往由来自不同学科的研究人员组成,形成多学科交叉合作的研究模式。此外,新城市科学的研究方法主要体现为数据驱动,新城市科学的研究往往借助于大数据和人工智能等技术,从城市的不同维度进行数据采集、处理和分析,探究城市发展的规律和趋势,预测未来城市的发展方向。可持续发展研究、城市创新研究和地域特色研究是新城市科学研究的重要方向,关注城市的地理环境、社会、经济、历史文化对城市发展的影响,探究如何实现城市的可持续发展,提高城市的综合竞争力。具体包括以下几个相关领域。

1. 城市信息学

城市信息学,作为一门交叉学科,采用了基于新兴信息技术的系统理论和方法,以深入理解、有效管理和科学设计城市[25]。这一领域的形成是城市科学、地球空间信息学和信息学的融合。地球空间信息学提供了测量时空特征和动态城市对象的技术手段,以及有效管理测量数据的方法。信息学方面则贡献了信息处理、信息系统、计算机科学和统计学等相关技术,以支持城市应用的研究。城市科学为城市活动、地点和流动的研究提供了理论基础。城市信息学运用先进的数据采集和分析技术,深入研究城市的结构、功能、发展和规划,为新城市科学的进步提供了理论和技术支持。

2. 网络科学

网络科学是一门交叉学科,专注于研究复杂网络系统的规律。它将城市视为由各种网络和流组成的系统,将行为、相互作用和变化融合在一起,不同属性的网络及其相关的空间和场所在数值、尺度和形状等方面都呈现出一种内在秩序。因此,网络科学为新城市科学提供了基础,为分析和理解复杂城市网络提供了不可或缺的理论支持。

3. 社会物理学

社会物理学的概念由奥古斯特·孔德在他的《实证哲学教程》中首次提出,他倡导运用物理学的法则来研究人类社会[26]。如今,社会物理学涵盖了大数据分析和数学原理,用以深化我们对人群行为的理解,已经成为新城市科学的理论基础之一。社会物理学的研究焦点在于探索广泛的"流"存在形态,其目标是揭示、阐释、模拟、迁移,并寻求社会行为规则和经济运作规则,从而描述"自然—社会—经济"复杂系统中各要素的时空行为和运行轨迹，同时寻求内在机制和调控要点。

4. 计算社会科学

计算社会科学是一个新兴领域，它借助人工智能和计算机模拟等方法来研究社会现象和人类行为。在当前的大数据时代，各种数据库中积累了越来越多的人类活动记录，生成了大量与人类行为相关的数据。这些数据为社会研究提供了新的机遇。通过对这些数据的分析和探索，可以揭示人类行为和社会过程的模式[27]。计算社会科学在社会大数据的收集和分析，以及建立和验证理论模型等方面，为新城市科学的发展提供了支持。

5. 城市计算

城市计算是一个新兴领域，融合了计算机科学与城市规划、交通、能源、环境、社会学和经济等学科。它通过持续获取、整合和分析城市中多种异构大数据的方式来应对城市所面临的挑战，如环境问题、能耗增加、交通拥堵和滞后的规划[28]。城市计算将广泛使用的感知技术、高效的数据管理和分析算法，以及创新的可视化技术相结合，旨在提高居民生活质量、保护环境并提高城市运转效率。这个领域有助于我们深入理解各种城市现象的本质，甚至预测城市的未来，从技术和方法等多个层面为新城市科学提供了有益的借鉴。

（三）新城市科学的相关应用

新城市科学的产生主要得益于第四次工业革命的重要进展和成果，特别是信息技术的广泛应用，借助数据挖掘、分析，模拟仿真，数据可视化，空间遥感，人工智能等技术手段，结合城市经济学、社会学、政治学、公共管理等社会科学理论体系，近年来逐渐兴起了一些和新城市科学相关的实践领域，如智慧城市、城市信息模型、城市体检、计算性城市设计、人工智能辅助城市总体规划等。

1. 城市信息模型

城市信息模型（City Information Modeling，CIM）的提出源自建筑信息模型（Building Information Modeling，BIM）及其关联的智能建筑和设施，以及三维信息城市或三维数字地球的理念。CIM 旨在实现城市规划、建设和运维管理的全链条信息管理，以应对新型智慧城市建设中数据孤岛问题，推动城市治理方式向数据驱动的革新转变。CIM 数据库包括时空基础地理信息、感知监测数据、公共专题数据、业务数据以及三维模型等多源异构信息。我国自 2018 年开始，由住房和城乡建设部与多个部门合作，积极推进 CIM 工作，以贯彻党中央和国务院关于网络强国和数字中国的战略部署。2021 年，住房和城乡建设部颁布了修订版的《城市信息模型（CIM）基础平台技术导则》，该文档明确定义 CIM 为：以建筑信息模型（BIM）、地理信息系统（GIS）、物联网（IoT）等技术为基础，整合城市的地上、地下、室内、室外、历史现状和未来多维多尺度空间数据以及物联感知数据，构建起城市信息的三维数字空间，从而为城市的规划、建设和管理过程以及结果提供综合支持[29]。

CIM作为智慧城市建设的数字化模型，不但可以还原城市过往、记录城市现状、还可以推演城市未来，进行仿真模拟，在纵向上编织城市图景，在横向上展现建设历程。CIM通过采用BIM+GIS+IoT+大数据+云计算等先进技术，能同步形成一个参照现实城市的虚拟融合数字化城市，各种符合智慧城市建设的规划、城市智慧应用解决方案都可以首先在虚拟数字城市中得到模拟仿真和分析验证，通过运用人工智能深度学习和大数据、云计算等技术应用从中获取"城市历史发展和文化形成的过往经验，发现并解决当前城市生活宜居、便捷、安全的问题，以及探索构建城市的可持续发展与核心竞争力"。在规划设计阶段，CIM可提供三维化的信息环境，至少为规划设计方案提供了分析、评估、模拟、推演的工具。在建设施工阶段，CIM可提供更为整体性的综合解决方案，如不同施工项目的土石方置换、某个地段的施工对于周边的影响等，从而协同不同的建设单位和相关机构，做出更为合理的施工组织。在管理运营阶段，CIM可提供涉及时空关系的各类要素和信息，辅助各方评估、监测、预警、决策城市中各方面的需求，并作为基础性的系统去支持更多城市社会、经济、环境、人文等开放性的创新应用。如果CIM可被比作手机操作系统，那么那些创新应用则可被视为各种App。因此，在某种意义上，CIM提供了城市各方基于时空的沟通协同的数字基础设施。

数字孪生的CIM将不仅仅是实体城市的复制和映射，它将基于真实的城市数据不断进化出智慧。它的能量将随着数字技术的演进日益强化，最终成为一个承载人类物质世界、社会活动和集体心智的无限场域。在数字孪生的CIM之中，城市之间、人类之间、万物之间的时空阻隔将逐渐被实时的数据交换所打破，一个时时刻刻万物感知、万物互联、万物智能的新世界将成为可能。它也将成为一种新的基础设施、新的空间形态和新的研究范式，由此引发的变革也许天翻地覆。随着技术进步，数字孪生的CIM将有可能进化成全球化的"超级数字领土"，它的规模和能力将大幅超越人类目前最庞大的国土与海洋领土或领空。数字孪生的CIM还将突破人类感知的极限，开展一场重塑人类感知能力的实验，勾勒出城市中无数隐匿的维度和隐藏的场景，发展出超越人体本身感知维度的超感知能力。CIM首先是传统智慧城市的空间定位的数字坐标，其次是城市建设领域的信息化集成应用的数字操作系统，最终是城市智慧化建设运营交易的"数字领土"。

2. 智慧城市

在2008年，IBM发布了《智慧地球：下一代领导人议程》，提出了"智慧地球"的理念，旨在充分运用新一代信息技术于各个行业。这一理念随后引起了多个国家的广泛重视和响应，并被纳入了智慧城市发展国家战略的框架。2012年，中国工程院组织起草并发布了《中国工程科技中长期发展战略研究报告》，将智慧城市列为中国面向2030年30个重大工程科技专项之一，这标志着中国正式进入了智慧城市全面建设时代。2014年，国家发展和改革委员会联合多个部门发布了《关于促进智慧城市健康发展的指导意见》，将智慧城市定义为一种新理念和新模式，运用物联网、云计算、大数据、空间地理信息等新一代信息技术，以促进城市规划、建设、管理和服务的智慧化。自那时起，国内的智慧城市建设进入了快速增长的时期。截至2019年，已经有超过700个智慧城市相关试点项目，其中94.4%的省级城市和71.0%的地级市已经实施了智慧城市顶层设计[30]。智慧城市的应用范围也逐渐扩大，将影响城市建设和人们日常生活的多个方面。它能够显著提升城市的竞争力，改善居民的生活质量。例如，智慧城市可以提供更加便捷的公共服务、降低生活成本、创造高质量的就业机会、打造吸引人的公共空间，以及提供更多的文化和休闲活动场所。

基于CIM的"数字孪生城市"将是智慧城市建设的新起点。传统智慧城市建设强调以通信为主的智慧基础设施建设和智慧应用的场景，如智慧教育、智慧医疗、智慧交通、智慧水务、智慧政务等。在这类建设中，信息化更多强调城市的神经系统、城市的大脑、城市的中枢系统等。其本质是试图将"系统、大脑或中枢"赋予城市之中，实行更为敏捷而智能的应用。"数字孪生城市"是指通过对现实物理世界中的人、物、事件等所有要素进行数字化，在网络空间再建造一个与之对应的"虚拟世界"，形成物理维度上的实体世界和信息维度上的数字世界同生共存、虚实交融的格局。数字孪生城市中，传统智慧城市空间的物理性将被无限延伸，城市将逐渐成为现实空间和虚拟空间逐渐交融的混合空间。

3. 城市体检

当前城市正在经历从粗放式扩张转向空间品质提升的过程，还有亟待解决的"大城市病"问题，这都需要通过给城市做"城市体检"，找出问题症结，并针对这些症结提出可行的方案，为科学的决策提供优选的可能，在这个过程中，数据就发挥了非常大的作用。我们迫切需要基于"数据+问题诊断"的城市发展新范式。为加强规划实施的监测评估和预警工作，自然资源部于2021年发布了《国土空间规划城市体检评估规程》。该规程提出了对城市发展阶段特征及国土空间总体规划实施效果进行定期分析和评价，包括年度体检和五年评估。住房和城乡建设部组织开展了"城市体检"试点工作，于2022年发布了《关于开展2022年城市体检工作的通知》，要求在直辖市、计划单列市、省会城市和一些设区的市进行综合评价城市发展建设状况，有针对性地制定对策措施，以优化城市发展目标，补齐城市建设短板，解决"城市病"问题。主要城市如北京、广州、深圳、上海等都已制定了城市体检框架。例如，北京在2018年进行了城市体检工作，包括数据收集、平台搭建、框架构建与指标计算等工作，并编制了《2017年度北京城市体检报告》。广州市的新一轮城市总体规划年度体检提出了"1+4"的年度体检成果体系，不仅包括《总体规划实施评估报告》，还纳入了各区规划实施评估总结报告、专项部门规划实施评估总结报告、白皮书和规划实施评估系统4项内容。长春市的城市总体规划则提出了"1+4+N"的体检报告体系。此外，上海、深圳、重庆、武汉等城市在智能高效的城市精细化管理平台搭建、大数据和信息处理技术的利用、系统监测各项指标的运行状态，以及推动城市体检智慧化发展等方面进行了积极探索和实践。

从数据本身来说，强调新老数据的差异和配合，传统数据的时效性和动态性不足，但数据质量相对比较准确。新的数据则精度更高、样本更全、时效更快，但在细节的个体层面分析的时候需要传统数据的融合和配合。大数据的应用包括省域单元聚合、区级单元聚合、街道级和交通小区级等大于基站辐射范围的任意单元，然后分别对规划里比较关心的居住人口、就业人口、年龄结果、职住结构等信息进行一个定量的分析，还可以采用可视化表现出数据的动态变化情况。例如，通过统计较长时间段中城市居民的分布，从而得出整个城市人口活动的空间分布的规律。通过对比一天中不同时段的出行数据，对普通出行和通勤出行的联系进行区别，对普通出行的研究可识别出城市发展的轴线或廊道，对通勤出行的研究则可识别出城市中不同区域间功能的联系，对实现城市职住平衡和缓解交通拥堵等的具有重要意义。

除了以大数据为主支撑的城市评估体系，其他新技术也对城市发展评估体系建设具有辅助作用，特别是虚拟现实技术和可穿戴设备。虚拟现实技术提供了实验室条件下对城市空间形态开展沉浸式模拟和快速调整的能力，可有效排除实地调研中的不可控因素，实现空间形态特征评估和设计改进方向上的多维度分析，有效支持人本导向的城市设计。例如，基于这一新技术平台对典型亚洲城市中央商务区中的高层建筑低区公共空间的类型学分析，整合运用正交设计和虚拟现实技术生成沉浸式虚拟现实场景，将其应用于开展选择偏好搜索，进而量化测度高层建筑低区公共空间的社会效用，使得传统依赖于设计师经验和主观判断的感知品质变得可解析，形成的评价量表及针对性导则可对公共空间形态与界面的微更新提供策略建议。轻量化可穿戴生理传感器设备的普及也为量化城市形态分析与精准城市设计带来了新的潜力。实时、定量的感知数据信号记录，可向建筑师和城市设计师直观展示建成环境对人的影响，让传统城市设计从关注实体发展到关注身体的感知，从声音、气味、皮肤感知及动觉路径等不同侧面研究和分析城市现状，并通过城市设计的实践塑造多种感官协同活动的多维度空间体验。

4. 计算性城市设计

传统的城市规划往往是由政府和规划师主观判断为主导的精英型城市规划，如何让其更加科学化是专家学者们一直在讨论的问题。科学的城市规划需要在编制和实施等环节中及时掌握区域发展的现状和趋势，及时发现潜在的问题并完善规划方案，从而使城市规划不断符合客观实际需求。当前，提高规划的科学化应借助技术手段，准确掌握区域空间内的社会、自然要素等组成，以及其间相互作用关系、发展趋势和运行规律，厘清人地系统的内在运行规律是科学城市规划的基础。计算性城市设计便是对如何利用数字技术使城市变得更好的一种探索。借助新的城市科学所产生的新的城市数据和计算算法，寻求将新的数字技术引入之前基于定性和直觉的城市设计领域。这一新的研究领域包括三个方向，即以数据为基础的城市设计、基于实证的城市设计和算法驱动的城市设计。随着信息时代的到来，数据获取渠道的增多和数据分析方式的进步推动了城市规划技术方法的革新，这将为规划人员更客观地认知城市现状和分析城市问题提供质量更高的数据，增强了城市设计的科学性。通过将科学、技术和设计结合在一起，计算性城市设计将有助于拓展传统学科的方法边界。

与相对成熟的，以单个建筑为对象的计算性设计不同，目前城市范围的计算性设计仍然存在着许多问题。例如，城市模型在各方面的评估结果在不同区域内并非是同样而均质化的，评估的方法和结果如何反映城市内部表现的变化，有可能影响到城市设计的总体水平与社会公平。另外，盲目地相信算法也存在着危险，而计算性城市设计也绝不能代表着完全的客观与公平。输入条件的提供和筛选、不同要素之间的权衡均可能涉及多方的利益。因此，在计算性城市设计中，多方共同的参与和讨论是更加必需的。虽然计算性城市设计在各个案例中展现出了不俗的能力，它在城市设计中能起到的作用仍然充满不确定性，它对传统设计，乃至最终方案的落实能够产生的影响也仍未可知。目前来看，计算性城市设计在复杂、漫长而综合的设计过程中只是起到辅助的作用——在涉及多要素的场合中，为设计师们提供参考和帮助。在未来，计算性设计或许可能成为新一代的设计工具，甚至掀起设计方法革命的浪潮，但真正的突破仍在于设计理念的进步与管理机制的优化。

5. 人工智能辅助城市总体规划

2017年7月，国务院印发了《新一代人工智能发展规划》。在城市建设领域，《新一代人工智能发展规划》特别指出，以人工智能"推进城市规划、建设、管理、运营全生命周期智能化……"。人工智能辅助城市规划技术将依托新一代人工智能技术的诞生，而得以大幅提升，并为下一步城市规划技术改革带来极大的可能性，甚至带来整个城市规划思想方法的变革。随着多源城市数据和新技术方法的普遍运用，相关研究在空间形态特征提取与非空间的效能评估方面都有了定量化、精细化的深入可能，为感知城市时空动态、评估城市化进程提供了新的途径。这一方向的涌现建立在三个维度的发展上：一是城市形态学研究的量化转型所衍生出的定量化分析工具逐渐普及；二是以GIS和CityEngine等为代表的地理信息技术向城市形态与城市设计领域的拓展，能够在满足人本尺度城市形态精细度的同时快速处理大规模数据；三是以位置服务数据、兴趣点数据、街景数据等为代表的多源数据为人本尺度的空间形态测量及其品质评估提供了新的机会。相关方向上的技术突破，可大大深化建筑师与城市设计师对城市空间形态特征要素及其在感知与行为等非空间的影响效能上的理解，有助于更精准的城市分析与设计实现。

多源数据不仅为量化城市形态学研究提供了更为全面、易得的城市形态基础数据（路网、地块、建筑等），而且为空间品质这一非空间实体感知提供了分析途径，进一步助推量化城市形态学的发展和城市设计分析的深化。例如，借助兴趣点数据（POIs），可分析城市空间的主导功能与功能分布集中区；采用位置服务（LBS）定位数据，可长时间、大规模地对街道活力进行测量，感知城市活力随时间所产生的变化；利用大众点评与微博签到等社交媒体数据，可展现人们以何种频度和心情来使用各类人本尺度的城市空间；通过街景数据与机器学习算法的结合，可实现街道空间品质的大规模测度。

城市网络强调流动性、可达性、可视性和定向性。在建筑和城市规划领域，城市网络解决了街道网络如何作为城市社会经济生活的空间支柱的问题。因此，这里的重点是空间而不是形式。它是关于由放置在空间中的物体而形成的边界所塑造的空间。此外，还采用不同的尺度对城市进行了描述和分析。不同模式在不同尺度层次上的多样化组合，以及由此产生的等级影响，往往反映出传统城市与现代城市可达性模式的差异。与探索真实的城市发展机制不同，在规划设计过程中，通过定义一系列对未来城市发展产生影响的要素，在设计流程中给要素赋权并使其能够演化出可行的城市开发模型。这个流程与设计过程非常相似，但是在传统规划设计过程中通常无法预测规划设计方案的结果。此外，在这一过程中可以用一套稳健的方法既给要素加权，又能够推导最优的方案成果。在模拟真实城市发展过程时，因为其产生的结果并不确定，需要通过分配确定要素的权重来解释当它们组合后的综合效应。一个最直接的方法是比较要素分布与生成的复合要素分布的异同，并通过调整要素权重来理解模拟的结果的产生。

可以看到，城市科学的发展从不是单一孤立的，其背后的技术、社会经济背景以及其他科学的发展，均对我们认识城市、发现与归纳城市规律起到举足轻重的作用。同时，面对第四次工业革命后更加复杂的城市，多学科融合式的开放研究方法才可能帮助我们尽可能了解更多城市的运行法则，从而拥抱新技术和新城市，理解新城市科学。

三、国内外发展比较

新城市科学最早由欧美的城市规划学者提出，其多项研究走在前列，经过多年的建设已形成相对完善的理论体系。相比之下我国的学科建设才刚刚起步，理论体系还不完善，专业人才的培养也相对欠缺。由于新城市科学是多领域、跨专业的交叉学科，涉及的学科包括但不限于城市规划、计算机科学、通信、地理信息和遥感科学等，其复杂性远超过单一学科领域的解释范畴，需要多专业、跨领域的交流合作，更需要综合性的人才培养。

（一）国内外主要研究机构

1. 国外主要研究机构

当前，国际上已经出现了许多聚焦于研究（新）城市科学的代表性研究机构（见图 2-41）。

（1）麻省理工学院感知城市实验室（MIT Senseable City Lab）

麻省理工学院感知城市实验室，创建于 2004 年。该实验室的观点是，随着城市空间的网络覆盖和数字信息增加，我们的城市描述和理解方式正在发生根本性变革，因此我们

专题报告

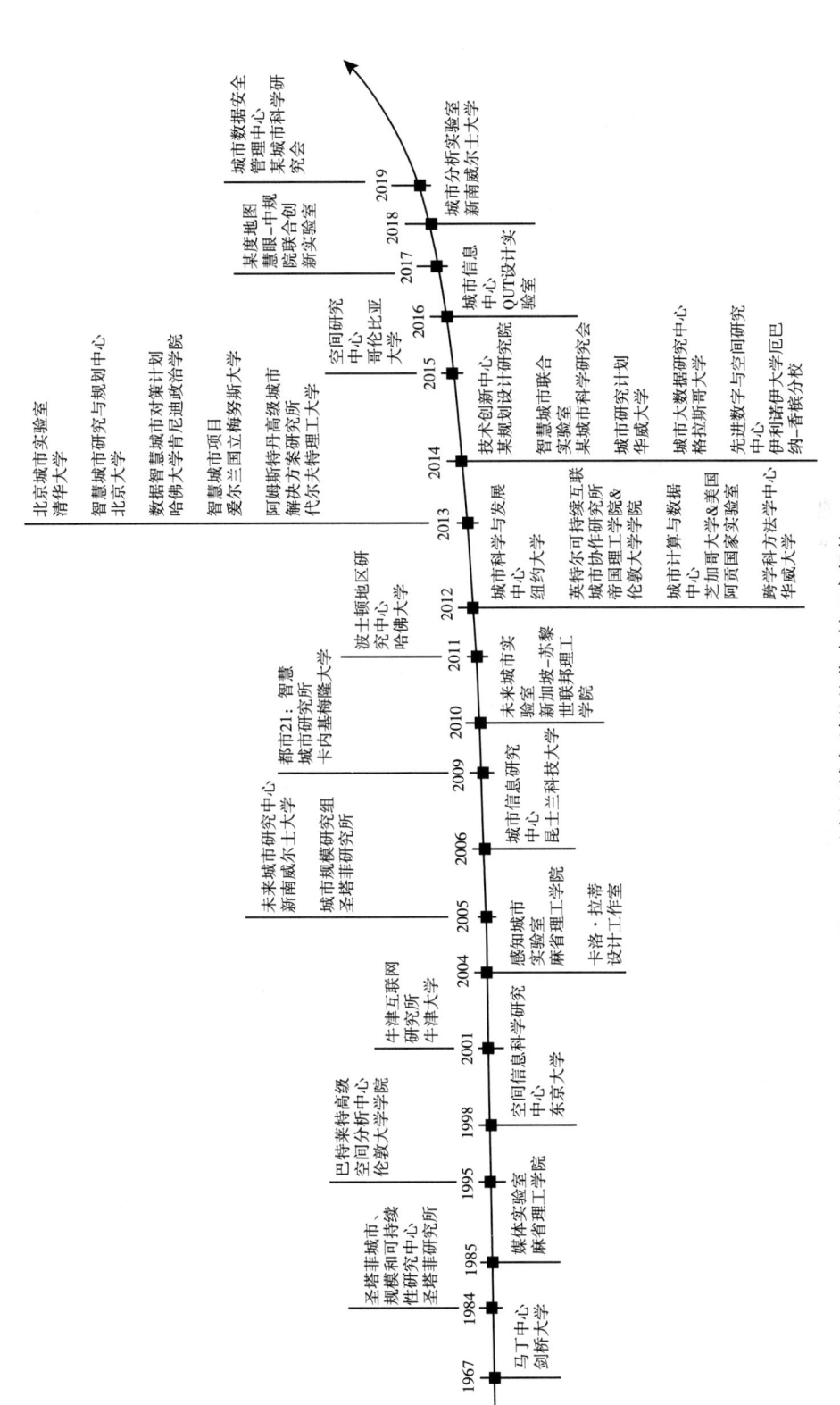

图 2-41 （新）城市科学的代表性研究机构

来源：《新城市科学》课程

设计城市的工具也需要相应改变。实验室的使命是预见这些变化，以跨学科的方式进行研究。它聚集了来自不同领域的专家，包括设计师、规划师、工程师、物理学家、生物学家和社会科学家，利用数字技术来理解、描述、设计和建设城市。

（2）剑桥大学马丁中心（The Martin Centre）

马丁中心成立于1967年，隶属于剑桥大学建筑系。自成立以来，它一直是英国领先的建筑与城市研究单位之一，以其创新的模型驱动的定量研究而著称。该中心旨在通过跨学科的协作，研究建筑、城市设计和环境问题的理论和实践，包括交通和建筑、可持续发展、数字媒体设计和交流、建筑环境中的风险评估，并一直处于低能耗设计和数字城市建模的前沿。马丁中心与剑桥大学的其他系紧密合作，还与英国、欧洲、美国、中国、非洲和中东地区的多个机构广泛合作。

（3）伦敦大学学院巴特莱特高级空间分析中心（The Bartlett Centre for Advanced Spatial Analysis）

巴特莱特高级空间分析中心隶属于伦敦大学学院，创立于1995年。该中心的研究重点集中在城市和地区尺度的空间分析技术与仿真模型的应用以及可视化呈现。它积极与英国伦敦市政府以及多家研究机构展开协作，利用新城市科学方法对各类城市问题进行建模和可视化呈现。该中心的研究领域包括城市交通和人口研究、气候变化以及物联网设施布局等。

（4）新加坡-苏黎世联邦理工学院未来城市实验室（Future Cities Laboratory）

未来城市实验室是新加坡国家研究基金会与瑞士苏黎世联邦理工学院于2010年合作创立的，旨在采用科学方法和本土化设计方法，打造可持续的未来城市。其研究范围包括建筑与数字建造、城市设计策略与资源、城市社会学、景观生态、移动与交通规划、模拟平台和人居环境等领域。该实验室计划与苏黎世联邦理工学院、新加坡国立大学以及新加坡南洋理工大学开展跨国、跨学科的未来城市研究。除了应对全球城市化扩张带来的重大挑战，还致力于更深入地理解城市与其周边地区之间的协同关系，以推动城市居住系统的可持续性发展。

（5）新南威尔士大学未来城市研究中心（City Futures Research Centre）

新南威尔士大学未来城市研究中心是一个专注于城市问题的跨学科研究机构。自2005年创立以来，该中心已在城市学术应用公益研究领域处于全国领先地位。与政府、企业、非营利组织和社区等多方合作，致力于探索和解决涉及城市发展和居民福祉的多种挑战，如城市公平性、住房、生产力、可持续性、复原力、城市治理和城市更新等问题。

（6）哈佛大学数据智能城市对策（Data-Smart City Solutions）

哈佛大学数据智能城市对策聚焦于政府事务与数据的交叉领域，通过开放数据、预测性分析和公众参与技术等途径，旨在推动涉及新兴数据的地方政府项目，并为相关城市提供资源平台。其着重于推广前沿的实践、创新者和案例研究（包括分析和可视化有关人类健康和服务、基础设施、公共安全等方面的数据，以提供城市规划优化措施），并加强前沿行业、学界和政府官员之间的沟通与交流，力求促进跨机构数据与社区数据的结合，从而更及时有效地发现并解决公共问题。

（7）纽约大学城市科学与发展中心（Center for Urban Science + Progress）

2012年，纽约大学城市科学与发展中心创立，团队成员包括来自不同领域的专家，如物理和自然科学、计算机和数据科学、社会科学、工程、政策、设计和金融等。该中心的使命是应用科学、技术和工程知识，为全球城市社区提供支持，以美国纽约市作为课堂和实验室，持续探索新数据和技术，以解决复杂的城市问题。该中心以数据分析为基础，旨在改善城市服务、优化地方政府决策、建设智能城市基础设施，并解决一系列具有挑战性的城市问题，包括犯罪、环境污染和公共卫生等，同时鼓励城市居民提高生活质量。

（8）哥伦比亚大学空间研究中心（Center for Spatial Research）

哥伦比亚大学空间研究中心成立于2015年，是一个将设计、建筑、城市规划等学科与人文科学和数据科学相联系，并提供空间专业知识的城市研究中心。其为围绕数据可视化、数据收集和数据分析等新技术开展的研究和教学活动提供支持，关注数据认知和大数据，致力于研发先进的设计工具，帮助学生、学者、合作者和使用者了解全球城市的过去、现在和将来。

（9）芝加哥大学城市计算与数据中心（Urban Center for Computation and Data）

建立于2012年的芝加哥大学城市计算与数据中心将美国阿贡国家实验室在物理和工程科学方面的优势与芝加哥大学在社会科学、经济学和政策方面的专业知识相结合，开发计算研究工具并积极促进研究者、政府机构、建筑公司、私营企业和公民志愿者的联合协作，共同理解并改善城市。

2. 国内主要研究机构

（1）中国城市科学研究会智慧城市联合实验室

2014年7月，智慧城市联合实验室被批准成立了。该实验室旨在构建智慧城市研究基地和专业智库，以支持我国的智慧城市建设；专注于开展智慧城市领域的科研、规划咨询、标准评估、测试和评估，以及基础研究等工作；研究领域涵盖了技术解决方案、空间信息、建筑节能、大数据与城市运营、基础设施、智慧社区、智慧旅游、多媒体信息传播、水工程、信息安全等；实验方法是从实际问题出发，提出科学完善且可操作的智慧城市概念、建设体系和保障体系，协助国家推进智慧城市建设和管理，并为城市提供专业的咨询和服务支持。

（2）北京市规划设计研究院数字技术规划中心

北京市规划设计研究院数字技术规划中心的使命包括推动国土空间规划的技术创新研究和实际应用。该中心致力于开展关于城市信息模型、大数据驱动的仿真推演以及规划决策等新技术的研究。通过建设综合的规划实施和城市治理协同创新平台以及智能工具，该中心助力城市规划和管理的综合发展。此外，该中心还积极参与国土空间规划中的"一张图"实施监督系统的建设、运行和维护工作。

（3）清华同衡技术创新中心

2014年，清华同衡技术创新中心由其规划设计研究院成立，秉承着以大数据分析为核心的城市发展、规划和管理服务理念，专注于研发涵盖人口、产业、空间、交通、住房、新区等多领域的模型工具和信息化平台，旨在解决城市发展中的普遍和特殊问题。通过多年的实践，该中心构建了一个智库式业务架构，汇聚了行业知识，不断探索并推动新的服务模式和技术产品在国土空间规划、管理和运维领域的发展。

（4）北京大学城市与环境学院智慧城市研究与规划中心

北京大学城市与环境学院智慧城市研究与规划中心成立于2013年11月，由柴彦威教授与多名教授和学者联合创办。该中心聚焦于智慧城市理论研究、技术研发、时空行为大数据分析，以及智慧城市规划和管理应用。借助近30年的时空行为研究和大数据分析，中心形成了以时空行为为基础的智慧城市研究与规划模式，长期处于国际领先地位。中心的项目涵盖智慧出行规划、智慧社区规划、智慧园区规划、城市体征诊断与预警系统、城市体检指标体系、城市生活圈规划、智慧城市总体规划、数字经济发展等相关规划领域。

（5）北京城市实验室

北京城市实验室（Beijing City Lab，BCL）于2013年由清华大学建筑学院龙瀛副教授创立。作为一个专注于定量城市研究的学术网络，BCL的使命是采用跨学科方法来量化城市发展动态，为城市规划与管理提供可靠数据支持。实验室的团队拥有丰富的学科背景，包括城市规划、建筑设计、城市地理学、GIS、经济学和计算机科学，这使他们能够深入研究城市问题，提供新的技术和见解，为城市的可持续发展做出贡献。

（6）城市象限

北京城市象限科技有限公司于2016年孵化自北京市城市规划设计研究院。主要致力于新城市科学研究和其引领下的城市规划与治理实践，并发起成立了面向社区治理的北京市民办非企业单位——北京社区研究中心（BCRC）。自成立以来负责和参与了多项重大规划和治理项目，包括北京城市体检、北京市"七有""五性"大数据监测指标体系研究项目、北京核心区控制性详细规划、北京核心区治理大数据协同管理平台研究、雄安标准工作营、超大社区城市治理大数据平台等。

除了前述的研究机构，同济大学建筑与城市规划学院的王德教授团队、钮心毅教授团队，中山大学地理科学与规划学院的周素红教授团队，南京大学建筑与城市规划学院的甄峰教授团队，武汉大学城市设计学院的牛强教授团队，以及东南大学智慧城市研究院等，都在新城市科学领域积极进行探索和研究。

（二）国内外开设的主要教育项目与课程

1. 主要教育项目

近年来，国内外院校纷纷设立与新城市科学相关的学科及学位。

（1）麻省理工学院城市科学与规划及计算机科学学士学位（Bachelor of Science in Urban Science and Planning with Computer Science）

在2018年，麻省理工学院批准了一个备受全球学者和从业者关注的学士学位计划，即城市科学/规划与计算机科学联合学士学位。这一决定是在面对传感网、大数据、量化分析、交互式通信和社交网络、分布式智能、无人驾驶、重点基础设施物联网、生物识别、共享经济等一系列科技革新深刻改变城市的背景下做出的。该学位的设立旨在通过整合城市规划、公共政策、设计和可视化、数据分析、机器学习、传感网技术、机器人技术、新材料以及其他计算机科学和城市规划领域的相关内容，以前所未有的方式来理解城市和城市数据，并重新塑造我们对现实世界的认知。

（2）伦敦大学学院城市空间科学硕士项目（Master of Science Urban Spatial Science）

城市空间科学硕士项目（MSc Urban Spatial Science）原名智慧城市与城市分析硕士项目（MSc Smart Cities and Urban Analytics）。该项目的目标是培养学生以地理空间和数据为基础，深入研究现代建成环境的理论和科学基础，以及探索全球城市韧性和可持续性的数据驱动方法。学生将接触前沿技术和方法，包括数学、统计学、仿真建模、计算机编程、空间分析和可视化等。这些方法在城市分析和数据驱动型决策方面至关重要。此外，学生还将获得实际操作技能，这些技能得到了人口统计学、经济学、治理政策、规划和城市科学等多个领域的理论支持。

（3）格拉斯哥大学城市分析硕士项目（Master of Science in Urban Analytics）

该项目旨在赋予学生城市分析所需的知识和技能，为其未来的大数据城市分析工作积累经验，培养对大数据在城市规划和政策制定领域的批判性思维。项目包括统计和地理信息系统相关的软件实践，以及使用编程获取、处理和分析数据的实践经验。此外，项目还定期邀请城市分析领域的科研人员进行交流讲座，使学生们能够了解领域前沿和相关工作中的问题与挑战。

（4）马德里理工大学城市科学硕士项目（Master in City Sciences，MSC）

该项目意识到城市在全球经济和社会发展中的重要作用，但传统的大学课程未能满足专业人士对智慧城市深刻理解的紧迫需求。因此，马德里理工大学联合了电信、土木工程、建筑等学科，设立了城市科学硕士项目，旨在培养当前和未来智慧城市所需的专业人才。该项目不仅使学生全面了解城市发展，还为他们每年提供参加城市科学国际会议的机会。这为学生提供了向公司、投资者、大学和其他与智慧城市相关的重要机构展示他们成果的机会。

（5）清华大学深圳国际研究生院建筑学（未来人居设计）硕士项目

该项目于 2019 年 9 月由清华大学建筑学院创办，强调跨学科合作，关注未来人类居住空间的前沿问题，并培养创新的设计思维和能力，旨在创造更智能和可持续的建成环境。项目充分利用粤港澳大湾区的发展机遇和深圳城市建设的实践优势，吸引全球顶尖人才，融合尖端技术和前沿思想，以解决未来人居中的关键问题，并进行实验性研究。

2. 主要课程

传统的教育项目或者大学课程已经不能满足城市研究需求，为此国内外多个大学开设了（新）城市科学相关的教育项目或课程。目前新城市科学相关课程大多集中于欧美高等院校。其中包括麻省理工学院城市研究与规划系、电子工程与计算机科学系联合开设的城市科学 / 规划与计算机科学本科课程，纽约大学城市科学与发展中心开设的应用城市科学与信息化硕士课程，美国东北大学公共政策与城市事务学院开设的城市信息化硕士课程，澳大利亚新南威尔士大学建成环境学院开设的城市分析硕士课程等。

中国院校目前缺乏与（新）城市科学相关的课程。清华大学建筑学院开设了"新城市科学"本科生课程，成为中国首个开设（新）城市科学相关课程的城乡规划专业院系。该课程旨在让学生在了解当前各专业领域的前沿技术与方法的基础上，客观认识和理解城市系统及其发展规律，从而对城市研究、规划与管理的重要理论与方法支撑形成比较全面的掌握。

（1）加州大学伯克利分校在线开放课程——城市模拟云平台介绍（Introduction to the UrbanSim Cloud Platform）

该课程旨在向学生介绍城市模拟模型（UrbanSim）的预测方法，城市模拟云平台的功能，以及人口普查街区级别的城市模拟模型基础知识。学生将通过使用平台编写方案，启动城市模拟模型，并通过 3D 地图界面可视化模型输出。

（2）纽约大学在线开放课程——数据挖掘、预测分析和大数据（Data Mining, Predictive Analytics，and Big Data）

本课程旨在向学生介绍应用统计学、数学、计算科学等工具，以揭示复杂数据集的含义。它旨在培养学生的能力，使他们能够明确预测分析的重要性，选择适当的分析方法，并鼓励他们积累进行预测分析所需的数据。此外，课程还帮助学生识别数据挖掘和预测分析中的关键模式和未来趋势，鼓励他们将实践技能和理论知识应用于解决具有挑战性的数据分析问题。

（3）苏黎世联邦理工大学博士课程——理解未来城市：方法论（Understanding the Future City: Methodologies）

这门课程的核心焦点在于关注那些对未来城市研究至关重要的领域，尤其是那些涉及支持未来城市研究的方法、技术和研究工具。它着重探讨满足可持续未来城市研究需求的方法，旨在为来自不同学科背景的博士研究生提供专门设计的课程。

（4）清华大学硕士/博士课程——大数据与城市规划（Big Data and Urban Planning）

本课程根据中国城市规划和技术发展的独特特点，重点探讨数据技术的研究方法以及其在城市系统和规划设计领域的应用。教授的主要内容包括数据获取、统计、分析、可视化，城市系统分析，各种规划类型的应用，以及最新的前沿知识。同名的在线 MOOC 课程已成功进行了 9 期，吸引了超过 29000 名学生。学生将在以下方面受益：在数据方面，本课程提供了一套完整的北京中心城市空间新数据；在方法方面，学生将掌握数据抓取、分析挖掘、可视化等基本操作；在思维方面，培养了学生以新数据、量化研究方法和先进技术为工具，来理解城市和规划设计的思维方式；在研究方面，学生将基于数据获取、方法掌握和思维熟悉的基础上，提高他们利用城市空间新数据进行研究的能力。

（5）清华大学本科通识课程——新城市科学（New Science of Cities）

本课程被划分为 4 个模块，包括概述、技术、应用和展望，系统性地介绍新城市科学领域的最新研究进展。通过课程的学习，学生可以期待获得以下收获：提高认知水平，深入了解与城市相关的新兴事物，从而能够根据当前城市的变化来预测其未来的发展趋势；掌握专业技能，具备使用新城市科学框架下的主要新数据、新方法和新技术来分析新兴城市并解决新出现的问题的能力。

（6）同济大学在线开放课程——智慧城市（Smart City）

本课程综合了理论介绍、典型案例分析和实地考察，旨在向学生介绍智慧城市管理领域的前沿理念和最新实践。课程的核心内容包括智慧地球、智慧城市、先进经验以及经典案例。该课程不仅深入分析了相关观点，还提出了一系列挑战，包括镜像世界、虚拟市场互动政策法规的制定、区位优势、公共服务概念的重新定义，以及"双微""双创"、数字鸿沟、数字能力等概念。

（三）相关研究成果及其实践

1. 计算性城市设计辅助生成方案

全球著名建筑事务所 KPF 成立于 2016 年的城市界面（Urban Interface）长期致力于将数据增强设计应用到城市设计中，通过可量化方式研究建筑与城市设计对周围环境的影响，并对相关数据进行直观可视化。此外，通过打造互动性设计平台，让更多利益相关者参与到城市设计过程中。在 2019 年的建筑与城市设计模拟研讨会（SimAUD）上，该团队发表了一篇文章——《一千份总体设计方案的诞生：计算性城市设计框架》，详细讨论了计算性城市设计的方法步骤。首先，框架的第一步是为模型输入生成条件，定义设计空间。计算性城市设计所需要输入的数据类型主要有两大类，一类是反映土地用途和建筑密度的栅格数据，需根据当地的规划与要求，在每一格点上反映期望的用途和密度；另一类是体现街道网络、街区尺寸、形状与方向的矢量数据。不同的输入条件组合会在下一步中生成不一样的设计结果。

研究团队选取了位于加拿大多伦多的一块假想场地作为示例，为其设计了6种不同的街道网络和3种绿地的分布方式作为生成条件，同时还输入了场地的整体建筑密度、密度分布以及绿地的面积比例。随后，这些包含土地用途和密度的栅格数据被归总到各个街区中，每个街区都可以计算出各土地用途的比例、绿地的面积以及总体的建筑密度需求，作为下一步建筑与地块生成的基础。在建筑形态根据生成条件被生成后，输入条件与之相对应的生成模型将会被打包储存，以进行下一步的评估。对方案的评估将围绕环境、经济、交通、公共服务、基础设施等展开，评估的结果往往十分复杂，有着庞大的数据量以及众多要素，直接解读将非常困难，需要采用一些工具，例如核心团队（Core Studio）制作的Thread以及城市界面（Urban Interface）团队制作的Scout等基于网页的可视化平台，可以快速地呈现出模型评估结果中的趋势和特征，并且可以让众多非专业人士也参与到设计过程中来。

计算性城市设计能够辅助设计师大量生成可供选择的方案，并结合多种要素的不同权重对生成方案进行可量化的分析评估，从中得出最优方案，还可通过可视化的方式辅助非专业人士理解生成方案，这将大大提高城市设计的科学性和效率。

2. 城市信息模型辅助城市规划

国内外多个利益相关方，包括政府和互联网公司等，都在不同尺度上积极探索和构建城市信息模型［City Information Model（CIM）］平台。这些探索涵盖了广州、南京、雄安新区、厦门、北京市副中心通州、苏州等多座城市，它们都在CIM项目的实际执行中取得了显著成果。此外，一些领先的互联网公司，如阿里巴巴、腾讯等，也已经推出了多款CIM平台产品并开始广泛应用。城市信息模型是城市大脑平台的重要支撑，一方面为城市大脑提供数字城市基础数据，另一方面也提供了建立大量复杂的城市数据之间联系的技术手段。在基于城市信息模型技术的智慧城市平台中，将现实城市映射进计算机，建立起数字孪生城市模型；通过无所不在的传感器，通过物联网技术建立起万物互联，实现数字城市与现实城市的动态信息交换，这些数据通过云计算、大数据与人工智能技术进行加工分析，在这些技术基础上，做好顶层设计的统一规划，满足城市管理与治理决策工作，这样就做到了虚实结合，智能协同地管理城市。

2018年的《雄安规划纲要》是国内"数字孪生城市"概念的起源，雄安新区是数字城市与现实城市同步规划、同步建设的城市，两座城市将开展互动，打造数字孪生城市和智能城市。2018年11月住建部起草的《"多规合一"业务协同平台技术标准（征求意见稿）》解释了CIM的概念，即城市信息模型——以"多规合一"业务协同平台为核心，支撑"多规合一"一张图、项目符合性审查以及建筑信息模型数据的规划建设管理综合体。2019年9月《CJJT296-2019工程建设项目业务协同平台技术标准》定义了工程建设项目业务协同平台的业务范畴、数据库标准和平台技术标准；强调BIM与CIM成为协同平台重点，有条件的城市可在BIM应用的基础上建立城市信息模型。2019年12月的全国住房和城乡建设工作会议提出着力提升城市品质和人居环境质量，建设"美丽城市"。把城市作为"有机生命体"，从解决"城市病"突出问题入手，统筹城市规划建设管理，明确提出要加快部、省、市三级 CIM 平台建设。

很多城市信息模型（CIM）的关键技术支撑还存在问题，如建筑信息模型（BIM）与地理信息系统（GIS）融合的问题，物联网（IoT）传感器的精度以及大规模应用成本问题，云计算的算力问题，大数据的算法适应性和限制条件等。因此，保持在这些关键领域的投入，并通过建设新型智慧城市的应用驱动的方式，给这些新技术提供研究、集成、应用的场景，在技术不断的迭代升级过程中，让国内企业真正掌握核心技术，避免被"卡脖子"。

3. 多源数据辅助系统规划

在《北京市级绿道系统规划》中，收集了北京市域范围内徒步行为的 GPS 数据，基于数据分析了徒步者的空间需求、徒步者的线路选择等特征，在市级绿道选线原则和建设标准制定中考虑了这些因素，明确了北京徒步活动热点区域，规划重点将这些徒步热点地区用市级绿道联系起来。另外，大量数据的叠加也让规划师发现了长距离的"骨架"步道线路，将其部分纳入了市级绿道线路。

通过高德地图大数据辅助构建基础路网：精准识别空间资源，即在片区现状路网基础上进一步搜索可用来作为通道的空间，包括小区内部道路、建筑间距等，并通过现场踏勘分析得到制约道路或通道形成的瓶颈。通过通道资源的大数据搜寻和现状制约因素分析，结合原控规、现状建筑物条件、权属情况、区域交通通行需求，筛选增加可行且有意义的通道，形成级配合理、尺度适宜、贯通成网的小街区路网。对路网本身的慢行需求模拟：在片区基础路网构建的基础上，选用 Depthmap 软件对空间句法进行运算，并采用空间句法轴线分析模型构建片区路网。通过运算得到在不同半径下的整合度和选择度指标，综合整合度、选择度的计算结果，形成标准化慢行需求基础底图，综合反映街道作为目的地及作为通道的潜力。对慢行接驳公交功能需求的实现：标准化慢行需求基础底图未能考虑设施差异产生的慢行需求差异，不能反映慢行接驳公交的功能需求。在标准化慢行需求基础底图的基础上通过空间句法中的权重修正对各路段进行相应修正，得到考虑公交站点覆盖差异程度产生的路网慢行需求情况，形成考虑慢行接驳公交功能需求的标准化底图。人流活动功能需求的实现：通过采集腾讯位置大数据，并通过程序编写获取了数据源点，在对数据源点权重化的基础上，根据街坊内各个地块出入口设置情况将其累计人流量活跃程度值对应权重值分配到各条道路，多个街坊叠加计算，能得到路网内各条道路基于地块人流活动的差异化权重值，进而修正前两步运行的结果。最终得到考虑了路网本身分布情况、公交站点分布情况、地块人流活动情况的片区综合慢行需求。

四、未来发展趋势

（一）城市空间的发展趋势

综合来看，面向未来城市发展的复杂性、不确定性以及无法预测性，传统城市空间正经历着多方面的变革。在空间维度上，未来城市不再局限于传统的三维空间，而是转向包含时间维度的四维空间属性[31]。在结构维度上，新技术的影响使未来城市空间更加灵活和便捷。从功能维度来看，未来城市的空间功能变得更为复杂，呈现碎片化发展趋势[32]。在管理维度上，城市管理也变得更加高频，更注重时间的利用来换取空间效益[33]。在能源维度上，未来城市空间更加注重低碳和可持续发展。在空间互动维度上，未来城市空间表现出共享和适应性反馈的特征[34]（见图2-42）。未来城市空间模型将包括数字信息基础设施、虚拟空间层以及实体空间层，在线活动和线下活动将相互交织，实体空间和虚拟空间将更加紧密地结合。总体而言，未来城市空间在新技术和生活方式的推动下呈现出以下几个特征趋势：①赋能支持，信息与通信技术在城市生产和生活的各个方面得到优化和集成，全时感知大大提高了传统空间的利用效率，并在一定程度上增强了城市的韧性[35]；②边界模糊，随着交通方式的不断演化以及移动互联网和物联网的广泛应用，城市内外、不同功能空间以及线上和线下空间之间的边界逐渐变得模糊；③功能集聚，未来城市的空间形式不再受制于功能的划分，而是更多地以人为中心的功能服务聚集发展；④虚实融合，实体空间和虚拟空间的融合关系进一步加强，传统空间的功能逐渐发生转变，场景体验得到提升。在空间数字化运营的同时，数字创新也将成为更好满足未来城市空间需求的新理念。

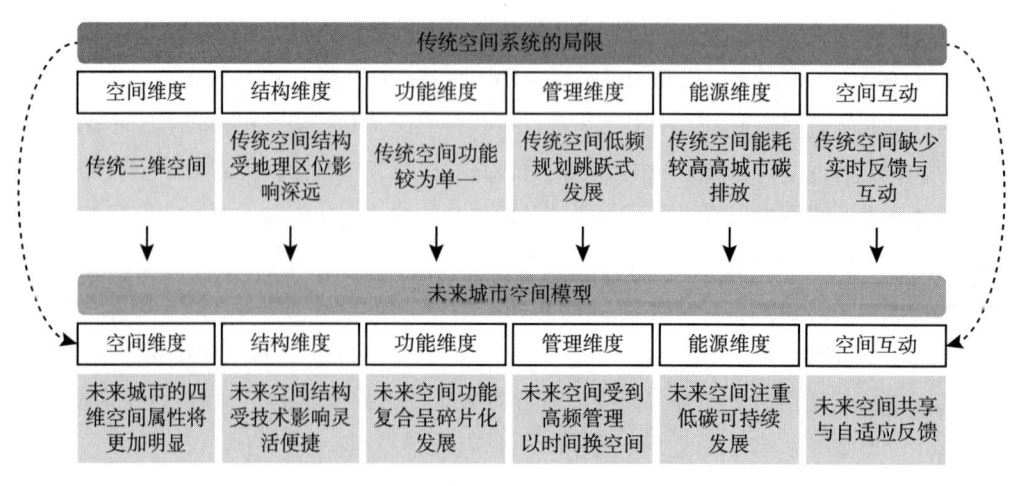

图 2-42 从传统空间到未来城市空间

来源：北京城市实验室和腾讯研究院，2022

在区域层面，随着自动驾驶、移动互联网等基础技术的成熟，交通方式和通信方式经历了物理和虚拟连接的深刻变革，对未来城市的生活方式和空间结构产生了深远影响[36]。城市内和城市间的集聚与分散格局重新定义，形态和功能将呈现多中心和网络化发展的趋势[37]。中国东、中、西部地区的城市将呈现不同程度的这些特点。城市间将建立更加紧密的网络系统，城市群和都市圈将成为主要的空间组织形式。城市人口和资源将在城市群和都市圈加速聚集，空间将更加紧凑和集约，同时将出现新的中心，但城市间也将面临更大的数字鸿沟。发达的超大城市（群）将更富有活力，而其他城市将追求独特的发展，或面临信息、知识和人才边缘化[38]。由于技术传播和历史因素，城市间和城市内的不均衡现象将更加显著。与此同时，高铁和轨道交通将减少跨城通勤成本，数字设施和异地协作办公的流行将促进跨越时空的交流。因此，城市内外的界限开始模糊，功能联系超越地理邻近逐渐成为城市发展的重要推动力，职住分离在区域范围内逐渐普及[39]。

在新技术的影响下，城市内部的组织逐渐朝着社区化的趋势发展，并呈现出更加分散的网络和多中心小簇的形态。城市的布局不再受传统区位和交通模式的限制，更加扁平、均匀，灵活性增强，甚至向郊区扩散。在功能分区和土地利用方面，传统的明确功能分区将逐渐演变为混合型重组，形成以居住空间为核心，融合了就业、办公、休闲等功能的新型结构，创造更多碎片化的空间。同时，城市空间的功能将迎来共享、复合、服务化、个性化、智能化以及运营化的全新更新和演变。这进一步拆解了未来城市空间中的居住、工作、交通、休闲等核心功能场景，包括区位结构的变化、功能的重组以及运营管理等方面。

（二）城市科学实践面临的挑战

经过对国内外发展动态的系统梳理，能够看出新城市科学正在世界各地以各种形式涌现。但需要指出的是，部分学术研究和研究机构虽然冠以"城市科学"之名，但实际上研究的还是老旧的城市，而非深受第四次工业革命影响的"新"城市，这也是近期这一学科需要改变的现状问题之一。技术的发展在一定程度上受市场规律的制约，对居民生活和城市空间产生多维度影响，同时也伴随一定的负面效应和不确定性。例如，新技术和数字经济的崛起可能会加剧城市空间中的不平等，导致不同群体之间的社会和居住分隔。传统的"信息功能"被互联网信息所替代，个性化算法改变了传统的空间搜索方式，可能引发数据垄断和隐私问题。算法和在线竞争也可能导致一些城市的实体空间功能逐渐衰落。此外，技术迷信、个体情感忽视和个性偏好丧失等问题也应该受到理性的价值评估[40]，以利用技术来解决城市空间问题，推动技术朝着更有益的方向发展，创造未来城市空间。

在新城市科学各个方向的研究中，数据增强城市设计尚存在如下问题和挑战：①数据挖掘不足，对于现有数据如语言、图片、视频等，其中很多信息尚未被充分发掘，探索潜力巨大，同时随着物联网的进一步铺开和织密，数据仍可向更高时空精度、更大时空跨度方向拓展；②研究设计脱节，前期研究和后期设计"两张皮"的现象仍普遍存在，未来设计需打破定势，将数字创新融入其核心过程；③存在唯技术论倾向，城市模型和生成式设计等过度强调技术决定性，技术没有与设计师的思想及经验有机融合；④本体研究不足，现有研究多聚焦于方法层面，对本体论缺乏关注，应该对新城市、新现象、新问题进行充分认知，以形成顺应趋势的新思维和应对策略；⑤技术流于形式，面向未来的数字创新仅以展览形式呈现，而没有真正落实到城市空间系统中。因此，从技术视角对未来城市空间原型进行提炼，以洞察其相互作用机制与潜在影响便显得尤为重要。

（三）城市科学实践的未来展望

新兴技术为未来城市空间的创造带来了众多挑战，同时也提供了丰富的机遇。在应对不断增长和变化的城市系统时，传统的规划设计方法或单一社会力量已不再能满足新时代城市空间创造的需求。我们正处于城市文明发展的关键时刻，需要深入研究科学和技术方法，凝聚各方社会力量，明确未来城市科学实践的发展方向。未来新城市科学的发展可能聚焦于以下几个方面：

1. 数据驱动、主动挖掘的技术作用机制转向

目前受物联网覆盖范围和传感设备准确性、灵敏度制约，数据的获取广度和深度仍不足。未来随着相关技术发展普及，更大的数据量将进一步扩大公众的感知维度，有望真正实现设施、公众、空间的"万物互联"。同时有助于促进公众参与景观设计过程，使作用机制从输入命令的被动交互转为数据驱动的主动交互。

2. 动态设计、虚实融合的设计行为及对象转向

数字技术手段为城市空间干预提供了新的方式，高频采集的数据流成为实时监测空间并分析空间问题的基础，而多样的干预手段为空间动态反馈和交互提供了新的途径。设计行为将随着技术应用的普及转向更加精细、动态的分析评估决策。同时，随着虚拟现实和元宇宙等技术和概念的不断发展，设计对象将由实体城市空间转向虚实融合的城市空间。更简易的穿戴式设备与软件界面将成为接口，虚拟空间内发生的行为交互也被传回实体世界，最终形成城市环境的自我优化。

3. 全链条、跨学科合作的落地实践

城市科学在应用实践中运用到多种技术手段，涉及城市规划、社会科学、地理学、物理学、计算机科学等多个学科领域，其建设实施过程也涉及科技公司、运营商、政府等多个主体。数据科学作为新城市科学的一个重要组成部分，需要与其他领域进行深度交流与合作，实现数据科学在城市规划和管理中的最优应用。因此，需要突出各自优势，实现全链条、跨学科的协同合作和设计实施的一体化发展，逐步实现城市科学实践落地的标准化、集约化和精准化。

第四次工业革命刚刚拉开序幕，数据与计算将是各个学科共同关注的核心要素。新城市科学目前在全世界范围内仍旧是一个新兴的交叉学科，尽管众多的研究工作者已经做出了大量有重要价值的研究，但新城市科学的学科建设仍处于起步阶段，随着学科体系的完善，以及各项技术的日趋成熟，将会成为分析研究城市的有力工具。

首先，需要推广新城市科学的研究方法应用范围，随着城市化进程的加速，城市数据量也呈现爆炸式增长，以大数据和人工智能等技术为基础的新城市科学将在城市规划、交通管理、环境保护等方面发挥越来越重要的作用。新城市科学的应用将促进城市各领域数据的整合和分析，实现城市规划和管理的智能化。其次，需要注重个人隐私和数据安全，城市数据的采集和使用过程中，涉及大量个人隐私信息，数据安全成为一个重要的问题。未来的城市数据科学研究需要兼顾数据使用和隐私保护之间的平衡，确保数据的合法性和隐私的保护。最后，需要重视数据共享和可视化，为了促进城市数据的共享和利用，未来城市科学需要建设开放数据平台。数据科学在城市规划和管理中的应用需要依赖于高质量的数据，建设开放数据平台可以实现数据的共享和互通，提高城市规划和管理的效率和准确性。此外，数据可视化将使城市规划师和城市管理人员能够更好地利用城市数据，实现城市发展和管理的科学化和智能化。

参考文献

[1] 龙瀛.（新）城市科学：利用新数据、新方法和新技术研究"新"城市［J］.景观设计学，2019，7（2）：8-21.
[2] 刘伦，龙瀛，麦克·巴蒂.城市模型的回顾与展望——访谈麦克·巴蒂之后的新思考［J］.城市规划，2014，38（8）：63-70.
[3] Edwards P. What Is the New Urban Science［Z］. 2016.
[4] TOWNSEND A. Cities of data: Examining the new urban science［J］. Public Culture, 2015, 27（2）: 201-212.
[5] 杨保军，陈鹏，吕晓蓓.转型中的城乡规划——从《国家新型城镇化规划》谈起［J］.城市规划，2014，38（S2）：67-76.
[6] 顾朝林.转型发展与未来城市的思考［J］.城市规划，2011，35（11）：23-34，41.
[7] 龙瀛，沈尧.数据增强设计——新数据环境下的规划设计回应与改变［J］.上海城市规划，2015，（2）：81-87.
[8] 叶宇.新城市科学背景下的城市设计新可能［J］.西部人居环境学刊，2019，34（1）：13-21.
[9] 叶宇，黄镕，张灵珠.量化城市形态学：涌现、概念及城市设计响应［J］.时代建筑，2021（1）：34-43.
[10] 吴志强，张修宁，鲁斐栋，等.技术赋能空间规划：走向规律导向的范式［J］.规划师，2021，37（19）：5-10.
[11] 杨俊宴.全数字化城市设计的理论范式探索［J］.国际城市规划，2018，33（1）：7-21.
[12] 杨俊宴，曹俊.动·静·显·隐：大数据在城市设计中的四种应用模式［J］.城市规划学刊，2017（4）：

39-46.

[13] 姜玉培, 甄峰. 信息通信技术对城市居民生活空间的影响及规划策略研究[J]. 国际城市规划, 2018, 33 (6): 88-93.

[14] MOKHTARIAN P L, SALOMON I, HANDY S L. The impacts of ICT on leisure activities and travel: a conceptual exploration[J]. Transportation, 2006, 33 (3): 263-289.

[15] ALIZADEH T, FARID R, SARKAR S. Towards understanding the socio-economic patterns of sharing economy in Australia: an investigation of Airbnb listings in Sydney and Melbourne metropolitan regions[M]//Disruptive Urbanism. Routledge, 2020: 53-71.

[16] THILAKARATHNE N N. Review on the use of ICT driven solutions towards managing global pandemics[J]. Journal of ICT Research and Applications, 2021.

[17] QIN X, ZHEN F, ZHU S J. Centralisation or decentralisation? Impacts of information channels on residential mobility in the information era[J]. Habitat International, 2016, 53: 360-368.

[18] VALLICELLI M. Smart cities and digital workplace culture in the global European context: Amsterdam, London and Paris[J]. City, Culture and Society, 2018, 12: 25-34.

[19] 武廷海, 宫鹏, 郑伊辰, 等. 未来城市研究进展评述[J]. 城市与区域规划研究, 2020, 12 (2): 5-27.

[20] 秦萧, 甄峰, 魏宗财. 未来城市研究范式探讨——数据驱动抑或人本驱动[J]. 地理科学, 2019, 39 (1): 31-40.

[21] 张京祥, 张勤, 皇甫佳群, 等. 未来城市及其规划探索的"杭州样本"[J]. 城市规划, 2020, 44 (2): 77-86.

[22] 李昊, 王鹏. 新型智慧城市七大发展原则探讨[J]. 规划师, 2017, 33 (5): 5-13.

[23] 刘泉. 奇点临近与智慧城市对现代主义规划的挑战[J]. 城市规划学刊, 2019 (5): 42-50.

[24] JEAN-PIERRE ORFEUIL, MIREILLE APEL-MULLER. 自动驾驶与未来城市发展[J]. 上海城市规划, 2018 (2): 11-17.

[25] COMTE A, MARTINEAU H. The positive philosophy[M]. Ams Press New York, 1855.

[26] SHI W, GOODCHILD M F, BATTY M, et al. Overall introduction[M]// Urban Informatics. Springer, 2021: 1-7.

[27] 孟小峰, 李勇, 祝建华. 社会计算: 大数据时代的机遇与挑战[J]. 计算机研究与发展, 2013, 50 (12): 2483-2491.

[28] 郑宇. 城市计算概述[J]. 武汉大学学报 (信息科学版), 2015, 40 (1): 1-13.

[29] 住房和城乡建设部. 住房和城乡建设部印发《城市信息模型 (CIM) 基础平台技术导则》(修订版)[Z]. 2021.

[30] 龙瀛, 张雨洋, 张恩嘉, 等. 中国智慧城市发展现状及未来发展趋势研究[J]. 当代建筑, 2020 (12): 18-22.

[31] 中国信息通信研究院产业与规划研究所. 智慧城市产业图谱研究报告[R]. 2020.

[32] DADASHPOOR H, YOUSEFI Z. Centralization or decentralization? A review on the effects of information and communication technology on urban spatial structure[J]. Cities, 2018, 78: 194-205.

[33] 干晶, 甄峰. 信息通信技术对城市碎片化的影响及规划策略研究[J]. 国际城市规划, 2015, 30 (3): 66-71.

[34] BATTY M. Inventing Future Cities[M]. Cambridge: The MIT Press, 2018.

[35] 龙瀛, 张恩嘉. 数据增强设计框架下的智慧规划研究展望[J]. 城市规划, 2019, 43 (8): 34-40, 52.

[36] 龙瀛, 李伟健, 张恩嘉, 等. 未来城市的空间原型与实现路径[J]. 城市与区域规划研究, 2023, 15 (1): 1-14.

[37] CASTELLS M. The Rise of the Network Society: The Information Age: Economy, Society and Culture[M]. Wiley-Blackwell, 1996.

［38］ MA S，LONG Y. Functional urban area delineations of cities on the Chinese mainland using massive Didi ride-hailing records［J］. Cities，2020，97：102532.

［39］ 吴康，龙瀛，杨宇. 京津冀与长江三角洲的局部收缩：格局、类型与影响因素识别［J］. 现代城市研究，2015（9）：26-35.

［40］ WU K，TANG J，LONG Y. Delineating the Regional Economic Geography of China by the Approach of Community Detection［J］. Sustainability，2019，11（21）：6053.

本节撰稿人：龙　瀛　李文竹　王　云

ABSTRACTS

Comprehensive Report

Advances in Urban Science

1. Introduction

As component of science and technology, Urban Science has been researched with the goal of building socialism with Chinese characteristics and trying to government policies and discipline, which focuses on important and difficult issues in the progress of urbanization. With the development of our world, the urbanization rate has exceeded 50%, meanwhile Chinese urbanization rate is 66.16% at the end of 2023. As it is a crucial period that urbanization rate is approaching 70%, China would improve developing quality, and urban science is more and more important for the progress.

In the information age, everything in a city is subtly interconnected in networks, and data has become more and more significant. Cities are no longer just containing information of place or space, but a complex system with various elements of urban, which are connected with each other as networks and flows. Urban science has become synthetic discipline supported by complex adaptive system theory, information technology, social physics, urban economics, transportation theory, regional science, and urban geography to study structure and dynamic of urban development and urbanization.

Complex adaptive systems emphasize on agent's adaptive ability which is main difference compared with traditional complex system. Cities as multi-agent system, is complex adaptive systems exhibiting to various degrees the following properties: adaption, interconnectivity, scaling and so on. It is necessary to use the theory of complex adaptive system to study urban science in urbanization process. Urban science emphasizes on inheritance and innovation, which not only continues urban history but oriented to the future of city.

2. The Latest Research Progress of Urban Science

Urbanization is the trend of human social development and the symbol of modernization. According to human settlement theory, following the laws of development, adapting to the situation, seeking benefits and avoiding disadvantages are the ways to promoting urbanization and our living environment. Complex adaptive systems emphasize on agent's adaptive ability which is main difference compared with traditional complex system. Cities as multi-agent system, is complex adaptive systems exhibiting to various degrees the following properties: adaption, interconnectivity, scaling and so on. It is necessary to use the theory of complex adaptive system to study urban science in urbanization process. Urban science emphasizes on inheritance and innovation, which not only continues urban history but oriented to the future of city.

Complex adaptive systems emphasize on agent's adaptive ability which is main difference compared with traditional complex system. Cities as multi-agent system, is complex adaptive systems exhibiting to various degrees the following properties: adaption, interconnectivity, scaling and so on. It is necessary to use the theory of complex adaptive system to study urban science in urbanization process. Urban science emphasizes on inheritance and innovation, which not only continues urban history but oriented to the future of city.

3. Comparison of Research Progress in this Discipline at Home and Abroad

Internationally, sustainable development has become consensus, the development of information and digital technology, prompting cities to be smart. In China, new urbanization and carbon peaking and carbon neutrality goals are carried out to promote the high-quality development. Urban science, combined with complex adaptive system and promoted by smart city, which is supported by internet, big data, artificial intelligence, information systems, digital twins and other technologies.

Urban science is a cross disciplinary, and internationally, urban research is arranged to several departments of universities. However, its main focus is still on the relevant departments of urban and regional planning, urban planning, or urban and regional research centers, such as Cornell University, University of Pennsylvania, University of North Carolina, Massachusetts Institute of Technology, University of California, Berkeley, and University of California, Los Angeles in United States, Moscow University and St. Petersburg University in Russia, Berlin Institute of Technology in Germany, Cardiff University and Liverpool University in UK, l'Université Paris-XII in France, University of Tokyo, and Tohoku University in Japan.

In recent years, the University of Hong Kong is significant in urban planning and environmental management. National Cheng Kung University, Taiwan University, and Taipei University have developed rapidly in urban planning and research. Tsinghua University, Peking University, Nanjing University, and Tongji University focus on urban scientific research in Chinese Mainland. Tongji University has broken through the framework of architecture to develop the discipline of urban planning. Nanjing University has developed a mature urban science cluster consisting of urban and regional planning, urban geography, urban economics, urban sociology, urban history, urban ecology, urban environment and engineering. Wuhan university has combined urban science with urban geographic information systems. Chongqing University is unique about researching on mountainous cities. Tinghua University and Zhejiang University are undergoing disciplinary with urban planning and design of Science and Technology. The urban research institutions based on geography are mainly in Peking University and Sun Yat-sen University.

4. Development Trend and Prospect of this Subject

4.1 Urban science theory system is forming

Urban science relies on traditional economics, geography, sociology and complex science, informatics, artificial intelligence, etc. Combined with complex adaptive system, urbanization and human settlement theory, based on multidisciplinary theoretical research, urban science is gradually formed a theoretical system, which has city as its research object and takes complexity, diversity and mobility as its main characteristics.

4.2 Urban science is compatible with disciplines, and becomes more scientific

Urban geography, urban sociology, urban economics, urban management, urban history, urban ecology, urban geographic information systems, and complex science are applied to study city, urban science is supported by kinds of theories. Urban planning and construction change from practice with engineer to practice with research. In recent years, the development of urban science in our country has changed from urban and rural planning to regional spatial planning, which is similar to the trend of international urban planning. Urban planning is more and more concerned with urban economic, social, environmental and so on, which is scientific increasingly.

This trend of international and domestic disciplinary transformation, interdisciplinary research on cities, enriches the content of urban science and promotes its development.

4.3 Urban Science is multidiscipline

Urban science has formed special characteristics through the intersection and recombination of corresponding disciplines. Urban science research is based on the requirements of the country's urban strategy, focuses on the ten major areas, such as history and cultural city, smart city, low-carbon city, healthy city, resilient city, sponge city, ecological city, livable city, urban renewal, and new urban science, and is forming multidiscipline and interdisciplinary subject group, which includes sub-disciplines.

Written by Wang Yun, Qiu Baoxing, Wang Wenjing, Li Hailong

Report on Special Topics

Historical and Cultural City

Nowadays, the research and practice of historical and cultural heritage conservation should be carried out with new ideas, new methods and new technologies. Computer, informatics, Internet technology, digital twinning, urban information systems and other technology methods are used in the process of historical and cultural heritage conservation. The data and information of historical and cultural resources have been gathered on a three-dimensional information platform by some cities. Combined with digital technology, twinning technology, protections and application of historical and cultural heritage could be performed effectively, which is useful for urban tourism and development.

Written by Wang Yun, Wang Jianguo, Tian Dajiang, Yang Keyang, Zhou Wei

Smart City

From a global perspective, academic research on smart cities presents characteristics such as diversity, innovation, and cooperation. Mainly reflected in the diversification of research topics and research methods. The diversification of research topics mainly refers to the study of smart cities, including urban planning, urban governance, public services, environmental protection, transportation, urban safety, and many other aspects. Scholars from different countries and regions will conduct targeted research on various aspects of smart city construction based on local conditions and explore corresponding solutions. The diversification of research methods is reflected in the application of new technological means, including data analysis, model construction, empirical research, case analysis, and other methods. In various research fields, scholars use different methods and means to reveal urban phenomena, explore urban laws, propose improvement plans, and promote the development of smart cities.

The design and construction of smart cities should be based on the third generation of systems theory, Complex Adaptive Systems (CAS) theory, which organically combines top—down "composition" and bottom—up "generation". In the process, the government should pay more attention to smart cities' public goods. Building the 'multiple pillars' of smart cities' public goods and guiding market agents to use CAS's three—generation mechanisms (building blocks, internal model and tagging) to generate a bottom—up smart city that can evolve autonomously according to the needs of the public. This will further enhance the ability of urban governance and help city governments to become a qualified service—oriented government.

Written by Qiu Baoxin, Wang Yun, Qie Zhensheng, Liu Zhaohui,
Mao Mingrui, Jiang Dongrui

Low-carbon City

The development of low-carbon city theory has four stages such as concept proposal, connotation definition, evaluation indicators, and practical exploration, Low-carbon city, is still improving and innovating. The core issue of low-carbon city theory is how to construct a low-carbon city development model, which is how to optimize the urban industrial structure, spatial structure, transportation structure, and energy structure for maintaining economic growth while urban carbon emissions is decreasing.

Written by Li Qinwei, Lin Binhui, Zhou Qiang, Wang Yun

Healthy City

Entering the 21st century, with the rapid advancement of industrialization and urbanization, human society is facing new challenges brought about by population aging, disease spectrum, ecological environment, and lifestyle changes. Many countries have proposed the construction goals and implementation strategies of healthy cities at the national strategic level from the perspective of improving the health and well-being of the entire population, believing that health is not only a state of development, but also an important governance ability, Furthermore, urban health issues will be included in the government's social, economic, and political agenda, with a focus on promoting comprehensive health equity, creating supportive environments, and conducting health impact assessments.

Public health is a persistent topic in city science and human settlements research. With the city public health problem becoming more and more prominent in recent thirty years, the upsurge of healthy city research and practice has been launched all over the world, which has promoted urban planning to pay more attention to public health through high requirements and new perspectives. It is an important mission for the disciplinary development of Health City to study and compare domestic and foreign differences of the disciplinary development of healthy city, therefore predict new problems and lay out new directions, at the same time give full play to the strategic leading role. This report systematically combs the research progress and hot issues of healthy city in recent years, and discusses the process of the disciplinary development and its achievements in discipline construction. Based on the comparative analysis between domestic and overseas, this report judges the development trend and prospects the health city research, and puts forward the development direction and countermeasures in the field of health city in China.

Written by Yu Fengqian, Yang Deping, Wang Yun

Resilient City

Resilient city is the inevitable choice to deal with Black Swan. Its resilience is reflected in three aspects: structural resilience, process resilience and system resilience. The new sources of uncertainty in cities can be summarized as extreme weather, scientific and technological revolution, coronavirus and sudden attacks. Ten steps are needed to build a resilient city: first, change the ideology; second, innovate design research institutions; third, make management plan, included in 5-year-plan; fourth, work out the transformation plan of lifeline engineering group; fifth, in every community, every group to supplement the original microcirculation; sixth, use information technology to coordinate each cluster and the micro-circulation facilities within the cluster; seven, transform the old community, make up for the shortcomings of the community unit; eighth, the combination of epidemic disease and disaster should be considered in the construction and reconstruction of public buildings. ninth, build the "micro-center" of "anti-magnetic force" in the surrounding area of the megastopolis; tenth, deepen network format management and build smart cities.

Written by Zhang Zheyuan, Wang Yun, Qiu Baoxing

Sponge City

Sponge city refers to a city that, like a sponge, has good "resilience" in adapting to environmental changes and responding to natural disasters. When it rains, it absorbs, stores, seeps, and purifies water. When needed, the stored water is "released" and utilized to enhance the functionality of the urban ecosystem and reduce the occurrence of urban floods.

Written by Yang Deping, Wang Yun

ABSTRACTS

Eco City

Ecological city, as a widely recognized urban development model, was first proposed by UNESCO in the Man and the Biosphere Program in the 1970s. After nearly 50 years of development, its theory has continuously evolved and deepened, and demonstration practices have been widely carried out in many cities around the world, covering all continents.

Written by Yang Deping, Wang Yun, Xu Wenzhen

Livable City

A livable city refers to a city where the economy, society, culture, and environment develop in a coordinated manner, with a good living environment that can meet the material and spiritual needs of residents, and is suitable for human work, life, and residence. It is a city where the human environment is coordinated with the natural environment, with sustained economic prosperity, social harmony and stability, a rich cultural atmosphere, comfortable and complete facilities, and is suitable for human work, life, and residence. The livability here not only refers to being suitable for living, but also includes being suitable for employment, travel, and enjoying sufficient educational, medical, and cultural resources.

Written by Wang Wenjing, Wang Yun

Urban Renewal

The term "urban renewal" comes from the West, and the definition of urban renewal varies internationally. In a broad sense, urban renewal refers to the urban construction of Western European countries since the end of World War II, while in a narrow sense, it refers to the urban construction methods adopted to solve urban problems in the 1970s.

The policy logic of urban renewal in China can be divided into four stages: progressive policy exploration, open policy learning, radical policy innovation, and governance renewal. The policy focus of each stage constantly changes with the development stage of urbanization in China.

Written by Li Xiaoyu, Wang Yun

New Urban Science

The Fourth Industrial Revolution is profoundly changing our cities with a series of disruptive technologies, characterized for the boom of Internet industries and the everyday application and wide integration of intelligent technologies. Individuals' traditional mechanical thinking has changed into a mindset based on big data, whose cognition also relies more and more on a combination of both virtual and physical reality experience. At the same time, cities, where we live, are witnessing a significant revolution in resource utilization, societal conditions, and spatial use. Along with the surge of new technologies and new data represented by computer technologies and multi-source urban data, the (new) Urban Science, as a transdisciplinary combination of urban computing, Artificial Intelligence, augmented reality, and human-computer interaction, rises over the past decade.

ABSTRACTS

New urban science, which relies on in-depth quantitative analysis and data calculation methods to study the disciplinary model of cities, with the support of various new technologies and data, is bringing the possibility of innovation to urban design through interdisciplinary new urban science represented by urban computing, virtual reality, human-computer interaction, and other directions. New urban science proposes that understanding cities is not only about understanding urban space, but also about understanding how networks and flows shape cities, emphasizing the role of new urban science in promoting a better understanding of urban systems and structures.

Written by Long Ying, Li Wenzhu, Wang Yun

索 引

C

城市更新　5，22，26，27，31，34，36，40，45，74，75，95，135，211，212，214~231，245

城市规划　4，6，8，10~13，19，21，23，24，27，29~36，40，45，54，57~59，65，69，83，84，99~102，106~109，116，117，121，123，125~129，132，133，136，139，142，143，148，155，158，162，175，176，178，179，181，183，184，194，196，198，200，201，204，206，207，209，210，212，213，219~221，232~236，238，240，242~244，246~250，252，256~258

城市科学　3~7，11，13，21，22，27~37，39，73，75，85，126，128，131，163，165，183，207，211，212，214，232~238，242，244，246，248，249，251，255~257

城市信息系统　31，36，83，227

城镇化　3，5~12，14，18，19，21~29，32，34，35，37，39，40，48，56~60，65，78，83，87，88，109，116，119，128，129，137，138，157~159，161，174，179，186，188，189，194，198，201，205，211，214，215，219，231，234，257

D

低碳城市　5，6，22，24，34，84~88，96~115，121，175，183，185，186，188，189，202

F

复杂适应系统　4，7，8，11，23，34，79，145，158

H

海绵城市　5，6，22，25，26，34，36，136，140，142~144，149，159，161~164，166~180，183，202，204

J

健康城市　5，22，24，34~37，116~133，215

索 引

居民感知 122
居住环境 7，12~14，56，129，206~208，221~224，226

K

空间设计 47，48，236
昆蒙框架 194

L

老旧小区改造 136，142，153，209，230
绿色发展 22，86，88，90~96，101，110，186，188，194，195，209，215，217，222

R

人居环境 5，7，11~15，17~20，22，26，30，34~37，39，50，54，123，127，128，144，148，154，159，172，183，186，197，205，207，211，212，222，224~226，245，252，257
人文城市 5，22，23，34，39，40，54~56，224
韧性城市 5，6，22，25，34，133~136，138~150，155~159，162，163，202，224

S

生态城区 115，186，194，201，202
生态城市 5，6，22，26，34，77，87，102，109，115，148，149，162，163，175，181~189，194，196~204
数字孪生 30~32，36，64，69，70，78，81，83，235，239，240，252
双碳目标 102，104，192

T

碳达峰 31，88~93，95~98，100~104，109，130，188，192，217
碳中和 24，26，31，88~93，95，97~104，113，130，152，154，162，163，181，183，188，192，217

X

新城市科学 5，22，27，34，35，37，231~238，244，245，247~250，255~257

Y

宜居城市 5，22，26，34，77，88，181，183，202，205~214，224
元宇宙 32，64，256

Z

职住平衡 148，150，154，241
指标体系 25，87，101，109，114，115，122，124，125，132，135~138，140，145，178，181，183，197，203，210~212，214，247，248
智慧城市 5，6，19，22，23，30~32，34~36，49，58~63，65，67~70，76~79，81~84，102，113，134，136，142~145，155，175，183，186，196，220，224，235，238~240，246~249，251~253，258
自组织 42，48，49，63，144，157